珠宝首饰设计专业实训系列教材
浙江省高校重点教材建设项目

珠宝首饰营销策略

ZHUBAO SHOUSHI YINGXIAO CELUE

CONG XIANGMU ZHONG XUE YINGXIAO

总主编 王其全 黄晓望

陈祖顺 著

从项目中学营销

中国地质大学 出版社
ZHONGGUO DIZHI DAXUE CHUBANSHE

图书在版编目(CIP)数据

珠宝首饰营销策略:从项目中学营销/陈祖顺著. —武汉:中国地质大学出版社,2016.7
珠宝首饰设计专业实训系列教材　浙江省高校重点教材建设项目
ISBN 978-7-5625-3863-9

Ⅰ.①珠…
Ⅱ.①陈…
Ⅲ.①宝石-市场营销学-高等学校-教材②首饰-市场营销学-高等学校-教材
Ⅳ.①F768.7

中国版本图书馆 CIP 数据核字(2016)第 175485 号

珠宝首饰营销策略:从项目中学营销		陈祖顺　著
责任编辑:阎娟　李晶	选题策划:张琰　张晓红	责任校对:周旭
出版发行:中国地质大学出版社(武汉市洪山区鲁磨路388号)		邮政编码:430074
电　话:(027)67883511	传真:67883580	E-mail:cbb@cug.edu.cn
经　销:全国新华书店		http://www.cugp.cug.edu.cn
开本:787mm×960mm　1/12	字数:424千字	印张:20.5
版次:2016年7月第1版	印次:2016年7月第1次印刷	
印刷:武汉中远印务有限公司	印数:1—2000册	
ISBN 978-7-5625-3863-9		定价:42.00元

如有印装质量问题请与印刷厂联系调换

目 录

第一章 珠宝首饰市场调研 ·· (1)
    第一节   理论、方法与策略基础 ·· (1)
    第二节   项目：中国珠宝首饰市场研究 ·· (9)
    第三节   项目模拟：珠宝首饰市场专题调研 ···································· (22)

第二章 珠宝首饰市场定位策略 ·· (24)
    第一节   理论、方法与策略基础 ·· (24)
    第二节   项目：珠宝首饰市场定位策划个案解读 ······························ (44)
    第三节   项目模拟：某珠宝首饰企业市场定位专题策划 ···················· (50)

第三章 珠宝首饰品牌策略 ·· (52)
    第一节   理论、方法与策略基础 ·· (52)
    第二节   项目：珠宝首饰品牌建设个案解读 ···································· (59)
    第三节   项目模拟：珠宝首饰品牌专题策划 ···································· (73)

第四章 珠宝首饰产品策略 ·· (76)
    第一节   理论、方法与策略基础 ·· (76)
    第二节   项目：珠宝首饰产品策略个案解读 ···································· (84)
    第三节   项目模拟：珠宝首饰产品开发与设计专题策划 ···················· (90)

第五章 珠宝首饰广告策划 (93)

第一节 理论、方法与策略基础 (93)
第二节 项目:范本阅读《宏艺珠宝广告策划书》 (101)
第三节 项目模拟:珠宝首饰广告专题策划 (124)

第六章 珠宝首饰店面营销 (125)

第一节 理论、方法与策略基础 (125)
第二节 项目:珠宝首饰店面营销个案解读 (134)
第三节 项目模拟:珠宝首饰店面营销专题策划 (137)

第七章 珠宝首饰关系营销 (139)

第一节 理论、方法与策略基础 (139)
第二节 项目:珠宝首饰关系营销个案解读 (144)
第三节 项目模拟:珠宝首饰关系营销专题策划 (149)

第八章 珠宝首饰文化营销 (153)

第一节 理论、方法与策略基础 (153)
第二节 项目:珠宝首饰文化营销个案解读 (160)
第三节 项目模拟:珠宝首饰文化营销专题策划 (169)

第九章 珠宝首饰情感营销 (172)

第一节 理论、方法与策略基础 (172)
第二节 项目:珠宝首饰情感营销个案解读 (177)
第三节 项目模拟:珠宝首饰情感营销专题策划 (188)

第十章 珠宝首饰体验营销 (189)

第一节 理论、方法与策略基础 (189)

| 第二节 | 项目:珠宝首饰体验营销个案解读 | (196) |
| 第三节 | 项目模拟:珠宝首饰体验营销专题策划 | (203) |

第十一章 珠宝首饰网络营销 (205)

第一节	理论、方法与策略基础	(205)
第二节	项目:珠宝首饰网络营销个案解读	(211)
第三节	项目模拟:珠宝首饰网络营销专题策划	(221)

第十二章 珠宝首饰连锁经营与拍卖 (224)

第一节	珠宝首饰连锁经营	(224)
第二节	项目:珠宝首饰连锁经营典型个案解读	(226)
第三节	珠宝首饰拍卖	(230)
第四节	项目:珠宝首饰拍卖个案品读	(235)

第一章　珠宝首饰市场调研

第一节　理论、方法与策略基础

一、珠宝首饰市场及其分类

（一）市场的定义

在当今社会，市场已超越了地域的概念，成为一只"无形的手"在掌控着人类的经济与生活，它既存在于实实在在的有形空间，也存在于虚拟的无形空间，例如：黄金市场，既有我们通过柜台、店面或者生产厂家等进行黄金饰品、金条、金币等有形东西的交换，也有银行、交易所等特许机构所开展的黄金交易，尽管我们没有看到实物，但交易却自始至终一直存在。因此，我们现今不能将市场简单地理解成商品交换的场所，而且从不同的角度出发，可以给出市场不同的定义。

美国的市场营销学家菲利浦·科特勒将市场定义如下："市场是由所有潜在的客户组成的。这些客户具有一个共同的特殊需求和欲望，并愿意和有能力的人进行交换以满足这种需求和欲望。"在这里，市场已不简单地是一个商品交换的地点，而是一群有需求、有一定购买力、并且乐意交易的人。

因此，如果单纯地从市场营销者的角度理解，我们通常将市场定义为：某种产品（或服务）的现实购买者和潜在购买者的总和，即具有某种特定需求的消费者群，并可以用以下等式来表示：

市场＝现实购买者＋潜在购买者

据此分析，市场的构成要素有：消费者、购买力和购买欲望。消费者是构成市场的基本要素，消费者人口的多少，决定着市场的规模和容量，而人口的构成及其变化则影响着市场需求的构成和变化。购买力是指消费者支付货币以购买商品或服务的能力，是构成现实市场的物质基础。购买力的高低是由消费者的收入水平决定的。购买欲望是指消费者购买商品或劳务的动机、愿望和要求，它是使消费者的潜在购买力转化为现实购买力的必要条件。

还有，我们经常要提到的一个问题就是"这个商品的市场有多大"，这里指的是市场规模，它往往取决于具有这种商品需求、具备相应的支付能力，并且愿意进行交换的人的数量。

营销人员要对市场有敏锐的洞察力，其关键就是对市场规模及其特点的了解。营销的一项重要任务就是要管理市场，以促成满足人们欲望和需求的交换。

（二）珠宝首饰及其分类

珠宝首饰，通常是指珠宝玉石和贵金属的原料、半成品，以及用珠宝玉石和贵金属的原料、半成品制成的佩戴饰品、工艺装饰品和艺术收藏品。

通常，我们把珠宝首饰分为三大类：金属类首饰、珠宝玉石类首饰和其他类首饰。现分述如下：

1. 金属类首饰

金属类首饰指以各种金属材料制成的首饰。它又可以分为以下几种。

(1)贵金属首饰:即以贵金属,如黄金、铂金和银等制成的首饰。常见的有铂金首饰、黄金首饰、白银首饰和合金(K金)首饰。

(2)普通金属首饰:即以普通金属材料制成的首饰,与贵金属首饰相比,价廉物美。常见的有铜首饰、铝首饰等。

(3)仿贵金属首饰:指利用与贵金属外观非常相似的材料制成的首饰。这类首饰实际上不含贵金属成分,但由于具有颜色稳定、价格低廉、装饰性强等优点,而受到广大消费者的喜爱。

(4)薄层类首饰:指将贵金属材料通过一定的方法,牢固地附在其他材料表面上而制成的一类首饰,包括镀金、包金、锻压金首饰。

2. 珠宝玉石类首饰

珠宝玉石类首饰指将珠宝玉石通过磨制、雕塑、镶嵌和粘串等工艺而成的装饰品。这类首饰由于美观、大方等特点而越来越受到人们的喜爱。常见的有钻石、红宝石、蓝宝石、水晶、翡翠、珍珠、琥珀、黄玉等。

3. 其他类首饰

其他类首饰指利用除金属和珠宝玉石以外的材料制成的首饰。包括陶瓷、木料、线类、皮类、象牙等。

目前我国珠宝首饰消费品种呈现出多元化的发展趋势,除传统的黄金首饰外,翡翠、铂金、钯金、钻石首饰的销售增长也非常明显。特别是翡翠等玉石艺术品、装饰品,越来越受到消费者的喜爱。

据国际铂金协会的市场调查显示铂金首饰为大部分中国消费者所喜爱,尤其是在中国婚庆首饰市场中,消费者购买最多的是铂金。

黄金首饰一直是珠宝首饰市场上最受欢迎的产品之一。近年来黄金首饰开始突破以往款式单一的传统,大胆地与其他物料搭配,使得黄金首饰也开始受到越来越多年轻男女的喜爱。

内地钻石首饰消费正以每年16%的速度增长。据戴比尔斯钻石推广中心对北京、上海、广州三地调查,每对新人平均钻饰消费为5820元,在婚礼中81%为钻戒,14%为单料钻石吊坠,其余是耳钉、胸针。随着我国居民收入的增加,钻石首饰的购买力还将继续增长。

随着民族风盛行,主要以银、铜和牛骨作材料,配以有民族特色的藏饰和印度首饰等民族首饰仍然受年轻男女的喜爱。这类首饰成为年轻男女休闲时配衬服装的饰物。

此外,采用半宝石、玻璃、树脂等以前被称为"假首饰"材质的首饰市场占有率较过去有所提升,体现了市场消费结构多元化、多层次的发展趋势。

(三)珠宝首饰市场的分类

要建立健全市场经济,离不开发育良好的市场体系。而市场体系是由形形色色的市场构成的。按不同的标准,我们可以将市场划分为不同类别的市场。如:按市场存在的范围,可分为地方市场、国内市场和国际市场(世界市场);按市场存在形态,可分为有形市场和无形市场;按市场交换的内容,可分为商品服务市场(或称为基础市场,包括生产资料市场、消费品市场、服务市场等)、生产要素市场(包括金融市场、劳动力市场、技术市场、信息市场、房地产市场等)。

为了便于学习与研究,我们仅从消费目的的不同对珠宝首饰市场进行分类,可以将其分为珠宝首饰消费者市场、珠宝首饰中间商市场、珠宝首饰生产者市场、珠宝首饰服务市场四种类型。下面我们将对各种类型的珠宝首饰市场的构成和特点逐一加以分析。

1. 珠宝首饰消费者市场

珠宝首饰消费者市场也可以称为珠宝首饰零售市场,是以个人消费者为主组成的市场,是珠宝首饰的最终消费者,是分布面积最广泛的珠宝首饰市场类型。

珠宝首饰消费者市场是一个最具吸引力的市场,不仅因为它分布范围广,消费群体大,更主要的是珠宝首饰消费者市场的兴衰直接影响到其他珠宝首饰市场类型的生存和发展,是珠宝首饰市场营销学研究的主体,因此,我们不仅要了解珠宝首饰消费者市场的特点,更要掌握我国珠宝首饰消费者市场的发展趋势,如珠宝首饰消费的个性化、高档化、名牌化等趋势。

2. 珠宝首饰中间商市场

珠宝首饰中间商市场由获得珠宝首饰产品再行销售给他人以取得利润的组织或个人组成,是沟通珠宝首饰生产者市场和珠宝首饰消费市场的桥梁。主要为珠宝首饰消费市场提供珠宝首饰成品或半成品,中间商的存在对生产企业的珠宝首饰分销活动发挥着十分重要的作用,是分销活动的主体,绝大多数珠宝首饰产品是通过中间商转卖给消费者的。

中间商的购买可以分为两个部分,一是用于再销售的中间商,这是常见的中间商;二是用于自身营运的需要,以类似于"生产者"的身份购买,如某企业是从事综合业务的珠宝首饰企业,从原材料采购到生产加工直到将产品提供给消费者,它们的主要角色是中间商,但同时也扮演"生产者"的角色。这里我们仅讨论前者。

在珠宝首饰的实际分销活动中,中间商的类型是多种多样的。中间商按其是否对所经销的商品拥有所有权,可分为代理商和经销商,代理商和经销商的主要区别就是看其是否拥有商品的所有权。经销商按其经营形式的不同又可分为批发商和零售商。

1) 批发商

批发是指商品批量销售于那些为了再销售或企业使用而购买的人或企业时所涉及的一切经营活动。常见的珠宝首饰批发商有:单一品种的宝石批发商、综合性宝石批发商、珠宝首饰成品批发商,等等。

2) 零售商

零售是指把商品出售给最终消费者,从其个人非商业性使用的过程中所涉及的一切经营活动。

零售商是珠宝首饰营销系统中数量最多的一个组织,他们面对的是最终消费者,处在商品流通的最终环节,是生产者和消费者之间的重要桥梁。产品的最终价值是通过零售商来实现的。常见的珠宝首饰零售商有:大型百货商场零售商、专卖店形式的零售商、无店零售商,等等。

3. 珠宝首饰生产者市场

珠宝首饰生产者市场可近似地称为珠宝首饰原材料市场,顾客主体由珠宝首饰制造业、加工业的业主构成。

同珠宝首饰消费者市场和中间商市场相比,珠宝首饰生产者市场具有明显的不同特点。

(1) 从交易规模和交易方式来看,珠宝首饰生产者市场是一个交易次数有限、交易额较大的市场。珠宝首饰生产者市场主要是为制造商(如钻石加工商或代理商)提供珠宝首饰原材料,这种交易都是在相关珠宝首饰产出国或垄断组织定期举行的交易会上进行,如戴比尔斯公司每年定期组织的钻石看货会,缅甸政府组织的每年两次的翡翠交易拍卖会等,每年只有屈指可数的机会。生产者所面对的顾客(制造商、中间商)比前述两类市场要少得多。由于是制造商或中间商批量购买,交易额一般比较大,且都是现金(银行汇票)购买。当然也不排除零散的交易形式,如中间商直接到矿山收购原材料,但这种交易带有很大的风险。珠宝首饰生产者市场的购买多为直接购买,即制造商直接同供应商或他们委托的中间人打交道,一旦买卖双方达成购买协议便会立即成交。

(2) 从购买行为来看,珠宝首饰生产者市场的购买一般属于计划性购买。购买珠宝首饰原材料的制造商大多是专业的珠宝首饰加工厂主或其代理商,他们会根据自身的实力和市场需求预测决定自己的购买计划。

(3) 从购买目的来看,珠宝首饰生产者市场的购买是盈利性购买,这种交易是在双赢的基础上进行的,也就是说,只有在生产者觉得有利可图,制造商通过加工后也有利润空间,才能最终达成交易。当然,作为买卖双方都希望获得最大限度的利润空间,谁最终能在这种交易中胜出,还是取决于专业性、商业谈判技巧和对市场行情的掌握。

(4)从交易行为主体来看,珠宝首饰生产者市场的购买属于专业购买。即买者和卖者都很专业,都很精通宝石学知识,对市场行情比较熟悉,交易能否成功主要决于交易双方在品质、价格等方面能否达成共识。珠宝首饰生产者市场上的供求双方关系密切,与消费者市场上的营销者同顾客之间总是保持一段心理距离不同,珠宝首饰生产者市场的营销者在顾客购买的所有阶段都有可能与之同心协力,一起工作,尽量满足顾客的需求,即使是供应者不能满足的个别需求,也会想方设法为顾客解决。

(5)从决策类型和决策过程来看,珠宝首饰生产者市场的购买由于涉及到较大的金额和复杂的技术因素,购买者面临的购买决策比消费者市场更为复杂,购买决策的时间也较长。购买过程也更加正规化,通常需要谨慎地寻求供应商,详细地察看货物品质,签署正规的订单,办理严谨的货物交接手续。

4. 珠宝首饰服务市场

顾名思义,珠宝首饰服务市场就是为珠宝首饰生产者市场、珠宝首饰中间商市场和珠宝首饰消费市场提供各种服务的市场,是由上述市场派生出来的一种市场类型。包括珠宝首饰设备供给市场,珠宝首饰加工、镶嵌市场,珠宝首饰陈设、包装服务市场,等等。

珠宝首饰设备供给市场主要是为珠宝首饰加工、镶嵌行业提供各种设备的市场。随着社会的发展和消费者消费观念的不断更新,对珠宝首饰的工艺要求越来越高,促使人们利用当今世界的先进科技,不断改进珠宝首饰加工、镶嵌设备的性能和精度,提高工艺水平。近年来,珠宝首饰加工镶嵌设备更新很快,传统的加工方式正在被现代化的设备所取代,加工设备的改进提高了工作效率,改进了加工工艺。

珠宝首饰加工和镶嵌应属于制造业,如果它们将自己的产品转卖给中间商,则它们属于珠宝首饰生产者市场的范畴。但这里所说的珠宝首饰加工、镶嵌市场不是从事生产经营的企业,而是为珠宝首饰中间商市场提供首饰加工、镶嵌服务的一个市场类型。这些企业通过代客加工、镶嵌赚取加工费。多数加工企业一般不直接面对最终消费者,而是面对珠宝首饰营销企业或珠宝首饰批发商,为他们提供珠宝首饰半成品或成品的加工服务。包括钻石的切磨、宝石的加工和首饰镶嵌等类型。

珠宝首饰陈设、包装服务看似简单,似乎是一个忽略的市场类型,其实并不尽然。首饰的美观、高贵是靠好的陈设来展示给社会大众的,没有好的陈设就不能真正体现首饰是一种高档的消费品;同时,只有精美的包装才能与珠宝首饰的档次相匹配,在产品的概念中,包装用品是产品的一个重要组成部分。首饰业发达的国家和地区历来十分重视对首饰陈设、包装的研究,有专门的设计人员来从事这一工作,在陈设、包装用品的用料、式样设计、色彩搭配都有特别的讲究。

二、市场营销组合原理及其演变

(一)市场营销组合的概念

市场营销组合是企业市场营销战略的一个重要组成部分,是指将企业可控的基本营销措施组成一个整体性活动。市场营销的主要目的是满足消费者的需要。这一概念是由美国哈佛大学教授尼尔·鲍顿于1964年最早采用的。它是制定企业营销战略的基础,做好市场营销组合工作可以保证企业从整体上满足消费者的需求。此外,它也是企业对付竞争者强有力的手段,是合理分配企业营销预算费用的依据。

所谓市场营销组合是指企业针对目标市场的需要,综合考虑环境、能力、竞争状况,对自己可控制的各种营销因素(产品、价格、分销、促销等)进行优化组合和综合运用,使之协调配合,扬长避短,发挥优势,以取得更好的经济效益和社会效益。

(二) 市场营销组合策略

影响企业营销有两类因素,一类是企业外部环境给企业带来的机会和威胁,这些是企业很难改变的;另一类则是企业本身可通过决策加以控制的。企业本身可控制的因素归纳起来主要有以下四个方面。

1. 产品策略

产品策略包括产品发展、产品计划、产品设计、交货期等决策的内容。其影响因素包括产品的特性、质量、外观、附件、品牌、商标、包装、担保、服务等。

2. 价格策略

价格策略包括确定定价目标、制定产品价格原则与技巧等内容。其影响因素包括分销渠道、区域分布、中间商类型、运输方式、存储条件等。

3. 促销策略

促销策略是指主要研究如何促进顾客购买商品以实现扩大销售的策略。其影响因素包括广告、人员推销、宣传、营业推广、公共关系等。

4. 分销策略

分销策略主要研究使商品顺利到达消费者手中的途径和方式等方面的策略。其影响因素包括付款方式、信用条件、基本价格、折扣、批发价、零售价等。

上述四个方面的策略组合起来总称为市场营销组合策略。市场营销组合策略的基本思想在于:从制订产品策略入手,同时制定价格、促销及分销渠道策略,组合成策略总体,以便达到以合适的商品、合适的价格、合适的促销方式,把产品送到合适地点的目的。企业经营的成败,在很大程度上取决于这些组合策略的选择和它们的综合运用效果。

(三) 从"4P"组合到"4C"组合的演变

20世纪著名的营销学大师,美国密西根大学教授杰罗姆·麦卡锡于1960年在其第一版《基础营销学》中,第一次提出了著名的"4P"营销组合经典模型,即产品(Product)、价格(Price)、通路(Place)、促销(Promotion)。"4P"理论的提出,是现代市场营销理论最具划时代意义的变革,从此,营销管理成为了公司管理的一部分,涉及了远远比销售更广的领域。今天,无论有多少新的营销名词,无论有多少关于"4P"过时的说法,"4P"都是营销管理理论的基石。

麦卡锡认为,企业从事市场营销活动,一方面要考虑企业的各种外部环境,另一方面要制订市场营销组合策略,通过策略的实施,适应环境,满足目标市场的需要,实现企业的目标。据此,麦卡锡曾经绘制了一个市场营销组合模式图,图的中心是某个消费群,即目标市场,围绕目标市场的是四个可控要素:产品(Product)、地点(Place)、价格(Price)、促销(Promotion),即"4Ps"组合。

在这里,产品就是考虑为目标市场开发适当的产品,选择产品线、品牌和包装等;价格就是考虑制定适当的价格;地点就是要通过适当的渠道安排运输储藏等把产品送到目标市场;促销就是考虑如何将适当的产品,按适当的价格,在适当的地点通知目标市场,包括销售推广、广告、培养推销员等。处于外围的则是企业外部环境,它包括各种不可控因素,包括经济环境、社会文化环境、政治法律环境等。麦卡锡指出,"4Ps"组合的各要素受到这些外部环境的影响和制约。

以后,市场营销组合又由"4Ps"发展为"6Ps"。"6Ps"是由现代营销学之父菲利普·科特勒提出的,它是在原"4P"的基础上再加政治(Politics)和公共关系(Public relations)。"6Ps"组合主要应用于实行贸易保护主义的特定市场。随后,科特勒又进一步把"6Ps"发展为"10Ps"。他把已有的"6Ps"称为战术性营销组合,新提出的"4P":研究(Probing)、划分(Partitioning)即细分(Segmentation)、优先(Prioritizing)即目标选定(Targeting)、定位(Positioning),称为战略营销,他认为,战略营销计划过程必须先于战术性营销组合的制订,只有在搞好战略营销计划过程的基础上,战术性营销组合的制订才能顺利进行。

菲利浦·科特勒在讲到战略营销与战术营销的区别时指出:"从市场营销角度看,战略的定义是企业为实现某一产品市场上特定目标所采用的竞争方法,而战术则是实施战略所必须研究的课题和采取的行动。"现在,战略营销与战术营销的界线已日趋明朗化,通用汽车公司等已按这两个概念分设了不同的营销部门。

1990年,美国市场学家罗伯特·劳特伯恩提出了以"4C"为主要内容作为企业营销策略的市场营销组合即"4C"理论,它以消费者需求为导向,重新设定了市场营销组合的四个基本要素:消费者(Consumer)、成本(Cost)、便利(Convenience)和沟通(Communication)。它强调企业首先应该把追求顾客满意放在第一位,其次是努力降低顾客的购买成本,然后要充分注意到顾客购买过程中的便利性,而不是从企业的角度来决定销售渠道策略,最后还应以消费者为中心实施有效的营销沟通。

构成营销组合的"4Ps"的各个自变量,是最终影响和决定市场营销效益的决定性要素,而营销组合的最终结果就是这些变量的函数,即因变量。从这个关系来看,市场营销组合是一个动态组合。只要改变其中的一个要素,就会出现一个新的组合,产生不同的营销效果。

市场营销组合由许多层次组成,就整体而言,"4Ps"是一个大组合,其中每一个"P"又包括若干层次的要素。这样,企业在确定营销组合时,不仅更为具体和实用,而且相当灵活;不但可以选择四个要素之间的最佳组合,而且可以恰当安排每个要素内部的组合。

市场营销组合作为企业营销管理的可控要素,一般来说,企业具有充分的决策权。例如,企业可以根据市场需求来选择确定产品结构,制定具有竞争力的价格,选择最恰当的销售渠道和促销媒体。但是,企业并不是在真空中制订市场营销组合。随着市场竞争和顾客需求特点及外界环境的变化,必须对营销组合随时调整、纠正,使其保持竞争力。

总之,市场营销组合对外界环境必须具有充分的适应力和灵敏的应变能力。

三、市场环境分析

企业与外部环境共同形成一个大系统。企业内部与外部环境是这一大系统中的两个子系统,两者必须相互配合,才能产生系统效应。但从企业角度来看,外部环境这一子系统是企业不能控制的客观条件,时刻处于变动之中。因此,企业必须经常对自身系统进行调整,才能适应外部环境的变化。

外部环境变化对任何一个企业产生的影响,都可以从三个方面进行分析。一是对企业市场营销有利的因素,即它对企业市场营销来说是环境机会;二是对企业市场营销不利的因素,它是对企业市场营销的环境威胁;三是对该企业市场营销无影响的因素,企业可以把它视为是中性因素。对机会和威胁,企业必须采取适当的对应措施,才能在环境变化中生存下来。

一般来说,市场环境分析应包括以下内容。

(一)政治法律环境

1. 政治环境

政治环境是指企业面临的外部政治形势、状况和制度,分为国内政治环境和国际政治环境。对国内政治环境的调查,主要是分析党和政府的路线、方针、政策的制定与调整及其对市场、企业产生的影响。

2. 法律环境

企业在市场经营活动中,必须遵守各项法律、法令、法规、条例等。法律环境的调查,指分析研究国家和地区的各项法律、法规,尤其是其中的经济法规。

随着买方市场的形成,消费者组织对企业营销活动的影响日益增强，企业管理者在市场活动中必须认真考虑消费者利益，为消费者提供良好的产品和服务。一般来说，政治法律环境变化对营销会带来一定的影响，尤其是工商业法规的增加、政府对法规执行的强化、对伦理道德和社会责任的强调等方面的变化所带来的影响更大。

（二）经济技术环境

1. 经济环境

经济环境是指企业面临的社会经济条件及其运行状况、发展趋势、产业结构、交通运输、资源等情况。经济环境是制约企业生存和发展的重要因素。

经济环境调查具体包括：社会购买力水平、消费者收支状况、居民储蓄和信贷等情况变化的调查。

2. 技术环境

科学技术的发展，使商品的市场生命周期迅速缩短，生产的增长也越来越多地依赖科技的进步。以电子技术、信息技术、新材料技术、生物技术为主要特征的新技术革命，不断改造着传统产业，使产品的数量、质量、品种和规格有了新的飞跃，同时也使一批新兴产业建立和发展起来。

新兴科技的发展，新兴产业的出现，可能给某些企业带来新的市场机会，也可能给某些企业带来环境威胁。

（三）社会文化环境

社会文化环境是指企业所处的社会结构、社会风俗和习惯、信仰和价值观念、行为规范、生活方式、文化传统、人口规模与地理分布等因素的形成和变动。社会文化环境不仅建立了人们日常行为的准则，也形成了不同国家和地区市场消费者态度及购买动机的取向模式。

市场社会文化环境调查对企业经营也至关重要，尤其是人们对自然关注程度的增加，可能出现的新精神信仰、价值取向方面的变化等，更应关注。

（四）自然地理环境

一个国家和地区的自然地理条件也是影响市场的重要环境因素，与企业经营活动密切相关。自然环境主要包括气候、季节、自然资源、地理位置等，它们都从多方面对企业的市场营销活动产生着影响。

一个国家和地区的海拔高度、温度、湿度等气候特征，影响着产品的功能与效果。人们的服装、食品也受气候的明显影响。地理因素也影响着人们的消费模式，还会对经济、社会发展、民族性格产生复杂的影响。

企业市场营销人员必须熟悉不同市场自然地理环境的差异，才能搞好市场营销。尤其要关注自然环境的三种主要变化趋势：某些原材料短缺、污染程度加深、政府对于自然资源更加严密的管理。如果能正确利用人们对自然环境的关心，相信会给企业带来新的营销机遇。

（五）企业竞争环境

在任何市场上销售产品，企业都面临着竞争。市场上从事同类商品生产经营的企业，其竞争者包括现实的竞争者和潜在的竞争者。同一市场，同类企业数量的多少，构成了竞争强度的不同。

企业调查竞争环境，目的是认识市场状况和市场竞争强度，根据本企业的优势，制订正确的竞争策略。通过竞争环境调查，了解竞争对手优势，取长补短，扬长避短，与竞争者在目标市场选择、产品档次、价格、服务策略上有所差别，与竞争对手形成良好的互补经营结构。竞争环境调查，重在认识本企业的市场地位，制订扬长避短的有效策略，取得较高的市场占有率。

四、市场调研及其方法

（一）市场调研的概念

市场调研，也称市场调查或市场研究，是指运用科学的方法，按一定的程序，有目的、有计划地收集、整理和分析有关市场的各种信息及资料，为营销策略制订和企业决策提供正确依据的信息管理活动。市场调研是市场预测和经营决策过程中必不可少的组成部分，一般需要通过撰写调研报告来呈现调研的结果或结论。

(二) 市场调研的流程

市场调研流程的 11 个步骤:①确定市场调研的必要性;②定义问题;③确立调研目标;④确定调研设计方案;⑤确定信息的类型和来源;⑥确定收集资料;⑦问卷设计;⑧确定抽样方案及样本容量;⑨收集资料;⑩资料分析;⑪撰写调研报告。

(三) 市场调研的方法

市场调研的方法可分为文案调研、实地调研、特殊调研三大类型,各大类又各有具体的方法。

1. 文案调研

文案调研主要是二手资料的收集、整理和分析。主要的渠道来自网上资料搜索和图书馆等书籍信息搜索。

2. 实地调研

实地调研可分为询问法、观察法和实验法三种。

(1) 询问法:它是调查人员通过各种方式向被调查者发问或征求意见来收集市场信息的一种方法。它可分为深度访谈、座谈会、问卷调查等方法,其中问卷调查又可分为电话访问、邮寄调查、留置问卷调查、入户访问、街头拦访等调查形式。

采用此方法的注意点:所提问题确属必要,被访问者有能力回答所提问题,访问的时间不能过长,询问的语气、措辞、态度、气氛必须合适。

(2) 观察法:它是调查人员在调研现场,直接或通过仪器观察、记录被调查者行为和表情,以获取信息的一种调研方法。

(3) 实验法:它是通过实际的、小规模的营销活动来调查关于某一产品或某项营销措施执行效果等市场信息的方法。实验的主要内容有产品的质量、品种、商标、外观、价格、促销方式及销售渠道等。它常用于新产品的试销和展销。

3. 特殊调研

特殊调查有固定样本、零售店销量、消费者调查组等持续性实地调查,投影法、推测试验法、语义区别法等购买动机调查,CATI 计算机调查(Computer Aided Telephone Interview 的缩写,即计算机辅助电话访问)等形式。

以下主要介绍几种常用的市场调研方法。

(1) 电话访问:企业内部的销售代表或专业的第三方调研公司人员通过电话对客户进行有条理的访问。电话访问的优点是由于人性化的、与客户直接的访谈,一般会有较高的参与度。电话访问的缺点是由于拒绝率的上升而降低效率,如果委托第三方专业公司可能涉及较高的费用,更重要的是消费者越来越讨厌接到影响其生活、工作的电话,使得电话访问越来越困难。

(2) 在线访问:企业利用在线的调查、免费的网上文字评语、在线的调研收集客户的信息。在线访问的优点包括由于便利而有比传统邮寄调查更高的反馈率;对客户和公司都有成本上的优势;借助软件便于快速分析数据。在线访问的缺点是如果客户自己发起的在线访问有可能产生扭曲的结果;可能产生不准确的回复(自动回复系统通常自动寻找关键字而发送自动的回复),从而忽略客户顾虑中的细微差别;除非绝大部分客户使用网上渠道提供反馈意见,否则收集的信息不完整。

(3) 入户访问:指调查员到被调查者的家中或工作单位进行访问,直接与被调查者接触。然后或是利用访问式问卷逐个问题进行询问,并记录下对方的回答;或是将自填式问卷交给被调查者,讲明方法后,等待对方填写完毕或稍后再回来收取问卷的调查方式。这是目前国内最为常用的一种调查方法。被调查者的家庭或工作单位都是按照一定的随机抽样准则抽取的,入户以后确定的访问对象也有一定的法则。

(4) 拦截访问:是指在某个场所(一般是较繁华的商业区)拦截在场的一些人进行面访调查。这种方法常用于商业性的消费者意向调查中。拦截面访的好处在于效率高，但是，无论如何控制样本及调查的质量，收集的数据都无法证明对总体有很好的代表性。这是拦截访问的最大问题。

(5)邮寄/传真调查表：公司通过直邮或传真向抽样的客户进行调研。这种调研的优点包括由于被访问者有足够的时间回答问题而收集到精确的、高质量的问卷；可提供便于量化的结果；由于大批量邮寄而成本较低。这种调研的缺点是调研的完整性取决于被访者的意愿；由于回收率一般较低或迟缓而统计效果不佳。

(6)集中小组调查：又称小组(焦点)座谈，是指经过仔细选择，从调研者所要研究的目标市场中邀请一定数量(6~15个)的客户参加座谈，以一种无结构的自然的形式，由一个专业的调研主持人负责组织讨论，以了解与客户的满意度、价值相关的内容。这种调研的优点是根据提供的讨论指南和时间表对客户的偏好及顾虑有全面深入的了解；便于与客户建立良好的关系。这种调查的缺点是由于调研主持人的偏见而得到有曲解的结果；为了鼓励被调研者的参与，每次小组座谈会的参与人数有限制；如果扩大抽样的人数所投入的成本就很高。

(7)深度访谈法：是一种无结构的、直接的、个人的访问，在访问过程中，一个掌握高级技巧的调研员深入地访谈一个被调研者，以揭示对某一问题的潜在动机、信念、态度和感情。比较常用的深度访谈技术主要有三种：阶梯前进、隐蔽问题寻探和象征性分析。深度访谈主要也是用于获取对问题的理解和深层了解的探索性研究。

(8)投影技法：是一种无结构的非直接的询问形式，可以鼓励被调查者将他们对所关心问题的潜在动机、信仰、态度或感情投射出来。在投影技法中，并不要求被调查者描述自己的行为，而是要他们解释其他人的行为。在解释他人的行为时，被调查者就间接地将自己的动机、信仰、态度或感情投影到了有关的情景之中。因此，通过分析被调查者对那些没有结构的、不明确而且模棱两可的"剧本"的反应，他们的态度也就被揭示出来了。剧情越模糊，被调查者就更多地投影他们的感情、需要、动机、态度和价值观，就像在心理咨询诊所中利用投影技法来分析患者的心理那样。和心理学中的分类一样，投影技法可分成联想技法、完成技法、结构技法和表现技法。

第二节　项目：中国珠宝首饰市场研究

一、中国珠宝首饰市场总体概况

我国是世界人口最多的国家，也是世界上最大的消费市场，市场发展的潜力极大，珠宝首饰消费市场也不例外。随着我国经济持续平稳的发展，人民的生活水平和购买力逐步提高，珠宝首饰消费市场也日趋活跃，其市场容量和发展潜力巨大。

一般认为，珠宝首饰属于奢侈品。奢侈品在国际上被定义为"一种超出人们生存与发展需要范围的，具有独特、稀缺、珍奇等特点的消费品"。国际公认的"奢侈品"主要包括高档服装、珠宝首饰、豪华游艇、私人飞机等。

进入21世纪以来，欧洲国家对奢侈品的消费开始消退，而中国、俄罗斯、印度、巴西等新兴市场的奢侈品消费快速增长，成为世界奢侈品行业的主要增长区域。

早在20世纪30年代，上海作为远东地区最大的国际都市，形成了奢侈品在中国零售的雏形。经过近半个世纪的停顿，改革开放后，奢侈品消费再次回到中国。中国经济的腾飞吸引了大批国外奢侈品牌踊跃进入中国市场，进一步加速中国奢侈品市场的发展和壮大。从传统百货商场的联营制到连卡佛的买手制，从代理制到品牌直营店，奢侈品与大众的距离越来越近，各种零售业态的出现也让奢侈品行业更加繁荣。

受2008年世界金融危机的影响，全球奢侈品消费出现一定幅度的下滑。但中国奢侈品市场仍以惊人的速度发展,新富人群成为拉动奢侈品高端消费的重要力量,且奢侈品消费呈现年轻化趋势。从名车、豪宅、珠宝首饰到私人飞机,奢侈品的高端细分市场成长十分迅速。中国市场所蕴含的巨大市场潜力,强烈吸引着奢侈品巨头的眼球,众多顶级奢侈品品牌加速扩张步伐。2012年,中国消费者开始成为全球第一的奢侈品消费群体,中国人奢侈品消费占当年全球总额的25%。而据奢侈品咨询公司财富品质研究院(Fortune Character)最近的一份报告显示,2015年全球奢侈品营业额中有近一半来自于中国消费者,中国消费者在这类商品中全年的花费高达1168亿美元(约7400多亿人民币),占全球奢侈品消费的46%,其中,910亿美元以上的奢侈品消费发生在海外,这也意味着78%的中国消费者并未在中国购买奢侈品,造成这种结果的主要原因是国内外的价格差异。数据显示,国内外酒类产品平均价差高达64%,最高价差达85%;腕表平均价差33%,最高价差83%。而消费者常买的服装、香水、箱包、化妆品和皮鞋,价差一般都在30%以下。

中国人强劲的消费能力使众多国际奢侈品牌对中国市场信心倍增,纷纷加快开辟新店,拓展二三线城市市场,抢占市场份额。

随着中国经济的发展,人民消费水平的提高,珠宝首饰已经成为继住房、汽车之后中国老百姓的第三大消费热点。据相关报告显示,2014年国际珠宝首饰市场规模为2748亿美元,较上年同期增长5.3%,其中,中国的市场规模为800亿美元(折合人民币约4920亿元),占全球市场总量的29.1%,成为全球第一大珠宝首饰消费市场。

目前我国珠宝首饰消费品种呈现出多元化的发展趋势,除传统的黄金首饰外,翡翠、玉石、铂金、钯金、钻石、宝石首饰的销售增长也非常明显。从2014年国内珠宝首饰行业的消费结构来看,黄金首饰消费占比约50%,K金与钻石镶嵌类占比约17%,翡翠玉石类占比约15%,其余为铂金、彩宝、珍珠等其他珠宝饰品。

据国家统计局2016年初公布多项的2015年宏观经济数据:2015年中国国内生产总值为676 708亿元,同比去年增长6.9%;2015年中国社会消费品零售总额为30 0931亿元,同比去年增长10.7%;2015年中国互联网产品交易零售总额为38 773亿元,同比去年增长33.3%;2015年中国黄金珠宝首饰零售总额为5200亿元,同比去年增长3.85%;在限额以上企业商品零售额中,金银珠宝类增长7.3%。我们可以发现,即使"寒冬"来袭,中国经济增速放缓,但国内珠宝零售市场的蛋糕还是越做越大了。以下为2011—2015年中国黄金珠宝首饰零售总额的数据比较。

年份	零售额(亿元)	同比
2011	1837	增长42.10%
2012	4000	增长54.07%
2013	4700	增长14.89%
2014	5000	增长6.38%
2015	5200	增长3.85%

从上表可以看出,涨幅最大的是2012年,同比增幅为54.07%,此后三年虽然持续增长,但速度有所放缓。

据中国黄金协会最新统计数据显示,2015年,中国黄金消费摆脱了低迷,结束了自2013年9月以来的下降趋势,全年全国黄金消费量985.90吨,与2014年同期相比增加34.81吨,增长3.66%。其中:黄金首饰用金721.58吨,同比增长2.05%,占据整个黄金消费市场的73.6%;金条用金173.08吨,同比增长4.81%;金币用金22.80吨,同比增长78.13%;工业及其他用金68.44吨,同比增长3.54%。

展望未来,随着中国居民人均收入水平的提升和全球货币宽松预期,预计黄金首饰、投资金币、纪念金条等消费仍将保持持续增长。长期来看，在国内消费持续升级、婚育高峰以及黄金保值投资等需求的带动下，中国的黄金饰品消费市场仍存在一定的发展潜力。

全球白银消费主要集中在工业制造用银、珠宝首饰、银币和银章等领域，其中工业制造用银占白银消费总量的一半以上。近年来我国白银产量连续多年以超过10%的速度递增，是全球递增速度最快的国家。中国在2014年的白银产量达到了4200吨，全球排名第二，已经非常接近排名第一的墨西哥4700吨的产量。2015年，中国的银矿产资源储量总数为43 000吨，占全球总储量的8.11%；全国白银成交量为80.57万吨，同比上年增长61.15%；全国白银成交额为27 600亿元，同比上年增长44.92%。

中国白银工业走向国际市场的步伐在加快，白银深加工产业也在稳步发展。根据《2016年世界白银报告》显示，2015年亚洲成为全球银饰的主要制造区，供应全球约67%的银饰。欧洲位列第二，占全球产量15%；北美地区排列第三，占全球产量约14%。在亚洲，与印度、泰国、印尼及韩国的银饰产量持续上升不同，中国的银饰产量却连续两年出现明显跌幅，在2014、2015年，年跌幅分别达26%、28%，其产量也从2013年的6290万盎司(1盎司=28.35克)的高峰逆转，跌至2015年的3390万盎司，拱手将世界最大银饰生产国的桂冠让给了印度。该报告把中国的银饰产量减少归咎于其经济表现，消费者对白银价格前景亦缺乏信心。再者，中国的银饰产量过去一直存在产能过剩的情况，而这种供过于求的状况在国内消费者购买欲望下降及银行对珠宝制造商收紧信贷之下更见明显。从近两年的国内市场的走向来看，白银价格走低，让零售商能够以更具竞争力的价格提供合乎大众化市场的饰品。而为了在市场气氛低迷之下刺激内地消费，不少内地的企业以含银量更高的纯银首饰来吸引消费者。报告称，要待中国内地银饰市场全面复苏，估计需要较长时间。

当前，中国是全球最大的铂金首饰市场。据国际铂金协会发布的《2015全球铂金首饰零售趋势报告》显示，2015年，中国贵金属首饰市场受到了国内整体经济下滑、奢侈品消费市场萎缩等多重外部因素影响，铂金首饰零售总量下跌4%，但普通消费者对于铂金首饰的喜爱和消费意愿却未受到经济的影响。据国际铂金协会委托特恩斯市场调查公司最新完成的首饰品牌力跟踪调查显示，受访的中国17个重点城市20～44岁女性中，未来把铂金首饰作为第一选择的比例较上一年上升6个百分点，达到66%。从全年的发展情况来看，随着消费者需求的提升，从2015年下半年开始，铂金首饰零售总量逐渐呈现回暖态势，尽管下半年涨幅不足以抵消上半年的销售下滑，但整体市场趋于稳健。

金融危机爆发后，全球钻石市场受到了一定的冲击，但是随后迅速得以恢复。中国的钻石需求一直非常旺盛，在2008年金融危机发生后短短半年时间，中国需求量就从之前的全球排名第五、第六位跃升至第二位。根据钻石年度全球销售报告，2014年，中国全年钻石需求量约620亿元(人民币)，占全球市场份额12%，仅次于美国(370亿美元)。2008—2013年，中国钻石首饰消费增速一直保持两位数增长，2014年由于宏观经济发展速度减缓及香港市场(占全球市场份额1%～2%)下滑，因而增速减缓，但仍达6%。2015年，国内成品钻石销售额为500亿元，同比增长11%；上海钻石交易所成交量为32 662.03万克拉，同比增长194.38%；与此形成鲜明对比的是，中国消费者对抛光钻石和钻石原石的需求却显著下降，其结果是造成切割和抛光市场出现库存积压。

从相关统计数据来看，中国的其他类珠宝市场，则明显不容乐观。2015年，彩色宝石产品销售总额为665亿元，同比下降32.45%；翡翠玉石产品销售总额为120亿元，同比下降20%。

总体来说，珠宝首饰行业在2015年受到了来自各方面的压力和冲击，既要适应消费者购买行为的改变，还要顺应同行业内竞争格局的改变,日子过得并不舒坦!

2016年,对于中国珠宝首饰产业来说,依然是富有挑战性的一年,在经济下行的压力下,又要面临货品原料成本上涨、终端零售市场萎缩、电商与微商的冲击给企业的经营发展带来的竞争压力,这也预示着中国珠宝首饰品牌开始面临重新洗牌,但也是企业塑造新的品牌形象,强化品牌产品,打响品牌在行业的影响力的新机遇。

(上述根据网络搜索相关资料整理而成,某些数据未甄别真伪及准确性,特此说明。)

二、中国珠宝首饰产业现状及发展趋势

虽然我国的珠宝首饰行业有着较长的发展历史,但是从生产技术的角度上来讲,现代意义上的珠宝首饰行业只有近30年的发展历程。从1990年至2000年,中国珠宝首饰行业才开始真正进入快速发展阶段,这黄金的十年,中国的珠宝首饰行业发生了翻天覆地的变化。此后从2000年至今,中国珠宝首饰业又进入了一段相对平稳的发展期,在这个时期中国的珠宝首饰行业真正的走向壮大。

中国政府鼓励和发展珠宝玉石首饰行业,推动了国内巨大的消费市场的发展,促进了珠宝首饰行业的腾飞。2011年,我国已成为世界上最大的珠宝首饰加工基地,钻石珠宝首饰加工技术也已经接近世界先进水平,不过在取得这些发展成就的同时也存在着一些不容忽视的问题,例如:由于缺乏原创设计,中国的珠宝首饰企业很难应对越来越激烈的市场竞争态势;企业经营缺乏特色与创新,产品同质化,缺乏品牌效应;在产业链的位置和珠宝首饰文化和品牌建设,中国的珠宝首饰行业的地位还不高;珠宝行业已经出现产能过剩、专业市场过剩、销售网络体系过剩的问题,而这些问题尚未引起足够的重视,等等。

(一)中国珠宝首饰产业发展现状

1. 需求旺盛,发展迅速

自20世纪90年代初以来,中国珠宝首饰产业以年增长率高于10%的速度向前发展,近几年,更是以年均15%以上的速度增长。根据中国珠宝协会预测,未来几年,我国珠宝首饰市场将继续保持每年10%以上的增长速度。

目前正进入一个全面发展的新阶段,具体表现如下。

产值连创新高,从业人数众多。产业集群效应开始显现,国际化趋势日益明显。中国珠宝首饰不仅满足国内消费者的多样需求,而且正大踏步地走向国际市场。同时,中国珠宝首饰业也完成了从数量扩张、粗放经营向注重质量、打造品牌的转变;中国珠宝首饰产品也从曾经固守传统观念、轻视设计创造的阶段转向了创新工艺理念、设计精品迭出的时代。

另外,当前行业集中度仍然偏低,市场尚未出现具有垄断地位的品牌。未来行业空间和潜力仍然很大,具有完整产业链的企业将在洗牌过程中获得更大的市场份额。

(1)中国珠宝首饰消费量居世界前列,行业发展空间巨大。

我国珠宝首饰行业呈现了高速发展的态势。2002年10月30日,上海黄金交易所开业,黄金管制解除,我国黄金首饰业进入了全面市场化时期。2013年中国超越印度,成为全球最大黄金消费国,在这一年里,由于国际金价大跌,中国消费者对黄金热情高涨,实物黄金库存曾出现不足。同样是在2013年,中国的黄金首饰制造增长了近1/3为724吨,也首次超过印度,成为世界第一大黄金首饰生产国。中国也是全球增长最快的铂金首饰市场,自2000年开始,中国一直是全球最大的铂金首饰消费市场。

目前,我国是仅次于美国的世界第二大钻石消费市场。我国钻石消费市场需求旺盛,钻石进出口秩序进一步规范,推动了上海钻石交易所钻石进出口贸易额的大幅增长。戴比尔斯报告指出,与70%的美国人拥有钻石首饰相比,目前只有20%的中国城市居民拥有钻石首饰,因此,中国的钻石销售市场还有很大的开拓空间。

目前,中国的珠宝首饰消费正以每年超出预期的速度

快速发展,这一切都得益于中国经济体量的持续放大与稳定的发展。从我国的人口结构来看,20世纪80年代中期婴儿潮时期出生的婴儿开始陆续进入适婚年龄和消费购买力迅速增长的时期,这样的人口结构将为未来的珠宝消费带来持续增长。目前,崇尚年轻时尚且有一定经济能力的,年龄在25~45岁之间的女性占我国总人口的16%,将有近3亿人,这部分女性消费意愿强烈,且有足够的收入支撑他们的消费能力。由此可以看出,未来珠宝首饰行业发展的空间依然巨大。

(2)消费结构升级激发珠宝首饰消费热情,"80后""90后"开始成为中国珠宝首饰消费新势力。

2008年,我国人均GDP达到23 708元,折合美元已经超过3000美元,中国人的消费结构开始发生变化,其消费需求开始向实现心理满足和自我价值实现的大方向转变。

随着居民消费结构的升级,珠宝首饰将不仅仅单纯地满足保值增值需要,更多的是去满足人们艺术和精神层面的需求,追求时尚、彰显个性和身份地位的需要。同时,经济快速发展催生的大量中产阶级,将会改变市场消费基数;社保体系的全面覆盖促使城乡消费同层次化,农村市场开始全面打开;奢侈品消费平民化,消费习惯的改变会带动珠宝首饰行业快速发展;年轻一代的提前消费热潮将引发珠宝首饰行业新的消费热情,这些都将促使国内珠宝首饰市场走向壮大、成熟。

新的消费需求将为未来我国珠宝首饰消费市场提供新的增长点。从近几年的金银珠宝首饰销售情况来看,金银珠宝首饰的销售增长速度远超全国GDP总额和城镇居民可支配收入的增长速度。从金银珠宝首饰销售占商品零售的比重来看,也是呈逐年递增的趋势。未来国民经济将继续保持中高速发展,居民收入的稳步提高和消费结构不断多元化将提高人们对珠宝首饰的购买欲望和能力,由此可以预见,珠宝首饰行业也将继续保持快速发展。

中国的"80后""90后"正成为中国消费市场的主导力量。中国的"80后"大约有2亿人,他们是计划生育政策下的独生子女一代,如今,他们都陆续进入而立之年,人生进入到工作、婚恋、生育模式。中国的"90后"数量约有1.4亿,占全国总人口的11.7%左右,他们生长于中国经济高速发展的年代,现在也有部分开始进入谈婚论嫁的时期。当前,"80后""90后"已成为推动社会发展进步的主力军,也是一座巨大的商业金矿。随着二孩政策的全面放开,"80后""90后"也必将成为二孩的生育大军,必将引导新的消费趋向,带来新的消费热潮。未雨绸缪,商家们纷纷针对"80后""90后"制定他们的品牌战略,许多世界知名品牌更是开始加快了他们开掘这座金矿的速度,珠宝首饰行业也不例外。

(3)婚庆刚性需求仍为主体,个性化产品日受欢迎,珠宝消费渐趋理性。

珠宝首饰消费市场的形成与结构变动与一个地区的经济发展和消费观念的更新有很大的关系,与一个地区的生活水平、接受新事物的速度正相关,人口结构与社会文化环境同样影响着珠宝消费理念与首饰的消费量。

据有关机构2015年的统计,当前的珠宝首饰消费仍以婚庆类消费为主,结婚、庆典消费约占70%~80%以上;收藏、配饰类消费约占20%~30%。从产品类型上看,一、二线城市珠宝婚庆消费以钻石类为主;三、四线城市以钻石、素金类为主。从消费趋势上看,"70后""80后""90后",为当前婚庆的主要消费群体,但"90后"和"00后"很快将成为婚庆主要消费群体,其所选择的婚庆珠宝类产品将更趋向时尚化,更注重产品设计和品牌文化。彩色宝石、珍珠、珊瑚等首饰产品正逐步被消费者认可。

2014年开始随着抢金潮透支影响的淡去,国际金价的持续下跌以及国内通胀压力的减缓使得黄金饰品作为国内居民投资保值渠道的重要性已经明显回落,市场也将更多回归到满足消费者的心理需求与情感价值的诉求上,未来行业亮点将集中于"80后""90后"乃至"00后"结婚潮带来的婚庆需求(刚性需求与计划性购买)、节庆生日与自我佩戴的需求(个性化与冲动性购买)之上,行业结构的分化也给传统珠宝企业带来不小的挑战与机遇。相关数据表明,2014年,我国国内共有1302万对新婚夫妇。若按现有数据测算,我国目前婚庆人均消费达到2820元,根据中国传统结婚习俗,珠宝首饰类商品为结婚必备品,如果每年有1302万对新人结婚,若按照每对新人珠宝首饰消费3000元计算,保守估计将有490亿元左右的珠宝消费规模。因此,能否抓住刚性需求,满足婚庆类产品需求;同时,能否抓住"90后""00后"消费珠宝时尚化的趋势,利用好彩色宝石、珍珠、珊瑚品类产品良好的发展机遇,创造更多的个性化需求,将成为珠宝首饰企业未来占领国内市场的关键。

(4)随着经济结构的调整,中国珠宝首饰行业转型势在必行。

我国珠宝首饰行业表现为周期性行业,经济形势的波动往往会对其产生较大的影响。2014年以来,宏观经济增速有所下滑,对珠宝首饰行业产生了一定的影响。随着经济结构的不断调整,珠宝首饰行业与其他行业一样,必将面临以下共同的问题:行业面临低端产品产能过剩,高端产品供给不足;银行贷款的突然紧缩使企业融资出现困难;制造业企业利润不断下降;中高端人才短缺制约行业发展。2016年,中国黄金珠宝产业的发展存在着巨大的挑战。市场原材料价格低迷、市场竞争日趋激烈的严峻形势,必将促使黄金珠宝产业加快改革创新、结构调整和转型升级的步伐。

尽管经济"寒冬"来袭,但与之形成鲜明对比的是,2015年中国消费者全球奢侈品消费达到约7400多亿人民币的规模,说明中国珠宝首饰销售市场需求依然巨大,足以给行业的发展带来一些希望与信心。从行业相关论坛发布的信息显示,资本将加快流入珠宝行业,互联网开始与珠宝行业相融合,新型业态的兴起将促进行业的发展。这也说明,珠宝首饰行业在转型的过程中,并非孤军奋战。

来自相关展会的信息反映了珠宝首饰行业的一些"新常态":越来越多的珠宝首饰企业加强产品文化、工艺、款式等方面的创新,设计的力量在不断提升,科技创新的力量在不断加强,珠宝行业正在从粗放增长型,向着科技文化创新型转变。

随着党和国家对"工匠精神"的高度重视,珠宝首饰企业更加重视个性化定制,柔性化生产,培育精益求精的"工匠精神",增品种、提品质、创品牌,体现珠宝首饰行业"工匠精神"的新成果不断涌现。移动互联网销售平台竞争更加激烈,O2O模式将成线上竞争的有力助推,口碑和品牌将成为珠宝电商核心竞争力,真正的电商市场形成,将成为生力军。2016年消费升级将成为和产业升级一样热门的商业话题,将有更多资本涌入消费升级领域,高端生活方式领域将获得更大、更多发展机会。

面对当前产能过剩的局面,淘汰老旧产能,通过材料、设计、工艺等创新,开拓新的增长点,是产业转型升级的重要途径。未来珠宝企业升级转型的关键之一是产品结构的升级与创新,同时,还需要做好产品文化、原材料文化、行业文化、品牌文化的挖掘与创新。未来珠宝企业升级转型的另一个关键是品牌打造与升级。品牌打造是一个漫长的过程,珠宝行业是一个需要工匠精神、文化情怀的一个产业,不能急功近利,要掌握发展的节奏,打造我们自己的民族品牌。

产业转型升级需要资本支持,因此有业界人士认为,珠宝企业要发展壮大,一定要跟金融资本对接。中国巨大的市场潜力和不断成熟的市场运作机制,使得汇丰银行等金融机构也加快了与珠宝首饰行业企业的合作。在钻石、黄金和白银等资源的开发上,在珠宝首饰产品的生产上,在终端零售市场的营销上,国际上的一些投资机构也正在积极寻求更加广泛的合作。目前,有企业开始实行"互联网+珠宝+金融"跨界融合思维的品牌营销模式,将来肯定会有更多的新的资本融合模式不断出现。

2. 品牌建设受重视,渠道争夺成核心

珠宝首饰行业竞争异常激烈。目前国内珠宝首饰市场品牌众多,但大致可以分为三类:第一类是国际高端品牌,如卡地亚、宝格丽、香奈儿等国际奢侈品品牌,它们有着独有的历史沉淀、文化特性,始终占据着国内高端市场,主要分布在一线城市,这也是国内的品牌在短期内无法超越的;第二类就是如周大福、周生生、谢瑞麟等香港品牌,由于其较为成熟的现代管理体系,以及先入为主的优势,一直占据着一、二线城市的优质商场资源,而且也开始在三、四线城市渗透,但由于"战线"过长,因此在三、四线城市不具备太多优势;第三类便是内地各区域珠宝首饰品牌,它们起步较晚,而且很分散,目前主要在中低端市场混战。然而,中国快速的城镇化建设却正给内地品牌带来很大的机会。因为新的城镇化必然会诞生很多新的商圈,有些富裕的农村就可成为一个繁华的商圈,而内地品牌更熟悉当地消费习惯,具有先天优势,因此,或许是其未来发展的最大机会。

无论是上游加工企业,还是终端零售企业,这几年珠宝行业飞速发展,小型企业增量异常放大,无序竞争导致上游工人收入偏低,严重影响生产积极性,而恶性价格竞争也导致以黄金为主的终端首饰销售几无利润。而小企业的资金投入不能减少,人力成本太高,导致很多小型企业亏损,这些现象在2015年表现得尤为突出。行业整体负债超重,相当一部分企业处于债务危机之中。近几年,为扩大产能,争夺渠道,很多珠宝企业盲目向银行借贷,而盈利能力并不高。在其他行业,负债达到净资产30%就已经是高危红线,而珠宝企业通过"货押"向银行贷款,负债率甚至达到总资产的50%,意味着负债达到净资产的100%,资金链稍有变动,就可能马上陷入债务危机,这类企业不在少数。倒闭潮近在咫尺,行业之间互相戒备。从2014年以来,珠宝行业进入萧条期,众多企业纷纷倒闭,勉强生存下来的也是惨淡经营。

根据市场发展规律,当市场发展到高度集中时,区域性品牌将被全国性品牌打败;全国的中型企业被全国的大型企业打败;事实证明,除去行业的领导品牌外,剩余的20%~30%市场份额让其他成百上千家企业争抢。当前,中国珠宝首饰市场产品竞争格局如下表所示。

品牌类型	主流产品品类	主流产品价位(元)
奢侈品首饰(以卡地亚、宝格丽为代表)	K金、铂金、珠宝镶嵌	5~50万
中高档首饰(以周大福、周生生、老凤祥为代表)	黄金、铂金、珠宝镶嵌	2000~10万
低档首饰(以杂牌为主)	黄金、其他	2000以下

随着珠宝市场的扩大、产业的发展,一些企业开始了从数量扩张、粗放经营向注重质量、打造品牌的转变。

(1) 战略合作成为应对行业竞争的重要手段,资源跨界整合与品牌聚集联合模式开始广受关注。

目前国内高端市场,主要被蒂芙尼(Tiffany)、卡地亚(Cartier)等国际珠宝首饰巨头所垄断,而占据市场主要份额的中低端市场则竞争激烈,主要竞争品牌有香港的周大福、周生生、谢瑞麟、六福珠宝和内地的老凤祥、老庙黄金、亚一金店、潮宏基、明牌珠宝等。

上述国际巨头拥有品牌优势,资金优势,完善的管理和营销体系。市场细分明确,定位清晰,产品差异化,再配合有效的媒体与分众传播和规范运营与诚信的服务,理所当然的占据了中国珠宝首饰高端市场。而中国珠宝首饰企业无论从品牌优势和资金实力以及管理体系上都较弱,目前国内的品牌基本上都集中在中低层竞争,产品同质化严重,存在千店一面的现象,所以要想在未来的中国珠宝首饰市场上占有一席之地,那就要求我们的企业家看清当前的竞争环境,走差异化路线,确定企业的核心优势,放弃非核心产业,在行业中找出与自己企业同一市场的互补优势企业,形成战略合作,共同面对世界巨头的竞争。

面对残酷的竞争,中国的珠宝首饰企业家开始意识到单打独斗的个体独立经营模式的危险性,于是有越来越多的企业开始进行跨界资源整合,或者利用不同的公司优势进行资源重组,不同品牌的珠宝首饰企业联手推动共同发展,以形成合力的珠宝品牌聚集联合模式。同时,企业不断加强与国际设计师的合作,使产品设计与全球时尚潮流相符,与当下全球消费者的需求契合。各种资源跨界整合的形式与品牌聚集联合模式,正在业界逐渐兴起,并广受人们关注。

(2)传统销售模式,利弊不一,自营模式占据一定优势。

从销售模式来看,我国珠宝首饰零售商主要采用自营、经销以及加盟三种连锁模式。这三种模式在渠道拓展、品牌建设、盈利能力方面都各有利弊。

自营模式的主要优点在于毛利率要远高于经销和加盟模式,盈利能力较强。以明牌珠宝首饰为例,2010年,公司自营模式的毛利率为17.46%,而经销模式仅有9.09%。并且自营模式对门店具有完全控制能力,有利于公司维护品牌形象。国内主要珠宝首饰上市公司老凤祥主要采用经销、加盟模式大力发展批发业务,批发业务约占营业收入的7成左右。潮宏基主要采用自营模式,自营店数量仅次于周大福,并且近年来公司仍在进一步加大自营店的拓展速度。

香港的珠宝首饰品牌在内地的销售模式也各有迥异,周大福主要是通过自营、合作以及特许加盟方式经营,周生生和谢瑞麟是采用全部自营方式经营,而六福主要是通过特许加盟方式经营。

(3)加工企业体量小、数量多,且行业较分散。

中国珠宝首饰行业仍处于高速增长期,但集中度偏低。据中宝协统计,2009年我国各类珠宝首饰企业共有20 000余家,产业工人数超过170万人,纯加工企业和不知名品牌较多,而具有集研发、设计、生产、销售于一体的完整产业链的企业却十分稀少,目前市场上较为著名的品牌仅有周大福、周生生、老凤祥、亚一、老庙、潮宏基、明牌等。

(4)渠道拓展成为诸多企业的核心任务。

珠宝首饰产业链环节主要由原材料开采、加工冶炼、毛坯加工、珠宝首饰制作和销售五个步骤组成。从珠宝首饰行业产业链上各个环节的毛利率情况来看,零售商的毛利率要远超批发商的毛利率和制造商的毛利率,比如纯金珠宝首饰,零售商的毛利率为5%~20%,而制造商的毛利率仅为1%~3%,零售终端已经成为目前整个珠宝首饰产业链中增值最大的环节。在整个珠宝首饰产业链环节中,珠宝首饰零售环节增加值所占比重最大,占整个产业链的40%~50%。因此,快速的扩张、通过建立全国性范围的营销网络控制零售终端从而获得销售的主动权为品牌带来溢价,是众多强势品牌的主要选择。目前,在全国各类门店数量超过1000家以上的有老凤祥、周大福、潮宏基等品牌。

(5)中国珠宝首饰行业以店铺零售为主要渠道,互联网销售呈现快速发展态势。

珠宝首饰消费者一般属于非专业性购买,消费者对珠宝首饰缺乏系统知识,或知之甚少,或完全不了解,消费者在购买珠宝首饰这一贵重商品的时候,会担心产品真伪、质量或价格的合理性,这一心理在很大程度上影响消费者的购买行为,大部分消费者会选择在大型商场珠宝专柜或品牌专卖店购买(尤以40岁以上的中老年消费者为主),专柜与专卖店在陈列效果上也明显胜过其他渠道。2013年,百货与专卖店渠道分别占据国内珠宝市场销售的61%与32%。少数消费者会根据熟人口碑传播选择非主流的渠道(以消费能力较弱的年轻消费者为主),多数消费者对珠宝首饰的品质与价格的对应关系不能做出准确的判断，他们在购买珠宝首饰时，对其品质、质量、真伪的了解很大程度上取决于对珠宝企业的信任与销售人员独特的营销技巧。因此，以专卖店与珠宝专柜形式为主的店铺零售一直为我国珠宝首饰行业的主要销售渠道。在中国这个商誉尚未完全建立的市场环境中，消费者对线上终端模式的选择与信任相对有限，因此，百货商场与专卖店仍会是珠宝分销最主要的终端模式，但线上线下结合势在必行。

目前，国内珠宝首饰企业触网主要通过3种方式：B2C平台品牌旗舰店、线上线下融合的O2O模式与独立工作室(设计师)模式。

互联网+的经营模式，拉近了珠宝首饰企业与消费者之间的距离。对传统黄金珠宝企业而言，电商作为新兴渠道，虽然占行业整体零售比例较低(2013年电商渠道零售占行业比重不足1%)，但传统珠宝龙头如周大福、潮宏基、周生生等已经开始通过自建线上旗舰店、B2C平台以及线上线下融合(O2O)模式逐步在电商渠道发力，周大福、周生生网上电商逐年以10%的数据增加。与其他消费品电商类似，珠宝电商的兴起部分解决了消费者与品牌间的信息不对称，成为行业不可或缺的经营渠道之一，目前仅在淘宝建立的B2C珠宝电商就有上万家，他们借助网络虚拟平台建立珠宝首饰展示系统，具有运营成本低、不占用资金的特点，这些线上珠宝电商以经营钻石为主，由于钻石质量评价有4C标准，消费者比较容易比价，而其他品类销售业绩并不理想。

随着网络购物环境的提升(如硬件环境、安全支付等)以及消费者对网购的信赖度提高，网络零售渠道的市场份额将有较大提升空间。但由于珠宝首饰具有绝对价格较高的特点，实体店陈列与体验环节不可替代。纯粹的珠宝电商更适合绝对价格较低的低档珠宝产品的营销，线上购买珠宝首饰的消费者以追求价格实惠的年轻人为主。从产品特色来看，线上主要以经营市场上热销的款式为主。这种局限性也促使许多经营业绩不错的线上珠宝品牌陆续尝试建立体验店、拓展O2O模式，实际上大部分交易也是在线下体验中心实现。

互联网+也为珠宝设计师和珠宝玉雕工作室提供了更广阔的空间，小型化、精品化、定位精准的小型珠宝玉雕企业，应该是今后珠宝行业新兴的主力，更是吸引新兴资本投资珠宝首饰行业的主力。

(6)品牌建设与设计能力的提升是未来发展趋势。

中国不同地区审美观念、价值观念与消费水平都有较大差别，从市场竞争状况来看，一线市场(省级城市及经济发达的地级城市)已经由产品和价格的竞争转向品牌竞争，这些市场的消费者大多已经具备品牌意识，相信品牌、购买品牌产品已成为他们的选择倾向，钻石等高档首饰饰品是这些消费群体的首选；而在二、三线市场(地县级城市)，本土品牌和地方品牌仍然为市场主导，黄金首饰依然会是这些区域的主流需求。各全国性品牌在维持一贯的品牌风格的基础上，面对不同区域、不同消费群体，也将通过产品与经营模式的针对性的创新与调整去适应当地市场和消费文化获得当地消费者的认同，争抢地方品牌的市场份额。随着消费者对品质要求的提高，知名度高、品牌信誉度高的珠宝首饰产品越来越受到青睐。

"时尚珠宝首饰"的核心竞争力在于款式设计及更新，这是制约国内品牌向高端发展的瓶颈。珠宝首饰的艺术设计、工艺也越来越被消费者看重，产品设计能力已经成为珠宝首饰企业获得市场份额的核心竞争力。而目前市场上，国内品牌的珠宝首饰品种相对国际及香港地区的著名品牌而言，设计相对单一、缺乏原创性，产品同质化现象严重，处于劣势地位。幸运的是国内品牌已逐渐意识到设计能力的重要性，目前已加速提高产品设计能力，竞争力有所提升。

3. 受制于金价波动，经营风险在增大

2016年4月19日，上海黄金交易所推出黄金现货和衍生品市场的人民币基准价交易,简称"上海金定价",经过亚太经合组织和亚投行的前期铺垫,中国终于迈出了黄金话语权的关键一步!自此,以人民币计价,在上海交割,标准重量为1千克且成色不低于99.99%的金锭,可在上海黄金交易所指定的定价交易平台通过"以价询量"的集中交易方式,最终形成人民币基准价格。

中国各大珠宝首饰零售商金饰品的销售定价基本采取随金交所黄金、铂金原材料价格波动而调整的政策,而成本则采用加权平均法确定。若原材料黄金、铂金价格一直上扬,那么由于成本核算方法相对滞后以及存货天数较高,公司毛利率将有所提高;反之若原材料价格一直下降,则对公司毛利率有负面影响。公司通过有效的对冲操作(如黄金租赁、T+D交易)能将原材料带来的经营业绩波动降低到最小。从2006年至今,老凤祥股价和黄金价格之间的相关系数高达0.82,周生生、六福与黄金价格的相关系数分别为0.85和0.84。总体来看,金价走势对股价波动影响仍较大。

(1)金价波动影响公司毛利率水平。

国内珠宝首饰上市公司生产需要的原材料中,黄金、铂金均通过黄金交易所采购获得,而钻石则是通过钻石交易所采购获得。各公司黄金、铂金饰品的销售定价原则上基本采取随金交所黄金、铂金原材料价格波动而调整的政策,而成本则采用加权平均法确定。由于珠宝首饰公司的存货周转天数较高,比如以批发模式为主的老凤祥和明牌珠宝,黄金、铂金饰品的存货周转天数为2~4个月,而以直营零售模式为主的潮宏基存货周转天数甚至高达12个月。所以当金交所黄金、铂金原材料价格波动时,公司对经销价或者零售价即时调整,而销售成本由于上述存货核算方法变动相对滞后(存货周转天数越高,滞后效应越大),因此黄金、铂金饰品毛利率与金交所黄金、铂金原材料价格密切相关。

若原材料黄金、铂金价格一直上扬,则公司由于成本核算方法相对滞后以及存货天数较高,核算成本将较当期价格低,从而公司毛利率将有所提高。反之,若原材料价格一直下降,则对公司毛利率有负面影响。

(2)黄金租赁及T+D交易的有效影响。

黄金租赁业务和黄金T+D延期交易业务,为公司提供了规避黄金价格波动风险的途径。黄金租赁业务是指企业以租赁方式向商业银行租用黄金,到期后归还同种黄金并以人民币方式支付租赁利息的业务,企业拥有在租赁期间的黄金处置权。黄金租赁为看空操作,若黄金价格下跌,公司通过黄金租赁业务获取原材料实际采购成本下降,有助于公司经营业绩的稳定;若黄金价格上涨,将部分冲减由黄金价格上涨所带来的利润。而黄金T+D延期交易业务则类似于期货,可进行两头操作,通过适当进行买入(多头)操作,锁定原材料价格成本;相反,公司通过适当卖出(空头)操作,降低黄金价格下降引发的经营风险。由于黄金饰品的成本转嫁能力极强(即当原材料黄金价格变动时,销售价格马上变动,最终由消费者和批发商承担价格风险),因此黄金价格的变动仅影响库存价值,并间接对公司经营业绩造成影响(黄金价格上涨时,存货价值上涨,这部分利得在最后售出时以销售毛利增加的间接形式实现;相反黄金价格下跌时,则这部分损失以销售毛利减少的间接形式或者在报告日以存货减值损失直接实现)。虽然T+D多头操作可以锁定原材料价格成本,但由于金价上涨时,公司可以随即上调售价,由下家承担成本上涨,因此多头操作实质上是增加了公司经营效益的波动性,非稳定公司经营业绩。而黄金租赁及T+D空头操作,如头寸价值在公司存货价值的范围内,则可以有效降低原材料波动对公司造成的经营风险。此外,黄金租赁的利率一般较同期银行贷款和短期融资利率水平低,也大大降低了企业的财务费用支出。

(3)金价与珠宝首饰公司股价同步性较强。

从近几年历史来看,原材料价格变化和股价变化之间具有较强的相关性,若股价和黄金价格之间的相关系数一直很高,两者几乎同涨同跌,而若股价与金价相关系数较低,则两者的涨跌并不一定同步。总体来看,金价走势对股价变化还是影响较大的。

(二) 中国珠宝首饰产业分布状况

业界人士一般将国内珠宝首饰行业分为四大派系,即欧美系、港系、沪系、粤系。其中欧美系以卡地亚、通灵等奢侈品牌为代表,占据高端市场;港系、沪系主要集中于中高端市场,以周大福、周生生、谢瑞麟、老庙黄金、亚一金店、老凤祥等为代表,分享了国内市场的大部分中高端份额;而粤系(主要以深圳品牌为代表)主攻中低端市场。由此可以看出,各派系之间目标鲜明,分工明确。

中国珠宝首饰产业按照地域主要分为以下三个板块。

(1) 上海板块:以上海老庙黄金、东华美钻、亚一金店、老凤祥等为代表的全国一线品牌。

上海区块聚集了几十个大大小小的珠宝首饰企业品牌,虽然数量上不占优势,但对整个中国珠宝首饰行业的影响很大。老银楼是上海珠宝首饰连锁企业发展的原型标志之一,有一个多世纪的历史,严格意义上的首饰品连锁企业的原型,就是由这些单门独户老字号不断扩张发展而形成的。

(2) 香港板块:以周大福、谢瑞麟、周生生、六福为代表的全国驰名品牌。

从目前来看,香港品牌阵营在国内珠宝首饰市场竞争中明显处于领先地位,但也应当看到,内地珠宝首饰企业如上海老凤祥等在内地市场的长期打拼,有了开辟海外市场的能力,在国内二、三线城市,还具有相当的影响力。另一方面,以TESIRO通灵、卡地亚为代表的品牌开始拓展中国市场。与此同时,香港珠宝首饰品牌开始面临品牌同质化竞争困境,大多数香港珠宝首饰品牌没有独特的品牌诉求点,日趋同质化。

(3) 深圳板块:以艾尚、爱迪尔、百泰、帝爵、雅福珠宝等为代表的中小品牌。

据深圳市黄金珠宝首饰行业协会发布的《2015年深圳珠宝行业白皮书》显示,深圳珠宝业年均制造加工总值约1500亿元,批发、零售贸易额达340亿元,是名副其实的中国珠宝首饰制造交易中心、物料采购中心、信息交流中心。白皮书显示,黄金珠宝首饰是深圳优势传统产业、创意时尚文化的标志性代表产业之一,也是罗湖、盐田两个行政区的共同支柱产业之一,并在国内外形成了颇具影响力和凝聚力的产业集群,在国内处于龙头地位。截至2015年底,深圳珠宝业共有各类法人注册企业约5000家,大小珠宝交易批发市场22家。

另据统计,2015年深圳黄金、铂金的制造加工量,占上海黄金交易所实物销售量首饰用金的约90%。同年,深圳制造的珠宝首饰成品钻的用量,占上海钻石交易所成品钻石一般贸易进口量的约90%。全国有色宝石镶嵌首饰、金镶玉首饰,绝大部分是深圳制造;翡翠镶嵌、玉石镶嵌规模以上的制造企业几乎都在深圳;3D硬黄金制造加工、硬黄金镶嵌宝石首饰制造加工业几乎也都在深圳。

据行业调查显示,2015年深圳珠宝企业制造加工、批发贸易和零售总量的总体情况良好。其中,制造加工、批发贸易和零售总量20万件以上的企业最多,占28%;总量在15万~20万件的企业占12%;总量在2万~5万件的企业占18%。

(三) 中国珠宝首饰行业的发展趋势

为鼓励和发展珠宝首饰玉石首饰行业,在中国宝玉石协会的推动下,我国政府出台了许多优惠的政策措施,如:关税总水平不断降低,税收政策逐步调整;贵金属及其制品市场不断放开,上海钻石交易所、上海黄金交易所先后运行,为珠宝首饰行业的发展提供了良好的制度环境。珠宝首饰行业一直培育和规范市场。近年来,国家有关部门出台了一系列标准和法规,对规范市场和参与国际竞争而言,奠定了良好的基础。如为了加强行业自律,中国宝玉石协会制定了《中国珠宝玉石首饰行业自律公约》，并举行了行业自律工作会议，通过自我约束，探索新时代的行业自律、健康发展的方法。

因此，我国珠宝首饰行业具有十分广阔的发展前景，将来我国珠宝首饰产业可能朝以下方向发展。

1. 产业集群化

珠宝是一个对上游材料价格较为敏感的行业。黄金、铂金、钻石等材料都随着全球市场不断变动，而且变化频率还很高，因此，珠宝首饰企业除了生产产品外，还必须实时关注材料的价格变动，并及时做好"对冲"，才能有效避免材料价格变动带来资产的损失。

目前我国已逐渐形成一批宝玉石首饰特色产业基地，产业集群化优势开始显现。这种优势的产生是因为许多相关企业在地域上处于同一地区，在原材料和半成品、配件、设备制造与维修、技术创新、人才培养等方面优势互补、相互配合，从而降低了交易成本，提高了整体效益。而这种产业的集聚，不仅大大地提升了当地宝玉石产业的综合竞争实力，也为当地的宝玉石产业带来了更多的发展机会，吸引了众多的国外企业与外地企业，前来考察学习或谋求合作机会，这更加证明了产业集聚化的重要意义。

2. 产业链一体化

与一般消费品仅仅是将原料变为成品并将之从生产者转移到消费者手中不同，一件珠宝首饰产品不仅仅只是贵金属材料和宝石简单合成，它还蕴含着很多的文化和寓意。从原材料的选择到设计研发、生产、销售各个环节，因为要传达的文化内涵及情感寄托是基本一致的，所以各环节之间的关系更密切。反映在产业链上的态势，则是上下游诸多品牌个体的紧密合作，从而加速实现材料、研发、生产、加工、销售一体化的进程。可以预见的是，经过新的一轮洗牌之后，规模化企业将会主导这个行业，当然也会诞生更多个性化企业，大企业将占据标准化珠宝首饰产品市场，而个性化企业或门店将主导个性化定制的消费需求，而这类小而富有特色的珠宝首饰企业的空间会非常庞大，产值总量甚至不会低于规模化企业。

中国珠宝首饰行业已经进入了必须转型升级的重要时期，转型升级离不开金融的介入和扶持，综合金融服务可能是整个行业最需要的模式。告别传统担保方式的银行借贷，单方面获取资金利息的初级状态，而应该让投资人融入到企业发展中来，共享发展成本。未来珠宝企业更需要的是资本合伙人，而不是银行借贷。

3. 品牌多元化

知名品牌将更富有价值。开展多元化经营与更宽领域的深度战略合作是中国企业立足国内、走向世界的必然选择，珠宝首饰企业也不例外。由于珠宝首饰消费的多元性，决定了珠宝首饰产品的多样性，也使得珠宝首饰企业在制定其品牌策略时，必须更多地考虑不同目标市场的特点，决定采取单品牌，还是多品牌；是采取联合品牌，还是主副品牌；并且要赋予品牌独特的文化内涵与形象。从发展的趋势来看，珠宝首饰企业在加强自身品牌建设的同时，出于长期共赢考虑，建立在共同利益基础上，与同行乃至跨界实现深度的合作，正越来越受到企业的关注，并付诸于实际行动。

4. 产品开发重文化

从某种意义上来讲，珠宝首饰代表了一种文化、时尚的生活态度。珠宝首饰文化也是中国五千年悠久历史和灿烂文化的重要组成部分，而珠宝首饰丰富而独特的文化内涵也被越来越多的人所认可，他们通过珠宝首饰的消费以满足其物质与精神的需求，也为珠宝首饰企业带来了更多的财富。

珠宝首饰是一个重体验感受、不大重速度的行业。珠宝首饰的价值体现不仅仅在价格上，更多体现在消费者对珠宝的体验感、情感诉求等。于是，有越来越多的企业开始挖掘和创新珠宝首饰文化内涵，并努力传播珠宝首饰文化，期望通过设计、开发更多富有文化内涵的珠宝首饰产品及有特色的文化营销策略，以赢得消费者的内心，赢得市场，获取更大的利益。

另外，与宗教文化有关的饰品及其衍生品市场份额将明显增加。庇佑、祈福是百姓生活中重要的精神诉求。宗教题材的饰品与雕件仍然占据市场较大份额。绿松石、琥珀、珍珠、玛瑙、砗磲、水晶等佛家珍宝市场销量将会增加。

5. 管理精细化

珠宝是一个对经营管理水平要求较高的行业。虽然这是一个传统行业，而且还处于粗放式的发展阶段，但其实对经营管理水平要求很高，不同于其他行业，珠宝企业仅仅在货品管理、原材料采购、财务体系等方面的复杂程度就非常高，所以很多珠宝企业发展到一定规模后，已经不是业务跟不上，而是企业内部的经营管理能力跟不上。从品牌建设与管理的角度来看，"商号化"的珠宝品牌将越来越艰难，而真正具有品牌内涵、独特风格的珠宝品牌将更加被市场接受，更易抢占市场份额。因此，企业经营规范化、内部管理精细化将是珠宝首饰企业的标准要求。

在未来的竞争中，或许抢夺高水平珠宝首饰专业管理人才比抢夺珠宝首饰设计人才更显迫切、更加重要。因为，专业设计人才不足，可以寻求合作的形式来解燃眉之急，而造就一支对企业怀有深厚感情且管理水平高、专业知识丰富的管理团队，绝非一日之功可以完成的，除个别职位可以采取空降职业经理人的形式来完成新老交替或填补空缺以外，更多的管理人员，必须依靠企业自身不断培养来完成。因此，长远来看，一个企业若想基业长青，从现在开始就必须重视管理团队的培育，若等到上规模后，才想起培养管理人才，则一切都为之晚矣。

6. 经营国际化

全球经济一体化，是不可阻挡的潮流。我国要想成为珠宝首饰产业强国，中国珠宝首饰企业的发展必须也必将融入国际化的进程。

(1)珠宝首饰产品贸易的国际化。

中国珠宝首饰的出口近几年来呈现快速增长态势，中国的珍珠、玉石、人造宝石等已强行打入国际市场，但与此同时，巴西的水晶、波罗的海沿岸国家的琥珀、俄罗斯的白玉、泰国的有色宝石、意大利的金饰、法属波利尼西亚的珍珠等国外产品也纷纷进入中国市场，加剧了国内市场竞争的激烈程度。随着中国国际影响力的增强，中国的珠宝首饰产品贸易国际化步伐必将加快，激烈的国际竞争风险和巨大的发展机遇并存，如何抓住良好的发展机遇，势必是所有珠宝首饰企业所要面临的新课题。

(2)政策调整与国际接轨。

为了满足中国企业需要，更好参与国际竞争，我国政府也一直积极调整相关政策使之符合世贸规则，并积极履行当初加入WTO的承诺，降低关税水平，在实施零关税的税收政策的同时，不断调整钻石进出口管理和税收政策，使之符合国际惯例，并且不断简化黄金及其制品加工的对外贸易手续。

(3)资源利用的国际化。

在资源利用方面要达到共享，发挥比较优势。自20世纪90年代起，来自中国台湾、中国香港、美国、欧洲的一些国家和地区宝玉石商在中国内地纷纷投资建厂，因此在资源利用国际化方面，国外资本早已捷足先登。中国珠宝首饰加工人才队伍庞大，且工艺精湛，闻名世界，享有"宝玉石世界加工厂"的美誉，数百个珠宝首饰加工厂，每天都有世界各国源源不断的订单。尽管中国钻石资源较少，但我国依靠人力资源优势与工艺加工优势，大力发展钻石加工贸易，来自世界各地的原料，经中国企业加工后再出口。因此，我国也成为目前世界第二大钻石加工国，每年的加工钻石量超过300万克拉，产值超过10亿美元。

可以预见，随着中国珠宝首饰产业的成功转型与发展壮大，资源利用的国际化将不仅仅局限在资本融合、原材料的利用方面，必将拓展延伸到珠宝首饰生产与经营的各个领域。

(4) 国内珠宝首饰品牌的国际化。

多年以来,来自欧美国家及港澳台等地区的珠宝首饰商陆续在中国大陆投资并建立工厂,在获取巨大利润的同时,也为中国珠宝首饰行业带来了先进的管理经验、灵活的经营机制和国际化的流行趋势。另一方面,中国国内企业积极主动与国外品牌合作,成为国外著名品牌的合作伙伴,在发展和效益上实现了合作者的双赢。国内的珠宝首饰行业充分利用国内材料、人工、设备、技术等优势,以自己良好的产品质量及有竞争力的价格,走向国际市场。

中国的一些高端珠宝首饰品牌在钻石、彩宝等产品领域,积极向最新的国际流行趋势看齐,在设计理念与艺术造型等方面与欧美知名珠宝品牌同步,成功走出了国际化坚实的第一步。但要想使自己的品牌成为国际品牌,仅有这些是不够的,其困难也将是巨大的。

品牌国际化要求企业必须立足于全球市场发展自己的品牌,从而成为全球性知名品牌。即企业要有在全球范围内的战略眼光,凭借海外市场的力量,努力把企业做大,扩大影响面,成为世界知名品牌,它可以在不同国家市场实行不同的跨国战略。而每一个竞争对手,尤其是本国的竞争对手都会对外来的入侵者高度敏感。此外,不同国家之间在语言、信仰、生活和消费习惯方面会有很大的不同,产品的特性和价格也会有很大的不同,这就增加了品牌国际化难度。

一般跨国公司或企业在全球市场的总体发展战略为"思考全球化,行动本土化"。即在全世界市场有一相同的基本定位,但可视当地具体情况进行战略重组。也就是说,当我们的品牌走出国门,要想在某一国家或地区成功立足,必须与当地具体情况相结合,即实行本土化。其具体战略如下:一是产品无差异化,广告诉求形式多元化,注重与当地文化的交流与沟通;二是产品无差异化,促销全球化;三是生产基地的无国界化,人才的本土化和社会贡献当地化。品牌国际化的道路是艰辛和持久的,当一个企业拥有国际销售网络与一流的国际服务营销体系时,其品牌国际化的目标就变得触手可及了。

7. 产业信息技术交流国际化

宝玉石展越来越成为国内外宝玉石企业交流与合作的重要平台。每年举办的中国北京国际宝玉石展、深圳国际宝玉石展、上海国际宝玉石展,是中国规模最大、效果最好的3个展会,它不仅成为中国宝玉石企业参展或观摩的必备展会,也是国外宝玉石企业参展和观摩的首选展会。中国宝玉石企业也越来越多的走出国门,参加泰国、瑞士、美国、意大利等国际宝玉石展,考察巴西、南非、澳大利亚、法国、印度等国际宝玉石资源和市场,以谋求更大的发展。

世界黄金协会、国际铂金协会、国际钯金协会、国际有色宝石协会等纷纷协助其会员拓展中国市场。中国国土资源部宝玉石首饰管理中心、中国宝玉石首饰行业协会和国外一些商协会、科研、教育及培训机构的交流更是日益频繁。宝玉石产业技术、信息的交流与合作为全球宝玉石产业的发展奠定了良好基础,也正在有力地促进世界宝玉石行业的健康、持续发展。

(根据张月萍论文《中国珠宝首饰产业现状与发展趋势研究》等相关资料改编。)

第三节 项目模拟:珠宝首饰市场专题调研

专题一:某区域(或城市)珠宝首饰行业市场竞争状况调研及分析

思路:选择某一区域或某城市作为调研对象进行专题调研,调研主要内容及分析如下。

(1) 不同性质企业竞争格局分析。
(2) 不同层次品牌竞争格局分析。
(3) 不同品牌渠道竞争格局分析。

专题二:珠宝首饰行业市场环境分析

思路:通过调阅相关文案材料,或访问行业专家及市场咨询机构等方法,对当前珠宝首饰行业市场环境整体概况进行调研分析,其主要内容如下。

(1)行业政策环境分析:①行业相关政策动向,如促进消费政策、收入分配政策、奢侈品消费等政策解读;②珠宝首饰行业发展规划,如国内贸易"十三五"规划、黄金工业发展规划等解读。

(2)行业经济环境分析,如国内外宏观经济环境分析、美元走势及通货膨胀等与珠宝首饰行业关联性分析。

(3)行业消费环境分析。

专题三:某区域(或城市)消费者调研分析

思路:选择某区域或某城市作为调研范围,对该区域(城市)的消费状况进行调研分析,其主要内容如下。

(1)居民消费能力与消费结构分析。①居民可支配收入与消费能力分析;②居民收入支出情况与消费结构分析。

(2)居民消费行为与消费信心分析。

(3)人均珠宝首饰消费潜力分析。

(4)女性或男性消费群体与需求分析。

专题四:某区域(或城市)婚庆市场发展状况与趋势分析

思路:选择某区域,或某城市,对该地的婚庆市场进行调研,并从以下几个方面进行分析。

(1)该地结婚适龄男女的总体情况。

(2)婚庆消费需求现状(归纳需求的类别)。

(3)婚庆消费结构(主要是支出比重比较分析)。

(4)区域经济水平及其结婚消费差异分析(需要对比其他地区或城市进行分析)。

(5)结婚消费需求的发展趋势分析(尤其是对珠宝首饰需求的变化趋势)。

第二章 珠宝首饰市场定位策略

第一节 理论、方法与策略基础

人们习惯于把市场比作一个蛋糕,对于经营者来说,独享整个蛋糕当然好,但更多的时候是有很多对手来划分这个蛋糕,甚至是争夺同一块蛋糕。按照这个思路来理解,只要这个蛋糕没被分割完或者尚未被享用尽,只要蛋糕依然保持着独特的美味——市场吸引力,就会有越来越多的对手加入到竞争的行列中来。因此,在蛋糕的争夺战中,占位很重要,倘若占得最佳位置,可以夺得更好甚至是更多、更大的蛋糕,这里的占位指的就是目标市场选择及市场定位。

从珠宝首饰市场来看,由于人们的消费心理、购买习惯、收入水平及所处的地理文化环境不同,因此体现在消费需求和购买行为等诸方面均存在很大的差异。无论是世界顶级品牌企业还是国内的龙头企业,面对这一复杂的消费群体,都不敢夸口能够让它的产品包打天下。因此,把珠宝首饰产品的整体市场根据一定的标准进行细分,然后结合特定的市场环境和企业自身的资源条件,确定目标市场,进行市场定位,并制订适合其消费者群体的营销策略,是任何珠宝首饰企业至关重要的一项工作,这也是市场营销的核心工作之一。

一、市场细分概念及其依据

(一) 市场细分的概念

所谓市场细分,就是按照一定的细分变数,即影响市场上购买者的欲望和需要、购买习惯和行为的诸因素,把整个市场细分为若干个子市场的营销活动。市场细分是企业寻找最佳市场机会,正确选择适合自身培育与发展的目标市场,进而以最低支出谋取最大收益的一项重要工作。

当一种产品不论其目标消费者是谁,其产品需求的特性无明显差异时,我们可视作为无差异需求产品,因此,其对应的市场也无细分的必要。就比如食盐市场一样,过去由于人们尚未认识到食盐中微量元素对人类身体可能造成的影响时,人们不会太多地去区别这个食盐是产于哪里,含有什么微量元素。也只有在人们渐渐意识到过多摄入某种微量元素可能对其身体造成伤害,或者个人认为其人体缺少某种微量元素时,人们才发现食盐的需求也是有差异的,因此,当今食盐的产品类别五花八门,同时人们也开始关注食盐的产地及品牌,这就使得食盐市场的细分成为可能。所以说,市场细分是在产品消费的需求特性存在差异时,才有展开的必要,而对应的每一种不同的需求就可视为一个细分市场。对于珠宝首饰企业来说,若能做到尽可能多地满足消费者的不同需要,当然很好,但必须基于企业具备足够的资源条件及能力,同时能够克服其他因素的制约。一般情况下,企业会按照"求大同,存小异"的原则,归纳分类这些差异化的需求,以保证企业的营销组合策略符合特定目标消费者群体的消费特点和购买习惯。

(二) 市场细分的依据

从消费者市场来看,影响需求倾向的因素归纳起来主要有地理因素、人口因素、心理因素、行为因素。以这些因素为依据进行市场划分，就形成了不同的细分市场。

1. 地理细分

根据消费者所处的地理位置、自然环境等地理变量来细分消费者市场称为地理环境细分。由于不同地区在自然条件、气候、文化传统和消费水平等方面存在差异，致使不同地区消费者的需求、习惯和偏好也存在较大差异，他们对企业所采取的市场营销组合策略可能会有不同的反应。以珠宝首饰市场为例，我们可依据反映消费者地理特征的有关变量，划分为国际、国内市场，或者东部沿海、中部内陆、西部边远市场，或者城市、农村市场等若干个不同的子市场。

2. 人口细分

人口变量是反映消费者个人基本特点的变量。它包括消费者的年龄、家庭规模、家庭生命周期、性别、收入、职业、受教育程度、宗教信仰、民族、种族、国籍等。人口因素比较容易衡量，只需通过简单的市场调查就可以获得全面的有关人口的相关数据，因此，珠宝企业常常将人口因素作为市场细分的重要依据而对区域市场的人口状况做系统的分析。

人口细分就是依据某一个人口变量来细分市场。现结合珠宝首饰消费，就几个主要的人口变量作举例说明。

(1) 性别：性别虽然只有男性和女性两类，但由于生理上的差别，男性和女性在产品需求和偏好上有很大的不同，珠宝首饰在很大程度上来说是女性的专利，但也不能排除男性购买的可能。珠宝企业在瞄准女性消费者的同时，也应适时地相互渗透，以某些男性细分作为目标市场，如结婚或订婚的男性、成功的男性人士等。

(2) 年龄：按年龄进行市场细分是珠宝企业常用的市场细分方法。不同年龄的消费者由于在经济收入、审美意识、生活方式、价值观念、社会活动和社会角色等方面存在着较大的差异，必然会对珠宝首饰产生不同的消费需求。如青年人喜欢时尚的流行首饰，老年人则倾向于保守、具保值功能的首饰。因此，在市场细分活动中，企业应把握好不同年龄层消费者的需求特点并以此为依据再作细分，在企业决策中一旦将某个年龄层的顾客作为目标市场，就要及时地为这个目标市场提供相应的产品。

(3) 经济收入：消费者的经济收入水平是购买力的决定因素，也决定了一个地区消费者的生活水平和生活方式。按照当前的平均经济收入水平，可以将一个地区的居民收入分为高收入、中等收入和低收入三类。高收入消费者和低收入消费者在生活方式、消费方式、社会交际等方面有很大的不同。珠宝首饰是高档消费品，其购买者主要是中高档收入的消费者。因此，企业要了解一个地区不同消费者的工资收入水平、家庭收入总额和人均收入状况，并具体分析消费支出占个人家庭收入的比例以及收入变化对消费者需求的影响，按收入的高低并结合其他情况对市场做出市场子细分。

(4) 职业与教育：按职业和受教育程度可以将一个市场划分出若干个不同的细分市场。职业不同和受教育程度不同对珠宝首饰的需求是不一样的，有些职业，如医生，尽管经济收入水平和消费观念都符合消费珠宝首饰的要求，但其职业要求是不能佩戴首饰的。珠宝首饰是文化饰物，只有对其文化内涵有深刻理解的顾客才能成为珠宝首饰的忠实消费者。因此企业应注重按照消费者的职业和受教育程度不同来划分不同的细分市场，它对产品定位和目标市场的选择具有十分重要的意义。

(5) 宗教信仰：消费者的宗教信仰不同，在吃、穿、住等消费需求上的特点是不一样的，因而也可以按宗教信仰的不同细分为不同的市场。国内外有不少品牌就是利用人们宗教信仰开发珠宝首饰产品，尤其是玉石类产品，如玉石佛珠。

(6) 民族：不同的民族有不同的消费需要和消费习惯。如我国是一个由56个民族组成的多民族国家，各民族在漫长的岁月中共同创造了中华民族的文化,同时也形成了本民族特有的文化、习俗和习惯,他们在首饰消费中都有各自鲜明的民族文化特点,从而形成了符合民族特点的首饰消费需求。按民族的不同来细分珠宝市场,不仅有利于满足各民族消费者的特殊需求,也使企业获得了更广泛的发展机会。

在实际工作中按照人口因素细分市场,既可以按单个因素细分,如只按"经济收入"这一变量来细分市场,也可以按多种因素组合来细分市场,不过,按多种因素组合来细分市场会使企业的目标市场选择和市场定位更加准确。例如:是否可以根据职业或社交场合的不同,将女性首饰市场细分为女性职场佩用首饰、女性家用首饰、女性重要社交佩用首饰等若干市场呢?

3. 心理细分

心理细分就是按照消费者的生活方式、个性等心理变量来细分消费者市场。从许多事例可以看出,消费者的欲望、需要和购买行为不仅受人口变量的影响,而且还受心理变量的影响,所以,还要进行心理细分。

1) 生活方式细分

生活方式是指个体在成长过程中,与社会诸要素相互作用下,表现出来的活动兴趣和态度模式。消费者的消费行为与其生活方式有着非常密切的关系。来自不同文化、社会阶层、职业的人有着不同的生活方式。生活方式影响着人们对各种产品的兴趣和态度,人们的消费行为体现出他们的生活方式。目前以生活方式来细分市场的企业已越来越多。如专为崇尚时尚生活的妇女设计生产流行首饰或服装。

2) 个性细分

消费者的个性对其需求和购买动机有较大的影响。虽然人们的个性千差万别,多种多样,但也可以找出共性,将其归类。有的企业使用个性因素来细分市场,设计出个性化的产品,以满足追求个性的消费者的需求,珠宝首饰产品的个性化设计也正成为一种潮流。

4. 行为细分

所谓行为细分,就是企业按照消费者购买或使用某种产品的时机、消费者所追求的利益、使用者、消费者对某种产品的使用频率、消费者对品牌的忠诚度、消费者的购买阶段以及对产品的态度来细分消费者市场。

1) 时机细分

在现代市场营销实践中,许多企业往往通过消费者购买商品的时机与使用商品的时机细分市场,试图扩大消费者使用本企业产品的范围。消费者购买珠宝首饰的时机很多,每当中国的传统节日到来时(如元旦、春节、五一劳动节、国庆节等),就是消费者购买珠宝首饰的主要时机。中国传统佳节前后常常是结婚男女首选的婚庆日子,珠宝企业也常在佳节到来之前大做广告,大力宣传购买钻石首饰、珠宝首饰对婚姻的纪念意义,并推出各种优惠举措,扩大产品的销售。利用购买时机细分市场并以此作为目标市场对珠宝企业十分重要,通常佳节前后,一天的销售额是平常销售额的数倍甚至数十倍。

2) 利益细分

消费者往往因为各有不同的购买动机,追求不同的利益,所以购买不同的产品或品牌。以购买首饰为例,有些消费者购买钻戒,是出于结婚或某些特殊需要;而出于普通需要的消费者则倾向于选购一些普通的首饰,乃至于选购仿真配饰品。珠宝企业进行利益细分时,关键是要了解消费者购买珠宝产品所要获得的预期利益是什么——即核心产品的内涵。有的追求美观时髦,有的追求产品的高品质,有的追求保值,有的追求佩戴品牌珠宝所带来的荣誉。根据消费者追求利益的不同,企业应该选择其中一个或几个追求某种利益的消费者作为目标市场。运用利益细分法,要从了解消费者购买珠宝首饰所寻求的主要利益是什么开始,然后掌握寻求某种利益的消费者是哪些人,接着要调查市场上的竞争品牌各自满足哪些利益,还有哪些利益没有得到满足,最后确定本企业产品要突出的某些利益特征,并辅以适当的促销手段,反复宣传这些特征,最大限度地吸引追求这些利益的消费者。

3) 使用者细分

许多市场可根据消费者的购买与使用情况进行细分。如将某种产品的整体市场细分为非使用(购买)者、以前曾经使用(购买)者、经常使用(购买)者、初次使用(购买)者、潜在使用(购买)者。珠宝企业可以根据本企业在市场上的状况确定将哪些顾客或顾客群作为自己的目标市场。大的珠宝企业一般注重将潜在购买者变为实际购买者,经营的产品尽量满足多层次顾客的需求,而小企业则注重以经常购买者为服务对象,并设法将竞争对手产品的购买者引向购买他们的产品。

4) 使用率细分

许多商品还可以按照消费者对其使用频率来进行细分。如少量使用者、中量使用者、大量使用者。企业可对不同的产品用户采取不同的营销策略。珠宝首饰不是日常消费品,重复性购买的机会不是很大,这也是大型珠宝企业将注意力面向广泛市场的原因。而中小企业在经营中会发现,他们70%的销售额是靠30%的经常性购买者或大金额购买者实现的。企业应集中精力研究这30%消费者的消费特征,确定适应这些购买者的价格、包装、企业形象和营销策略,以适应这些消费者的需求。同时争取更多的经常性购买但不一定选择本企业产品的客户选择本企业的产品。

5) 忠诚度细分

企业也可以根据消费者对品牌的忠实程度来细分市场。根据消费者对品牌的忠实程度,可将某种产品的消费者分为坚定忠诚者、中度忠诚者、转移型忠诚者、经常转换者。其中,坚定忠诚者始终只购买一种品牌的产品。中度忠诚者则是同时忠于两三个品牌。转移型忠诚者是从偏爱一种品牌转换为偏爱另一种品牌的消费者。经常转换者是指不忠实于任何一个品牌的消费者。这种细分方式给企业带来这样的启示:对于单一品牌的忠诚者和几种品牌的忠诚者占主导的珠宝市场,其他企业是很难进入的,即使进入也难以提高销售。因此,企业应从非品牌忠诚者占大多数的市场入手,采取有效的营销手段,开发出新颖的产品,使消费者购买本品牌产品所获得的利益明显大于其他品牌,同时加强品牌宣传,提升企业形象,吸引忠诚于其他品牌的消费者转向于忠诚于本企业的品牌。

6) 待购阶段细分

对于每一种产品来说,都可能同时存在对产品不了解、对产品有所了解、对产品感兴趣、想要购买、打算购买的各种各样的消费者。例如,有的消费者可能对首饰确实有需求,但只知道有黄金首饰而不知道有珠宝这种首饰;有的消费者已经知道有珠宝首饰这种产品存在,但对价格、质量等还存在疑虑;有的消费者已经对珠宝首饰产生了兴趣,有的消费者想购买,有的消费者正在打算购买。企业应对这种市场做细致的市场细分,对处在不同待购阶段的消费群采取不同的营销策略,并随着待购阶段的进展适时地修改并推出新的营销方案。

7) 态度细分

消费者对企业产品的态度一般有五种:热爱、肯定、怀疑、冷淡、否定或敌对。同一地区不同的消费者对珠宝首饰的态度可能存在较大的差异,主要取决于对珠宝首饰的认识和珠宝消费文化的普及程度。因此,企业可以通过市场调查和市场分析,了解消费者对珠宝首饰消费的态度,针对不同态度的消费者采取不同的营销策略。如对持冷淡和敌视态度的消费者,企业没有必要花更多的时间去改变他们的态度,而对持怀疑态度的消费者,企业应在产品质量、企业信誉等方面大做文章去改变他们的态度,企业更应采取策略巩固持热爱和喜欢态度的消费者,并争取持无所谓态度的消费者。

二、市场细分的有效标志

并不是所有的市场细分都是有效的。市场细分的有效标志主要有如下几个。

1. 可衡量性

可衡量性是指各细分市场的规模、购买力是可以被测量的。例如，美国"可口可乐"饮料在中国市场上的成功就是得益于对中国市场的有效细分和对中国消费者购买力的准确测量。因此，有效的市场细分应能使各分市场需求规模及其购买力得到比较准确的测量。

2. 可接近性

细分市场必须能够接近并提供服务。比如一家香水公司发现，用其香水的人多数是单身，这些人很晚还待在外面，社交很多，除非公司有办法知道这些人住在哪里，在哪里买东西，或者接触哪些媒体广告，否则就很难达到产品促销的目的。

3. 可进入性

可进入性是指企业有能力进入所选定的子市场。如日本本田公司在向美国消费者推销汽车时，就遵循这一原则，从而成功地进行了市场细分，选择了自己的目标市场。同"奔驰""奥迪""富豪"等高级轿车相比，本田汽车不仅价格较低，技术也较高，足以与竞争对手"分粥"。因此，进入美国市场后，取得了巨大的成功。

4. 可盈利性

可盈利性是指企业进入所选定的分市场后，这一分市场的规模足以使企业有利可图，或者能够给企业带来足够的赢利。否则，市场细分就没有实际意义了。

三、市场细分的方法与步骤

1. 市场细分的方法

市场细分的方法通常有以下三种。

(1) 单一因素法。即选用一个市场细分标准，对市场进行细分。

(2) 综合因素法。即运用两个或两个以上的市场细分标准对市场进行细分。

(3) 系列因素法。系列因素法也是运用两个或两个以上的标准来细分市场，但必须依据一定的顺序由粗到细依次细分，下一阶段的细分是在上一阶段选定的子市场中进行的，细分的过程实质上就是一个比较、选择子市场的过程。

2. 市场细分的步骤

美国营销专家伊·杰·麦卡锡提出了一套逻辑性强、直观明了的七步细分法，被企业界广泛接受。其基本步骤如下。

第一步，选定产品的市场范围。即在明确企业任务、目标，对市场环境充分调查分析之后，首先从市场需求出发考虑选定一个可能的产品市场范围。

第二步，估计潜在顾客的基本需求。企业可以在地理、心理和行为等方面，通过"头脑风暴法"对潜在顾客的要求做大致分析。这一步骤掌握的情况也许不够全面，但是可为以后各个步骤准备深入了解的资料。

第三步，分析潜在顾客的不同需求。企业依据人口因素做抽样调查，向不同的潜在顾客了解上述哪些需求对他更重要。初步形成几个消费需求相近的细分市场。

第四步，剔除潜在顾客的共同需求。即对初步形成的几个细分市场之间共同的需求加以剔除，以它们之间需求的差异作为细分市场的基础。虽然共同需求也重要，但只能作为市场营销组合决策的参考，不能作为市场细分的基础。

第五步，为这些细分市场暂时定名。即为不同的顾客群体定一个称谓。

第六步，进一步认识各细分市场的特点，做进一步细分或合并。企业要对各分市场的顾客，做更深入细致地考察,明确各顾客群体的特点,已知哪些,还要了解哪些,以便决定各分市场是否需要再度细分,或加以合并。

第七步,测量各细分市场的大小,从而估算可能的获利水平。经过以上各步骤,细分市场的类型基本确定。企业接着应把每个细分市场与人口因素结合,测量各个细分市场中潜在顾客的数量。企业进行市场细分,是为了分析盈利的机会,这又取决于各细分市场的销售潜力。

3. 市场细分应注意的问题

(1)在选择市场细分的标准时,应根据不同企业的自身条件及产品的特点进行切合实际的选择,不能生搬硬套,不讲实效。

(2)市场细分的标准是动态的。

(3)在选择细分市场的方法时,往往选择综合因素法或系列因素法。因为影响消费需求的因素往往是多方面的且是相互关联的。单一因素细分的市场很不具体,缺乏实际意义,一个理想的细分市场往往是由多个因素综合划分来确定的。

四、目标市场选择

(一)目标市场的概念

经过对各细分市场的规模和发展潜力、市场结构吸引力,以及企业目标和资源能力的分析,企业将最终决定选择哪些细分市场作为自己的目标市场。

所谓目标市场,就是企业营销活动所要满足的市场,也是企业为实现预期目标而要进入的市场。具体来说就是企业拟投其所好,为之服务的具有相似需求的消费者群体。企业的一切营销活动都要围绕这个目标市场来进行。选择和确定目标市场,明确企业的具体服务对象,关系到企业任务和目标的落实,也是企业制订营销战略的首要内容和基本出发点。

(二)选择目标市场应考虑的因素

根据上述分析,我们可以看出三种目标市场的覆盖策略都有利有弊,那么,企业究竟应该选择哪种目标市场策略呢?具体选择时,应考虑以下几个方面的因素。

1. 企业资源

如果企业资源充裕、实力雄厚、经营管理水平高,就可以根据产品的不同特性考虑采用差异性或无差异性市场策略;如果实力有限,无力顾及整体市场或多个细分市场的需要,则应采用集中性策略。

2. 产品特点

如果企业的产品差异性小,不同厂家或地区生产的产品之间差别不大,而且消费者对这些产品的差别也不太重视,产品竞争的焦点主要集中在价格和服务上,对这些产品应该采用无差异性策略。而有些产品不仅本身的性能、款式、花色等具有较大的差异性,而且顾客对这些产品需求的差异也较大,对这类产品应采用差异性策略或集中性策略。

3. 市场特性

如果消费者对某种产品的需求、购买行为基本相同,对营销刺激的反应也基本一致,也就是说,市场是同质的,企业就应该采用无差异性市场策略;反之,如果消费者的需求和偏好有较大的差异,对营销刺激的反应也不一致,则企业就应采取差异性策略或集中性策略。

4. 产品所处的市场生命周期阶段

处于投入期的新产品,一般品种较为单一,竞争者也较少,吸引顾客的主要是产品的新颖性,这时企业宜采用无差异性策略;当产品进入成长期或成熟期时,市场上产品的花色、品种在增多,竞争也在加剧,这时就应采用差异性策略,以刺激新需求,尽量扩大销售;对处于衰退期的产品,则应采用集中性策略,以维持企业的市场份额并延长产品的寿命周期。

5. 竞争者的状况及策略

选择目标市场主要涉及两个方面的问题:一是竞争者

的数量。当同一类产品的竞争者很多时,消费者对不同企业提供的产品所形成的信念和态度很重要。为了使消费者对本企业产品产生偏好,增强本企业产品的竞争能力,就应采用差异性策略。反之,就可采用无差异性策略。二是竞争者的策略。一般而言,企业所采取的目标市场策略应该与竞争对手有所区别。当竞争对手采用无差异性策略时,本企业就可采用差异性策略;如果竞争对手已经采取差异性策略,则企业可建立更深层次的差别优势或以竞争性策略与之竞争。

五、目标市场的营销策略

企业在确定自己的目标市场之后,可采取不同的市场营销策略。一般说来,有三种目标市场的营销策略可供企业选择。

1. 无差异性市场营销策略

采用这种市场营销策略,就是把整体市场当作一个大的目标市场,只向市场推出单一的标准化产品,并以统一的营销方式进行销售。

一般来说,这种策略适用于那些具有广泛需求,从而能够大量生产和大量销售的产品。采取这种策略的企业可以建立单一的大规模生产线,采用广泛的销售渠道,进行大量的、统一的广告宣传和促销活动。对珠宝首饰企业来说,很少采取此策略。

实行无差异性策略的优点是:一是企业可以依靠大量的生产、储运和销售来降低单位产品的成本;二是可以利用无差异的广告宣传以及其他促销手段,从而节约大量的营销费用;三是不做市场细分,减少了市场调研、产品开发等方面的费用。因此,如果面对的整体市场中消费者需求无差异,或者即使他们的需求有差异,但差异很小可以忽略不计,而且产品能够大量生产和销售,那么,采用这种策略就是合理的。

2. 差异性市场营销策略

实行这种策略的企业,需要先对整体市场作市场细分,然后根据每个细分市场的特点,分别为它们提供不同的产品,制订不同的营销计划,并开展有针对性的营销活动。例如,珠宝首饰企业为了满足不同消费者的需求和偏好,分别提供贵金属首饰、普通金属首饰、仿贵金属首饰、薄层类首饰、珠宝玉石类首饰、其他首饰等多种产品,就是在珠宝首饰市场上实行差异性市场营销策略。

实行差异性策略的优点:一是企业可以采用小批量、多品种的生产方式,并在各个细分市场上采用不同的市场营销组合,以满足不同消费者的需求,实现企业销售量的扩大;二是企业具有较大的经营灵活性,不是依赖于一个市场、一种产品,从而有利于降低经营风险。但采取差异性营销策略,缺点也是显而易见的:一是增加了生产成本、管理费用和销售费用,由于需要制订多种营销计划,使得生产组织和营销管理大大地复杂化了;二是要求企业必须拥有高素质的营销人员、雄厚的财力和技术力量。为了减少这些因素的影响,企业在实施差异性策略时,一是要注意不可将市场划得过细,二是不宜卷入过多的细分市场。

3. 集中性市场营销策略

实行这种策略的企业,既不是面向整体市场,也不是把营销分散在若干个细分市场,追求在较大的市场上占有较小的市场份额,而是把力量集中在一个或少数几个细分市场上,实行有针对性的专业化生产和销售。采用集中性策略的意义就在于:与其在大市场上占有很小的份额,不如集中企业的营销优势在少数细分市场上占有较大的、甚至是居支配地位的份额,以向纵深发展。如有些珠宝企业专门制作工艺首饰,也有专门生产玉石类产品的珠宝企业,等等,均属于集中性策略。

集中性策略的优点是:有利于企业准确地把握顾客的需求,有针对性地开展营销活动,也有利于降低生产成本和营销费用,提高投资收益率。这种策略特别适用于小企业。因为小企业的资源力量是有限的,如果能够集中力量在大企业不感兴趣的少数细分市场上建立优势就有可能取得成功。集中性策略的缺点是经营风险较大。因为采用这一策略使得企业对一个较为狭窄的目标市场过于依赖,一旦这个目标市场上的情况突然发生变化,比如消费者的需求偏好突然发生变化,或者有比自己更强大的竞争对手进入这个市场,企业就有可能陷入困境。因此,采用集中性策略的企业必须密切注意目标市场的动向,随时做好应变的准备。

六、消费者分析

企业初步确定了目标市场,在进行市场定位之前,必须对目标消费者进行分析。

消费者市场是由消费者的生活需要引起的。这种需要有生理上的,也有心理上的。生理需要多属物质需要,心理需要多属精神需要。在现实生活中,一个人的需要有很多而且具有层次性。美国心理学家亚伯拉罕·马斯洛依据需求强度的次序,将人类的需求分为生理需要、安全需要、社交需要、尊重需要和自我价值实现的需要五个层次,他认为,只有低层次的需要被满足后,较高层次的需要才会出现并要求得到满足。

(一) 消费者的购买动机

消费者的购买动机一般分为生理购买动机和心理购买动机。

1. 生理购买动机

生理购买动机就是消费者的本能动机,是因人们的生存需要而引发的购买动机。人要生存就必须在衣、食、住、用、行等方面不断地重复消费,所以生理购买动机引发的购买行为具有经常重复性、习惯性、长期性和稳定性,而且需求弹性小。

2. 心理购买动机

心理购买动机是因人们的心理、精神需要引发的购买动机。具体又可解析为感情动机、理智动机和信任动机。

感情动机是由人们的思想情感引起的,如人们都有自己的审美观、道德观、荣誉观等价值观念,并且面对不同的产品表现出喜欢、高兴、好奇、好胜之类的感情。表现在购买行为上常常是求新、求美、求奇等。如有些珠宝首饰购买者注重商品的欣赏价值和艺术价值;而年轻人希望佩戴个性化的首饰,如鼻饰、指环等新潮的饰物以显示自己的与众不同;也有些人处于攀比心理去购买首饰,等等。

理智动机是消费者对产品做了较为全面的研究、分析、比较之后产生的。表现在购买行为上常常讲究实际效用、注重产品品质与价格之比,要求方便、服务周到。突出的特点是求实、求质、求廉、求快速、求安全等。

信任动机是消费者对某具体品牌、商店产生了信任和好感而产生的。信任动机导致的购买行为有求名、偏爱、重复购买等特点。如某些具有一定社会地位的各界名流喜欢拥有、佩戴珍稀昂贵的珠宝以此突出自己的富有与高贵;有些人则偏好购买某些知名品牌的珠宝首饰;有很多消费者出于对某个商家的信任而购买珠宝饰品,等等。

总之,心理动机的产生及其导致的购买行为都是比较复杂的,它不仅受消费者自身条件的左右,还要受到社会风尚、经济增长、文化思想等客观因素的影响。现实生活中,本能动机和心理动机有时是结合在一起共同起作用的,这时表现出来的购买行为就更加复杂,经营者必须做更深入细致的研究。

(二) 影响消费者购买行为的因素

1. 文化因素

文化因素是影响消费者需求的最基本因素。每个人都处在一定的文化环境之中,接受着特定社会文化的影响,从而形成了不同的社会阶层、社会组织、生活准则、价值观念、道德规范、风俗习惯、宗教信仰、审美观、语言文字等。因此,文化因素对消费者的购买行为有着最深远和广泛的影响。如:在珠宝首饰消费中,受传统文化的影响,中国人历来以对称型的款式为美,对玲珑秀美的首饰情有独钟。受地域文化的影响,我国的北方消费者与南方消费者在珠宝款式风格的追求上又略有差异,北方以大气型的款式为主,而南方更偏爱秀气型的款式。

社会阶层是指一个社会中具有相对的同质性和持久性的群体,它们是按等级排列的,每一阶层的成员具有相似的价值观、兴趣爱好和行为方式。而不同社会阶层的人,他们的经济状况、价值观念、兴趣爱好、生活方式、消费特点等各不相同。这些都会直接影响他们的购买习惯和购买方式。企业营销要关注社会阶层的划分,针对其消费者所处的社会阶层,通过适当的信息传播方式,在适当的地点,运用适当的销售方式,提供适当的产品和服务。

2. 社会因素

社会因素主要包括消费者的家庭、相关群体、社会角色和地位等。

1) 家庭

家庭是构成社会的细胞,也是消费品市场的主要购买者。一个人在其一生中一般要经历两个家庭。第一个是父母的家庭;第二个是在父母的养育下逐渐长大成人,然后又组成自己的家庭。当顾客进行购买决策时,必然要受到这两个家庭的影响。当然,原有家庭的影响比较间接,而现有家庭的影响则比较直接。

家庭购买决策大致可分为四种类型:①丈夫决定型;②妻子决定型;③共同决定型;④各自做主型。另外,不同的家庭购买商品的决策重心也不相同。例如,对丈夫有较大影响力的商品为汽车、摩托车、自行车、计算机、电视机等;对妻子有较大影响力的商品为衣服、洗衣机、餐具、吸尘器、化妆品等;对夫妻共同关心的商品有住房、家具、旅游等。

2) 相关群体

相关群体是指在形成一个人的思想、态度、信仰和行为时,对其有影响的一些团体。每一个相关群体都有其自己的价值观和行为规范,群体内的成员都必须遵守这些共同的观念和规范。

相关群体可以分为三类:一是对个人影响最大的群体,如家庭、亲朋好友、邻居和同事等;二是对个人影响次一级的群体,如各种社会团体、学会、研究会等;三是崇拜性群体,个人不直接参加,但对其行为有重大影响,如社会名流、影视明星、体育明星等。这种崇拜性群体的一举一动,都会成为一部分追随者的样板,如时装、化妆品、珠宝首饰等可利用这种示范效应进行推销。

相关群体对消费者行为的影响表现在三个方面:首先,相关群体向人们展示新的行为和生活方式;其次,相关群体可能影响一个人的态度和自我观念;最后,相关群体能产生某种令人遵从的压力,影响消费者对商品及品牌的选择。

3) 社会角色和地位

社会角色是指某人在社会上处于一定地位的权利和义务,一个人在不同的场合扮演不同的角色,并享有不同的社会地位,因而有不同的需求,购买不同的商品。如某人在家里是儿子,结婚后是丈夫和父亲,在公司是总经理等。作为总经理他会坐豪华轿车,穿高档服装,因为他要代表企业形象;作为父亲他需要为儿女购买学习用具等。

3. 个人因素

个人因素主要包括年龄、家庭生命周期、职业、经济状况、生活方式、个性以及自我观念等因素。

1) 年龄与家庭生命周期

消费者的需求与其年龄有很大关系。如年轻人一般思想比较开放,敢于冒险,是新产品的主要市场,而老年人比较稳重,不易改变旧习惯,喜欢购买自己钟爱的商品。因此,年龄影响人们的购买决策与行为。

西方学者将购买者的家庭生命周期分为七个阶段。

①未婚期,年轻且单身阶段;

②初婚期,新婚至生育第一个孩子;

③生育期,生育第一个孩子至生育最后一个孩子;
④满巢期,出生最后一个孩子到第一个孩子参加工作;
⑤离巢期,第一个孩子参加工作到最后一个孩子也参加工作;
⑥空巢期,孩子全部参加工作,家中只剩二位老人;
⑦鳏寡期,夫妻一方死亡至双方死亡。

初婚期,消费者是家具、化妆品、时装的主要购买者,也可能是珠宝首饰的主要购买者。生育期,是食物、玩具、儿童用品的主要购买者。消费者家庭处在不同的生命周期,他们的需求就不同,因此,消费者的购买行为也不同。

2) 职业

一个人的消费模式和购买行为也受职业的影响。在我国,工人一般将大部分收入用于购买食品、服装和家具;农民将大部分收入用于购买农资产品和盖房;知识分子在图书、报纸和杂志等文化用品方面比从事其他职业的消费者花更多的钱。由此可见,消费者的职业与其购买行为之间也有较密切的关系。

3) 经济状况

经济状况决定着个人和家庭的购买能力。经济状况是指消费者的收入水平、储蓄和资产情况、借贷能力以及对消费与储蓄的态度等。消费者经济状况好,其需求水平较高,也容易作出购买决策。反之,消费者收入低,又没有储蓄,就会制约其消费行为。

4) 生活方式

生活方式是指一个人在生活方面所表现的兴趣、观念以及参加的活动。生活方式对消费者行为的影响是显而易见的。如某些"事业型"的消费者,其主要目标是在事业上做出成绩,业余时间参加一些活动如旅游、锻炼等,但主要是为了更好地工作。而某些"娱乐型"消费者,其生活目标是使生活丰富多彩,增加乐趣。可见,生活方式的不同将影响人们的需求特征和购买行为。

5) 消费者个性与自我观念

个性是一个人身上表现出的经常的、稳定的、实质性的心理特征。个性的差别也会导致人们购买行为的不同。如在选择服装方面,性格外向的人,往往喜爱色彩鲜艳、对比强烈、款式新颖的服装;而性格内向的人,一般比较喜欢深沉色调、端庄朴素的服装。自我观念就是自我形象。在实际生活中,许多消费者的购买行为都是出于保护"自我形象"而采取的购买决策。他们在购买商品时,如果认为该商品与自己的形象相一致,决定购买概率就大一些;如果与自己的形象不相称,就会拒绝购买。

4. 心理因素

消费者自身的心理因素也支配着其购买行为,如动机、知觉、学习、信念和态度等。

1) 动机

动机主要解决人们为什么要购买某产品的问题,是消费者产生购买行为的主要推动力。

2) 知觉

知觉是人们对感觉到事物的整体反映。感觉只是对事物个别属性的认识,知觉包括感觉、记忆、判断和思考。消费者的知觉是有选择的、有组织的,并受刺激因素,如广告的大小、色彩、明暗对比及频度的影响。同时还受个人因素,如个人的感觉能力、信念、经历、态度、动机等因素的影响。

3) 学习

人类的行为有些是本能的、与生俱来的,但大多数行为是从经验中得来的,即通过学习、实践得来的。人类的学习过程是包含驱使力、刺激物、诱因、反应和强化等因素的一连串相互作用的过程。例如:当感到饥饿,这就产生了购买食品的"驱使力";看到了面包、方便面等食品,这就是"刺激物";经过考虑决定购买,边走边吃,既省钱又节约时间,这里的"金钱"和"时间"就是做出反应的"诱因";"反应"则是对刺激物和诱因做出的反射行为;"强化"是指反应得到满足后所产生的效应。

4）信念与态度

所谓信念与态度，是指一个人对某一事物的解释方法，即所持的见解和倾向，它是通过后天的学习逐步形成的。信念作为人们对事物的认识和倾向，它可以建立在不同的基础上。有的建立在个人的"知识和经验"基础上，如"矿泉水"比"汽水"在炎热时更解渴的信念;有的是建立在个人的"见解"基础上，如认为听古典音乐可以陶冶人的情操;有的则是建立在"信任"的基础上，如购买名牌产品等。不同的信念常常导致消费者对产品的态度。消费者的态度又对其购买行为的发生产生重大影响。

（三）消费者购买决策过程

1. 消费者在参与购买中的角色

消费者在购买决策过程中可能扮演不同的角色。包括：倡议者，即最初提出购买某种商品或服务的人;影响者，指对评价选择、制定购买标准和做出最终决策有影响力的人;决策者，即对是否买、为何买、如何买、何处买等方面的购买决策做出完全或部分最后决定的人;购买者，即实际购买产品的人;使用者，即实际消费或使用产品或服务的人。

2. 消费者的购买行为类型

消费者的购买决策随其购买行为类型的不同而变化。较为复杂和花钱多的决策往往凝结着购买者的反复思考和众多人的参与决策。根据参与者的介入程度和品牌间的差异程度，可将消费者的购买行为分为四种类型。

1）复杂购买行为

复杂购买行为是指消费者对不经常购买的贵重产品，该产品品牌差异较大，购买风险也大，消费者需要有一个学习过程，目的是广泛了解该产品的性能、特点，从而对其产生某种看法，最后决定购买的消费者购买行为类型。营销者对这种复杂购买行为，应多采取有效措施（产品介绍、操作演示、上门服务等）帮助消费者了解产品性能及其更多的效用价值，并介绍产品相对优势和给购买者带来的对比利益，从而影响购买者最终消费该产品。

2）寻求多样化购买行为

寻求多样化购买行为是指消费者对于品牌差异较明显的产品不愿花较长时间去选择和评价，而是不断变换所购产品的品牌的消费者购买行为类型。这样做，是从品牌多样化的消费中感受不同产品所带来的满意感和效用。市场营销者针对这种购买行为类型，可采用销售促进和占据有利货架位置等办法来促销产品。

3）化解不协调购买行为

化解不协调购买行为是指消费者对于品牌差异不大的产品不经常购买，而购买时又有一定的风险，在此情况下，消费者一般要相互比较、看货，只要价格合理、购买便捷、机会适当就会决定购买;购买之后，消费者往往会感到有些不协调或不够满意。为了减轻、化解这种不协调，消费者在使用过程中，会更多了解情况，并寻求各种理由来证明自己的购买决定是正确的。从不协调到协调的变化过程中，消费者会有一系列的心理变化。针对这种情况，营销者应选择最佳销售地点，注意运用价格和人员推销策略，并向消费者提供有关产品评价的信息，使其购买后满意感更强。

4）习惯性购买行为

习惯性购买行为是指对于价格低廉、经常购买、品牌差异小的产品，消费者不需要花更多的时间去选择，也不需要经过收集相关信息、评价产品特点等复杂过程，因而，其购买行为最简单。消费者只是被动地接收信息，出于熟悉而购买，也不一定进行购后评价。这类产品的营销者可以通过价格优惠、独特包装、电视广告、销售促进等方式鼓励消费者试用、购买和续购产品。

3. 消费者的购买决策过程

在复杂购买行为中,消费者的购买决策过程一般由引起需要、收集信息、评价方案、决定购买和购后评价五个阶段构成。

1)引起需要

消费者的需要一般是由内部和外部两种刺激引起的,如口渴、寒冷等属于内部刺激;消费者收入的变化、消费偏好的变化等属于外部刺激。营销人员应注意两方面的问题:一是了解哪些与本公司的产品(劳务)现实上或潜在地有关联的驱使力;二是某种产品的需求强度,会随着时间的推移而有所变动,且易被一些诱因所触发。因此,公司要善于运用诱因,促使消费者对公司的产品产生强烈的需求,并积极采取购买行动。

2)收集信息

对于首次购买较复杂的商品,消费者一般都要收集有关信息。消费者的信息来源主要包括四个方面:密切相关群体来源(如家庭、朋友、邻居、熟人等),商业来源(如广告、推销员、经销商、包装、展览等),公共来源(如大众传播媒体、消费者评审组织等),实践来源(如操作、实验及使用产品等)。营销人员应对消费者的信息来源认真加以识别和评价,并询问其最初接触到品牌信息时的感觉。

3)评价方案

消费者在收集信息的过程中,就会对信息进行分析和"过滤",逐渐对市场上各种品牌的产品形成不同的看法,最后才决定购买,这就是品牌的评价。

消费者的评价行为一般要考虑以下几个问题:①产品特性及特性的权重。即产品能够满足消费者需要的属性。例如对计算机而言,其存储能力、图像显示能力、软件的适用性等是消费者感兴趣的属性。不同的消费者对产品的所有属性重要程度的认识是有差异的。②品牌信念。即消费者对某品牌带来的效用和价值所持有的总的看法。如消费者会对进口冰箱、国产的不同品牌的冰箱有不同的信念,即品牌形象。由于受消费者个人经验、选择性注意、选择性曲解及选择性记忆的影响,其品牌信念可能与产品的真实属性并不一致。③效用函数。用来描述消费者所期望产品的满足感随其属性的变化而有所变化的函数关系。效用函数表明消费者要求该属性达到何种水平他才会接受。④评价模型。即消费者对不同品牌进行评价和选择的程序和方法。

4)决定购买

通过评价选择,消费者会对可供选择的品牌形成某种偏好,从而形成购买意图,进而购买所偏好的品牌。但是,在购买意图和决定购买之间,有两种因素会起作用:一是别人的态度,如家人、朋友的反对等;二是意外情况,如预期收入突然减少、家里有人突然生病、更符合"理想产品"的新产品新近上市等。也就是说,尽管偏好和购买意图对购买行为有直接的影响,但二者并不一定导致实际购买。

5)购后评价

产品被购买之后,就进入了购后评价阶段,此时,营销人员的工作并没有结束。消费者在购后会产生对某种产品的满意或不满意。消费者对其购买活动的满意感(S)是其产品期望(E)和该产品可觉察性能(P)的函数,即 $S=f(E,P)$。若 $E=P$,则消费者会感到满意;若 $E>P$,则消费者会感到不满意;若 $E<P$,则消费者会感到非常满意。消费者根据自己从卖主、朋友以及其他来源所获得的信息来形成产品期望。若卖方夸大其产品的优点,消费者将会感受到不能证实的期望。这种不能证实的期望会导致消费者的不满意感。E 与 P 之间的差距越大,消费者的不满意感也就越强烈。所以,卖方应使其产品真正体现出其可觉察的性能,以便使购买者感到满意。如果消费者对产品满意,则在下一次购买中可能继续采购该产品,并向其他人宣传该产品的优点。营销人员应采取有效措施尽量降低消费者购买产品后的不满意程度。

(四)珠宝首饰消费者的心理及行为分析

珠宝首饰作为一种个性化的消费品,已越来越成为人们表现自我、提升生活、满足心理需求的商品,成为一种人们心理体验的方式和社会地位的象征。珠宝首饰消费的主要目的是为了满足人们心理的、社会的需求,因此,消费者的购买行为比购买日常消费品要复杂得多。未来营销的成功取决于,谁能更深刻地把握消费者的需求和变化,并具备满足这种需求和变化的能力,谁就将是市场的强者。

就珠宝首饰企业而言,在推出新的品牌,进入新的细分市场或设计新的珠宝首饰款式时,必须要明确以下几个方面的问题:谁是企业的目标消费者?他们购买珠宝首饰的目的是什么?哪些因素会影响消费者的购买选择?消费者通常在何时、何处购买?消费者的购买决策是如何作出的?只有掌握了这些涉及消费者心理活动和行为变化规律的问题,才有可能设计出消费者易于接受的珠宝首饰产品。而将新的产品推向市场之前,企业还需根据对消费需求的理解与把握,制订出相应的营销策略。

1. 珠宝首饰消费不同阶段的行为分析

根据消费者的购买决策过程,消费者在不同的阶段,其行为表现及心理活动也是不同的。

(1)珠宝首饰消费需要的激发。

需要是消费的根源,需要能引发人们的动机,当人们感到自身的一个需要必须得到满足时,购买过程就开始了。需要可以被人的内在因素或外部刺激所唤起。因而经营者在市场营销活动中,不仅要唤起消费者的现实需要,而且还要研究与把握消费者的潜在需要,并摸索出其中能引起人们需要的种种诱因,从而通过一系列的经营手段,唤起消费者的需要。

对于购买珠宝首饰的消费者来说,可能是受媒体所播发或登载的广告(如电视广告、广播广告、报刊杂志的广告或宣传文章)所影响,或是受到周围的同事、朋友佩戴珠宝首饰的影响,或是受珠宝首饰店橱窗陈列的珠宝首饰的诱惑,从而产生需要拥有某种类型的珠宝首饰的想法。因此,唤起珠宝首饰消费者的需要,是促使珠宝首饰消费者实施购买行为的第一步。

(2)珠宝首饰消费信息收集。

当消费者拥有珠宝首饰的心理需要被唤起并产生购买动机之后,就要考虑如何购买的问题,如到什么地方购买?什么时候购买?哪一家商店的信誉最好,服务质量最佳?为了解决这些问题,消费者就要开始收集有关的信息资料。

信息的来源主要有以下途径:一是营销来源,如各种媒体的广告、推销员、经销商、包装品、商品展销会等;二是个人来源,如家庭、亲友、邻居和同事等,对消费者来说,这种信息的可信度最高,因而也极易引起购买行为;三是公共来源,如各种消费者组织及政府的有关机构等;四是经验来源,即消费者通过参观,实际操作使用的体会所获得的经验与感受。有经验的消费者会很快完成购买过程,而没有直接经验的消费者,则需要营销人员耐心细致的引导和交流。总之,各种来源的信息对消费者都有相当的影响。

一般情况下,消费者得到的商品信息,大部分来自营销来源,而影响力最大的则是个人来源的信息。营销来源的信息主要起通知作用,而个人来源的信息主要起评估作用。在收集信息中,同时还可能收集有关珠宝首饰的款式、价格及零售店信誉等方面的信息。

(3)对珠宝首饰的比较评价。

消费者在广泛收集信息的基础上,根据已掌握的信息资料,对自己所需购置的商品信息进行衡量比较,作出评价与选择,其中主要包括对商品的质量、款式、生产厂家、价格及售后服务内容等,在此基础上决定购买对象。

对于珠宝首饰消费者来说,在购买珠宝首饰时,不仅要考虑珠宝首饰的款式、宝石的类型与质量、价格,而且还会比较商店的服务质量和信誉等。尤其需要指出的是,珠宝首饰消费者对商店的整体印象,会直接影响消费者的购买行为,因此商店的信誉便成为影响消费者购买过程至关重要的因素。

(4) 作出是否购买的决定。

消费者经过比较评价后,进入决定购买阶段。一般来说,决定购买有以下三种情况:①决定购买,立即成交;②延缓购买,如需对商品作进一步的了解等;③决定停止购买,经过比较评价认为商品的质量、款式、价格等具体内容尚不符合自己的需要而不购买。

经过比较、评价后,消费者产生真正的购买意图,就会去商店实施具体的购买行为。值得提出的是,购买决策的最后确定,除了消费者自己的喜好外,还会受到其他因素的影响,如他人对其购买决定的评价,所选珠宝首饰的满意程度,价格因素以及商店营销人员的态度等。

(5) 对珠宝首饰使用后的感觉与评价。

消费者购买并使用珠宝首饰之后,会对珠宝首饰效用作出反馈。其中包括两个方面:一是消费者购物后的消费体验,即通过使用购买的珠宝首饰,消费者根据自己的标准对珠宝首饰作出相应的评价,而这些评价既可能影响这位消费者下一次的购买行为,还可能把他的评价传播给其他的消费者,影响他人的购买行为;二是消费者购物后的评价,消费者在使用和消费商品过程中,还可能对珠宝首饰的名称、珠宝首饰的质量和经销企业作出评价。

消费者的用后感觉,不仅影响他本人下一次的购买行为,也会影响到其他消费者的购买,并会直接影响到企业对这种珠宝的继续销售。如消费者购买珠宝首饰后,通常会佩戴使用,通过其家庭成员、亲友及同事的评价,对自己的购买决定进行检验、反省,以确定这一购买决定是否明智,从中产生满意或不满意的用后感觉。这种感觉不仅会影响其再次购买的行为,还会影响他人的购买决定,因为消费者会对朋友、同事讲述自己的这种感受,所以珠宝企业应尽可能与消费者保持联系,为消费者提供全面而实在的服务,努力提高营销人员的专业素质、服务水平,做好售后服务工作,力争使消费者对所购珠宝首饰的质量、营销服务工作感到满意,获得良好的用后感觉。所谓"最好的广告便是满意的消费者",就是这个道理。

2. 珠宝首饰消费的不同心理

1) 美化心理

这是最普遍最常见的珠宝首饰消费心理。珠宝首饰具有美化装饰效果,也是珠宝首饰所有价值中最能让人直接体验到的。

俗话说:"爱美之心人皆有之。"在爱美心理的驱使下,人们不断从外表着手美化自己,使自己更潇洒大方,更富有朝气和活力,既美化生活又得到精神上的享受。因此,色泽艳丽、造型奇特、款式新颖、美观漂亮、秀气细巧的珠宝首饰,是这类消费者理想的装饰品。

2) 寄托心理

珠宝首饰不仅具有美丽的色泽和光彩,同时还具有寓意深刻的内在美。很多人选择珠宝首饰不仅喜欢它的外在美,而且还要表达某种愿望,或者美好的寄托。自古以来,人们就将珠宝比作物华天宝而加以崇尚。

例如,我国人民自古以来就有佩戴玉的习惯,以示吉祥如意。在西方一些国家,航海的水手常佩戴海蓝宝石,以求一路平安、顺利,因为在海蓝宝石的传说中,它能战胜邪恶,给人带来安宁和幸福。而在阿拉伯国家,人们认为佩戴绿松石能消灾避难。这些观念已深刻地融入了当地民族的传统文化中。借珠宝而产生寓意,可以说是人类自古以来就有的,即使在今天,人们的这种朴素心理依然可寻。

3) 纪念心理

持有纪念心理的珠宝首饰消费者,往往对人对物都怀有深厚的感情。他们注重人与人的诚挚之情,进而将这种感情寄托在珠宝首饰上。他们会选择一些符合自己心情、愿望的珠宝,以作为对人对事的纪念。例如,生辰石(诞生石)系列宝石和结婚周年系列纪念宝石等。

结婚纪念首饰的流行,可以说是人们这种心理较为典型的反映。据有关资料统计报道,美国每年有1500万新娘要接受男方的订婚钻戒。这也是人们对"钻石恒久远,一颗永流传"的最好注解。

4) 储蓄心理

珠宝首饰不仅美丽迷人,而且还具有很强的保值性。有的国家将一些名贵的宝石列入国家银行储备,充当起比黄金还要坚固的"硬通货"。正因如此,在现实生活中,也有较多的人持有珠宝首饰保值心理,将珠宝首饰消费作为一项特殊的"储蓄"。珠宝首饰小巧、便携、便存,而价值又极高,是用作"储备"的很好手段,在钻石业内,就有"尽情地享用,等着慢慢地升值"之说,当然这里需强调的是,用于储备的珠宝首饰,应为镶嵌高档稀有的珠宝玉石的首饰,并且是质量高的和颗粒大的。例如,优质大颗粒的钻石、红宝石、蓝宝石、祖母绿、猫眼石、翡翠和珍珠等。

5) 时尚心理

讲时髦、赶潮流、追求个性,是现代人,尤其是青年男女的普遍心理。时髦本身也是一种对美的追求,是一种充满热情活力的表现。珠宝首饰作为一种时代性较强的消费品,富有时代气息,也是一种充满着个性化的消费品。

亮丽的颜色,众多的款式,给追求时髦和个性的青年男女提供了广阔的空间。在这种心理的支配下,许多年轻人在购买珠宝首饰时,并不注重宝石本身的价值,而只追求其款式的新颖和个性的色彩。如许多著名的运动员佩戴各种不同类型的首饰。

6) 感情心理

人们崇尚美,追求纯真的感情,往往借物喻情,表达内心的情感。珠宝首饰历来为人类所钟爱,其"借物喻情"的感情心理是一个很重要的方面。

出于这种心理的珠宝首饰消费者,在选购珠宝首饰时,并不看重首饰的名贵与华丽,而注重的是一种情调,一种能反映他们内心深处的那种情感。例如亲情、柔情、爱情、友情……不管哪一种,都反映了人们内心深处的一种向往和追求。人们选择珠宝首饰,为的是将那份情感融进去,表达自己内心的感受。

7) 尊重心理

在社会生活中,各种礼仪交往是不可缺少的。为了某种交往的需要.人们除了在言行、服饰等方面有所讲究外,在现代礼仪中,珠宝首饰也越来越显示出其重要性。

佩戴高雅、得体的首饰,从某种意义上来说,是对对方的尊重和友好,同时也表现了自身的素质和涵养。在一些发达国家,人们就十分注重社会交往礼仪中的首饰佩戴。在一些重要的社交场合,佩戴珠宝首饰是必不可少的,有些企业或社团组织,在发出的邀请函上,还会明确地写上"请佩戴首饰"的字样。可以说,在不同的场合,不同的氛围中,佩戴适当的珠宝首饰,也是现代文明礼貌中的一项新内容。

8) 身份心理

人的身份与装饰是有着一定联系的。在中国古代就曾有"古之君子必佩玉"之说,古人不仅爱玉,而且将玉与人的品性相联系,与人的身份素质相对应,有"君子无故,玉不去身"的讲究。

在国外,也曾经流行过身份手镯之说。从广泛的意义上来说,人们选择珠宝首饰本身就反映了一种个人"身份",这种"身份"不只是直接的权力、职位的标志形式,而更多的是从一个侧面代表了一个人的内在状况和拥有状况。生意场上曾流行过一种说法:"手指上戴着光彩夺目的钻戒,会使你的买卖谈起来更容易些",这或许是一种夸张的说法,但仔细品味起来,还是有一定道理的。

9) 审美心理

珠宝首饰不同于一般的装饰物品,它是一种高级的艺术品，其中凝聚了珠宝首饰设计者的心血。对于那些酷爱艺术的人来说，在选购珠宝首饰时，更注重首饰的艺术价值，强调首饰的艺术美。

出于这种心理的消费者，选购珠宝首饰最重要的标准是首饰的造型是否独特，款式是否新颖，是否具有内在的审美价值和观赏价值。

10）实用心理

在人类应用珠宝首饰的历史上，有很长一段时间，珠宝首饰是与人们的实际应用相结合的。

例如，发夹、钗、发针等，都有它们实际的应用价值。在现代珠宝首饰中，如装饰性的手表、领带夹、饰针、钮扣等，也都有实用方面的意义，是装饰和实用两方面的结合。

11）炫耀心理

这类珠宝首饰消费者主要是一些先富起来的人们，他们主要追求的是珠宝首饰的内在质量及价值的高低。佩戴首饰是为了显露自己所拥有的财富、身价和派头。

他们在选购时一般不讲究制作是否精致、款式是否新颖。对于黄金首饰只求质量和成色；对于镶嵌首饰，只求宝石是否高档，质量是否优质，价格是否昂贵。

12）从众心理

珠宝首饰是一种高档的耐用消费品，20世纪80年代以来，我国曾几度掀起了"黄金首饰热"和"珠宝首饰热"，在这些消费热潮中，不乏有从众消费心理和盲目攀比心理。

但是，随着珠宝首饰市场的逐渐繁荣，珠宝首饰产品的日益丰富，具有从众消费心理的购买者将会逐渐减少。

当然，珠宝首饰消费的心理远不止上述这些，并且就某一种消费行为来说，消费者可能兼具各种心理，要充分把握消费者的各种心理，并让消费者完全满意不是一件容易的事情，因此，需要营销者对消费者作更深入的了解，才能作出准确的判断。

3. 不同年龄珠宝首饰消费者的比较

1）青年消费者

青年消费者的共同特点是，对商品较少有保守思想，对于新的商品有较强的敏感性和强烈的兴趣，追求明显的消费个性和消费时尚，在购买过程中往往带有较强的冲动性和情绪性，容易受环境因素和营销人员的诱导。加之青年消费者在结婚时一般都要实施一次庞大的消费计划，随着人民生活水平的逐渐提高，购买结婚纪念首饰已成为都市许多青年的新时尚。

因此，青年珠宝首饰消费者，在购买珠宝首饰时，往往选择颜色艳丽、款式新颖、设计别致的珠宝首饰。这部分消费者是珠宝首饰促销的主要对象。在这类消费者中有的经济条件一般，尚需依赖外界的资助，但只要条件许可，他们会毫不顾忌地随意选购，且根据各自的经济条件，选购不同档次的珠宝首饰，例如钻石、红宝石、蓝宝石、祖母绿、尖晶石、石榴子石、紫晶等镶嵌首饰。这类消费者在购买过程中的普遍心态，就是尽可能满足自己的需要和爱好，很少考虑其他因素。

2）中年消费者

中年珠宝首饰消费者，在购买珠宝首饰时主要以家庭的经济条件为基础。经济条件较好的则主要选购钻石、红宝石、蓝宝石、祖母绿、优质翡翠等高档镶嵌首饰，对首饰的镶嵌工艺和款式有较高的要求。经济条件一般的则主要选购红宝石、蓝宝石、尖晶石、石榴子石、紫晶、托帕石等中、低档镶嵌首饰，这部分消费者由于受到购买力的制约，他们往往只注重拥有，而不求质地。

此外，部分中年珠宝首饰消费者出于感情心理而选购珠宝首饰，通过购买名贵的珠宝首饰送给他们的父母，以表达儿女的一片感激之情。有时部分消费者也通过购买珠宝首饰作为个人礼品，馈赠给亲朋好友。

3）老年消费者

老年消费者购买珠宝首饰，主要出于储备心理、纪念心理、身份心理和社会礼仪心理,其中以前两种心理更甚。他们的消费经验丰富,在购买过程中往往经过深思熟虑,并进行必要的技术咨询,同时会货比三家后才决定购买。他们一般喜欢端庄大方的首饰款式,并且注重所镶宝石的质地,以购买优质翡翠、红宝石、蓝宝石、钻石等高档镶嵌首饰为主,所选的首饰通常造型端庄,以示自己的身份和名望。

值得指出的是,部分老年珠宝首饰消费者,在购买过程中时常带有明显的补偿性购买动机,或带有某种怀旧的情绪,以及所购买珠宝首饰留传给下一代的心理。

七、市场定位及其类型

(一)市场定位的概念

市场定位是由美国营销学家艾·里斯和杰克特劳特在1972年提出的。市场定位也称作"营销定位",是市场营销工作者用以在目标市场消费者的心目中塑造产品、品牌或组织的形象或个性的营销技术。企业根据竞争者现有产品在市场上所处的位置,针对消费者或用户对该产品某种特征或属性的重视程度,强有力地塑造出本企业产品与众不同的、给人印象鲜明的个性或形象,并把这种形象生动地传递给顾客,从而使该产品在市场上确定适当的位置。

简单的说,就是你在这个市场上提供什么产品来满足这些消费者群体什么样的需求。或者说,就是在消费者心目中树立独特的形象。

因此,市场定位的目的是使企业的产品和形象在目标顾客的心理上占据一个独特、有价值的位置。

(二)市场定位的步骤

市场定位的关键是企业要设法在自己的产品上找出比竞争者更具有竞争优势的特性。竞争优势一般有两种基本类型:一是价格竞争优势,就是在同样的条件下比竞争者定出更低的价格。这就要求企业采取一切努力来降低单位成本。二是偏好竞争优势,即能提供确定的特色来满足顾客的特定偏好。这就要求企业采取一切努力在产品特色上下功夫。因此,企业市场定位的全过程可以通过以下三大步骤来完成。

1. 识别潜在竞争优势

这一步骤的中心任务是要回答以下三个问题。

一是竞争对手产品定位如何?

二是目标市场上顾客欲望满足程度如何以及确实还需要什么?

三是针对竞争者的市场定位和潜在顾客的真正利益诉求,企业应该及能够做什么?

要回答这三个问题,企业市场营销人员必须通过一切调研手段,系统地设计、收集、分析并报告有关上述问题的资料和研究结果。

通过回答上述三个问题,企业就可以从中把握和确定自己的潜在竞争优势在哪里。

2. 核心竞争优势定位

竞争优势表明企业能够胜过竞争对手的能力。这种能力既可以是现有的,也可以是潜在的。选择竞争优势实际上就是一个企业与竞争者各方面实力相比较的过程。比较的指标应是一个完整的体系,只有这样,才能准确地选择相对竞争优势。通常的方法是分析比较企业与竞争者在经营管理、技术开发、采购、生产、市场营销、财务和产品七个方面究竟哪些是强项,哪些是弱项。借此选出最适合本企业的优势项目,以初步确定企业在目标市场上所处的位置。

3. 战略制定

这一步骤的主要任务是企业要通过一系列的宣传促销活动,将其独特的竞争优势准确传播给潜在顾客,并在顾客心目中留下深刻印象。

首先,应使目标顾客了解、知道、熟悉、认同、喜欢和偏爱本企业的市场定位,在顾客心目中建立与该定位相一致的形象。

其次,企业通过各种努力强化目标顾客形象,保持目标顾客的了解,稳定目标顾客的态度和加深目标顾客的感情来巩固与市场相一致的形象。

最后,企业应注意目标顾客对其市场定位理解出现的偏差或由于企业市场定位宣传上的失误而造成的目标顾客模糊、混乱和误会,及时纠正与市场定位不一致的形象。企业的产品在市场上定位即使很恰当,但在下列情况下,还应考虑重新定位。

(1)竞争者推出的新产品定位于本企业产品附近,侵占了本企业产品的部分市场,使本企业产品的市场占有率下降。

(2)消费者的需求或偏好发生了变化,使本企业产品销售量骤减。

重新定位是指企业为已在某市场销售的产品重新确定某种形象,以改变消费者原有的认识,争取有利的市场地位的活动。如为了争夺市场,原来侧重面向新婚家庭开发结婚戒指、订婚戒指为主的婚戒产品的珠宝企业,随着老年化社会的到来,转向开发更多的金婚、银婚乃至钻石婚等戒指,并在宣传主张、促销策论等方面作重要调整,这不仅是目标市场的重新定位,其产品甚至可能是品牌都将会作重新定位。因为目标消费者发生了根本性的变化,从原来面向青年男女转向中老年人群,而年轻人与中老年人的消费特性是有显著差异的,所以企业必须做出营销调整。重新定位对于企业适应市场环境、调整市场营销战略是必不可少的,可以视为企业的战略转移。重新定位可能导致产品的名称、价格、包装和品牌的更改,也可能导致产品用途和功能上的变动,企业必须考虑定位转移的成本和新定位的收益问题。

(三)市场定位策略

1. 避强定位策略

这种策略是企业避免与强有力的竞争对手发生直接竞争,而将自己的产品定位于另一市场的区域内,使自己的产品在某些特征或属性方面与强势对手有明显的区别。这种策略可使自己迅速在市场上站稳脚跟,并在消费者心中树立起一定的形象。由于这种做法风险较小,成功率较高,常为多数企业所采用。

2. 迎头定位策略

这种策略是企业根据自身的实力,为占据较佳的市场位置,不惜与市场上占支配地位、实力最强或较强的竞争对手发生正面竞争,从而使自己的产品进入与对手相同的市场位置。由于竞争对手强大,这一竞争过程往往相当引人注目,企业及其产品能较快地为消费者了解,达到树立市场形象的目的。这种策略可能引发激烈的市场竞争,具有较大的风险。因此,企业必须知己知彼,了解市场容量,正确判定凭自己的资源和能力是不是能比竞争者做得更好,或者能不能平分秋色。

3. 二次定位策略

这种策略是企业对销路少、市场反应差的产品进行二次定位。初次定位后,如果由于顾客的需求偏好发生转移,市场对本企业产品的需求减少,或者由于新的竞争者进入市场,选择与本企业相近的市场位置,这时,企业就需要对其产品进行二次定位。一般来说,二次定位是企业摆脱经营困境,寻求新的活力的有效途径。此外,企业如果发现新的产品市场范围,也可以进行二次定位。实际上,二次定位与前述的重新定位基本上是一码事。

(四)市场定位的原则

各个企业经营的产品不同,面对的顾客也不同,所处的竞争环境也不同,因而市场定位所依据的原则也不同。总的来说,市场定位所依据的原则有以下四点。

1. 根据具体的产品特点定位

构成产品内在特色的许多因素都可以作为市场定位所依据的原则。比如所含成分、材料、质量、价格等。"七喜"汽水的定位是"非可乐",强调它是不含咖啡因的饮料,与可乐类饮料不同。"泰宁诺"止痛药的定位是"非阿斯匹林的止痛药",显示药物成分与以往的止痛药有本质的差异。一件仿皮皮衣与一件真正的水貂皮衣的市场定位自然不会一样,同样,不锈钢餐具若与纯银餐具定位相同,也是难以令人置信的。

2. 根据特定的使用场合及用途定位

为老产品找到一种新用途,是为该产品创造新的市场定位的好方法。小苏打曾一度被广泛地用作家庭的刷牙剂、除臭剂和烘焙配料,已有不少的新产品代替了小苏打的上述一些功能。我们曾经介绍了小苏打可以定位为冰箱除臭剂,另外还有公司把它当作了调味汁和肉卤的配料,更有一家公司发现它可以作为冬季流行性感冒患者的饮料。我国曾有一家生产"曲奇饼干"的厂家最初将其产品定位为家庭休闲食品,后来又发现不少顾客购买是为了馈赠,又将之定位为礼品。

3. 根据顾客得到的利益定位

产品提供给顾客的利益是顾客最能切实体验到的,也可以用作定位的依据。1975年,美国米勒推出了一种低热量的"Lite"牌啤酒,将其定位为喝了不会发胖的啤酒,迎合了那些经常饮用啤酒而又担心发胖的人的需要。

4. 根据使用者类型定位

企业常常试图将其产品指向某一类特定的使用者,以便根据这些顾客的看法塑造恰当的形象。

美国米勒啤酒公司曾将其原来唯一的品牌"高生"啤酒定位为"啤酒中的香槟",吸引了许多不常饮用啤酒的高收入妇女。后来发现,占30%的狂饮者大约消费了啤酒销量的80%,于是,该公司在广告中展示石油工人钻井成功后狂欢的镜头,还有年轻人在沙滩上冲刺后开怀畅饮的镜头,塑造了一个"精力充沛的形象"。在广告中提出"有空就喝米勒",从而成功占领啤酒狂饮者市场达10年之久。

事实上,许多企业进行市场定位依据的原则往往不止一个,而是多个原则同时使用。因为要体现企业及其产品的形象,市场定位必须是多维度的、多侧面的。

(五) 市场定位方法

1. 区域定位

区域定位是指企业在进行营销策略时,应当为产品确立要进入的市场区域,即确定该产品是进入国际市场、全国市场,还是在某市场、某地等。只有找准了自己的市场,才会使企业的营销计划获取成功。

2. 阶层定位

每个社会都包含有许多社会阶层,不同的阶层有不同的消费特点和消费需求,企业的产品究竟面向什么阶层,是企业在选择目标市场时应考虑的问题。根据不同的标准,可以对社会上的人进行不同的阶层划分,如按知识分,就有高知阶层、中知阶层和低知阶层。进行阶层定位,就是要牢牢把握住某一阶层的需求特点,从营销的各个层面上满足他们的需求。

3. 职业定位

职业定位是指企业在制订营销策略时要考虑将产品或劳务销售给从事什么职业的人。将饲料销售给农民及养殖户,将文具销售给学生,这是非常明显的,而真正能产生营销效益的往往是那些不明显的、不易被察觉的定位。在进行市场定位时要有一双善于发现的眼睛,及时发现竞争者的视觉盲点,这样可以在定位领域内获得巨大的收获。

4. 个性定位

个性定位是考虑把企业的产品如何销售给那些具有特殊个性的人。这时,选择一部分具有相同个性的人作为自己的定位目标,针对他们的爱好实施营销策略,可以取得最佳的营销效果。

5. 年龄定位

在制订营销策略时,企业还要考虑销售对象的年龄问题。不同年龄段的人,有自己不同的需求特点,只有充分考虑到这些特点,满足不同消费者要求,才能够赢得消费者。如对于婴儿用品,营销策略应针对母亲而制订,因为婴儿用品多是由母亲来实施购买的。

八、SWOT 分析法

我们在进行市场定位时,往往需要对竞争对手进行分析,SWOT 分析法是一种常用的分析方法。SWOT 分析法也称道斯矩阵或态势分析法,于 20 世纪 80 年代初由美国旧金山大学的管理学教授韦里克最先提出。

在当今的战略规划报告里,SWOT 分析应该算是一个众所周知的工具。来自于麦肯锡咨询公司的 SWOT 分析,包括分析企业的优势(Strength)、劣势(Weakness)、机会(Opportunity)和威胁(Threats)。因此,SWOT 分析实际上是将对企业内外部条件各方面内容进行综合和概括,进而分析组织的优劣势、面临的机会和威胁的一种方法。通过 SWOT 分析,可以帮助企业把资源和行动聚集在自己的强项及有最多机会的地方。

优劣势分析主要是着眼于企业自身的实力及其与竞争对手的比较,而机会和威胁分析将注意力放在外部环境的变化及对企业的可能影响上。在分析时,应把所有的内部因素(即优劣势)集中在一起,然后用外部的力量来对这些因素进行评估。

1. 机会与威胁分析(OT)

随着经济、社会、科技等诸多方面的迅速发展,特别是世界经济全球化、一体化过程的加快,全球信息网络的建立和消费需求的多样化,企业所处的环境更为开放和动荡。这种变化几乎对所有企业都产生了深刻的影响。正因为如此,环境分析成为一种日益重要的企业职能。

环境发展趋势分为两大类:一类表示环境威胁,另一类表示环境机会。环境威胁指的是环境中一种不利的发展趋势所形成的挑战,如果不采取果断的战略行为,这种不利趋势将导致公司的竞争地位受到削弱。环境机会就是对公司行为富有吸引力的领域,在这一领域中,该公司将拥有竞争优势。本教材第一章对环境分析的内容有比较详细的叙述,可对照学习。

对环境的分析也可以有不同的角度。比如,一种简明扼要的方法就是 PEST 分析,另外一种比较常见的方法就是波特的五力分析。

2. 优势与劣势分析(SW)

识别环境中有吸引力的机会是一回事,拥有在机会中成功所必需的竞争能力是另一回事。每个企业都要定期检查自己的优势与劣势,检查范围涵盖企业的营销、财务、制造和组织能力等要素,并可以按特强、稍强、中等、稍弱或特弱划分等级。

当两个企业处在同一市场或者说它们都有能力向同一顾客群体提供产品和服务时,如果其中一个企业有更高的赢利率或赢利潜力,那么,我们就认为这个企业比另外一个企业更具有竞争优势。换句话说,所谓竞争优势是指一个企业超越其竞争对手的能力,这种能力有助于实现企业的主要目标——赢利。但值得注意的是:竞争优势并不一定完全体现在较高的赢利率上,因为有时企业更希望增加市场份额,或者多奖励管理人员或雇员。

竞争优势可以指消费者眼中一个企业或它的产品有别于其竞争对手的任何优越的东西,它可以是产品线的宽度,产品的大小、质量、可靠性、适用性、风格和形象以及服务的及时、态度的热情等。虽然竞争优势实际上指的是一个企业比其竞争对手有较强的综合优势,但是明确企业究竟在哪一个方面具有优势更有意义,因为只有这样,才可以扬长避短,或者以实击虚。

由于企业是一个整体,而且竞争性优势来源十分广泛,所以,在做优劣势分析时必须从整个价值链的每个环节上,将企业与竞争对手作详细的对比。如产品是否新颖,制造工艺是否复杂,销售渠道是否畅通,以及价格是否具有竞争性等。如果一个企业在某一方面或几个方面的优势正是该行业企业应具备的关键成功要素,那么,该企业的综合竞争优势也许就强一些。需要指出的是,衡量一个企业及其产品是否具有竞争优势,只能站在现有潜在用户的角度上,而不是站在企业的角度上。

企业在维持竞争优势过程中,必须深刻认识自身的资源和能力,采取适当的措施。因为一个企业一旦在某一方面具有了竞争优势,势必会吸引到竞争对手的注意。一般来说,企业经过一段时期的努力,建立起某种竞争优势;然后就处于维持这种竞争优势的态势,竞争对手开始逐渐作出反应;而后,如果竞争对手直接进攻企业的优势所在,或采取其他更为有力的策略,就会使这种优势受到削弱。

而影响企业竞争优势的持续时间,主要有三个关键因素。

一是建立这种优势要多长时间?
二是能够获得的优势有多大?
三是竞争对手作出有力反应需要多长时间?

如果企业分析清楚了这三个因素,就会明确自己在建立和维持竞争优势中的地位了。

3. 成功应用SWOT分析法的简单规则

(1)进行SWOT分析的时候必须对公司的优势与劣势有客观的认识。

(2)进行SWOT分析的时候必须区分公司的现状与前景。

(3)进行SWOT分析的时候必须考虑全面。

(4)进行SWOT分析的时候必须与竞争对手进行比较,比如优于或是劣于竞争对手。

(5)保持SWOT分析法的简洁化,避免复杂化与过度分析。

(6)SWOT分析法因人而异。

一旦使用SWOT分析法决定了关键问题,也就是确定了市场营销的目标,市场定位也就有了清晰的概念。

第二节 项目:珠宝首饰市场定位策划个案解读

个案一:周大福精妙细分市场,致力于挖掘女性魅力

周大福的市场细分和目标顾客策略可谓在其企业初创期已经开始,周大福的董事长郑裕彤先生早期在周大福当店员的时候就经常到澳门码头说服有实力的客人到店购买或兑换黄金,说明郑先生当时已经非常善于凭经验和眼光发现并细分目标顾客。

在接下来的改革开放初期,由于受到当时中国大陆黄金经营政策的限制,周大福不能直接在内地市场大面积地售卖珠宝。这时的周大福选择了立足于香港珠宝市场,以大陆来香港的游客为目标市场的营销策略。具体的做法是与香港旅游部门挂钩,周大福门店成为香港定点的旅游购物景点,不仅带动了产品的销售,而且提升了"周大福珠宝"在内地客人心目中的品牌形象和知名度。这一营销策略至今还为香港珠宝业和其他行业津津乐道并延续使用。

近年来,周大福对目标市场细分的策略更为成熟,从其最近推出的部分款式就能明显地看出其市场细分策略的精细和独到之处。

绝配组合系列——该套配可以随意变换不同戴法,满足女性求变的消费心理。

绝泽珍珠系列——将颗颗富有水的灵性与生命力的珍珠置于流畅、唯美的线条之中,增添了女性的清新风格,定位为热爱自然、追求意境的女性之首选。

绝色红蓝宝系列——将性感魅惑、甜蜜动人与浪漫鲜明、前卫个性的元素完美结合,将女性妩媚动人的气质演绎到极致,定位为摩登女郎心中的至爱。

2001年首先在香港推出ctf·2(周大福年青新一代)更是说明了周大福目标市场细分策略的炉火纯青。

ctf·2是由周大福延伸出来的第二品牌,产品新潮、

流行,价格从 50 元到 5000 元不等,针对的是年轻的新一代的消费群;随着年龄的增长,这些在年青时形成品牌忠诚度的顾客又将成为周大福的另一类型的目标顾客。由此可见,这一目标顾客细分策略可谓一举多得。

周大福品牌的成功,得益于其准确的产品定位与市场细分,使其拥有了最大化的消费群,而其不断创新,与时俱进的研发风格,使其品牌含金量不断积淀,并焕发出恒久的个性及张扬的魅力。

以下是上述材料中提及的产品系列介绍。

❖ **周大福"绝配"系列**

善变是女人的特权。

这是一个没有贵族的时代,点化着自我实现的种种可能,这又是一个讲究品位的时代,所有的一切,都在按照特定的轨迹顺势而行,女人在其中尽情展现纯情、性感、迷茫、思索、共享、体会精神与形象上的每一次转变。

关爱女人、理解女人、满足女人,这正是香港周大福珠宝金行开发设计产品的原则。

至 2004 年,周大福已经走过了四分之三个世纪。75 年来,周大福树立了一个珠宝首饰行业的典范,也成就了一个经典的时尚品牌。经典是经过时间考验的时尚,时尚的形式在不断变化,其精髓却始终如一。时尚的品牌总是在不断发掘人们内心的真实需求,并不断创造、引领潮流。周大福靠着对时尚的准确把握、不断创新,吸引了越来越多的消费者。

在 75 周年到来之际,周大福特别推出 75 周年纪念款"绝配"组合戒指一套,其特点是自由搭配,随意变换不同戴法,符合了当代女性求变的心理,黄金的柔美邂逅和钻石的刚强,象征着都市女性可柔可刚的个性,尽情演绎新世纪黄金饰品的魅力新风情。除了产品设计本身独具匠心外,在广告设计上也颇具创意。"三只戒指变幻五种绝配,不用等男人献殷勤,每一种组合都给你恋爱般的惊喜。"女人佩戴着周大福75周年"绝配"组合套戒,也成了众人关注的焦点:"讨厌啦,每换一次戒指搭配,别人就以为我有了新的追求者。"

这款"绝配"系列正体现了周大福对女性细致入微的理解。

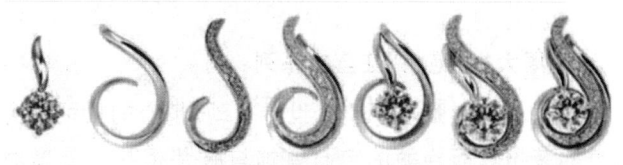

花一套戒指的价钱,戴出五种不同形式的变换,在女性享受产品带给她们惊喜的同时,也体会到了价格上的心

理平衡。产品组合是多变的,但不变的永远是产品带给消费者的愉悦心情。

女性永远是时代流行的主体,不断追求时尚、不断追求品位、不断追求变化,以求不断改变自我形象,调整自我心情,力求每天一个新感觉。把握住女人的心理,也就掌握了产品开发设计的方向,这一点从周大福"绝配"系列上得到了验证。

善变的女人是美丽的。

❖ 周大福"绝泽"系列——黑珍珠戒指

以白色18K金的精彩造型与黑珍珠相配,强调黑珍珠的神秘感。

想搭配出原汁原味的复古风格,你需要颗颗浑圆的基本款;时髦的花样则在于混搭,除白色之外,不同色彩的珍珠出现在一起,或是与色彩漂亮的红宝石、黄水晶镶嵌组合,谁还能说珍珠老气呢?

正明亮的颜色,精细的做工,让每一件首饰都流露着华丽高贵的气息,散发着迷人的光芒,唯美而雍容。精致典雅的设计,并有璀璨钻石的点缀,两种珍贵宝石的倾情组合,大气而精美,华美光彩令人难以抗拒。淋漓展现女性高雅含蓄的气质,尽显现代女性独特的迷人风采。

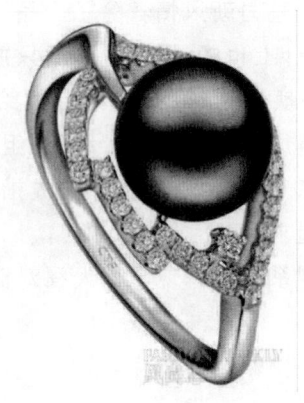

❖ 周大福"绝色"红蓝宝系列

亮丽的色彩赋予了整个世界生动,精心的搭配燃亮了一身的装扮。而艳丽的宝石首饰与服装相呼应更增添了和谐悦目的光彩。宝石的缤纷光芒肆意流露,刹那间猎尽旁人的目光。让你成为受世界瞩目的绝色佳人。

周大福"绝色"系列,以绚丽多姿的红蓝宝为主,其纯

美艳华丽的红宝石是七月的生辰石,象征着健康长寿、富足、聪明智慧、爱情美满幸福。它是历代各国皇宫贵族始终追求的极品,当代名门富豪必不可少的饰物,佩戴它是身份、地位、财富的象征,可衬托出女士的华贵高雅、男士的气派尊贵,可以毫不夸张地说红宝石是"贵族的宝

石、宝石中的贵族"。深邃清纯的蓝宝石是九月的生辰石，象征忠诚、坚贞、慈爱和诚实。佩戴蓝宝石是尊贵与权力的象征。相传佩戴者能够不受妒忌，并且具有抵抗邪恶的能力。

绝色的美人，不光取决于艳丽的外貌，更在于一朝一夕的细节流露。一个精致的装扮画龙点睛的一笔，让你成为宝石一样绚丽夺目的绝色美人。

❖ ctf·2——周大福年青新一代

ctf·2品牌名称中的"ctf"是周大福英文名称"CHOW TAI FOOK"的首字母，"2"是第二代之意。"ctf·2"则意谓"A NEW GENERATION OF CHOW TAI FOOK 周大福年青新一代"。还有另一种含义是旨在对顾客提供高品质的产品和服务的承诺。c＝charming 以优越的产品及服务助顾客展现内在的魅力；t＝taste 提供创意及多元化

的选择，突出顾客独有的气质及品位；f＝fashion 产品款式新颖独特，搭配各类衣着让您轻松建立时尚形象；2＝New generation 演绎新一代潮流配饰的崭新概念。ctf·2传承了周大福真诚服务的价值观念和引领时尚的创新思维，更拥有周大福优越的生产技术及各项资源。2001年起在中国内地和香港设立专营店铺及专柜，现已发展逾250家。ctf·2正以备受瞩目的品牌实力，标志着新年青的时尚精神。

作为周大福的新锐一代，ctf·2拥有更为年轻化的、敏于风尚的消费群体，其品牌理念和张扬新鲜的形象，更突显明朗的个性：坚定自我的人生信仰，喜欢创造新鲜的生活情调。她们自由而明朗、美丽而性感。其款式、设计及物料选择，均以潮流、创新及多元化为前提。选材以10K金和纯银为主，辅以钻石、水晶、珍珠、贝壳等天然用料。

源自周大福顶级设计师的精彩创意，加之精湛的手工工艺，ctf·2诞生了"CoCo Cat"系列。"CoCo Cat"传递着年轻女孩"Young Cool Lovely"的性格特征，解读每个女性心中的那只猫。时尚的造型风格，前瞻性的款式设计无不折射出"CoCo Cat"个性化的艺术气质。"DoDo Dog"系列，以"CoCo Cat"朋友的身份加入到ctf·2大家庭，狗代表着忠诚、智慧和勇敢，是人类最为亲密的动物之一，它像我们的孩子和朋友般的存在着。此后，ctf·2又推出"十全石美"，再创低价钻石的潮流先锋，以最低的价格、最潮

流的款式,满足所有女性时尚多变的本性。

ctf·2以炫亮的个性,激扬年青的精神,与你一起随心而变,畅意于多彩的时尚生活。

❖ ctf·2——"CoCo Cat"系列

- 目标人群:20～30岁女性
- 性格设计:柔媚、百变、优雅

❖ ctf·2——"DoDo Dog"系列及温情5月母亲节活动

- 目标人群:19～26岁女性及男性
- 性格设计:中性(柔中有刚)
- 与"CoCo Cat"的关系:朋友

"DoDo Dog"系列银饰是周大福时尚佩饰品牌ctf·2的又一经典之作。以圆润、简洁的线条勾画出狗的独特造型,符合年轻男女喜欢狗的特性。

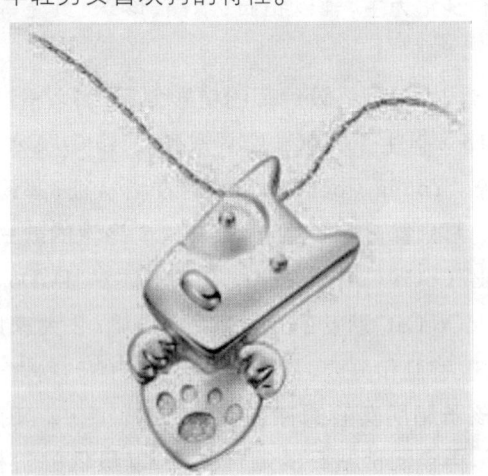

2012年5月感恩母亲节,周大福在新浪微博开展"快乐宠爱"活动,传递爱心,传递珍爱,与狗相伴一生的理念,与周大福年青专区"DoDo Dog"系列的设计理念无疑是遥相呼应。纯银材质的"DoDo Dog"就是一只永远贴在主人心窝的守护者,百变的心情,不变的守护,将"DoDo Dog"挂在心上,时刻感受被贴心保护的幸福,这就是"DoDo Dog"送给你的最好最贴心的礼物。

个案二:禧六福"独辟蹊径找市场,精准定位成霸王"

近年来,香港禧六福珠宝挟深厚的珠宝文化底蕴,在珠宝市场上奇招迭出,凭借着极具感召力的品牌文化内核和独辟蹊径的营销策略推动着"禧六福"这艘连锁航母狂飙突进。禧六福深度透视企业资源特性及中国珠宝市场趋势,将三、四线城市定位于营销的主战场,以一、二线城市的形象标准嫁接到城镇市场,扬长避短;实施以黄金为主、钻戒为辅的配货政策,主攻婚庆类消费人群;专注于加盟连锁,跳开中间环节,产品从工厂直达终端,以坚持平民化的价格体系;着力凸显传统的"福"文化品牌形象,从心灵感觉上贴近消费者;将商圈广告作为广告营销的中心,从代价高昂的一线城市和电视广告中华丽转身,避实就虚,成为商圈中的品牌霸主。禧六福在细分市场的基础上,精准定位——面向的是天高地阔的市场蓝海!

❖ 细分市场、找准定位

营销最关键的一步就是细分市场、找准定位,这是所有工作的基础。面对珠宝行业产品严重同质化、企业品牌特征不鲜明的今天,消费者往往迷失在一堆看上去差不多的珠宝首饰中,而如何将消费者进行区分,如何找到企业的目标客户才是营销的关键点。

从珠宝行业消费者心理学来看:一线城市的消费者比较注重品牌的内涵,需要在品牌内涵中引发情感的共鸣;二线城市的消费者更为实际,偏爱挑选性价比高、价格实惠的产品;三、四线城市的消费者容易盲目推崇自己经常接触、听到的品牌,但是并不了解品牌的内涵,所以在购买上,容易被广告误导。

在了解自己的目标客户后,接着就是对公司整体的定位!包括品牌诉求、产品的定位、公司的形象标示、营销方案等,一定要符合目标客户的需求,才能够拉近和客户的距离,让客户看到产品的时候,能产生共鸣。如周大福的定位是:代表家的文化,说到周大福就能联想到热腾腾的家宴、温馨的画面,这就是家的概念。周大福所有黄金饰品的广告,都是以老、中、小一家人其乐融融的场面出现,符合中国人对家的理解,引起了消费者心理上的亲切感,加深了品牌的烙印。同时也更容易获得一线城市消费者的青睐!

谢瑞麟的品牌代表高贵品质,它的店内陈设独特、高雅,产品也多走高端、个性路线。仔细观察谢瑞麟的钻石,很少有30分以下的,设计往往别致、惊艳。价格高昂,却符合时尚、新贵人群彰显个性,追求独一无二的心理特点。

I do 一望而知以婚戒为主打。I do 是 2006 年成立的恒信旗下的品牌,一上市就准确定位婚戒。它的背景雄厚、质量过关、设计精明,也具备良好的风格和定位。到 2008 年、2009 年,因为没有准确的广告宣传匹配品牌定位,品牌进入调整期。从 2010 年开始,I do 调整推广思路,开始在电影、电视中大量植入广告。我们可以在画面中看到很多求婚、结婚、选婚戒的场景里,出现了 I do 的店面和形象。自此,品牌知名度得到迅速提高,获得了一线白领适婚青年们的喜爱!找准了定位,配套做好营销推广,就是 I do 的成功秘诀。

禧六福在最初做市场定位的时候,就战略性地避开与周大福、谢瑞麟、I do 等为占领一线城市而海量投入的品牌进行狭路血拼,而是选择了三、四线城市作为主攻区域。三、四线的城市消费者最迫切需要的不是高昂的大品牌、也不是彰显个性的钻石,而是在结婚、平时佩戴的最常见的以黄金为主的首饰,也就是家常珠宝首饰。

禧六福抓住三、四线城市消费者在婚庆、日常生活中的家常珠宝需求,采用黄金类饰品为主打,款式针对婚庆几件套和平时佩戴的首饰为主。在营销上,主要依靠当地媒体作为主要推广工具,在区域里使用当地电视台、公交车、站台、广播等形式进行立体宣传攻势,拉近和消费者的距离,从感官上让消费者感受到,这是当地的知名品牌,从而产生信任和认同感。

长期的、专注的终端营销,禧六福在三、四线城市获得了良好的口碑,快速扩张。为珠宝企业示范了"星星之火可以燎原"的成功案例!

❖ **整体营销,全员参与**

禧六福的决策者认识到,如果企业营销人员不参与或者不熟悉产品研发、设计、生产等其他环节,容易导致营销推广与实际产品的脱节。因此,企业要求其营销人员要做一个杂家,虽然不需要精通所有环节,但一定要懂,也要参与和监督。

在研发、设计阶段,企业的样品需要接受市场的考验,需要消费者验证哪些产品更容易获得他们的青睐,哪些产品在当地没有市场,之后才能决定是否投入到批量生产的环节。同样,如果产品质量不过关,营销人员有必要一票否决,防止不好的产品影响到企业的品牌形象。禧六福坚信,好的营销是在质量过关的底气下完成的!正是因为熟悉产品,了解产品的质量,知道产品设计的思路和特色,才能做到好的营销、好的推广!

同样,禧六福对产品的价值与价格的关系有清醒的认识。他们认为,价值决定了产品的价格,价值是价格的导向。价值反映的不仅是产品本身,还有附加值,如服务、消费的场所、心灵享受等。所以做好产品之后,就是服务,这里面包括店内陈设、购物环境、工作人员态度等多方面。他们不认可大批量地生产雷同款式和在价格上经常打折。物以稀为贵,个性化也是价值的有效组成部分,多就意着贬值。产品的价格是产品的价值决定的,如果经常打折,消费者会在心理上认为产品价值降低了,同时降低的也是对企业的认知度。所以即使在一些节假日,禧六福产品的折扣也控制在一定范围内,决不让消费者产生廉价心理。

❖ **文化先导,塑造品牌**

国外的品牌营销很重视企业自身的特色,会刻意和其他品牌拉开一定距离,即打造品牌辨识度。正因为市场是庞大的,而消费者也可分为很多不同的群体,所有的珠宝品牌都应该有不同的定位和不同的目标人群,为企业进行差异化经营,避开不必要的恶性竞争,为创造自己的市场份额提供基础。

如华昌的代言人是刘晓庆,因为金镶玉需要有深度、有底蕴的美女,一般年轻靓丽的女明星并不能体现金镶玉的历史感和气质美。刘晓庆作为老牌美女,气场和华昌匹配,而且符合佩戴金镶玉的年龄层次。而吉盟就是针对年轻时尚女性的品牌,他们的代言人之前是大S,现在是吴佩慈,都是时尚教主:爱美、敢秀。她们所代表的正是年轻一代女性,喜欢个性、时尚,有对美的追求,需要不同的配饰来搭配衣服,这些都是吉盟的目标人群,也容易喜欢上吉盟的产品。

禧六福实行差异化经营。虽然禧六福是采取三、四线城市的营销定位,但是公司形象设计和营造的购物氛围却是一、二线城市的设计方案,消费者往往产生物超所值的感觉。

追求差异化经营也重点体现在店面的装修上。店面的装修是企业的集大成者,需要体现公司的品牌理念,而不是今年流行什么就装什么。俗话说:人靠衣装,佛靠金装。无论是公司还是店面的形象,人们都会以第一视觉形象先来评价这个公司及品牌,然后再参考其他因素。珠宝属于奢侈品行业,这几年来品牌如雨后春笋破土而出,竞争激烈,形象同质化也日趋严重。面对这种形势,门店的装修风格尤其重要,它直接反映公司的品牌形象和文化。禧六福珠宝在店面装修风格上把"禧""福"文化完美地融合在一起,标新立异的品牌形象已深入民心。

第三节 项目模拟:某珠宝首饰企业市场定位专题策划

子项目一:市场细分方案

该项目分三步完成。

第一步:珠宝首饰市场细分变量的讨论。

思路:把学生分成若干小组,让学生自主选择某一类别珠宝首饰产品,以组为单位讨论确定该产品所面向的市场可能的细分变量,并提出细分的初步设想。

第二步:市场走访调查。

思路:要求学生对所选定的产品市场进行调查走访,然后根据讨论确定的标准和方法对所选择的市场进行细分,并分析不同细分市场上消费者的需求特点与购买习惯。

第三步:制定市场细分方案。

思路:每人写一份"××市场的细分报告",详细陈述该市场的需求特点、竞争状况、消费者的购买行为习惯、所选择的市场细分变量以及对其进行细分的过程。

子项目二:某珠宝首饰企业市场定位策划

项目基本框架如下。

(一)策划背景

主要分析市场总体概况及珠宝消费变化的趋势等。

(二)企业机会与问题分析

主要结合选定的珠宝首饰企业的实际经营状况,找出问题,揭示市场环境的变化可能给企业带来的市场机会有哪些,等等。

（三）目标市场分析（应结合竞争状况对比分析）

(1)优势：体现在规模、品牌知名度与吸引力、产品吸引力与开发设计能力、营销渠道、企业营销理念、市场推广能力等方面，下同。

(2)劣势。

(3)机会。

(4)威胁。

（四）市场细分

根据不同的细分变量，细分出若干子市场。简述各细分子市场有什么需求特点，所对应的消费者的购买行为、消费心理及购买习惯等方面的基本情况。

（五）目标市场选择（即市场定位）

准确描述所选定的目标市场（所面向的消费者群，希望用什么产品去满足需求，希望在消费者心目中留下什么形象等）。

（六）产品定位策划（可结合第四章内容来做）

（七）总结

第三章 珠宝首饰品牌策略

第一节 理论、方法与策略基础

随着市场竞争的日益激烈,珠宝首饰产品同质化趋势明显,厂商们渐渐由产品竞争转为品牌的竞争。大部分珠宝企业开始着力建立塑造品牌,提升品牌竞争力。而品牌的建立,首要的便是品牌的规划定位。

一、品牌与品牌定位

1. 品牌的基本概念

品牌是一个集合概念,包含品牌名称、品牌标志、商标等概念在内。

品牌:是用于识别一种产品或服务的生产者或销售者的名称、术语、标记、符号、设计或者上述这些的组合。一个品牌代表一个产品的制造者或销售者。消费者把品牌看作是产品的一个重要组成部分,品牌可以增加产品的价值。

品牌名称:指品牌中可以用语言称呼的部分。

品牌标志:指品牌中可以通过视觉辨别,能用语言描述,但不能用语言直接称呼的部分,如品牌的符号、图像、图案、色彩,等等。作为著名品牌的家电品牌"海尔"的那两个互相拥抱的儿童形象就是其品牌标志。

商标:是个法律名词,指已获得专用权(注册后)并受法律保护的一个品牌或品牌的一部分。

2. 品牌特性

企业品牌要想取得强有力的市场地位,它应该具有一个或几个特征,看上去好像是市场上"唯一"的。这种差异可以表现在许多方面,如质量、价格、技术、包装、售后服务等,甚至还可以是脱离产品本身的某种想象出来的概念。一般来说,一个好的品牌可传达以下特性:"好设计""好工艺""耐久""很高威望""快速""昂贵",等等。

一个好的品牌至少在以下几个方面具有优势。

(1)一个强势品牌就具有较高的品牌资产。

(2)品牌资产高即意味着品牌价值高。

(3)高品牌资产为一个企业提供了多方面的竞争优势。

(4)一个好名字可以大大促进一种产品的成功。

3. 品牌定位

品牌定位是指企业在市场定位和产品定位的基础上,对特定的品牌在文化取向及个性差异上的商业性决策,它是建立一个与目标市场有关的品牌形象的过程和结果。换言之,即指为某个特定品牌确定一个适当的市场位置,使商品在消费者的心中占领一个特殊的位置,当某种需要突然产生时,比如在结婚需要买戒指时,新人们会立刻想到"钻石恒久远,一颗永流传"与戴·比尔斯钻石品牌,并将钻石的坚硬与爱情的坚贞关联起来。

品牌定位和市场定位密切相关,品牌定位是市场定位的核心,是市场定位的扩展与延伸,是实现市场定位的手段,因此,品牌定位的过程也是市场定位的过程。品牌定位的目的就是将产品转化为品牌,以利于潜在顾客的正确认识。成功的品牌都有一个特征,就是以一种始终如一的形式将品牌的功能与消费者的心理需要连接起来,通过这种方式将品牌定位信息准确传达给消费者。因此,厂商最初可能有多种品牌定位,但最终是要建立对目标人群最有吸引力的竞争优势,并通过一定的手段将这种竞争的优势传达给消费者转化为消费者的心理认识。因此,在进行品牌定位时,必须挖掘消费者感兴趣的某一点,当消费者产生这一方面的需求时,首先就会想到它的品牌定位,就是为自己的品牌在市场上树立一个明确的、有别于竞争对手的、符合消费者需要的形象,其目的是在潜在消费者心中占领一个有利的位置。

4. 品牌定位的标准

品牌定位要突出品牌个性,但并非可以随心所欲地定位。决定品牌定位时应依据一定的标准,否则反而适得其反。具体而言,有以下几种标准是定位时应遵循的。

(1)定位必须是消费者能切身感受到的,否则便失去了定位的意义。定位是要把品牌和消费者的想象、感觉联系起来,如果消费者根本无法理解该品牌所传达的信息,定位就是失败的。

(2)定位一定要以产品的真正优点为基础。产品是品牌的基础和依托,品牌的竞争优势是产品特点的延伸,名不符实的宣传定位会导致消费者的怀疑和企业的完全失败。

(3)定位一定要凸显竞争优势。"以子之长攻子之短"是我国古代用兵的谋略,现代商战中还是一样,以自己的竞争优势占领市场是企业不变的法宝。

(4)定位要清晰、明白,不宜太过复杂。比如 IBM 公司很少强调其产品质量,而以自己是一家服务性公司为诉求点,因此大多数消费者都认为 IBM 能使非专业的电脑操作人员觉得有保障。

二、品牌战略

品牌战略就是公司将品牌作为核心竞争力,以获取差别利润与价值的企业经营战略。品牌战略是市场经济中竞争的产物。战略的本质是塑造出企业的核心专长。在品牌战略方面,企业有四种选择,产品线延伸(将现有品牌名延伸到现有的产品类别)、品牌延伸(把现有的品牌名延伸到新的产品类别)、多品牌或新品牌。一般来说,品牌战略包括品牌化决策、品牌模式选择、品牌识别界定、品牌延伸规划、品牌管理规划与品牌远景设立六个方面的内容。

1. 品牌化决策

品牌化决策解决的是品牌的属性问题。一个制造商可以在制造商品牌、分销商品牌、许可品牌、联合品牌四种品牌所有权形式当中进行选择。制造商品牌长期以来统治着零售业。不过近来,越来越多的零售商和批发商树立了它们自己的自有品牌或商店品牌。对珠宝首饰厂商来说,是选择制造商品牌还是经销商品牌、是自创品牌还是加盟品牌,在品牌创立之前就要解决好这个问题。总之,不同类别的品牌,在不同行业与企业所处的不同阶段有其特定的适应性。

2. 品牌模式选择

品牌模式选择解决的则是品牌的结构问题,是选择综合性的单一品牌还是多元化的多品牌,是联合品牌还是主副品牌。品牌模式虽无好坏之分,但却有一定的行业适用性与时间性。

单一品牌又称统一品牌,它是指企业生产的所有产品都同时使用一个品牌的情形。单一的品牌战略,存在着一定的风险,它有"一荣共荣"的优势,同样也具有"一损俱损"的危险。如果某一品牌名下的某种商品出现了问题,那么在该品牌下附带的其他商品也难免会受到株连,至此整个产品体系可能面临着重大的灾难。作为单一品牌缺少区分度,差异性差,往往不能区分不同产品独特的特征,这样不利于商家开发不同类型的产品,也不利于消费者有针对性的选择。因而在单一品牌中往往出现"副品牌"。

副品牌是指企业在生产多种产品的情况下,给其所有产品冠以统一品牌的同时,再根据每种产品的不同特征给其取上一个恰如其分的名称,这就是"副品牌"。副品牌不一定长期存在,因为不少副品牌所对应的具体产品、具体技术可能会过时,副品牌也会随之退出历史舞台,主品牌才是企业的主要无形资产。副品牌对主品牌的反哺作用具体表现为:低成本吸引眼球并提升知名度、强化品牌核心价值、活化主品牌、赋予主品牌年轻感、成长感、提升主品牌的各项美誉度指标(如:亲和力、技术感、高档感、现代感、时尚感等)。

多品牌战略,也叫个别品牌名称战略。表现形式有一品一牌和一品多牌两种形式或一牌多品。同一企业引入"一品多牌"的终极目标是用不同的品牌去占有不同的细分市场,联手对外夺取竞争者的市场份额。采用"一品多牌"要依据产品与行业特点而行,相对来说,名表、名车、生活用品、食品、服饰等行业适合于采用"一品多牌"战略,而电器类就很少采用这种策略,更多的是走"综合品牌战略"的模式,即"一牌多品",如松下、日立、夏普,无论洗衣机、彩电、音响、空调、冰箱、传真机均采用同一品牌。多品牌运作最为成功的案例要算宝洁公司,它旗下的许多品牌相信大家也不陌生,由海飞丝、飘柔到舒肤佳、伊奈美,由佳洁士到汰渍再到吉列系列等。它的每个品牌都是一个单独的品牌形象,而又全是家居生活方面的必需品,没有脱离家居生活用品这一块而单独开发其他领域的品牌。

3. 品牌识别界定

品牌识别指从产品、企业、人、符号等层面定义出能打动消费者并区别于竞争者的品牌联想,与品牌核心价值共同构成丰满的品牌联想。它确立的是品牌的内涵,也就是企业希望消费者认同的品牌形象,它是品牌战略的重心。它从品牌的理念识别、行为识别和符号识别三个方面规范了品牌的思想、行为、外表等内外涵义,其中包括以品牌的核心价值为中心的核心识别和以品牌承诺、品牌个性等元素组成的基本识别。一个强势品牌必然有丰满、鲜明的品牌识别。科学完整地规划品牌识别体系后,品牌核心价值就能有效落地,并与日常的营销传播活动(价值活动)有效对接,企业的营销传播活动就有了标准与方向。如2000年海信的品牌战略规划,不仅明确了海信"创新科技,立信百年"的品牌核心价值,还提出了"创新就是生活"的品牌理念,立志塑造"新世纪挑战科技巅峰,致力于改善人们生活水平的科技先锋"的品牌形象,同时导入了全新的VI视觉识别系统。通过一系列以品牌的核心价值为统帅的营销传播,一改以往模糊混乱的品牌形象,以清晰的品牌识别一举成为家电行业首屈一指的"技术流"品牌。

品牌识别的本质存在于以下六个方面。
- 品牌的价值是什么?
- 品牌的个性是什么?
- 品牌的长期目标和最终目标是什么?
- 品牌的一贯性如何?
- 品牌的基本实际情况如何?
- 品牌的辨识符号是什么?

这六个指向品牌定义的问题构成了品牌的内涵。

4. 品牌延伸规划

品牌延伸规划是对品牌未来发展所适宜的事业领域范围的清晰界定,明确了未来品牌适合在哪些领域、行业发展与延伸,在降低延伸风险、规避品牌稀释的前提下,以谋求品牌价值的最大化。

品牌延伸是企业将著名的品牌或具有相当市场影响力的品牌,延伸至与原产品完全不同的产品上,借原产品品牌的影响力来促使现产品市场力的快速提升,或将现产品和原产品联合来达到企业的战略目标。如海尔家电统一用"海尔"牌,就是品牌延伸的成功典范。

5. 品牌管理规划

品牌管理规划是从组织机构与管理机制上为品牌建设保驾护航,在上述规划的基础上为品牌的发展设立远景,并明确品牌发展各阶段的目标与衡量指标。企业做大做强靠战略,"人无远虑,必有近忧",解决好战略问题是品牌发展的基本条件。

为了实现在消费者心目中建立起个性鲜明的、清晰的品牌联想的战略目标,品牌管理的职责与工作内容主要为:制定以品牌核心价值为中心的品牌识别系统,然后以品牌识别系统统帅和整合企业的一切价值活动(展现在消费者面前的是营销传播活动),同时优选高效的品牌化战略与品牌架构,不断地提高品牌资产的增值并且最大限度地合理利用品牌资产。

品牌管理的重点是品牌的维持。真正的品牌是从信誉牌开始进入到感情牌的过程。如何使产品从商标上升到信誉最后升华到感情呢?一是建立信誉。要研究客户需求的变化并在第一时间不断创新出可以满足他们不同需求的有个性化功能的产品或服务,以适应变化的市场环境并最终占领市场。二是获取全面支持。没有企业价值链上所有层面的全力支持,品牌是不容易维持的。除了客户的支持外,来自政府、媒体、专家、权威人士及经销商等的支持也是同样重要的。有时候,还需要名人的支持并利用他们的效应增加我们品牌的信誉。三是建立关系。企业要为客户提供个性化和多元化的服务,同客户建立紧密的长期关系,并保持客户的忠诚度。四是创造客户满意。企业要让客户在最方便的环境下,不需要花费太多的时间、精力就可以充分了解产品或服务的质量和功能。这种让客户满意的体验可以增加客户对品牌的信任并产生购买的欲望。

6. 品牌远景设立

品牌远景是对品牌的现存价值、未来前景和信念准则的界定,品牌远景应该明确告诉包括顾客、股东和员工在内的利益关系者"三个代表":品牌今天代表什么?明天代表什么?什么代表从今天到明天的努力?

三、珠宝首饰品牌营销的特殊性

珠宝首饰作为传递人类情感最奢侈的载体,在于其蕴涵着消费者无穷的精神崇拜,因此营销亦侧重于满足顾客情感。顾客在购买珠宝首饰商品时,除了关心商品的品质、款式等一般特性外,也希望得到更多的"情感与人文关怀"。例如,为顾客准备放大镜、清洗保养、检测仪器、刻字等服务,都是情感和关怀的具体体现。这体现了珠宝首饰品牌功能的特殊性——承载和传递着不可估量的情感价值。

2003年9月,世界著名的展览机构——巴塞尔世界钟表在珠宝展览会与国际著名的调查机构益普索集团在香港共同发布珠宝钟表名贵品的最新发展——幸福感是名贵珠宝的金字塔尖。他们为珠宝名品的重现光辉,提出如下策略:以独一无二的专有方式推动高档市场,以具有象征意义的商品普及路线市场,兼顾高尚与普及路线。具体地说,就是品牌整体走高档路线,自行进行品质控制,重视名师设计,集中商品系列,并运用新的理念来引导消费者,销售形式更趋高尚化。益普索集团的董事总经理斯蒂凡先生描绘了珠宝名品价值的金字塔。幸福感高居金字塔尖,构成金字塔的内在价值包括名师设计、高级质料和精巧工艺,而构成金字塔的象征价值则包括神秘、幻想、魅力。

从某种意义上来说,珠宝企业对营销人员的要求更为苛刻。营销人员作为品牌和顾客之间沟通的桥梁,言谈举止的美既是品牌外在形象缩写又是品牌内在精神的写照。在营销过程中,营销人员附诸于珠宝产品的讲解和服务,都有助于品牌形象和内涵的提升。因此,要求珠宝营销人员除了要具备丰富的专业知识和纯熟的营销技巧,还要对珠宝首饰保持一种超越现实之上的感悟,能够在短时间内诠释出首饰的精神内涵,并将其与消费者建立起某种紧密关联,最终将品牌深植入顾客的心底。而要达到这一高度,就需要珠宝企业长期不懈地对营销人员进行理论知识和情感价值的培养。

不同企业生产的珠宝首饰产品,在品质、工艺等方面差异甚微,再加上消费者对珠宝首饰产品品质识别能力的局限性,不同珠宝首饰企业生产的产品品质判别的界限已十分模糊,明显地具有产品雷同的现象。因此,在产品竞争进入大量雷同的时代,产品的价值已不在于它本身的一些特质或功能,而更在于它的附加价值。品牌的附加价值是企业获取利润的根本所在。在珠宝首饰商店可以发现,同一品质的珠宝首饰,名牌首饰的价格远远高于一些非品牌或品牌知名度低的首饰,但消费者仍愿意接受。面对实力强于自己的国际知名品牌,中国的珠宝首饰企业将面临严峻的考验。因此,珠宝首饰企业必须树立自己的品牌,具有品牌知名度和美誉度的珠宝首饰产品,才能在产品销售和市场份额方面占据优势。

国际珠宝首饰市场的竞争已从价格竞争、产品竞争逐渐走向品牌竞争。一个有影响力的品牌可以征服消费者,取得越来越大的市场份额。而非品牌商品在其压力下,往往不是被挤出市场,就是在"滞销—降价—再滞销—再降价"的恶性循环中挣扎。未来的珠宝首饰市场也离不开这一品牌制胜的市场竞争规律。品牌首饰被推向市场竞争的前台,成为珠宝首饰市场竞争的一种深层次、高水平、智慧型的竞争,成为珠宝首饰企业综合竞争力的核心和赢得市场的关键。在品牌经营过程中,利用情感和理性上的价值所建立起来的顾客忠诚度,不但能使企业在市场营销中取得主动,而且足以影响未来的发展。只有赢得消费者的心,才能真正赢得消费者。

中国的珠宝首饰企业必须在提高产品质量和档次的基础上,创设自己的品牌,利用名牌效应扩大市场,以特有的珠宝首饰品牌带动首饰产业快速、稳定、健康地发展。

在当前形势下,珠宝首饰企业创品牌需要注意以下几点。

1. 企业形象是支撑企业品牌的基础

对珠宝首饰制造业来说,影响企业形象的因素主要包括产品质量、研发能力、产品款式、服务水平、企业规模等因素;对于珠宝首饰零售企业来说,决定企业形象的因素主要包括商店的总体特征、物质要素、人员要素、商品要素和价格要素等。

2. 产品质量是创品牌的核心,也是品牌管理的基石

产品的质量管理既是"创品牌"的重要措施,又是"保品牌"的关键所在。

3. 完善的服务是创品牌的保证

消费者是企业产品的购买者和使用者,是企业必须关注的群体。企业必须下功夫建立良好的顾客关系。良好的顾客关系可以为企业创造良好的公关环境,可以为企业带来直接的经济利益,可以帮助企业树立正确的经营理念。

四、珠宝首饰品牌定位的内容

品牌定位的主要内容包括消费对象定位、品牌形象定位、品牌风格定位、产品类别定位、产品价格定位、营销渠道定位以及定位的准确表达等,其中消费对象定位是核心,品牌形象定位、品牌风格定位、产品类别定位、产品价格定位、营销渠道定位等都必须瞄准消费对象定位并保持一致,否则难形成合力,甚至可能会相互冲突。如试图面向年轻人,用价值不菲的材料制作时尚、新潮的首饰,其价格必然也会很高,可是大多数年轻的消费者却没有足够的消费能力;或本应显示大气、尊贵的珠宝,却被设计成花哨、另类的风格,导致成功人士不屑、一般消费者望而却步的结局,实际上这样的错误发生不是少数。

1. 消费对象定位

消费对象也称目标消费群、目标市场,是指品牌所瞄准的准购买者。消费对象定位是以目标消费群为对象,通过品牌名称将这一目标对象形象化,并将其形象内涵转化为一种形象价值,从而使这一品牌既可以清晰地告诉市场该产品的目标消费者是谁,同时又因该品牌名称能转化出来形象价值的一种特殊定位。

不同的消费对象在珠宝首饰消费方面的兴趣、能力和行为的差异很大,因此,必须对社会消费群进行细分化,并依据消费者的心理与购买动机,寻求其不同的需求并不断给予满足。在分析消费对象时,要对他们的性别、年龄、收入、性格、职业、地区、民族等做出明确的划分。因此,对消费对象的定位是多方面的,比如从年龄上,有儿童、青年、老年;从性别上,有男人、女人;根据消费层,有高低之分;根据职业,有医生、工人、学生,等等。

把品牌与消费者结合起来,有利于增进消费者的归属感。成功地运用消费对象定位,可以使品牌人性化,更益于凸现品牌个性。如:耐克以热爱运动的人为目标消费群,选择乔丹为形象大使,将其拼搏进取、超越自我、积极乐观的精神融入耐克,成就了耐克的经久不衰,这样的例子有很多。

品牌的忠诚消费者是企业的宝贵财富。美国商业研究报告显示:多次拜访的顾客比首次登门者,可为企业多带来20%~85%的利润,固定消费者数目每增长5%,企业利润会增加25%。珠宝首饰企业可以通过品牌的消费对象定位,牢固树立以消费者为中心的经营理念,优化设计,提高品质,合理定价,塑造与提升品牌情感,满足顾客并赢得好感和信赖,直至体现消费者的自我价值,最终提高企业的品牌忠诚度,从而获得更大的发展空间。

2. 品牌形象定位

品牌形象这一概念,是由广告定位理论的创始人大卫·奥格威于20世纪60年代中期提出的。他认为产品和人一样,也有它自己的个性。而品牌形象就是指品牌个性,它是由许多因素混合在一起而构成的,其中包括品牌名称、包装、价格、产品本身以及广告风格等。

塑造鲜明的品牌形象,能建立起商品与消费者之间情感需求的关系,如满足欲望、被爱、被接受、被尊重、被肯定、自我实现、无拘无束等,让消费者觉得品牌形象与他的自我认知相吻合,适合自己的风格与期望,进而产生认同与偏好。不过必须认识到,建立和塑造一个鲜明的品牌形象并不是一件容易的事,也绝非一蹴而就,而是需要各种广告媒介长期的努力宣传,还要持之以恒,才能累积出鲜明、一致的品牌形象。在此,大卫·奥格威有一句名言:"所谓广告,就是对品牌形象的长期投资。"

产品的品牌既然和人一样,它就必须具有独特的、明确的个性,这样才能令人印象深刻,才能在一片激烈竞争的海洋中脱颖而出。正是借由产品个性形象,产品才得以与消费者建立某种关系,顺利地进入消费者的生活,并在其心目中树立某种印象和地位,使得品牌本身变成一个有意义的个体。

品牌形象的塑造是不能凭空想象的,它必须是在研究了商品的特性、消费者的利益、企业形象、市场竞争和消费者角度等多方面因素之后通过广告手段加以实现的。品牌的形象是消费者对品牌的看法,而非企业对品牌的看法。品牌形象是消费者选择商品、辨别商品的重要因素之一。所以,我们的广告就必须保持一贯的形象,以影响和强化消费者的印象。

品牌形象的价值主要表现在以下几个方面。

(1)品牌形象一经确立,就成为某种商品的标志,有时会成为整个同类商品的代名词。例如一提起"施乐"(Xerox)就是复印机的代名词;一提起可口可乐,就是饮料的代名词;一提起IBM,就是计算机的代名词等。

(2)品牌形象一经定位之后,就成为一种商品品质的保证。例如一提起"劳力士"手表,消费者就知道这个品牌代表着一种可以信赖的,为高山、冰川、海底各位探险家使用并检验过的高质量手表。

(3)品牌形象一经确定后,也会成为一种产品个性的体现。例如一提起"万宝路"香烟就使人想起那是个男子汉消费的香烟;一提起"奔驰"汽车,那就是只供给少数成功富有的人使用的汽车。

(4)品牌形象一经长时间的广告宣传定位,也就成了一整类商品的代表形象。例如一提起"菲利浦"就想起了它代表整个"小家电"的形象;一提起"松下",就觉得它代表了整个视听产品。

(5)品牌形象一经定位后,它也可以成为一种文化与风格。例如一提起"麦当劳",它就代表了美国或可以说整个西方国家快餐业产品的风格;而一提起"北京烤鸭",则代表了中国食品文化。

3. 品牌风格定位

风格一词常见于服装、建筑等领域,因此,服装与建筑设计等行业,也通常以其擅长的设计风格来给企业品牌进行定位,而消费者也往往从其喜爱的风格里去选择某些品牌的产品,尤其是有些服装品牌已经成为某一服装风格的代名词,也成为服装消费者的首选。

当今社会,女人对珠宝的热爱程度,不亚于对服装的追求。和服装一样,不同国家的珠宝品牌也具有不同的风格和特点。如源于希腊的意大利品牌宝格丽(Bvlgari)具有浓厚的意大利古典风格,擅长将贵气十足的黄金与色彩缤纷的宝石完美结合;而法国品牌宝诗龙(Boucheron)则是世界上为数不多的始终保持高级珠宝和腕表精湛的制作工艺及传统风格的珠宝商之一,它坚持品牌独特的传统内涵,凭借其独一无二的大胆设计和无懈可击的精湛工艺,征服了无数好莱坞明星,更深得各国皇室的垂青,成为大胆奢华的现代珠宝首饰的代名词。

对于国内珠宝首饰企业来说,在其品牌建设的过程中,找准并形成有别于其他企业的品牌风格,十分重要,从某种意义上来说,独特的品牌风格也代表着品牌的形象。结合珠宝首饰营销的特殊性,要建立独特的品牌风格,应从以下方面来考虑:一是挖掘中国传统文化内涵,使品牌具有中国文化特性;二是能体现珠宝首饰产品特有的浪漫情感与文化寓意;三是把准时代脉搏,与时尚同步;四是体现消费文化多元性,从不同民族、不同工艺以及材料等方面找诉求点,能显示精湛完美的手工和上乘质地的材料,能体现珠宝首饰高雅脱俗、灵性十足的品质,等等。

4. 产品类别定位

以产品类别定位力图在消费者心目中造成等同于某类产品的印象,以成为某类产品的代名词或领导,当消费者在有了某类特定需求时就会联想到该品牌。

企业常利用类别定位寻求市场或头脑中的空隙。其中的一个方法是设想自身正处于与竞争者对立的类别或是明显不同于竞争者的类别。譬如新近崛起的男性饰品 TrueMan 珠宝品牌,企业通过进一步的市场细分发现男性饰品的消费呈现逐年上升的趋势,如此巨大的市场空白不仅为品牌的成长提供了支撑点,而且与传统的女性饰品形成了鲜明的区别。TrueMan,男性饰品消费的引导者的品牌定位由此确立,并引发社会媒体的广泛关注。这是 TrueMan 市场细分的成果,再加上差异化的市场表现,TrueMan 不仅避免了传统珠宝首饰品牌的正面交锋,而且成为男性饰品的代名词。

珠宝品牌的定位载体就是具有文化底蕴的产品,基于消费者的生理和心理需求,基于独特的个性和良好的形象,从而凝固于消费者心目中,占据一个有价值的品牌位置。对于珠宝首饰产品来说,其类别也很多,并且各类别产品的价值以及所蕴含的文化内涵或象征寓意等均有所不同,因此,以产品类别进行定位,突出该品牌在市场中的与众不同,显然是可行、有效的。

按产品类别进行品牌定位时,应更多地从文化、情感等层面去挖掘该类产品所能传达的象征意义。因为珠宝品牌要告诉消费者的,不只是一个独特的商品,而是对生活品位的提升或欣赏。比如提倡个性、时尚,一种追求独特自我、新奇独特、流行时尚、把握潮流、步步为营国际化的珠宝文化。展示品牌高度市场化、国际化、人文化、科技化、多元化和个性化的鲜明特征,让品牌成为美化生活、推动经济发展不可缺少的力量,也成为表达感情的一种因素。

5. 产品价格定位

价格定位直接决定品牌面向的消费群体,品牌形象、品牌战略同样与价格息息相关,系统化的合理定位管理,品牌才能利于不败之地。然而珠宝商容易走入价格的误区,高档奢侈是建立品牌附加值的基础上,例如国际大牌拥有岁月沉淀的品牌资质,自然价格高端,但是新品牌盲目的走高端路线,很容易惨败在珠宝品牌的浩浩大军中。高端价位的产品势必要以系统化的品牌定位为依托。当然,并非所有的珠宝品牌都要走高端化路线,平民大众亦具有巨大的消费能力,这个就要根据市场需求具体品牌具体分析了。

6. 营销渠道定位

品牌的经营无论是以批发为主,还是零售、商场、专卖店,在进行品牌定位时,应该将这些营销的渠道考虑在内,甚至可以把企业专注或擅长的渠道作为其品牌定位的标准。

如钻石快线品牌,以诚信经营和品质保证为宗旨,专注于网络营销,不断完善自身市场机制和服务体系,一切以顾客利益为中心,紧跟国际前沿流行趋势,打造一流的网上珠宝购物环境,并为顾客提供物超所值的优质珠宝饰品。在稳步发展中,钻石快线以科学的管理体系、专业的网络市场运作、成熟的物流体系和完善的服务体系,服务范围可遍及全国各线城市,全力打造中国最具情感价值的珠宝品牌。

打造成功的珠宝品牌使其给予加盟商、代理商的同样绝不仅仅是物美价廉的产品,诱人的利润,更注重的是成熟的特许经营模式,创新求变的营销策略和全新独到的企业理念:让每一位顾客在品牌专卖店里都能买到自己喜爱的珠宝、饰品。当生日、过节、探亲、访友、喜庆、相聚、惜别都能找到所需、自信和祝福。

7. 定位的准确表达

在对品牌进行上述内容的准确定位以后,需要给予其准确的表达,以更好地突显品牌的独特魅力,我们可以将这种表达称为品牌概念或文化。一个好的品牌概念,不仅可以缩短品牌和顾客之间的距离,还能够轻易地征服顾客的心智。创新品牌概念对于弱势品牌迅速打造知名度来说是最经济、有效的途径,企业只需通过富有新意的概念传播就可以令品牌从众多的竞品中凸显出来。

品牌概念的创新要注意以下几个问题。

(1)概念的创新要围绕着"定位"展开,以更好地凸显自身品牌与其他品牌之间的差异。

(2)概念的创新要与品牌战略步调一致,避免恶俗的抄袭和毫无新意的模仿。

(3)概念的创新需具有包容性和延展性,能够最大限度地覆盖市场的潜在诉求。

(4)品牌概念的创新忌讳朝令夕改,或是恶意扭曲事件的真实性。实战中,通过新概念的打造最终实现品牌升级的经典案例屡见不鲜。

第二节 项目:珠宝首饰品牌建设个案解读

近年来,针对我国内地大多数珠宝企业产品缺乏创新与特色,品牌文化底蕴不强的现状,中国宝玉石协会加大了对珠宝品牌建设的扶植力度,经严格筛选推荐出几十家中国珠宝驰名品牌,全国工商联金银珠宝业商会也全面启动了品牌系列工程,一批具有较强优势的国内珠宝品牌正在悄悄崛起,像潮宏基、戴梦得等。但品牌建设不是短期内就可以完成的,由于推出的时间不长,国内消费者对其认知度和美誉度还不高,这些珠宝品牌绝大部分还只是区域性、地方性的知名品牌,覆盖面不广,缺乏规模,还远未成为全国消费者心目中的名牌,因此,需要国内珠宝企业继续重视品牌建设,并不断做大做强,只有这样才能在未来的国内外市场激烈的竞争中得到生存和发展。

以下选取的珠宝品牌建设的个案,是根据网站信息及媒体报道整理改编而成,编者未甄别信息真伪或是否有夸大宣传,仅作为学习参考而用。

个案一:潮宏基逆势扩张布局多品牌战略

2013年3月,中国刮起了一阵国内品牌的时尚潮流旋风。资本市场上,具有自主设计能力的服饰和珠宝品牌纷纷受到投资者追捧,标志着国内时尚品牌通过自主创新逐步走向成熟,不论在产品质量还是产品设计款式等方面,均不亚于国际品牌。

虽然从发展历史及品牌影响力上,国内时尚品牌与国际知名品牌存在一定差距,但近年来,国内时尚品牌借助中国大市场快速成长,在生产工艺、产品设计以及品牌传播方面不断加大投入,勇于创新,逐步拉近了与国际品牌的差距。

随着国内生活水平的不断提升,消费者对民族品牌的逐步认同,消费升级与消费观念的转变,将促进国内立足于自主设计的服饰、珠宝、女包等领域的中高端时尚品牌高速增长。

早在2006年4月,国内珠宝首饰龙头企业潮宏基就成为登上珠宝首饰行业的"奥斯卡"——巴塞尔世界钟表珠宝展舞台的唯一一家国内珠宝企业。由于潮宏基注重自主创新,其题为"紫气东来"的东方文化系列珠宝产品在巴塞尔引起了世界同行的轰动,改变了他们对中国珠宝行业"只有抄袭,没有原创"的偏见。

作为国内中高端时尚品牌的代表企业之一,潮宏基正在加快发展速度,快速提升在国内中高端时尚消费品市场的地位。

自从2010年上市以来,潮宏基珠宝首饰门店三年内新开门店222家,至此,各类门店数量超过530家(编者注:截至2015年上半年度全国门店共993家,其中珠宝门店692家)。

值得注意的是,潮宏基由于长期坚持直营店的渠道模式,公司在品牌影响力及品牌美誉度不断得到提升,为后续的持续扩张奠定了坚实的基础。

为此,2012年中潮宏基公告称,定向增发9.5亿元,打算在2013—2015三年内扩张241家品牌专营店,以加快销售网络的建设。2013年2月初,该定增募资计划正式获得证监会通过。

此外,潮宏基于2013年1月初对外公告,以5.16亿元受让菲安妮(FION)皮具股份公司合计36.89%的股权,从而拉开了潮宏基多品牌并购扩张战略的大幕。

1. 收购菲安妮股份 潮宏基谋多品牌扩张

在经历2012年国内中高端消费市场低潮之后,国内经济开始回升再次撬动了消费市场的升级,中高端服饰、珠宝等时尚产品消费年初以来表现出强劲的增长势头。

2012年春节长假期间,受益于"情人节"因素,商务部数据显示黄金珠宝类消费增长38.1%。

快速回升的中高端时尚消费市场,加速行业升级调整。一些具有自主品牌设计和市场开拓能力的珠宝首饰厂商加速了同类品牌整合力度。

2013年2月21日,潮宏基发布公告称,其中国香港子公司业已完成对菲安妮36.89%的股权过户,交易完成后公司持有菲安妮皮具37.27%的股份。

对此,潮宏基方面表示,这意味着公司定位于中高端时尚消费品的多品牌战略,迈出了具有非常重要战略意义的一步。

资料显示,菲安妮于1979年在香港创立,1992年进入内地市场,主要业务为皮具生产。根据中华全国商业信息中心所统计的2011年度全国各式女包市场综合占有率排名数据，菲安妮旗下的"FION"品牌女包产品以3.12%的市场综合占有率排名第三，是享誉亚太的知名女包品牌。

截至2012年底，该公司在中国内地共拥有256家销售网点，进驻内地超过80个城市的主要中高档百货商场及购物中心。在中国香港地区有14个专柜或专卖店，日本、新加坡、中国台湾地区、中国澳门地区超过140个销售网点。

2009—2011年间，菲安妮分别实现净利润4208万元、6989万元和9031万元，年复合增长率约46%。菲安妮原股东承诺2013年实现1.08亿的净利润。

菲安妮目前在中国内地只有250多家门店，未来发展空间巨大，海外市场也有广阔的空间。由于两家公司协同效应明显，未来菲安妮的成长会有不俗的表现。业界人士分析认为，收购菲安妮不仅为潮宏基提供新的利润增长点，同时也增强了对中高端时尚消费品行业的整合力度。

潮宏基总经理廖创宾对公司的多品牌战略有如下解释："公司多品牌战略制定于2006年。公司认为多品牌战略可以解决珠宝行业天花板的问题，规避掉单一行业景气周期的影响，实现公司可持续的快速增长。"纵观国际一线大牌，如路易威登控股公司、历峰集团都是走"主品牌突出，关联行业品牌众多"这一快速发展之路。

目前，潮宏基在国内珠宝首饰行业坐拥行业龙头地位，旗下"潮宏基"和"VENTI"两个珠宝品牌，以经典时尚的特点，占有国内中高端珠宝市场一席之地。

目前，潮宏基主要经营以K金为主的时尚珠宝首饰。在全国近120个大中型城市，拥有超过500家品牌专营店，现已发展成为珠宝行业的领军企业之一，其时尚珠宝首饰设计、研发、生产和销售能力居于行业领先地位。

对此，潮宏基称，并购"FION"是公司多品牌战略实施的重大举措，同时也为公司2013年业绩带来重大贡献。随着行业进入整合期，不论在珠宝行业还是皮具等相关行业，都会有机会通过并购、合作实现企业跨越式的快速成长。

2. 定向增发募资9.5亿元　扩门店加速主业发展

潮宏基除了学习LV、GUCCI、爱马仕等国际奢侈品巨头的多品牌战略，仍将以时尚珠宝作为核心业务，继续将"CHJ潮宏基"品牌珠宝业务做强做大，维持迅速扩张门店策略，以谋求市场份额的进一步提升。

据了解，潮宏基2010年和2011年的单店销售增长达到30%以上，随着2013年整体消费市场的复苏，公司单店业绩保持15%以上的增长应有保证。

截至2013年4月，潮宏基旗下"CHJ潮宏基"和"VENTI梵迪"两个品牌的专营店合计仅为500多家，而按目前国内市场的消费水平以及中高端百货布局情况来看，两个品牌的发展空间仍然非常广阔。

2012年，中国整体消费市场环境出现了一些调整，而这对于有资金实力、有品牌影响力和有管理能力的公司来说，却是一个难得的逆势扩张机会。2012年度，潮宏基先后新开白云机场店、正大广场店、南京德基店、北京王府井百货大楼店等质量较高的门店，为进一步销售网络的扩张和未来业绩的增长奠定了坚实的基础。

2013年，潮宏基计划对旗下门店布局进行深入调整，并加速扩展在二、三线城市核心商圈的门店数量。

去年年中，潮宏基公告称，将发行不超过4400万股，募资不超过9.5亿元投资销售网络扩建项目，项目包括在汕头市内购置商业铺面并建设高端旗舰店1家，营业面积为600平方米；在全国范围内的百货公司营业区内设立240家联营店，营业总面积为12 000平方米。

潮宏基表示，募投项目将进一步完善公司原有营销网络，优化区域分布，提升潮宏基品牌影响力，项目完成后，公司的市场占有率将进一步提升，有利于保障业绩快速增长。

潮宏基逆势扩张，计划三年内新增240家门店的计划引起业界广泛关注。而近年来潮宏基门店扩张的速度也十分迅速。资料显示，2010年1月公司上市以来，三年分别净新开门店66、77和79家,合计222家,比上市前2009年底的301家增加了73.7%。而2011年的净利润也比2009年底的净利润增长了78.39%,可见潮宏基前期募投项目的建设效益还是非常明显,门店规模及门店质量都在不断提升,并为公司提供可持续增长的业绩贡献。

对此,廖创宾认为,公司敢于逆势扩张,更主要来自于对未来珠宝市场成长空间的信心。虽然去年由于各方面因素的影响,整体珠宝行业增速明显放缓,整个行业业绩都不是很理想,但这对有品牌、有资金实力和有管理能力的企业来说,却是一个非常难得的发展机会,通过加快渠道建设,拓展新门店,同时提升门店质量,将为公司未来快速增长提供有力的保证。随着经济环境逐步趋于稳定和公司门店规模及质量不断提升,公司相信未来几年将会保持快速增长势头,为投资者带来更为可观的回报。

(原文录自网络转载的《每日经济新闻》文/江周,2013)

案例评析

作为国内中高端时尚消费品行业,尤其是K金珠宝首饰行业领军企业的潮宏基,"快速切入相关联的高端消费品行业,做一个集团化的多品牌运营商"一直是其努力的目标,在多年发展之后,潮宏基开始走出珠宝行业,逐步向皮具、钟表、眼镜等中高端时尚消费品类延伸,开拓了更为广阔的扩张之路,快速提升其在国内中高端时尚消费品市场的地位。

综合本案例及企业其他相关信息,分析其品牌战略成功之处,大致可归纳为以下几个方面。

1. 市场定位准确,品牌传播到位

市场定位,简单地说就是:你在这个市场上提供什么产品来满足这些消费者群体什么样的需求。

潮宏基从品牌创立开始就意识到,应该走差异化的路线。潮宏基珠宝品牌主要经营精致、典雅、时尚的珠宝钻饰,其市场定位很鲜明,即"一流""高档"。公司设有产品开发部和产品设计中心,汇集了国内外的国际珠宝设计师专门研究如何提高产品质量、包装技术和工艺技术,以及开发最新的符合中国人特点的珠宝款式,力求在满足中国消费者需求方面做得比竞争对手更好。因此,在中国消费者的心目中,潮宏基已经成为高档次、高品质的代名词,正是凭此形象,潮宏基逐渐全面打开了国内市场,并且因其价格适中,相比国外知名珠宝品牌价格昂贵而言,又具有一定的价格竞争优势,这些都切中了国内消费者既崇尚名牌,又希望价廉物美的购买心理。

潮宏基自1995年创立开始就致力于品牌形象的建立,走品牌化经营的道路,加上至诚制胜的经营理念,始终坚持以值得信赖的品质面对顾客。潮宏基的广告画面多选用名人的形象,马艳丽这位国际名模,中国模特演艺界炙手可热的大腕,成为潮宏基首位签约的形象代言人。从这位代言人可以看出潮宏基的目标定位是在25~35岁的成熟女性,这个阶层的消费者追求浪漫的幻想,崇尚无拘无束和富有个性色彩的生活,并且她们的消费较为理性。

潮宏基选择这一消费群作为其目标市场,可见其看中的不仅是这个层次的人收入较高和稳定,同时还看中了这个消费群的主导消费作用。在中国大陆消费者中,消费心理和方式显而易见地发生了较大变化的首先是青年消费者,他们大多具有求新、追求名牌、喜欢广告、注重自我等心理,而这些心理正在不断影响着他们及其他人群的消费习惯和行为。潮宏基选取深受中国白领女性崇拜的偶像马艳丽作为形象代言人,填补了中国珠宝业聘请名人出任代言人的空白;举办"潮宏基钻石周全国巡回活动""潮宏基国际彩钻全国首次巡回展示"展示珠宝与女性的真我风采,围绕白领阶层和中产阶层所作的一系列促销活动,充分表明了它抓住了新生代的定位意图,而它卓著的市场业绩也充分证实了其目标市场定位的正确性。

2. 营销手段多样,公关策略有效

潮宏基主要是通过活动营销的手段与消费者进行沟通。因为这些活动充分贴近消费者,迎合了消费者重关系、重沟通、重场面的心理,所以取得了不同凡响的效果。潮宏基近几年来举办的营销活动主要有:1999年、2001年两届"中国珠宝首饰设计潮宏基杯大奖赛"活动及其获奖作品全国巡回展,潮宏基2000年经典音乐之旅公关活动,第二届中国珠宝首饰设计潮宏基杯大奖赛颁奖典礼,潮宏基钻石周全国巡回展示活动,潮宏基国际彩钻(青岛)巡回展示会,2003年国际化潮宏基(沈阳)慈善之旅助学活动等。通过这一系列活动的举办,潮宏基珠宝品牌已深入到广大消费者的心中。

3. 渠道策略独特,市场拓展有序

由于南方市场受到香港等发达地区的影响较大,消费者选购珠宝首饰会偏向于香港和国外品牌,因此,大多数国内品牌一般会选择优先抢占北部及内陆地区作为其打开市场的起点。潮宏基最先选择东北地区抢滩登陆,然后以东北辽宁、黑龙江、吉林逐渐向沿河地区扩展,它在大陆市场的总部依然设在广东,主要是依靠毗连香港、台湾等海外市场的优势,源源不断地吸收国外的最新珠宝资讯。

潮宏基的渠道最初从百货专柜开始。但在开店方式上,与大品牌先从一线城市发展,然后渗透到二、三线城市的做法不同,潮宏基反过来选择以二、三线城市为主要渠道,慢慢扩大品牌影响力,最后进入一线城市。

2000年,潮宏基开始有了品牌专营店,是当时国内最早在百货商场中拥有独立形象品牌专营店的本土品牌。潮宏基的门店分自营店和加盟代理店。为了做品牌,潮宏基一直侧重于自营模式,现在四分之三的专营店都是自营模式。

潮宏基将全国市场分为8个大区,其中华东和东北的品牌影响相对较强。因为进入当地较早,消费者对品牌的认知度和美誉度不断积累,另外沿海地区最先出现首批富裕家庭,他们的消费力很强,在买了房子、汽车以后,珠宝是他们要购买的第三类高级货品。如今潮宏基的专营店覆盖全国近百个主要城市,其中95%以上设立在优质的百货商场渠道中,这样自己拥有店面不但能将产品卖出高溢价,而且对品牌建设和沉淀大有裨益。

目前,潮宏基在新加坡、法国、意大利等海外地区及欧美等国设有海外设计中心和旗舰店,在中国大陆已建立了以北京、上海、重庆、沈阳、济南及苏浙等地的二十多个大中城市为中心的营销网络。

4. 突出文化内涵,坚持自主创新

中国长期被称为制造大国,被作为加工基地,就是因为没有自主创新的设计。潮宏基珠宝作为中国珠宝行业的著名品牌,紧紧抓住自主创新这一点,不断探索中国珠宝的原创设计发展之路,秉承"弘扬东方文化,推动中国珠宝原创设计"的理念,以强大的设计实力、生产规模及技术,以中国元素为题材创造出了一大批具有浓厚中国文化特色的作品。尤其是2006年,潮宏基登上了世界顶尖级珠宝展会——瑞士巴塞尔世界钟表珠宝博览会。作为钟表珠宝业的世界展览会,它是世界最大、最新的奢侈品展览与信息交流的盛会,是观摩最新设计及推动全球时尚潮流的创始之源,一向以奥斯卡钟表珠宝业盛会著称,且规定凡参展的作品必须是自主原创。潮宏基此次展示的60多件作品,全部体现原创设计,神秘而恢宏,分为"京剧之声""青铜""圆满""龙虎""吉祥""凤凰"六个主题系列。这些作品不仅充分把握了中国传统文化元素,并且将其融于时尚之中,其神秘古老的中国文化元素和独特的原创设计风格震撼了整个展会,让世界看到了一个崭新的、崛起中的中国珠宝行业发展的潜力。主办方总裁蕾妮·凯姆先生说:"这次展示把一些人认为中国珠宝业只会抄袭的偏见彻底颠覆了。"

潮宏基以设计为企业的核心竞争力,目前拥有国内珠宝业界最具竞争力、实力最雄厚的专业珠宝设计室和

JEWEL CAD 设计与 RP 三维成型的国际先进技术，拥有来自法国、香港及国内著名院校的设计师团队，这使潮宏基在国内珠宝设计中一直处于领先水平，其设计作品在"公主方钻首饰设计大赛""比利时安特卫普 HRD 钻石珠宝大赛"等全球设计大赛中屡获大奖。

潮宏基以设计为核心竞争力的发展思路并非偶然，而是已经走了很长一段时间。在别人忙于生产赚钱无暇顾及设计开发时，潮宏基最早开始在设计上下大力气，尽管当时连自己内部员工都有非议。1999 年当时国内没有几个珠宝企业赞助设计大赛，潮宏基开始花费很多钱做这件事情，如今已经连续赞助了四届设计大赛，事实证明，潮宏基的决策是正确的。潮宏基在设计上还注重与国际同行进行交流和学习。聘请了国际最优秀的设计师来充实潮宏基的设计团队，同时在法国、意大利、香港建立自己的设计中心。让世界珠宝艺术通过这些优秀的设计师及设计中心源源不断地传往中国，也让中国以弘扬东方文化为主体的设计理念走向世界。

5. 立足服务体验，强化精细管理

潮宏基一直强调有四个核心的服务体验：优雅、真诚、关怀、专业。但不同的消费群体所需要的服务体验是不一样的。四个服务体验在不同的店有不同的组合。在高端店，服务次序上会更侧重于优雅与专业。这类店的珠宝顾问在整个仪容仪表方面有着很高的要求。但在大众类型门店的体验方面真诚和关怀则多于优雅。有的珠宝顾问一个月的销售额可以过百万元，主要在于他们能够很好地掌握消费者的需求，通过贴切的方式给消费者提供恰当的服务和体验。

2011 年潮宏基在原有品牌基础之上对品牌定位作了重新梳理，提出"时尚近季，奢侈近人"的全新理念，并以此为核心推动相关基础工作扎实执行。

推行"内伸外延"战略：在"内伸"方面，潮宏基不断提升品牌的营运质量：一是扩大产品线，主动填补市场空白，满足消费者的新需求；二是扩大店面经营面积；三是加强精细化管理，提升销售人员专业能力，确保单店业绩的稳步增长，巩固销售网点在区域内的地位。在"外延"方面，潮宏基加速规模扩张步伐。另外，潮宏基还积极整合上游资源，参股了比利时一家公司，为企业获得稳定、优质及低成本的钻石资源保障。

个案二：美伊(Maylee)逆势求发展 品牌建设改变与落实并行

美伊(Maylee)，在坚持中国玉文化探索的道路上一直积极进取。在目前经济形势低迷的情况下顺应形势，营运团队在品牌建设上出台一系列措施与方案，以推动品牌的健康发展。

1. 树立全新品牌定位，新产品线把握市场商机

可以预见，镶嵌和田玉将是未来珠宝市场的一个热门发展方向，美伊(Maylee)坚持产品创新与研发，以创新型的和田玉镶嵌产品赢得了市场的认可，并探索出了一条全新的产品方向，成为珠宝行业内和田玉产品的领路人。美伊最先把握住市场商机，从而推动了品牌在弱势大环境下依然保持稳步的发展趋势。

2012 年初，根据和田玉产品特点及市场导向，美伊品牌全面升级，确立新的品牌定位和产品定位。着力打造"中国玉文化时尚珠宝"，并以"美由心生，伊人如玉"的全新广告语作为切入市场的传导方向。全新的以时尚镶嵌和田玉为主导的"金镶和田玉""银镶和田玉"和"银镶玛瑙"三条产品线，组成了多玉石品种、多玉石色彩、多种贵金属镶嵌、多价格带的产品结构。层次丰富，覆盖了高中低端多级消费需求，能够满足不同消费者对玉石首饰产品的不同需求。

新产品出台同时，美伊又相继推出全新的品牌画册、产品目录、全新的柜台道具包装等一系列宣传销售配套物料，从而将新美伊完整地推向终端市场。

2. 加强终端管理，开展点对点服务工作

提高工作效率，优化成本资源，是品牌建设中最基本的一项重要工作，其取决于管理层内部和终端经营中的细节管理。因此，美伊品牌管理团队把加强管理亦作为2012年度的工作重点之一。在总结了以往管理工作中的优点和不足之后，美伊管理团队在店面形象、店务管理、销售陈列面、推广宣传以及终端培训上，都进行了详实和有步骤的工作改革及推进，并一一取得了进展和积极反馈，一系列的措施获得了加盟商的积极配合与好评。

同时，就品牌管理的有效实施，公司在2012年10月15日至12月15日期间组织"贴心送温暖"活动，营运团队集中就全国店面进行一对一巡店指导工作。包括营运总监、加盟经理、区域经理及培训、陈列人员组成的服务团队，本着全心全意为加盟商服务的宗旨，按优化路线下到美伊全国各加盟店铺，为加盟商带去新品及货品、最新产品目录、营运政策等相关物料资料，并就终端销售、培训及形象陈列等问题做现场寻访和指导，就地解决各店面管理销售问题。

在低迷的市场大环境下，品牌发展更在于内在的稳妥与扎实。能够沉下心来，巩固品牌的核心竞争力，并统一团队的信心，理顺每一个销售终端的一线问题，做好后备支持和营运，是品牌发展的最根本内容。

个案三：亚一珠宝首饰打造"婚庆第一品牌"

上海亚一金店是中国首个将"婚庆"作为品牌概念的综合性黄金珠宝首饰企业，并全力打造"中国婚庆珠宝首饰第一品牌"。

亚一金店的业务涵盖黄金铂金、钻石镶嵌、红蓝宝石、K金饰品、玉器珍珠等首饰的生产、加工、批发与零售，经营网点遍布全国。

1. 婚庆定位，广受好评

亚一的品牌文化融合了目标消费群的价值观，亚一金店追求唯一真爱的婚恋观以及"中国婚庆首饰第一品牌"的品牌形象逐渐被都市白领青年、时尚一族，乃至新婚夫妇所追崇。

根据2011年亚一市场部联合上海市商业联合会共同进行的婚庆消费群体满意度分析报告显示：顾客对上海亚一金店的满意度、认知度及期望需求均获得高分，相关数据如下表。

婚庆消费群体满意度分析表

顾客调查情况	测评结果
顾客满意度	83.00%
顾客认知度	83.71%
顾客期望需求	82.14%

调查显示：亚一是婚庆消费群体认为珠宝品牌中服务态度最好的一项，相比较其他著名的黄金首饰企业，有83%的顾客认为亚一服务最好，说明亚一在服务方面做得很成功。只有优质的服务才能树立良好的口碑，提高企业形象，从而提高顾客的信任度，也是为商品加分的重要因素，亚一将继续保持优质的服务。

亚一在婚庆品牌宣传上的投入每年达到了5000万元，宣传面广，宣传效果显著。婚庆消费群体不仅能在传统的电视、报刊杂志上看到，更能在户外、网络、短信、新媒体等处全方位接收到亚一的信息，另外亚一在几大卫视及中央电视台等全国性频道作辐射全国的宣传。

2. 婚庆销售，创造奇迹

自从亚一定位为打造中国婚庆首饰第一品牌，2011年亚一销售总额税前达51.2亿元，相较于2010年整整翻了一倍，其中婚庆产品为销售业绩的中流砥柱，占比高达80%。

2011年8月亚一举办"钻石节"活动，抓住传统情人节卖点，一举推出总价值过亿元的10 000颗高净度、高色、切工完美的克拉裸钻。活动期间,亚一金店钻石产品的销量同比增长173.57%,环比增长279.38%,打破七、八月珠宝销售淡季的市场规律。这次活动使亚一的钻石销售无论是在数量上还是销售额上都比以往翻了好几倍,创造了婚庆钻石销售的奇迹。

3. 婚庆产品,一路相随

为了满足消费者的需要,亚一积极开发婚庆系列新品,不仅为准新人们准备了精致的婚嫁产品,也为热恋中的情人以及相伴多年的伴侣开发了专属独一无二的产品。

西式铂金钻石婚庆产品系列,诸如情人节的"心心相映"、求婚时的"公主指轮"、婚礼上的"束缚"系列均贯穿了伴侣们相识、相恋、相爱的整个过程。

中式黄金婚庆产品诸如"龙凤呈祥""幸福相守""轻舞飞扬""喜结良缘""婚庆九宝"等为爱情纪念锦上添花。

豪华婚庆系列"爱的交响曲""舞动精灵""龙腾凤祥""牡丹亭序""心花怒放""一网情深"等也使新人们的闪耀一刻更加华丽富贵。

当然,随着人们心态的开放,越来越多的珠宝品类被时尚新人们接受,在婚庆珠宝市场中分量越来越重。单一的钻石饰品也已远不能满足婚庆市场的需求,亚一正在致力于开发各类材质的婚庆首饰,例如彩色宝石,如今也成为了时尚新潮的结婚饰品,作为当今婚庆市场消费主力军的"80后"消费群体,他们讲求独立、不盲目跟风,对婚庆珠宝的选择更趋于品位化、多元化,特别是此次英国王子威廉向凯特王妃求婚所用的蓝宝石戒指,又掀起了一股彩色宝石婚戒热潮。而这样独一无二的彩宝婚戒,只有在亚一挑选得到。

另外,围绕着婚庆,亚一也在积极开发各个与其相关联的系列概念产品。如:相识—相知—相恋—相守等每个阶段的相对应的产品,还有十周年、二十周年、金婚等系列的产品。让消费者在每个阶段想表达感情的时候,有东西可选,有情感可依,从根本上为各类消费者着想,从而真正奠定了亚一中国婚庆首饰第一品牌的地位。

4. 门店推广,高端时尚

由于规模的不断扩大,2011年,亚一金店重塑了在年轻人聚集的高端时尚地标港汇广场和宝山区巴黎春天的形象。在港汇新形象店开幕之际,亚一还邀请模特走秀展示最新婚庆饰品,还特别陈列出豪华婚庆系列首饰展示给消费者。现场不仅吸引到了大量的人气,还展现了亚一品牌婚庆首饰的华贵大气。现场的观众无不感觉到亚一金店在婚庆珠宝首饰品牌中当之无愧的领先地位。

此外,在圣诞来临之际,亚一金店在国金中心浦东五星级丽丝卡尔顿酒店二楼宴会厅举办"臻爱·珍萃"婚庆珠宝饕餮盛宴,带爱侣们领略如圣诞节般绚烂璀璨的亚一珠宝世界。这次亚一婚庆珠宝饕餮盛宴把亚一品牌形象推向了一个全新的高度,亚一从以往的传统婚庆品牌变成了新兴时尚的婚庆风向标。亚一开始往高端珠宝婚庆品牌迈进。

5. 婚庆展会,第一选择

每当有大型婚博会,消费者总能在会场的显要位置看见亚一的展位。展位中专业的营销员热情、耐心地为赶赴而来的准新人们展示并介绍产品,现场更有专业队伍为有个性消费需求的消费者提供裸钻镶嵌服务。在价格优惠的同时,亚一还联合婚纱摄影、美容美体等方面的婚庆产业链企业,为购买亚一产品的准新人们送出美丽大礼包,让准新人们享尽实惠。亚一金店屡次在上海的各类婚博会上,超越其他著名品牌参展商,以亲切的服务、优惠的价格和丰厚的礼品取胜,获得了珠宝类参展商销售第一的卓越成绩,这足以证明亚一金店一流婚庆珠宝首饰品牌的地位。

6. 婚庆平台,宾至如归

除了积极奔走于各大婚博会,为消费者带去独特、精美、品种繁多的婚庆珠宝首饰,亚一还为消费者搭建了一个三百六十五天天天喜庆的婚庆珠宝首饰平台。平台上婚庆类的产品全且新,让准新人们随时都能享受到一站式的婚庆珠宝首饰选购服务。

在亚一旗舰店这一平台,每天都吸引了相当多的情侣或准新人前来选购。亚一利用"人无我有、人有我全、人全我精、人精我新"的产品优势,让一对又一对的新人看得眼花缭乱、爱不释手、难以取舍、流连忘返。

亚一旗舰店的临街橱窗中,轮流陈列着婚庆主题产品,或用浪漫可人的粉色,或用纯洁高贵的蓝色为铺垫,将形形色色的对戒、美轮美奂的挂件、古色古香的凤冠等婚庆产品中蕴含的情感衬托得淋漓尽致。亚一旗舰店的店堂中轻轻响起的优美音乐,更让消费者在选购时倍感惬意、幸福满溢。

7. 婚庆宣传,全面浪漫

谁都向往独特的邂逅、甜蜜的婚礼、浪漫的蜜月,因为谁都希望自己的一生总要有一次独特。2010年,亚一以此为主题,拍摄了新奇、浪漫的广告片,并在独家赞助的东方卫视电视相亲节目《百里挑一》中投播,为尚未相遇的她和他牵起红线,见证邂逅的瞬间,诉说亚一"百里挑一"寻找"唯一"的执着。当憨笨可爱的大象用它的长鼻卷起婚戒时,亚一向天下所有的有情人诉说,惊喜才刚开始,亚一将在你们漫漫的人生中,一次又一次地为你们的幸福画龙点睛。

如今,除传统的报刊媒体,亚一还利用了短信、网络等载体,以多方位立体宣传形式,提升亚一品牌的知名度和影响力,针对品牌目标消费群明确自己的宣传对象,令亚一一流婚庆珠宝首饰的品牌形象深入人心。

长期以来,亚一以其极高的品质和精致的内涵为无数的情侣、新人、准新人带去了细致、经典的饰品,见证和纪念了他们的爱,并以专业的婚庆珠宝首饰品牌形象深入消费者的心中,成为他们选购产品时的第一选择。

数年前的时尚青年,如今正与爱人携手,共建家园。他们在选购婚庆珠宝时,第一个想到的,就是亚一。

当新生命降临在幸福美满的家中,爸爸和妈妈想要为宝宝送去庇佑与祝福时,第一个想到的,也是亚一。

当他们获得人生的成功,想要嘉奖自己,并鼓励自己去实现更远大的理想时,第一个想到的,仍是亚一。

当他们并肩走过数十年,儿女都已长大,将要成家,他们为孩子筹办喜事时,第一个想到的,总是亚一。

正因为亚一伴他们一路走来,为他们的人生纪念日抹上美丽的色彩。

正因为亚一如其名,是他们的第一选择。

春华秋实已十七年,品牌建设任重道远。

亚一争创中国婚庆珠宝首饰品牌"第一"的信念坚定不移!

拓展阅读

品牌竞争时代:中国珠宝的细分化出路
(根据马国英同名文章改编)

随着中国经济的发展和时代的进步,中国消费市场开始快速升级,珠宝行业已经全面进入品牌时代。在品牌时代,消费者认品牌,渠道商开始选择品牌。在这个背景下,国际品牌、港资品牌、全国品牌以及地方品牌如何参与竞争?原料供应商、生产制造商、品牌商、批发商、零售商如何整合资源并形成自己清晰的品牌定位与传播?细分市场、细分目标人群从而获得比较竞争优势,将是珠宝行业未来几十年的永恒主题。

根据资料显示,与欧美、日本等发达国家相比,中国珠宝市场的整体规模至少还有十倍的发展空间。2009年,美国人均珠宝消费1337美元,日本人均珠宝消费1562美元,中国人均珠宝消费只有142美元。而中国人口是美国的5倍、日本的12倍。所以,最近十年,中国成为全球最大的珠宝消费市场,深圳也因此成为全球珠宝的集散地。

这也是最近十年全球珠宝行业增长率只有5%而中国保持15%增长率的背后原因。

在此背景下,中国珠宝市场进入了"渠道下沉和终端为王"的时代。卡地亚(Cartier)、蒂芙尼(Tiffany)、梵克雅宝(Van Cleef & Arpels)、宝格丽(Bvlgari)、施华洛世奇(Swarovski)、海瑞维斯顿(Harry Winston)等国际品牌纷纷进入中国的一线城市,并加快了在二线城市的战略布局。最典型的例子是蒂芙尼,2012年,蒂芙尼将发展重心放在中国,不但不在日本开设新店还要关闭一些门店,在中国大陆市场,将由原来的14家店面数扩张到30间以上。

国外珠宝品牌的终端还只限于中国的一、二线城市,以周大福、周生生、金至尊、六福为代表的港资品牌在大陆市场开店布局的速度更快,不但覆盖一、二线城市,更全力向三、四线城市覆盖,终端已经下沉到县级市场;老凤祥、明牌珠宝、老庙等国内一线品牌也是一样,在很多市场也是终端下沉到县级市场。在江苏、浙江、安徽、河南、山东等省份,一个县城会有十几家珠宝专卖店,周大福、老凤祥、明牌、老庙专卖店也许会一字排开。

尤其值得一提的是,通灵、潮宏基、万隆、IDO、萃华、戴丽尔等地方珠宝品牌正处在由地方品牌向全国品牌跃进的进程当中,这些品牌在自己的根据地市场跑马圈地,呼风唤雨,已成诸侯王。最近两年更是加快了全国扩张的步伐,市场业绩和品牌表现不断看涨。

目前,珠宝品牌都在抢占优质的终端资源,可谓是一轮"圈地竞争"。另一个"圈地竞争"的表现是开设珠宝大卖场,品牌商和零售商一起发力。如上海的老凤祥、浙江的明牌、南京的宝庆银楼、北京的菜百、安徽的星光珠宝、河南的金鑫、山西的银星珠宝都在开设珠宝大卖场,面积从1000平方米起步,多在2000~5000平方米,大的甚至在1万~3万平方米。

"渠道下沉"和"圈地竞争"的结果,一是加快了品牌的集中度,二是提升了中国珠宝品牌的综合竞争力。据业内人士介绍,周大福2012年在全国的连锁终端将超过1800家,销售额预计在260亿元人民币,毫无争议地成为华人珠宝第一品牌。老凤祥也将以1500家门店的规模近200亿元的销售排名第二,明牌珠宝也不甘落后,将会以超过1200家门店的规模和150亿元的销售规模位列三甲。

目前,令消费者印象深刻的珠宝品牌有周大福、周生生、金至尊、六福、谢瑞麟等港资品牌,以及为大众所知晓的卡地亚、蒂芙尼、宝格丽等国外奢侈品牌。此外就是老凤祥、明牌、老庙、潮宏基、通灵、金伯利、戴梦得等国内一线品牌。

珠宝行业有很多品类,诸如钻石、黄金、铂金、银饰、白玉、翡翠、珍珠、彩宝、K金等。在每个品类中可能会出现前两强品牌,如钻石品牌可能就是通灵和潮宏基,通灵的诉求是钻石切工好,为自己更为下一代珍藏;而潮宏基则诉求彩金镶钻、中国文化。IDO诉求婚庆文化,以钻石为主,同样形成了差异化的定位并被消费者所认可。在深圳,粤豪、百泰、翠绿、星光达、钻之韵也成为比较优秀的批发品牌,在业内备受推崇。

目前,中国的消费者对珠宝品牌已经形成了初步的品牌印象。卡地亚、蒂芙尼、宝格丽是奢侈品牌,周大福、周生生为综合优秀品牌,老凤祥俨然成为黄金第一品牌,明牌俨然成为铂金第一品牌。而在其他品类中还没有第一品牌的印象,翡翠第一品牌是谁?是不是七彩云南?银饰、彩宝、白玉、珍珠谁是第一品牌?消费者不知道!只要珠宝企业学会市场细分,进行差异化品牌定位并为之配置资源,围绕这个定位强化自己的比较竞争优势,完全能形成全国性的品牌。

在珠宝行业进行品类细分占位非常容易,因为珠宝首饰行业的品类可以按照材料分,也可按照工艺和风格分,比如彩宝就分红宝石、蓝宝石、碧玺、水晶、玛瑙等。再比如银饰,可分为传统银饰如苗银、藏银,也可分为时尚银饰。以钻石为例,钻石还分为镶嵌品牌和裸石定制品牌。毫无疑问,任何珠宝企业不可能在产业链条上的每一个环节上都占据绝对优势,只有懂得品牌定位,细分一块市场并保持比较优势,才能在未来的品牌竞争中胜出。

 拓展阅读

珠宝行业品牌传播故事化的经典传奇
——关于蒂芙尼珠宝(Tiffany)的《Tiffany的早餐》

1961年,根据楚门·卡波特的小说改编,由好莱坞著名影星奥黛丽·赫本主演的《Tiffany的早餐》风靡全球,成为美国电影中的经典之作,而Tiffany在片中的出现,令这家世界级珠宝名店的高贵气派传遍全球。

很多人都对那个啃着面包圈,痴痴地凝望着Tiffany玻璃橱窗的奥黛丽·赫本记忆犹新和感动不已,那个从农村来的爱慕虚荣的女孩,梦想就是拥有Tiffany的首饰,幻想着有一天自己能够在高贵的珠宝店里享受轻松的早餐。不仅仅是那个一身黑衣裙倾倒世界的赫本,全世界不知道有多少个女孩都被这魅力绽放的珠宝所吸引。对于奥黛丽·赫本的痴迷者来说,走进Tiffany专卖店就是圆梦。不为别的,只是为了看看这位好莱坞时尚丽人曾经在屏幕上拥有的珠宝,眺望那45年前的纯洁与美丽。

直至半个世纪以后,《Tiffany的早餐》中的奥黛丽永远的微笑依然停留在世界各地的Tiffany专卖店中:她身着一袭纤瘦的黑衣,颈上戴着假珠宝项链,手里捧着面包圈,痴痴地凝望着玻璃窗里的世界。那是一个拥有真珠宝项链和Tiffany早餐的世界,一个更幸福、更奢华、更绚丽的世界。虽然在珠宝店里流连的女性早已由奥黛丽的同龄人转为孙辈甚至重孙辈,虽然倾城美人和倾城珠宝会渐渐远去,影片渐渐黯淡,伊人西归,但这份梦想,这份世界上最有魅力的早餐,还将一代一代地传下去。

 拓展阅读

2016年度中国珠宝十大品牌排行榜

2015年末新一轮中国珠宝品牌榜单新鲜出炉,综合国际珠宝网、中国珠宝玉石首饰行业协会等权威机构的年度数据,以及《时尚新娘》杂志、新浪时尚、时尚网等数据,珠宝行业权威媒体评选出2016年中国珠宝十大品牌排行名单如下。

TOP1:周大福

中国驰名商标,1929年创立于广州,后发展至香港、澳门。周大福是香港上市市值最大的珠宝公司,专营周大福品牌珠宝玉石金饰业务,是集原料采购、生产设计、零售服务为一体的综合性经营企业,是中国内地及香港最著名、最具规模的珠宝首饰品牌。周大福集团是郑裕彤博士家族拥有的一个实力雄厚的私人商业集团,总资产超过50亿美元,经营业务遍布全球,旗下雇员共约80 000人。周大福同时也为全球最大钻石供货商DTC全球的84个特约配售商之一。

TOP2:BLOVES

BLOVES婚戒定制中心是中国婚戒定制的开创者及领导品牌。BLOVES婚戒品牌系国际资本(由欧洲众多著名投资机构组成)投资创办,在全球珠宝业界首创出婚戒"4C+4P"工艺标准。其以"情感定制"为独特的设计理念并专注于"用爱情故事定制独一无二的婚戒",打造出浪漫温情、高雅别致的婚戒。一枚婚戒,一个故事。每一枚BLOVES定制婚戒背后,都有一个动人的爱情故事。以独一无二,见证"用心爱"。

TOP3:周生生

周生生集团国际有限公司以其简称"周生生"在中国

内地、香港、澳门、台湾扬名成显赫的黄金珠宝企业。周生生起源于1934年在中国广州开展的同名金行业务。创办人取名喻意"周而复始,生生不息",既包含了他的姓氏,也表达了他对企业的祝福。周生生于1973年成为香港首家上市的黄金珠宝公司。时至今日,它已成为在大中华地区以企业管治严谨、服务殷勤专业和产品优质精良见称的珠宝企业;企业愿景是成为顾客首选的高素质、高品位珠宝品牌。

TOP4:六福珠宝

六福集团由一群资深的珠宝专才创办于1991年,并于1997年5月在香港联合交易所有限公司主板上市,是香港及中国内地主要珠宝零售商之一。六福集团主要从事各类黄铂金首饰、黄金饰品及珠宝首饰之采购、设计、批发、商标授权及零售业务。六福集团现今在中国、新加坡、美国、加拿大及澳洲共拥有近1300间店铺。

TOP5:潮宏基

"潮宏基"商标是广东潮宏基实业股份有限公司的自有珠宝首饰品牌,为广东省著名商标,是一家以设计、加工生产、批发、零售铂金镶嵌首饰为主的大型企业。公司成立于1996年,1997年7月创立品牌"潮宏基"。潮宏基珠宝以"设计领先"作为品牌核心价值,秉承"弘扬东方文化精髓,推动中国原创设计"的理念,坚持走自主原创道路,发展民族品牌。潮宏基始终致力于自主创新,将东方文化和国际时尚完美融合,为消费者提供设计独特、款式丰富及品质卓越的时尚高档珠宝首饰,来满足现代女性不断变化的时尚追求。

TOP6:戴梦得

戴梦得珠宝是中国珠宝质量唯一上榜品牌,是中国宝玉石协会颁发的中国珠宝质量驰名品牌,它的珠宝玉石全部由中国宝玉石协会提供质量鉴定证书,它的纯铂金全部由国家有色金属院及国家首饰质量监督检验中心提供质量检测合格证签,"戴梦得"品牌牢牢扎根于中国消费者心目中,是中国民族珠宝第一大品牌。公司前身是成立于1993年的北京戴梦得宝石公司,1993年至1997年,公司走过了从起步到崛起的重要里程,1997年至2002年在接连两次成功的资产重组后,中宝戴梦得宝石股份有限公司成立并挂牌上市。2002年,经过进一步资产重组,包括中国民族珠宝第一品牌"戴梦得"在内的资产以整体转让、受让的形式纳入新成立的骏业珠宝有限责任公司。戴梦得珠宝以传播珠宝文化,引导人们对"美"的领悟,寻找"不是最贵,而是最令自己感动,与自己最贴切的首饰"的理念,传播人间真情。

TOP7:明牌

浙江日月集团下属浙江明牌珠宝有限公司是首饰行业的骨干龙头企业,中国成长企业百强、中国制造业民营企业品牌竞争力50强唯一的珠宝首饰企业,2006年"明牌首饰"被中国品牌研究院评定为中国首饰行业唯一标志性品牌。明牌珠宝集设计、生产、销售于一体,是全球最大铂金首饰生产商与第一零售商,行业工艺标准制定者之一。自1994年打造中国大陆第一款铂金首饰、奠定其铂金风尚入华先导地位以来,即以至臻锻造技艺、一反传统的开创性设计,成为根植于珠宝爱好者内心的潮流符号。

TOP8:老凤祥

上海老凤祥有限公司是上市公司,中国500强企业,百年民族品牌,中国著名的珠宝首饰品牌。公司由创始于1848年清道光年间的老凤祥银楼发展沿革而来,其商标"老凤祥"的创意,也源于老凤祥银楼的字号,是跨越了中国三个世纪的经典珠宝品牌。老凤祥勇于开拓进取,通过不断传承创新,提升品牌、工艺、文化、创意和产品价值,公司已发展成为集科工贸于一体,拥有老凤祥银楼有限公司、老凤祥首饰研究所有限公司、老凤祥珠宝首饰有限公司、老凤祥钻石加工中心有限公司等20多家子公司,首饰厂、银器厂、礼品厂、型材厂四个专业分厂,以及60余家连锁银楼、300多家专卖店和1000多家经销商的大型首饰企业集团。

TOP9：谢瑞麟

谢瑞麟珠宝（国际）有限公司是亚洲区著名珠宝集团，主要从事珠宝首饰设计、零售、出口及制造业务。谢瑞麟，1936年出生于香港，他用自己的名字创立了谢瑞麟（TSL）这个著名珠宝品牌，1971年，谢瑞麟珠宝有限公司正式成立，并在1987年于香港联合交易所有限公司上市。TSL一直以来都很注重设计，为的就是最终能够呈现给人们最完美的浪漫体验。时至今日，TSL谢瑞麟已成为享誉亚洲的优质珠宝零售集团及制造商。很多人这样来评价谢瑞麟珠宝：璀璨、纯洁、闪亮、完美，是性价比卓越的婚戒的不二选择！

TOP10：周大生

中国知名珠宝品牌。周大生（CHOW TAI SENG）公司成立于1999年，现拥有2300家连锁店，覆盖全国32个省市的300多个大中城市。自成立以来，周大生一直坚定不移地致力于钻石文化的推广和传播，不遗余力地实施品牌价值的全方位提升。这期间，中国珠宝业也完成了从数量扩张、粗放经营向注重质量、打造品牌的转变，以周大生为代表的优秀珠宝品牌全面地完善自身的运营服务管理体系，成为行业发展的中坚力量。周大生人以卓越的智慧和高远的志气诠释以消费者为导向的宗旨，在中国大力开展钻石首饰及其他珠宝饰品零售连锁业务，将连锁专卖经营发挥得淋漓尽致，博得了市场消费者的信赖。

（摘自中国发展门户网 http://cn.chinagate.cn/，有改编）

2016年国际珠宝十大品牌排行榜

综合2015年《ELLE》《VOGUE》等时尚杂志年度数据，以及国际珠宝网、世界奢侈品协会等权威数据分析评选，珠宝行业权威媒体推选出2016年国际珠宝十大品牌排名，来看看这都是哪些品牌及代表作品：

NO.1：Cartier——Caresse d'Orchidées par Cartier 系列

卡地亚（Cartier SA）是一家法国钟表及珠宝制造商，由Louis-Francois Cartier于1847年在巴黎创办，后发展成世界著名品牌，现为瑞士历峰集团（Richemont Group）下属公司。卡地亚Cartier是法国悠久的高级珠宝品牌，被誉为"皇帝的珠宝商，珠宝商的皇帝"。凭借独具匠心的设计、鬼斧神工的雕琢以及深厚文化的底蕴，为人类创制出许多精美绝伦、无可比拟的旷世杰作。

兰花是卡地亚标志和灵感源泉之一，自1925年便出现在卡地亚设计之中。而镶嵌多切面粉色蓝宝石、玫瑰榴石、粉色碧玺和圆形明亮式切割钻石的Caresse d'Orchidées par Cartier系列戒指，用色彩诠释了经典造型。

NO.2：BLOVES——姓名系列

中国婚戒定制的开创者及领导品牌BLOVES婚戒品牌系国际资本（由欧洲众多著名投资机构组成）投资，且BLOVES在全球珠宝业界首创出婚戒"4C＋4P"工艺标准。其以"情感定制"为独特的设计理念并专注"用爱情故事定制独一无二的婚戒"，打造出浪漫温情、高雅别致的婚戒。

BLOVES姓名系列打造的姓名钻戒以男方姓氏拼音首字母为设计元素，在戒冠上体现他的姓氏，戒臂内印刻她的名字，蕴意因爱而愿从属，相互依偎的浪漫。

NO.3：Tiffany——Tiffany T 系列

至臻至美的蒂芙尼Tiffany被誉为"珠宝皇后"，Tiffany的设计讲求精益求精，它能随意从自然万物中获取灵感并撇下繁琐和娇柔做作，只求简洁明朗。蒂芙尼的钻戒作品就像一枚打开梦想世界的钥匙，美轮美奂，"经典"已经成为Tiffany的代名词。

Tiffany T系列凝聚纽约能量，为游历丰富独具智慧的你而生，激荡都市活力、创意与梦想，引领摩登T时代。

以优美简约纯粹的设计对字母T重新进行演绎，最终化为这对情侣对戒精妙绝伦的工艺设计。精雕细琢的工艺，将优雅与力量完美融合呈现。

NO.4：尚美巴黎——Joséphine 系列

CHAUMET 尚美巴黎创始于1780年，是LVMH路威酩轩集团历史悠久的法国殿堂级珠宝时计翘楚，是被誉为"蓝血贵族"的拿破仑御用珠宝及奢华腕表品牌。历经十二代大师的薪火传承，承载两个多世纪的历史底蕴，CHAUMET 虽始终如真正贵族般低调内敛，被业界视为"低调隐奢"的代表品牌，被誉为"隐奢典范"。230多年来，尚美巴黎 CHAUMET 永远都将深切的情感与厚爱完美含蓄地融入珠宝及腕表的设计之中。

约瑟芬皇后(Joséphine)是尚美巴黎最初的灵感缪斯。让尚美巴黎施展爱的魔力，将尊贵的皇冠钻冕变成一枚小小戒指，套入佳人的纤指，为爱加冕。

NO.5：御木本——Fortune Leaves 系列

日本 MIKIMOTO 御木本珠宝的创始人御木本幸吉先生享有"珍珠之王"(The Pearl King)的美誉，以他创造的人工培育珍珠方法历代传承到2003年，已有整整110年的悠久历史。MIKIMOTO 御木本珠宝对经典品质与典雅完美有着永恒的追求，无愧被誉为"珍珠之王"。"只有坚持生产最高品质的养珠，日本养珠才会有希望！"这是御木本的远见，也是他获得"珍珠王"美誉的因素之一。

Fortune Leaves 系列四叶草又称幸运草，预示幸福的到来。MIKIMOTO 御木本今冬优雅呈上全新力作 Fortune Leaves 系列，以四叶草为形，为你打造属于自己的幸运标记。密镶钻石的心型叶片与浑圆饱满的珍珠交相辉映，翩然摇曳的立体设计演绎独特新颖。

NO.6：Harry Winston——Cluster 系列

海瑞·温斯顿 Harry Winston 源自于纽约，拥有100年历史，有着"钻石之王"美称且是享誉全球超过百年的超级珠宝品牌。作为钻石花式切割的翘楚，宁愿牺牲重量而为每颗原石找寻最适合的切割形状，尊重每一块原石的本型，最终让钻石闪耀出最完美的光芒。海瑞温斯顿万里挑一的绝妙宝石原料一直为人津津乐道，其钻戒作品具有分明的贵族气质和典雅风格，让所见之人艳羡不已。

经典锦簇 Cluster 系列锦簇镶嵌设计可追溯至20世纪40年代初期，马眼型和圆形明亮式切工钻石以独特的角度镶嵌，以营造出如雕塑般立体的设计，捕捉来自不同方向的自然光线。镶嵌过程中，尽可能地减少铂金底座的显现，力求呈现出钻石最纯粹、最完美的绚丽光芒。从经典的温斯顿风格 Wreath 项链、经典耳环到灿烂迷人的胸针，经典锦簇 Winston Cluster 珠宝系列凝聚着品牌创始人最具代表性的风格。

NO.7：Van Cleef&Arpels——Diamond Breeze 系列

梵克雅宝 Van Cleef&Arpels 源于真实爱情故事的法国顶级珠宝品牌，其在百年的发展历程中见证了无数动人的爱情传奇。蕴含着巴黎浪漫设计理念的梵克雅宝，沁染着其独树一帜的设计理念的件件作品，相信一直是浪漫人士心中重要的标杆。数百年来因其璀璨美钻和精湛工艺博得名媛淑女们的青睐，是世界各国贵族和名流雅士所特别钟爱的顶级珠宝品牌。

Diamond Breeze 系列由白金和钻石打造而成的莲花指间戒是该系列的标志性作品之一。这枚指间戒构造独特，指环能够随意折转，佩戴者可以在不同场合采用不同戴法。除却技术上的成就，这款戒指的灵感则来自于东方传统：莲花是智慧、繁荣与爱的象征，体现梵克雅宝对大自然灵动与瞬息变幻特质的敏锐洞察。

NO.8：PIAGET——Possession 系列

伯爵 PIAGET 从1874年诞生以来，一直秉承"永远做得比要求的更好"的品牌精神，将精湛工艺与无限创意融入每一件作品中，同时优先发展创意和对细节的追求，将腕表与珠宝的工艺完全融合在一起。伯爵的每一件腕表和珠宝作品都是在胆识、专业和想象力驱动下对精湛工艺的不懈探求,将捕捉到的时间神韵融入到近乎完美的作品之中。伯爵在整个发展历程中以引领时尚,技艺超群而著称于世,亦已成为大胆创新、匠心独具的典范。

Possession 系列以玫瑰金精心打造,镶饰璀璨美钻,完美诠释女性自信魅力。Possession 指环堪称伯爵高级珠宝的创新作品,完美结合美学特质与感官体验。当您有意或无意地在忙碌生活中稍稍停驻,轻轻转动手中指环,心灵便回归真我。无论是些微毫厘,还是转动一圈,指环将释放无尽积极能量。

NO.9:Bvlgari——B.zero1 系列

意大利珠宝品牌宝格丽 Bvlgari 以大胆的设计,独特的风格而闻名于世,被世界名流热烈追捧。其设计融合了古典与现代特色,突破传统学院派设计的严谨规条,以希腊式的典雅、意大利的文艺复兴及 19 世纪的冶金技术为灵感,创作出宝格丽的独特风格,深受当代女性钟爱。

宝格丽 B.zero1 系列大胆的工业设计风格,是风靡全球的品牌标志,体现创新精神和当代风尚。B.zero1 是宝格丽珠宝的必备单品,可按压弹动,灵感源自 Tubogas 经典旋管,兼具趣味与优雅,最为适合喜爱低调奢华的女子。

NO.10:Chopard——IMPERIALE LACE 系列

萧邦(Chopard),是 1860 年路易于利斯·萧邦在瑞士创立的高级手表珠宝品牌。萧邦源自瑞士,如钢琴家肖邦指下的乐符一样充满灵动的珠宝品牌。最大的特色是将音乐与钻石相结合,创造出了"快乐钻石"系列作品。品牌以表框内饰有滑动钻石的设计而闻名遐迩,尤其是在女装腕表方面,更把这种创意发挥得尽善尽美。推出了一系列令人无限喜悦的珠宝腕宝系列,以精巧可爱的设计,宣扬开心快乐精神。腕表表面有独特的画面设计,衍生出千变万化的几何图。

IMPERIALE LACE 系列戒指花式切割紫水晶和精巧复杂的花丝工艺构成优雅四重奏,令这款 18K 玫瑰金 IMPERIALE 戒指展现成熟风格的精髓。如同精致的手工蕾丝作品,其线条的灵感来自古老的刺绣工艺,两片镶钻带状设计围绕在外,这款奢华戒指以此向辉煌的帝国时代致敬。

(摘自中国品牌网 http://www.chinapp.com/,有改编)

第三节 项目模拟:珠宝首饰品牌专题策划

子项目一:某珠宝首饰企业品牌调研

【思路】

选择国内某一珠宝首饰品牌进行相关调研,调研办法不限。调研的主要目的是为品牌把脉,帮助企业了解自身品牌形象、消费者对品牌的认同度以及对具体的产品或服务的反映,同时,也要了解竞争对手的品牌策略,为品牌的后续发展或提升作准备。

【调研的主要内容】

(1)品牌满意度及口碑情况。
(2)消费者对品牌的认知情况。
(3)消费者购买和使用的情况。
(4)主要竞争对手品牌的对比分析。
(5)该品牌 SWOT 分析。

子项目二:品牌重塑或提升策划全案

【思路】

在子项目一的基础上,为该品牌升级改造或形象重塑以及品牌的深度推广进行策划,为产品或服务提供持续发展的动力。

【项目主要内容】

1. 策划目的

明确本次策划达到的目标及意义,并统一思想,提高认识,确保策划团队齐心协力完成策划工作。

2. 营销环境分析

对珠宝首饰同类产品市场状况、竞争状况及宏观环境要有一个清醒的认识,为后续制订相关营销策略,开展营销活动提供依据。主要包括以下内容。

(1)品牌现状及市场前景分析。

①品牌在现实市场中的表现如何;②市场成长状况,品牌目前的知名度、影响力有多大;③消费者的接受性,并根据掌握的资料分析品牌的市场发展前景。

(2)品牌环境因素分析。

主要是对影响品牌的不可控因素进行分析:如宏观环境、政治环境、居民经济条件(如消费者收入水平)、消费结构的变化、消费心理等。

3. 品牌"SWOT"分析

(1)品牌存在的问题及优势(S)、劣势(W)分析。

要进行"SWOT"分析,首先必须要给品牌把脉,从中找出品牌的优势、劣势,其中最关键的是要找出可能制约品牌发展的问题。

制约品牌发展及影响企业营销工作的问题有很多,概括起来可从以下几个方面去分析。

一是品牌形象及知名度如何?它直接影响产品销售。

二是产品质量、工艺水平是否被消费者认可?它直接决定产品是否受欢迎。

三是产品包装好坏、价格是否合理?它直接影响消费者的购买兴趣。

四是品牌标识是否新颖、有吸引力?它会影响目标消费者的注意力。

五是品牌定位是否准确?品牌个性是否独特?品牌传播是否适时、适度、适当?这些都会影响到品牌推广及消费者对品牌的了解。

六是产品设计是否有创意,是否符合消费者的情感、文化等需要?产品信息发布是否及时到位?营销渠道是否通畅、合理?这些直接影响产品能否成功进入市场,能否会给企业带来效益。

七是品牌的竞争力如何?品牌建设的力度如何?这些事关品牌未来的发展。

(2)品牌机会(O)与阻碍(T)分析。

从某种意义上来说,企业的综合实力、品牌资源优势及其产品在市场竞争中获得的优势地位,都是品牌发展的机会,因此,企业要善于利用好这些优势,并将之转化为品牌竞争的优势。而对于从品牌问题分析中暴露出来的劣势,则是品牌进一步发展的阻碍,企业要予以克服。不仅如此,企业还要从营销环境的变化中寻找市场机会,也需要对影响品牌发展的环境因素有清醒的认识与相对准确的预判,并采取措施消除这些可能的阻碍。当然,最重要的工作是要选准目标市场,并有准确的市场定位,要对目标市场的消费者群体需求及其特点有比较清晰的分析,找准与竞争对手的差异点,从中找到最适合企业发展的市场机会,则可以大大缩短成功的路程。

4. 品牌建设目标

品牌建设目标主要指确定品牌知名度、影响力以及消费者认同度、满意度、忠诚度等方面有所提升的目标,并对品牌价值的提升有所预期。

5. 品牌战略及实施方案

(1)品牌定位的调整。

找准消费者的真正利益诉求点,以此作为品牌定位的原点,在消费者心目中建立起一个独一无二的位置。

(2)品牌结构的调整。

决定选择综合性的单一品牌还是多元化的多品牌,是联合品牌还是主副品牌。

(3)品牌概念与品牌设计。

确立了品牌定位及结构问题后,需要进行品牌设计,并对该品牌的概念进行准确描述。品牌设计就是解决品牌的识别问题,简单地说,就是给品牌取一个响亮的名字,设计一个有视觉冲击力的标识。品牌概念则必须切合品牌定位来进行文化性的描述。

(4)品牌风格设定与形象塑造。

结合品牌定位,确定该品牌的个性化风格,以区分与竞争品牌的不同。同时,对品牌形象进行重新塑造(可结合第八章的CI设计等内容来做)。

(5)品牌传播策略。

品牌形象重新塑造后,要进行推广与宣传,即实施品牌传播策略。而品牌的传播一定要结合企业的整体营销策略来进行,并突出其品牌的个性形象、产品形象等。而要让新的品牌形象深入人心,绝非一日之功,需要有一个长期、稳定、统一的传播策略,并遵循适时、适度、适宜的原则,在正确的时间,用合适的方式与手段,在合适的场合或途径,进行有效的传播。

具体的策略与方式主要有:

①品牌塑造前期品牌形象造势宣传(广告及相关媒介宣传);

②品牌塑造后期品牌形象强势宣传(整合传播多方位立体宣传);

③新闻发布会、新品发布会、重大庆典、节庆活动等重度宣传;

④选定合适的品牌形象代言人,并开展跨界合作或专题公关活动进行宣传;

⑤合理利用新闻媒介,创造有利于提升品牌形象的新闻事件来进行宣传,以提高品牌知名度与影响力。

(6)具体实施方案。

策划人需要对品牌塑造各项工作作出具体的安排,明确完成工作的时间进度,各时间段应完成的工作任务及人员安排等。制订方案尽量考虑周全,操作性强又不乏灵活性。同时,要制订相关的经费预算。

6. 品牌跟踪与方案调整

品牌形象重塑或提升能否取得预期的效果,需要在具体的实践中进行检验。作为完整的一个策划方案,还需要对策划最终的实施可能遇到的问题与变化有一定的预判,并提出修正的思路或预案,这也是策划人和负责人的一种态度。因此,此部分内容还是要尽量完善。

第四章　珠宝首饰产品策略

第一节　理论、方法与策略基础

企业制定经营战略时,首先要明确能提供什么样的产品和服务去满足消费者的要求,也就是要解决产品策略问题。它是市场营销组合策略的基础,从一定意义上讲,企业成功与发展的关键在于产品满足消费者的需求的程度以及产品策略正确与否。

产品策略是企业为了在激烈的市场竞争中获得优势,在生产、销售产品时所运用的一系列措施和手段,包括产品定位、产品组合策略、产品差异化策略、新产品开发策略、品牌策略以及产品的生命周期运用策略。简言之,产品策略就是企业在实施其营销战略过程中所采取的一系列有关产品本身的具体营销策略。

本章着重讲产品定位与产品组合策略,其他内容分别在其他章节中讲解。

一、产品的一般概念与珠宝首饰产品的特性

(一)产品的一般概念

1. 什么是产品

产品就是向市场提供的,用于引起注意、获取、使用或消费,以满足欲望或需要的任何东西。产品包括实物、服务、事件、人员、地点、组织、观念或者上述这些的组合。

2. 产品概念的层次

产品一般可以分为三个层次,即核心产品、形式产品、延伸产品(也称附加产品)。

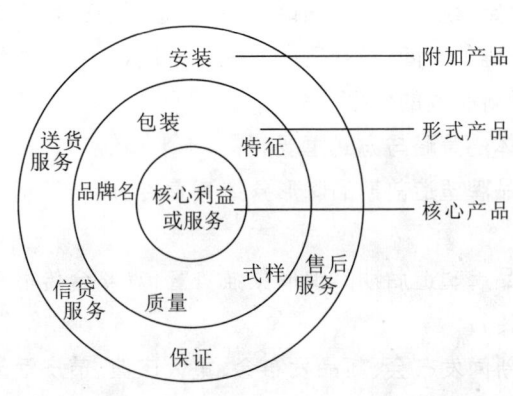

整体产品的三个层次

核心产品是指整体产品提供给购买者的基本利益和效用,即产品使用价值,是顾客真正要买的东西,也就是顾客通过对产品的消费来满足某种需要。在产品整体概念中它是最基本、最主要的部分。形式产品是指产品在市场上出现的物质实体外形,包括产品的品质、特征、造型、商标和包装等。延伸产品是指整体产品提供给顾客的一系列附加利益,包括运送、安装、维修、保证等在消费领域给予消费者的好处。有专家认为,还应该增加一个层次即潜在产品,它预示着该产品最终可能的所有增加和改变。

对于营销者来说,真正全面理解产品的概念很重要。当顾客购买某个产品时,最关注的并不是产品的本身(第二和第三层)。例如购买珠宝首饰,消费者并不是单纯为了获得商品本身,最看重的是这件首饰的象征意义(第一

层)。即希望通过佩戴本产品显示自己尊贵的地位和富有的身份,满足自己的审美需要或某种心理追求,在很大程度上是为了获得一种心理满足。

(二)珠宝首饰产品的特性

珠宝首饰产品与其他产品相比有很多不同。珠宝首饰作为商品当然具备一般消费品应有的共性,但它又是特殊的商品,属于奢侈品的其中一类,因此又具有其特殊的属性。

1. 保值性与增值性

金银、玉石等物品属于不可再生资源,尤其是珍贵玉石更是"一石难求",世界上没有完全相同的宝石,就天然珠宝而言,采一颗少一颗,不可再生,珠宝的珍稀程度由此可见一斑。物以稀为贵,并且随着人们对其需求的不断增长,长远看还具有增值的趋势,因此,人们自然会将这些物品作为财富保值或投资的首选。

2. 耐久性

一般消费品随着使用时间的推移,会逐渐失去使用价值或利用价值,某些商品哪怕不去用它,也会无形损耗或腐烂、变质,而珠宝首饰则可以长久储存,即使表面磨损或污脏,只要科学清洗就可基本恢复原貌,甚至可以重新加工成新物品。这或许可以作为人们热衷于购置或收藏此类物品的最大理由。

3. 兼具艺术性与文化性

随着社会的发展,人们越来越关注珠宝首饰产品所具有的艺术与文化价值,并借以提升个人文化生活品味。一件好的首饰作品,既蕴含着设计师的匠心独运,也包含着制作者精美的技艺,使得原本质朴的物品变得灵动,富有生气,且与佩戴者相得益彰,平添了无穷的魅力,很容易使得佩戴者成为人们目光关注的焦点,这就是名媛佳丽们不惜血本、豪掷千金竞购名贵饰品的原因所在。不同民族、不同地域的人们所佩戴的饰品在一定程度上也代表着该民族、地域特有的民族文化与地域文化,而不同时期的饰品也印证着该时期人们所爱好与追求的精神价值,因此,珠宝首饰具有其他物品无法替代的精神内涵与文化价值。

4. 具有承传的秉性与纪念意义

国人在婚嫁、生子或其他有特殊意义的日子里,经常会遇到长辈将其珍藏多年或代代相传的首饰交给小辈,并交代这是某某使用过的东西,见物如见人,能保佑佩戴者平安吉祥一类的话语,这就说明了珠宝首饰可承传的特性,也是纪念某一特殊日子、事件的证物,作为文物的那些古代首饰更是体现了一定的历史价值,因此,这些物品也就具有了一定的收藏价值、纪念价值乃至考古价值。

5. 属于非必需品,需求弹性大

购买高档的珠宝首饰需要具备一定的经济实力,但它与住房不同,人们在缺钱的情形下,为了安居,会采取银行贷款或向他人借钱等手段去购买房子,但很少会有人会举债购买首饰。当然,畸形消费除外。哪怕人们不缺钱,也不见得非得要买珠宝首饰,因此,珠宝商家很难掌控消费者。

6. 高风险性

由于普通消费者普遍缺乏基本的珠宝玉石知识与鉴别能力,且此类物品往往价值不菲,若无专业人员指导,很容易上当受骗,或错失投资良机,因此,消费者购买压力较其他商品要大得多。由此看来,购置珠宝首饰产品也是一项高风险的消费行为。

二、产品组合策略

(一)产品组合的概念

所谓产品组合,也称为产品花色与品种配合,是指一个企业生产经营的所有产品线和产品品种的组合方式,也即全部产品的结构。

(二) 产品组合的四个要素

1. 产品组合的宽度

产品组合的宽度是指企业的产品线总数。产品线也称产品大类、产品系列,是指一组密切相关的产品项目。这里的密切相关可以是使用相同的生产技术,产品有类似的功能,同类的顾客群,或同属于一个价格幅度。对于一个珠宝首饰企业来说,可以有贵金属首饰生产线、珠宝玉石首饰生产线、民族首饰生产线、工艺饰品生产线等。产品组合的宽度说明了企业的经营范围大小,甚至跨行业经营,实行多角化经营的程度。增加产品组合的宽度,可以充分发挥企业的特长,使企业的资源得到充分利用,提高经营效益。此外,多角化经营还可以降低风险。

2. 产品组合的长度

产品组合的长度是指一个企业的产品项目总数。产品项目指列入企业产品线中具有不同规格、型号、式样或价格的最基本产品单位。如在贵金属首饰产品线中,有黄金首饰、铂金首饰、白银首饰和合金(K金)首饰,就构成了四个产品项目,则该产品线的长度为4。通常,一个企业的每一产品线中均包括多个产品项目,企业各产品线的产品项目总数就是企业产品组合的总长度。

3. 产品组合的深度

产品组合的深度是指产品线中每一产品项目有多少产品品种。如:某珠宝首饰企业的珠宝玉石首饰产品线下的产品项目有钻石、红宝石、蓝宝石、水晶、翡翠、珍珠、琥珀、黄玉八种,其中,主体材料由翡翠打造而成的翡翠首饰是其中的一个产品项目,而翡翠首饰包括翡翠耳钉、翡翠珠链、翡翠手镯、翡翠戒指四个品种,则该产品项目(翡翠首饰)的深度为4。

产品组合的长度和深度反映了企业满足各个不同细分子市场的程度。增加产品项目,增加产品的规格、型号、式样、花色,可以迎合不同细分市场消费者的不同需要和爱好,招徕、吸引更多顾客。

4. 产品组合的关联性

产品组合的关联性是指一个企业的各产品线在最终用途、生产条件、分销渠道等方面的相关联程度。如在珠宝首饰企业中,各产品线中基本上都有戒指、手镯、耳钉或耳环、项链或珠链等品种,说明该企业产品组合的关联程度很高,而较高的产品的关联性能带来企业的规模效益和企业的范围效益,提高企业在某一地区、行业的声誉。

(三) 产品组合策略

企业应根据市场变化适时调整其产品组合,可以针对具体情况选用以下产品组合策略。

1. 扩大产品组合策略

扩大产品组合策略是开拓产品组合的广度和加强产品组合的深度。开拓产品组合广度是指增添一条或几条产品线,扩展产品经营范围;加强产品组合深度是指在原有的产品线内增加新的产品项目。具体方式如下。

(1)在维持原产品品质和价格的前提下,增加同一产品的规格、型号和款式。

(2)增加不同品质和不同价格的同一种产品。

(3)增加与原产品相类似的产品。

(4)增加与原产品毫不相关的产品。

扩大产品组合的优点如下。

(1)满足不同偏好的消费者多方面需求,提高产品的市场占有率。

(2)充分利用企业信誉和商标知名度,完善产品系列,扩大经营规模。

(3)充分利用企业资源和剩余生产能力,提高经济效益。

(4)减小市场需求变动性的影响,分散市场风险,降低损失程度。

2. 缩减产品组合策略

缩减产品组合策略是削减产品线或产品项目,特别是要取消那些获利小的产品,以便集中力量经营获利大的产品线和产品项目。缩减产品组合的方式如下。

(1)减少产品线数量,实现专业化生产经营。

(2)保留原产品线削减产品项目,停止生产某类产品,外购同类产品继续销售。

缩减产品组合的优点如下。

(1)集中资源和技术力量改进保留产品的品质,提高产品商标的知名度。

(2)生产经营专业化,提高生产效率,降低生产成本。

(3)有利于企业向市场的纵深发展,寻求合适的目标市场。

(4)减少资金占用,加速资金周转。

3. 高档产品策略

高档产品策略,就是在原有的产品线内增加高档次、高价格的产品项目。

实行高档产品策略主要有这样一些益处。

(1)高档产品的生产经营容易为企业带来丰厚的利润。

(2)可以提高企业现有产品声望,提高企业产品的市场地位。

(3)有利于带动企业生产技术水平和管理水平的提高。

采用这一策略的企业也要承担一定风险。因为,企业惯以生产廉价产品的形象在消费者心目中不可能立即转变,使得高档产品不容易很快打开销路,从而影响新产品项目研制费用的迅速回收。

4. 低档产品策略

低档产品策略,就是在原有的产品线中增加低档次、低价格的产品项目。

实行低档产品策略的好处如下。

(1)借高档名牌产品的声誉,吸引消费水平较低的顾客慕名购买该产品线中的低档廉价产品。

(2)充分利用企业现有生产能力,补充产品项目空白,形成产品系列。

(3)增加销售总额,扩大市场占有率。

与高档产品策略一样,低档产品策略的实行能够迅速为企业寻求新的市场机会,同时也会带来一定的风险。如果处理不当,可能会影响企业原有产品的市场声誉和名牌产品的市场形象。

三、产品定位及其方法

(一)产品定位的概念

产品定位一般是指确定公司或产品在顾客或消费者心目中的形象和地位。这个形象和地位应该是与众不同的。但在营销领域,一般很少撇开其他方面,单纯地强调产品定位,它往往是与市场定位、品牌定位、营销定位等概念一起进行研究与讨论。本节主要讨论产品的设计与开发问题,因此,依然将产品定位独立出来进行研究。

人们很容易混淆产品定位与市场定位这两个概念,其实两者还是有一定区别的,具体来说,目标市场定位(简称市场定位),是指企业对目标消费者或目标消费者市场的选择;而产品定位,是指企业对用什么样的产品来满足目标消费者或目标消费市场的需求。从理论上来说,应该先进行市场定位,然后才进行产品定位。产品定位是对目标市场的选择与企业产品结合的过程,也即是将市场定位企业化、产品化的工作。

产品定位是在未来潜在顾客的心目中给产品定位,确保产品在未来潜在顾客心目中占据一个真正有价值的位置。其重点是在对未来潜在顾客所下的功夫,为此要从产品特征、包装、服务等多方面作研究,并顾及到竞争对手的情况。通过市场调查掌握市场和消费者消费习惯的变化,在必要时对产品进行重新定位。

对产品定位的计划和实施以市场定位为基础,受市场定位指导,但比市场定位更深入人心。具体地说,就是要在目标顾客的心目中为产品创造一定的特色,赋予一定的形象,以适应顾客一定的需要和偏好。

(二) 产品定位分析五步法

一般在正式确定某一个(或系列)产品定位前,应做好目标市场分析、消费者需求分析、现有产品分析等诸多方面的前期分析工作,其步骤大致分为五步,故又称为产品定位分析五步法。

第一步:目标市场定位

目标市场定位是一个市场细分与目标市场选择的过程,即明白为谁服务(Who)。在市场分化的今天,任何一家公司和任何一种产品的目标顾客都不可能是所有的人,对于选择目标顾客的过程,需要确定细分市场的标准对整体市场进行细分,对细分后的市场进行评估,最终确定所选择的目标市场。

第二步:产品需求定位

产品需求定位,是了解需求的过程,即满足谁的什么需要(What)。产品定位过程是细分目标市场并进行子市场选择的过程。这里的细分目标市场是对选择后的目标市场进行细分,选择一个或几个目标子市场的过程。对目标市场的需求确定,不是根据产品的类别进行,也不是根据消费者的表面特性来进行,而是根据顾客的需求价值来确定。顾客在购买产品时,总是为了获取某种产品的价值。产品价值组合是由产品功能组合实现的,不同的顾客对产品有着不同的价值诉求,这就要求提供与诉求点相同的产品。在这一环节,需要调研需求,这些需求的获得可以指导新产品开发或产品改进。

第三步:产品测试定位

产品测试定位是对企业进行产品创意或产品测试,即确定企业提供何种产品或提供的产品是否满足需求(IF),该环节主要是进行企业自身产品的设计或改进。通过使用符号或者实体形式来展示产品(未开发和已开发)的特性,考察消费者对产品概念的理解、偏好、接受。这一环节测试研究需要从心理层面到行为层面来深入探究。以获得消费者对某一产品概念的整体接受情况。

产品测试分析的内容包括:
①考察产品概念的可解释性与传播性;
②同类产品的市场开发度分析;
③产品属性定位与消费者需求的关联分析;
④对消费者的选择购买意向的分析。

首先,需要进行产品概念与顾客认知、接受的对应分析,针对某一给定产品或概念,主要考察其可解释性与可传播性。很多成功的企业家并不一定是新产品的研发者,而是新概念的定义和推广者。

其次,同类产品的市场开发度分析,包括产品渗透水平和渗透深度、主要竞争品牌的市场表现已开发度、消费者可开发度、市场竞争空隙机会,用来衡量产品概念的可推广度与偏爱度。从可信到偏爱,这里有一个层次的加深。有时,整个行业都会面临消费者的信任危机,此时推出新品就面临着产品概念的不被信任与不被认可的危机。

再次,分析实际意义上的产品价格和功能等产品属性定位与消费者需求的关联。因为产品概念的接受和理解程度再高,如果没有对产品的需求,如果产品的功能不是恰恰满足了消费者某方面的需求,或者消费者的这种需求有很多的产品给予了很好的满足,这一产品概念仍然很难有好的市场前景。通过对影响产品定位和市场需求的因素关联分析,对产品的设计、开发和商业化进程作出调整。

最后,探究消费者是否可能将心理的接受与需求转化为行为上的购买与使用,即对消费者的选择购买意向进行分析,以进行企业自身产品定位的最终效果测定。针对企业自身产品定位环节,这一层面包括新产品开发研究、概念测试、产品测试、命名研究、包装测试、产品价格研究等。

第四步:差异化价值点定位

差异化价值点定位即需要解决目标需要、企业提供产品以及竞争各方的特点的结合问题,同时,要考虑提炼出这些独特点如何与其他营销属性综合(Which)。在上述研究的基础上,结合基于消费者的竞争研究,进行营销属性的定位,一般的产品独特销售价值定位方法(USP)包括从产品独特价值特色定位、从产品解决问题特色定位、从产品使用场合时机定位、从消费者类型定位、从竞争品牌对比定位、从产品类别的游离定位、综合定位等。在此基础上,需要进行相应的差异化品牌形象定位与推广。

第五步:营销组合定位

营销组合定位即如何满足需要(How),它是进行营销组合定位的过程。在确定满足目标顾客的需求与企业提供的产品之后,需要设计一个营销组合方案并实施这个方案,使定位到位。这不仅仅是品牌推广的过程,也是产品价格、渠道策略和沟通策略有机组合的过程。正如菲利普·科特勒所言,解决定位问题,能帮助企业解决营销组合问题。营销组合(产品、价格、渠道、促销)是定位战略战术运用的结果。在有的情况下,到位过程也是一个再定位的过程。因为在产品差异化很难实现时,必须通过营销差异化来定位。今天,你推出任何一种新产品畅销不过一个月,就马上会有模仿品出现在市场上,而营销差异化要比产品模仿难得多。因此,仅有产品定位已经远远不够,企业必须从产品定位扩展至整个营销的定位。

(三)产品定位的方法

产品定位的方法有很多,并且因为产品的特性不同,其适用的方法也应该不同,这里主要结合珠宝首饰这一类产品的特性来进行分析。

1. 产品差异定位法

要采用此法,企业及其设计师要清楚以下问题:我们的产品与他人相比,有什么显著的差异?产品差异性有时很容易被模仿,如销售珠宝首饰时配送精美首饰盒,在某一企业独家首先采用时,它是独特的、与众不同的,因此,显示出了差异性。但当其他企业也采取此方法时,就可能失去了差异性。但如果你的珠宝首饰产品乃至你的首饰盒都是原创设计或工艺独特的,别人不容易模仿,或受知识产权保护,他人无权仿制,则差异性依然存在。

2. 利益定位法

任何消费者购买商品时,都有价值追求,如果他花费了金钱、时间、精力买到了他认为满意的商品,他就会认为物有所值,甚至物超所值。所以,我们要透过商品的表象,去寻找消费者的真正利益诉求究竟在哪里。如新人结婚为何喜欢选钻戒呢?这是因为,人们对婚姻往往有一种期盼,总希望两个相爱的人能白头偕老,天长地久,因此,在结婚时交换钻戒,实际上是寄希望于这段婚姻能够美满幸福,至死不渝。虽然大家都清楚,钻石实际上也会被挂花、损伤或者掉色,但依然被冠以永恒完美品质,所以新人买钻戒实际上就是为婚姻买保险、买愿望、买祝福,这样我们就不难理解新人们的选择了。说起戴比尔斯,大家印象最深刻的恐怕不是其某一款钻戒或首饰新颖的款式或昂贵的价格,而是它自20世纪40年代以来一直宣传的官方口号——"A diamond is forever"("钻石恒久远,一颗永留传"),这句广告语实际上表达了爱情与婚姻永恒的主题——专一、持久。国际钻石商贸公司(The Diamond Trading Company,DTC)就是将钻石饰品定位为"忠贞爱情的象征",在其所有的广告中,都在向消费者传达一个非常简单的思想——围绕着钻石的恒久不变的情感价值。这一定位充分挖掘了钻石坚而不朽的特质。

由此看来,我们在开发设计珠宝首饰产品时,应通过分析此类产品的特性及其背后深藏的含义,去寻找消费者的真正利益诉求,进而确定产品的定位。

3. 使用者定位法

此定位方法的基本思路是选择特定人群作为目标使用者或购买者,并为其专门开发设计某一产品,或为其提供特别的服务、优惠等,使之在目标市场中脱颖而出,且起到一定的示范作用,以此带动整个目标市场的消费。此方法的关键是要找准目标使用者或购买者。如为新人定制带有个人特别意义的婚戒,并提供特别的婚庆服务、优惠,相信可以吸引很多的新人加入这一行列,同时,也可以在新人的亲朋好友中为企业及其产品树立良好的口碑,提升其品牌知名度与忠诚度。我们也可以为某一身份、某一职业、某一爱好、某一圈子的人群专门开发设计珠宝首饰。当然,这里还要特别注意的是,购买者不一定就是使用者,譬如男友买首饰送给女友,丈夫买首饰送给妻子,父母或子女买首饰送给对方,不仅购买者与使用者不是一个人,其意义也各不相同,所以应该准确区分。

4. 使用定位法

此方法是根据消费者在什么时间、什么场合或什么情形等条件下使用,或者是准备怎么使用某一产品,来进行产品定位。如根据季节的变换,开发设计适合不同季节佩戴的首饰;为频繁出席不同社交场合的女性或男性,设计不同款式的珠宝首饰;为某一喜庆活动,设计有特别纪念价值的各类纪念品,等等。

5. 分类定位法

这是比较常见的一种定位法,其原理是不针对某一特定竞争者进行竞争,而是通过对产品分类选取某一类别作为其主攻方向,力求在该类别产品中成为翘楚,领跑市场,尤其是该产品有创新或有独特品质时,此方法特别有效,可以一举奠定该企业此类产品在市场中的领军地位。

根据首饰的用途,一般可以将首饰分为实用性首饰、艺术性首饰、纪念性首饰、传统性首饰和寓意性首饰等类别。任何一家企业要想在所有类别的首饰中跟同行企业展开全面的竞争,显然是不现实,也是不可取的,即使资金雄厚、实力强大的企业,它可以做到全面覆盖,但做不到样样领先,当然,它可以集中资源在某一类或少数几类中把它做大做强。如集中资源做纪念性首饰,它可以开发设计适合不同纪念价值的婚戒,如订婚戒指、结婚戒指、金婚戒指等,并力争成为婚戒消费群体的首选产品;它也可以开发其他系列的纪念性首饰,以高品质的产品和专业的服务锁住特定目标群体关注的目光。

而对那些实力稍逊的企业来说,专业集中做某一类,或者再将某类产品再细分,选取其中市场前景广阔的,并适合本企业实际能力的类别,将其做精做强,这是比较明智的选择。如某企业决定集中力量做传统性首饰,它可以选择做不同民族、不同文化的传统型首饰,也可以专门针对某一民族及其文化传统的特点,开发系列首饰产品,以满足该民族群体的需要。其他:通过知名设计师之手设计开发具有较高艺术价值和审美价值的艺术性首饰;或专门开发具有某种精神寄托意义的寓意性首饰,以适应不同消费群体的需要;也可以联手知名服饰品牌联合开发各种实用性首饰,借势占位。

6. 针对特定竞争者定位法

此定位法的主要策略就是锁定某一特定竞争者,开展挑战性竞争,或者采取紧密跟随的策略。开展挑战性竞争的关键是要找准竞争者产品的弱点,开发出品质更胜一筹的产品,以抢夺市场,甚至击溃对手;而紧密跟随,则可以以竞争者的产品及其提供的服务等诸方面的优势为标杆,开发自己的产品,提供更优质的服务,做不到第一,能做成第二也不错,这实际上是因为对手的产品无懈可击迫不得已而为之。

需要注意的是,任何一个市场领跑者都不会轻易放弃其保持的领先地位,尤其是实力强大的对手,因此,无论挑战,还是跟随,都得准备对手的反扑。

7. 关系定位法

关系定位法指当本企业产品没有明显特色或竞争者的定位和公司产品有关时,可以利用社会影响广泛的某一事件或人物,或者借助于竞争者的形象来建立起一种联系,以增强自身在顾客心目中的形象和地位。例如,农夫山泉宣传每消费一瓶农夫山泉,就相当于向申奥作了一份贡献,这是利用消费者的爱国热情,提高产品的影响。再如，蒙牛乳业刚启动市场时，在伊利、草原兴发这两个资本大鳄面前显得非常弱小，于是，蒙牛的掌门人牛根生就采取了这样的策略：在冰激凌的包装上，蒙牛打出为民族工业争气，向伊利学习的字样；有的广告牌上写着千里草原腾起伊利、兴发、蒙牛乳业。蒙牛名为伊利和兴发免费做广告，实际上为自己做了广告，而且壮大了自身，防止了两败俱伤，保存了实力。就这样，蒙牛一步步成为行业里的老大。

8. 问题定位法

问题定位法是针对顾客所面临的共同的问题加以定位的方法。有时候企业会针对行业内的问题进行定位，为其产品建立市场地位，一般只有在产品的差异性并不重要或不明显，而且竞争者少之又少的情况下，才会采用问题定位法，常用于垄断行业。

但珠宝首饰行业里也利用问题定位法，为企业及其产品顺利打开了市场，并取得了巨大的成功。例如，关于钻石行业中暴利的争议一直以来不绝于耳，并且普通消费者根本无法真正识别钻石的真伪及品质高低，于是，能否购买到货真价实的钻饰，成为消费者的一块心病，于是一场钻石暴利终结的风暴降临到了这个市场。

10多年前，以钻石小鸟、九钻为代表的钻石"电商"们率先以网购模式带来的平价优势撕开了钻石暴利第一道口子，而从2011年开始，以全城热恋为代表的平价专业钻石"大卖场"开始崭露头角，价格与电商基本持平，但购物体验和呈现方式却更胜于传统渠道，体量规模也更大，因此所带来的冲击也更为强烈。通过分析，可以发现这些企业实际上就是很好地利用了消费者对钻石暴利潜规则的不满以及对钻石来源、质地以及鉴定标准等诸多方面的疑问，借助于网络营销及线下体验等手段，一举从那些传统渠道模式的钻石"大鳄"嘴下抢下了一块肉。

四、产品开发策略

产品开发策略就是开发新的产品来维持和提高企业的市场占有率。开发新产品可以是开发全新产品，也可以是在老产品的基础上作改进，如增加新的功能，改进产品的结构，简化操作，甚至哪怕是改善外观造型和包装等，都可视为产品开发，都有可能收到意想不到的市场效果。

一般来说，产品开发策略有以下几种。

1. 进攻式开发策略

进攻式开发策略又称为抢占市场策略或先发制人策略。企业抢先开发新产品，投放市场，使企业的某种产品在激烈的市场竞争中处于领先地位。这样的企业认为第一个上市的产品才是正宗的产品。具有强烈的占据市场"第一"的意识。具有较强的科技开发能力，雄厚的财力保障，开发出的新产品不易在短期内为竞争者模仿，具有敢冒风险精神的企业可采用这种开发策略。

2. 防御式开发策略

防御式开发策略又称为模仿式开发策略。它不是企业被动性防御，而是企业主动性防御，企业并不投资研制新产品，而是当市场出现成功的新产品后，立即进行仿制并适当改进，消除上市产品的最初缺陷而后来居上。具有高水平的技术情报专家，能迅速掌握其他企业研究动态、动向和成果；具有高效率研制新产品的能力，能不失时机地快速解决别人没解决的消费者关心的问题，这样的企业可采用这种开发策略。

3. 系列化开发策略

系列化开发策略又称为系列延伸策略。企业围绕产品上下左右前后进行全方位的延伸，开发出一系列类似的，但又各不相同的产品，形成不同类型、不同规格、不同档次的产品系列。如电冰箱的使用能够延伸出对电冰箱断电保护器、冰箱去臭剂、保鲜膜、冰糕盒的需求等。企业针对消费者在使用某一产品时所产生的新的需求，推出特定的系列配套新产品，可以加深企业产品组合的深度，为企业新产品开发提供广阔的天地。具有设计、开发系列产品资源，具有加深产品深度组合能力的企业可采用这种开发策略。

4. 差异化开发策略

差异化开发策略又称为产品创新策略。市场竞争的结果使市场上产品同质化现象非常严重,企业要想使产品在市场上受到消费者的青睐,就必须创新出与众不同的、有自己特色的产品,满足不同消费者的个性需求。这就要求企业必须进行市场调查,分析市场,追踪市场变化情况,调查市场上需要哪些产品,哪些产品企业使用现有的技术能够生产,哪些产品使用现有的技术不能生产。对这些技术,企业要结合自己拥有的资源条件进行自主开发创新,创新就意味着差异化。具有市场调查细分能力,具有创新产品技术、资源实力的企业可采用这种开发策略。

5. 超前式开发策略

超前式开发策略又称为潮流式开发策略。企业根据消费者受流行心理的影响,模仿电影、戏剧、体育、文艺等明星的流行生活特征,开发新产品。众所周知,一般商品的生命周期可以分为导入期、成长期、成熟期和衰退期四个阶段。而消费流行周期和一般商品的生命周期极为相似并有密切的联系,包括风格型产品生命周期、时尚型产品生命周期、热潮型产品生命周期等特殊类型。在消费者日益追求享受、张扬个性的消费经济时代,了解消费流行的周期性特点有利于企业超前开发流行新产品,取得超额利润。具有预测消费潮流与趋向能力,具有及时捕捉消费流行心理并能开发出流行产品能力的企业可采用这种开发策略。

6. 滞后式开发策略

滞后式开发策略也称为补缺式开发策略。消费需求具有不同的层次。一些大企业往往放弃盈利少、相对落后的产品,必然形成一定的市场空档。如国内洗涤用品市场几乎被几个"寡头企业"所瓜分,无论城乡,无论发达地区、欠发达地区,均充斥着"寡头企业"的知名产品。似乎其他后来者已很难进入市场。实际情况却是,各地尤其是在中西部农村,一些实力偏弱的小企业的中低档次的洗涤用品仍销售得很好,它们在各大品牌产品的冲击下,仍能获得可观的市场份额。具有补缺市场需求的能力,而技术、资金实力相对较弱的小企业可采用这种开发策略。

第二节 项目:珠宝首饰产品策略个案解读

个案一:钻之韵(DIAMOND CHARM)珠宝的独特销售价值定位方法(USP)

——"FLOWING TIME 时光流转"钻饰系列产品

时光流转 ★ 萦绕生命激情

- 每一个时代都需要一个社会形态之下的时尚。
- 每一套珠宝都有独立思想,所以每一件都有不同的表情。

钻之韵(DIAMOND CHARM)的珠宝制造和珠宝营销传递出品牌激情与创新的两大内涵。

2009 年,钻之韵迎来了十周年庆典,诚邀国际超模 Rosemary 共同演绎全新品牌形象。以其国际化背景和个性魅力,Rosemary 对钻之韵"FLOWING TIME 时光流转"钻饰为首的 2009 年七大新品系列做出精湛诠释,展示钻之韵(DIAMOND CHARM)高贵、时尚、亲和,全新升级的品牌魅力。让你在光与影的交错、经典与时代的碰撞、技艺与灵感的融贯中感受"无限璀璨,韵由心生"的永恒魅力。

群镶高雅奢华,素金简洁有韵味;吊坠配链精致,配绳更显雅趣。"激情、冒险和对完美不懈的追求",一直是驱使钻之韵(DIAMOND CHARM)创作出卓越作品的原动力。

❖ "FLOWING TIME 时光流转"钻饰系列产品概述

"FLOWING TIME 时光流转"钻饰系列每一个细节都流露出不凡的做工,在追求经典恒久的艺术价值中,生动地再现了东西方社会文化风潮的变换迭更,表现出品牌的创意。三种 K 金材质,或素雅浑朴、或钻光灿然,也可以锋芒内敛或华贵绚丽,分别是"光·影·时间"的融合。时光流转,赋予情感珍重的质地,即便是怀念或者还有回味,但女人应该始终懂得,幸福不在过往,只在当下。如诗人塞谬尔·厄尔曼《青春》所说,岁月悠悠,衰微只及肌肤;热忱抛却,颓唐必至灵魂。无论年华老去,抑或二八芳龄,心中皆有生命之欢乐,奇迹之诱惑,孩童般天真久盛不衰……钻石是一种闪亮,萦绕生命激情,见证只属于自己的传奇。Rosemary 的选择,你也可以。

时光流转系列是 2009 秋冬七大系列中的主打系列,以"灵感闪耀之旅"为主题,用每件钻饰开启一段历史或情缘,镜子般映射一段段鲜活人生。三色彩金吊坠,分别是"光影时间"的融合,其素雅浑朴、钻光灿然的姿态势必带来全新轰动,引领新一代珠宝时尚潮流。

以下,我们通过钻之韵对该系列产品的销售解说词来了解其是如何进行产品定位的。

❖ 整个"FLOWING TIME 时光流转"钻饰系列产品共享的销售解说词

F:特征	A:功效	B:利益
材质: 18K 三色金(18K 白金、18K 玫瑰金、18K 黄金)镶配钻石、彩色石榴子石、蓝色托帕石	体现材质选择上的多元特性 18K 玫瑰金:代表甜蜜,浓情,女人味 18K 黄金:代表财富,阳光,好运 18K 白金:代表纯洁,专一 钻石:代表爱情、永恒、纯洁、坚贞、信心、激情、勇气、力量 彩色石榴子石:结婚 18 周年纪念宝石,代表忠诚、真实、友爱、忠贞不渝	K 金光泽细腻,让首饰的造型更显温婉华贵、充满女人味;也衬得钻石更加的璀璨,散发着幸福梦幻的迷人气息。显得佩戴者气色健康,像明星一样闪亮出众 不同材质的产品可以送给不同年龄层次的人,比如说,个性时尚的女士,可以选择 18K 玫瑰金,今年最流行。18K 白金和 18K 黄金,是喜爱经典风格的好选择 钻石庇护纯洁的爱情,为婚姻守候永恒,给予生活的信心和勇气 透明如水石榴子石从古埃及时代开始,就被视为一种护身符。石榴子石是一月诞生石,代表忠诚、真实、友爱、忠贞不渝。供人们在纪念日时佩戴,以唤起美好的回忆
款式: 共有项链、手链、吊坠、女戒 4 个产品线;每个产品线又分别有心形、三角形、四边形、五边形 4 个造型;吊坠和手链有链装和绳装两种搭配	体现款式选择上的多元特性 群镶高雅奢华,素金简洁有韵味;吊坠配链精致,配绳更显雅趣	强大的产品阵容,近乎无限的选择,为零售商与消费者提供更多的可比性,也只有钻之韵这样的专业珠宝大公司才能提供如此全面细致的服务

续表

F:特征	A:功效	B:利益
搭配技巧： 吊坠有大小之分,三色金链、坠气质相似,风格统一	选择一大一小或大小相似的两件吊坠混搭佩戴,可增加佩饰的层次感	如果您想做一个服饰搭配高手,可以考虑一下我们的建议。把两件吊坠同时混搭佩戴,是欧美明星最流行的一种佩饰手法。比如说,国内张曼玉、王菲,也常常这样。看起来随意,但最能流露出您的个人气质和审美品味。您看,把两个链子一起戴,很华贵绚丽,特别压场。并且这种搭法对服装的要求也不高,就是穿个夹克、牛仔T恤戴上去,也能显示出您低调奢华的气质
工艺： 光面与喷沙工艺	金面更有层次感、立体、有光泽	让首饰看起来更加眩目,绽放高贵的光芒
主题：心形、三角形、四边形、五边形的扭曲造型设计	简洁、细腻优雅、充满女人味,有文化内涵	水波一样的扭曲线条,萦绕成环的形状。像时光的流转,让你的心又回到最初的地方。"FLOWING TIME 时光流转"首饰象征着忠诚、爱和怀念。钻石是激情,永远伴随着您
信仰价值： 钻石是一种闪亮,萦绕生命激情,见证只属于自己的传奇	时光流转,赋于情感珍重的质地,即便是怀念或者还有回味,但女人应该始终懂得,幸福不在过往,只在当下,要勇敢地往前走	时光流转,不管您对过去,有多么舍不得,还是要向前走。首饰能帮您记录一些心动的时刻,或者难忘的回忆。戴一次,回味一次 这个款,是我们主推的形象款,公司请了世界顶级超模Rosemary为这个系列拍广告片噢,您可以看看!（配合画册、灯箱物料介绍） 很漂亮的,您试一下吧
价格区间：套链成本范围:1700~2500元	手链成本范围:1200~2800元	吊坠成本范围:320~1800元 女戒成本范围:3200~4800元

❖ "FLOWING TIME 时光流转"钻饰系列各单款产品的销售解说词

	F:特征	A:功效	B:利益
镶钻套链	4款：心形、三角形、四边形、五边形 材质：18K三色金(18K白金、18K玫瑰金、18K黄金)镶配钻石 金重：8.7~12.02g 款号：HD1029-1032	体现材质、款式选择上的多元特性	(1)系列主打款套链,在目前的珠宝市场上是一个创新的款式。市面上多是项链配吊坠的传统组合方法。而在国外,套链的款式非常受欢迎,是很多高级珠宝定制里最喜欢采用的一种方式。这样一气呵成的精工手艺和整体轮廓,好处在于吊坠不会随意移动,佩戴舒服,也显得稳重优雅。买的时候您不用特意去考虑怎么搭配链子,以后把项链脱下来会不会把坠子不小心弄丢了种种问题。套链是考虑周全的一种款式,方便舒适,比较适合"懒人" (2)群镶钻石的款式,戴起来让人显得更加高贵和优雅 (3)素金款式简洁,很有韵味,显得人低调又有气质。价钱比镶钻的划算一些 心形：优雅娇俏,经典选择。代表真爱。适合年轻温柔的女士 三角形：线条现代,稳重款式。代表坚强。适合商务职业的女士 四边形：八面玲珑,左右逢源。代表智慧。适合气质成熟的女士 五边形：层次丰富,立体萦绕。代表激情。适合内心浪漫的女士
素金套链	8款：心形、三角形、四边形、五边形 材质：18K三色金(18K白金、18K玫瑰金、18K黄金) 金重：8.13~10.73g 款号：HD1033-1040		

续表

	F:特征	A:功效	B:利益
镶钻吊坠	4款:心形、三角形、四边形、五边形 材质:18K三色金(18K白金、18K玫瑰金、18K黄金)镶配钻石 金重:1.39～7.09g 款号:HD1014/1016/1018/1020	体现材质、款式选择上的多元特性	(1)群镶钻石的款式,戴起来让人显得更加高贵和优雅 (2)素金款式简洁,很有韵味,显得人低调又有气质。价钱比镶钻的划算一些 心形:优雅娇俏,经典选择。代表真爱。适合年轻温柔的女士 三角形:线条现代,稳重款式。代表坚强。适合商务职业的女士 四边形:八面玲珑,左右逢源。代表智慧。适合气质成熟的女士 五边形:层次丰富,立体萦绕。代表激情。适合内心浪漫的女士
素金吊坠	4款:心形、三角形、四边形、五边形 材质:18K三色金(18K白金、18K玫瑰金、18K黄金) 金重:1.39～7.09g 款号:HD1015/1017/1019/1021/1022/1023/1024		
镶钻手链	4款:心形、三角形、四边形、五边形,配绳 材质:18K三色金(18K白金、18K玫瑰金、18K黄金)镶配钻石 金重:4.34～14.28g 款号:HD1041-1044	体现材质、款式选择上的多元特性	(1)群镶钻石的款式,戴起来让人显得更加高贵和优雅 (2)素金款式简洁,很有韵味,显得人低调又有气质。价钱比镶钻的划算一些 (3)配绳手链,显得有个性:红绳子带来好运,黑绳子看上去很现代;适合搭配牛仔、休闲、波西米亚风格的服装 心形:优雅娇俏,经典选择。代表真爱。适合年轻温柔的女士 三角形:线条现代,稳重款式。代表坚强。适合商务职业的女士 四边形:八面玲珑,左右逢源。代表智慧。适合气质成熟的女士 五边形:层次丰富,立体萦绕。代表激情。适合内心浪漫的女士
素金手链	4款:心形、三角形、四边形、五边形,配绳 材质:18K三色金(18K白金、18K玫瑰金、18K黄金) 金重:4.34～14.28g 款号:HD1045-1047		
	1款:可自由装配吊坠 材质:18K三色金(18K白金、18K玫瑰金、18K黄金)镶配钻石 金重:4.34～14.28g 款号:HD1049		
配绳吊坠	4款:心形、三角形、四边形、五边形,配绳 材质:18K三色金(18K白金、18K玫瑰金、18K黄金)镶配钻石 金重:1.39～7.09g 款号:HD1025-1028	体现材质、款式选择上的多元特性	吊坠配金链子显得高贵精致,配绳子另有一番情趣,有个性;红绳子带来好运,黑绳子看上去很现代;适合搭配牛仔、休闲、波西米亚风格的服装 心形:优雅娇俏,经典选择。代表真爱。适合年轻温柔的女士 三角形:线条现代,稳重款式。代表坚强。适合商务职业的女士 四边形:八面玲珑,左右逢源。代表智慧。适合气质成熟的女士 五边形:层次丰富,立体萦绕。代表激情。适合内心浪漫的女士
彩宝吊坠	3款:三角形、四边形、五边形 材质:18K三色金(18K白金、18K玫瑰金、18K黄金)镶配钻石、彩色石榴子石、蓝色托帕石 金重:1.39～7.09g 款号:HD1011-1013	体现材质、款式选择上的多元特性	透明如水的石榴子石从古埃及时代开始,就被视为一种护身符 石榴子石是一月诞生石,代表忠诚、真实、友爱,忠贞不渝。供人们在纪念日时佩戴,以唤起美好的回忆 对气色、健康、运气都有很好的提升效果 三角形:线条现代,稳重款式。代表坚强。适合商务职业的女士 四边形:八面玲珑,左右逢源。代表智慧。适合气质成熟的女士 五边形:层次丰富,立体萦绕。代表激情。适合内心浪漫的女士

续表

经典女戒	3款：主石＋群镶副石 材质：18K 白金镶配钻石 金重：2.82~3.48g 款号：HD1050-1052	体现款式选择上的多元特性	(1)群镶钻石的款式，戴起来让人显得更加高贵和优雅 (2)镶单颗美钻的款式，简约、精致，是现在最受欢迎的经典款。比如说定情结婚选这一款的人比较多，价钱也比镶钻的划算一些 这个款式的女戒，优点是上手效果比较好。手指胖一点、瘦一点戴都很漂亮。因为它本身的线条很圆润，像水波一样流转，围绕成环型，看上去很独立、很饱满，能起到修饰手指的作用。您看，是不是戴上去显得手指特别的柔美？

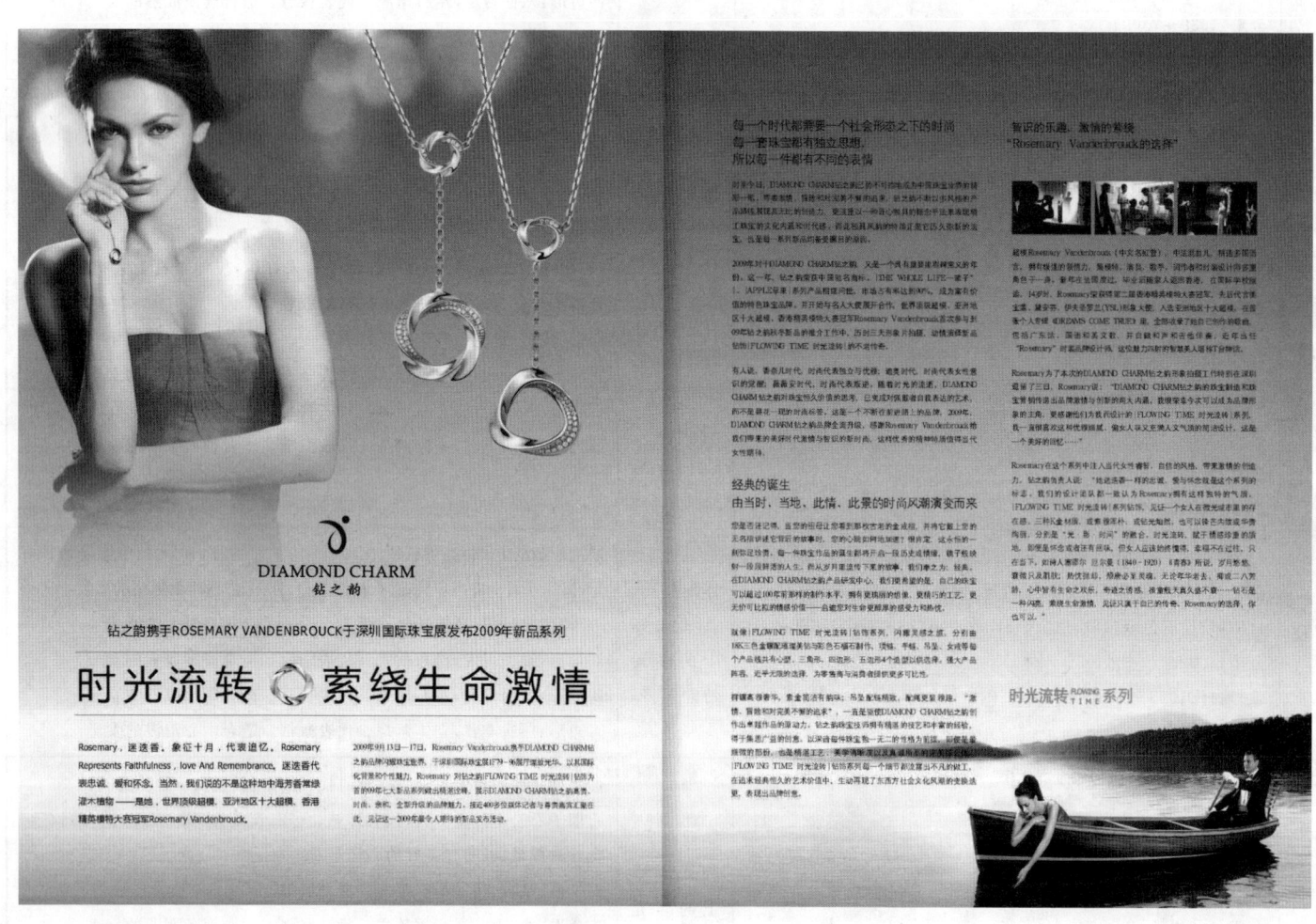

"FLOWING TIME 时光流转"钻饰系列软文广告

个案二：国内珠宝企业立足中国文化，重塑品牌，开发个性产品

当前人们的珠宝首饰价值观日益生活化，珠宝首饰不再是黄金玉石的简单组合体，他们对珠宝首饰产品蕴含的文化、设计、搭配、功能、品牌、服务等属性有更多的需求和价值认同。

人们的生活方式也日益国际化，珠宝首饰开始全面融入各个圈层消费者的时尚装扮、商务礼仪、时尚派对、投资收藏、节庆送礼、家族传承等日常生活方式之中。

文化珠宝和个性珠宝百花争艳，中国珠宝消费规模巨大、需求多元化、文化圈层丰富，能够包容中西方各类品牌珠宝，包括不同海外国家与地区的品牌文化故事和产品个性风格、全国的民族珠宝品牌和设计师品牌，以及中国传统特色工艺和丰富文化符号资源等，势必迎来全球文化珠宝和个性珠宝在中国珠宝市场上全面的开花结果。

国内已有越来越多的珠宝品牌加入到了重塑品牌，提升形象，创新开发个性鲜明的产品的行列中来，珠宝首饰创新设计正越来越受企业重视。

1. 瑞红成功打造"中国红"品牌形象及系列产品

2011年9月的深圳国际珠宝展上，瑞红以红色珠宝高调亮相，一举打破现阶段以白色首饰（钻石镶嵌等）、黄色首饰（黄金首饰等）以及品牌定位不清晰的"彩宝"饰品唱主角的"同质化"大环境，以独树一帜的"中国红"品牌形象脱颖而出，成为珠宝展中最受瞩目的一颗"红"星。瑞红以其独特的"中国红"品牌形象，成为会场中的一大焦点，吸引了大量媒体关注。

瑞红除拥有精准的品牌定位外，其成功之处还在于，坚持百分百原创设计，每一件产品均以中国文化经典为主题，以现代设计手法，演绎独具东方韵味的现代时尚。配以珍稀的红色天然材质，以卓越的珠宝工艺演绎现代高端珠宝礼品，突出卓越的艺术价值和文化品位，彰显深厚文化内涵，表现典雅大气的东方气质。逾百款产品设计成功申领国家外观设计专利。

❖K金珠宝"风华绝代"以中国旗袍盘扣为设计元素，充满东方女性成熟的魅力，"中国红，东方美"的意蕴因此而彰显。

2. 诗诺尔珠宝全新诠释珍珠文化，开发"魅力天成"系列的珍珠首饰

"清风掠过，湖水微漾，一粒细沙偶然而又宿命的撞入了贝蚌的怀中，于是，他们相遇相知，开始了幸福的结合；经历千百昼夜更替，数载冬去春来，水土赋予灵气，日月佐以见证，孕育了美满的结果；而她，天生的细腻、柔润、充满灵性，宛如温良贤淑的聪慧女子。因而，珍珠既是对新娘的赞美，也是对幸福美满婚姻的真挚祝福……"这是诗诺尔珠宝珍珠展示大厅内陈列的新款珍珠首饰"幸福珠链"的一段陈述文字。

我国是世界上最早发现、使用珍珠的国家，珍珠和玉被并誉为"东方之美者也"，帝王皇妃、达官巨贾无不以珍珠装饰为荣。在世界的其他地方，古波斯人曾把珍珠作为月亮的标志，公元前后的几个世纪里，古埃及、印度、波斯等国的王亲贵族先后开始大量使用珍珠，15世纪前后，欧洲许多国家甚至立法规定人们按地位、等级来使用珍珠。可见，珍珠历来满足的是人们彰显身份与地位的心理需求。而如今，解读珍珠文化要在充分利用历史内涵的基础上，顺应时代潮流，发掘消费者新的心理需求。如中国宝玉石协会将贝蚌孕育珍珠引喻母亲生育儿女，迎合独生子女的现状，发掘了尚未被市场利用的母爱概念。而诗诺尔珠宝则注重强调女性发掘自身的魅力，推出"雪孩子"珍珠首饰品牌，寓意珍珠乃天地灵气孕育之子，纯净无暇，既可引发中年女性母爱心理，其灵动调皮的感觉也符合年轻女性不愿长大的心理特点。既有时尚气息，又不失典雅，对珍珠文化作出了全新的诠释。

诗诺尔珠宝与知名品牌咨询公司合作，建立起自己的品牌战略。在品牌定位上，由于珍珠质地细腻，光泽柔润，

符合东方女性聪慧、温柔的性格,而这正是东方女性的独特魅力;同时,由于珍珠由贝蚌孕育,不经雕琢,是自然天成的灵性之物,因此,诗诺尔将珍珠定位为"魅力天成"。

诗诺尔珠宝在款式设计上,根据自己的品牌定位,针对不同年龄层的女性消费者,开发了"魅力天成,自然动人"(针对25~35岁青年女性)、"魅力天成,本色女人"(针对35~50岁中年女性)、"魅力天成,至尊女人"(针对50岁以上的女性)等不同款式系列的珍珠首饰。

第三节 项目模拟:珠宝首饰产品开发与设计专题策划

子项目一:某珠宝首饰企业产品分析

【思路】

选取某珠宝首饰企业正处于热销阶段或刚推向市场的某一款(或系列)产品,从产品构成的各个方面进行分析(应结合实际销售情况,并进行必要的市场调查),以此作为产品设计的借鉴或进行产品更新改造的依据。

【产品分析的要点】

大致从以下几个方面进行分析。

1. 产品的内核部分(即第一层次部分)

(1)该产品预设的目标消费群体是谁?(与产品定位有关)

(2)该产品满足了消费者哪些方面的需要?(或利益诉求点有哪些?)

(3)该产品设计最有创意的部分是什么?(或该产品的设计理念是什么?)

(4)该产品的核心价值内涵是什么?(或能最大满足消费需求的价值体现是什么?)

(5)该产品设计的不足部分有哪些?(或目标消费群体的哪些需求尚未从该产品中得到满足?)

2. 产品的形式层次(即第二层次部分)

1)产品的质量

(1)产品质量如何?

(2)消费者满意吗?

(3)能继续保持优质的质量吗?

(4)能进一步改进并提高质量吗?

2)产品的价格

(1)价格在同类产品中居于什么档次?

(2)价格设计是否合理?价格与质量是否相配?

(3)消费者对产品价格是否认可并接受?

(4)价格有进一步调整的空间与必要吗?

3)产品的材质

(1)产品的主要原料构成有哪些?

(2)产品在材质上有无特别之处?

(3)消费者对产品材质的认识如何?

(4)有无更新材质的需要与可能?

4)制作工艺及水平

(1)产品制作使用了哪些工艺?

(2)产品制作工艺水平如何?有何特别或创新之处?

(3)消费者对该产品的制作工艺是否认可或不满意之处?

(4)是否有工艺改进或提高的必要与可能?

5)产品的包装

(1)该包装设计的风格是什么?与产品的设计及质量、价格和形象是否相配?

(2)该包装对消费者是否具有吸引力?

(3)消费者对该包装的评价如何?

(4)该包装有无重新设计或改进的必要?

6)产品名称及标识

(1)产品名称是否新颖、独特?

(2)产品名称能准确传达设计理念吗?
(3)产品所使用的品牌是什么?其标识是否醒目?
(4)产品形象与品牌形象是否一致?是否需要重新整合?

3. 产品的延伸层次(即第三层次)

(1)该产品推广与宣传有哪些独到之处?
(2)该产品提供体验服务吗?是什么形式及内容的服务?效果如何?
(3)该产品品质如何保证?消费者满意吗?
(4)该产品提供哪些售后服务?服务质量及消费者评价如何?

4. 与同类产品的比较

(1)在设计与创新及满足消费者需求方面有什么优势或不足?
(2)在质量及品质保证方面有什么优势或不足?
(3)在价格及消费者价值认同度方面有什么优势或不足?
(4)在材料选用及创新方面有什么优势或不足?
(5)在制作工艺及创新方面有什么优势或不足?
(6)在产品推广与宣传及促销方面有什么优势或不足?
(7)在消费者的认知和购买上有什么优势或不足?

子项目二:产品定位与设计构想

【思路】

选取某一特定消费者群体,根据该群体的消费需求及特点,为其开发设计一款或系列产品。

【项目主要内容】

1. 消费者群体描述

基于对目标市场进行市场调查基础上,确定目标消费者群体,并用准确的语言予以描述。如:主张个性、追求时尚的年轻女性。

2. 群体需求分析

需要对该群体从情感需要、文化追求、精神寄托或其他心理及物质方面的需求进行分析,特别是要善于发现或挖掘消费者潜在的某些需求。在具体分析时,要注意透过其言语、情绪方面的表象,发现其内心的真正需要,这是产品能否最终被消费者接受,成功在市场上热销的关键。

3. 群体消费特点

要全面了解该群体的消费心理、行为及购买习惯,为后续开展有针对性的营销策略作准备。

4. 产品定位描述

确立产品在消费者心目中的地位很重要,这对于产品能否吸引消费者,促使其乐于购买的关键。产品定位一定要切中消费者的真正利益诉求,并用准确、清晰的语言传达给消费者,如珠宝首饰企业定位于打造"中国第一婚戒品牌",也有定位于"婚庆钻饰专家"的,等等。

5. 产品设计构思

产品设计的原点就是消费者的真正需求,设计师的任务就是通过其独特的创意,并用新颖、别致的款式与精美的工艺等形式表现出对这些需求的满足及这些需求以外的价值再创造(即挖掘出新需求)。

6. 产品内涵的软性表达

在确立了产品定位与设计创意以后,还需要用合适的语言来准确地描述产品的内涵,并以合适的形式传达给消费者。与直截了当式的广告宣传不同的是,通过软性文章或营造热点事件等形式,从各个侧面加强对产品概念的阐述,更能突破人们心理的防线,轻而易举地进入受众的心扉。珠宝首饰产品不同于其他一般消费品,因此,其宣传方式也应有所不同,尤其是在产品定位与设计创意的精准描述方面,更需要用一种渐进式的、润物细无声的语言,用一种消费者"听得见、记得住"的"声音",准确表达出来,我们姑且称之为"软性表达"。

本项目最后,要求用一段相对完整的"软性文章",紧扣产品定位,准确地将产品的设计创意与文化内涵通过优美的语言表达出来,并可以作为新品发布或市场推广的核心内容之一。

编者摘录了源于时尚饰界(http://www.51fashion.com.cn/)于2016年4月15日发布的一篇网络文章(有删改),供大家学习借鉴。

【原标题:钻之韵"一辈子"系列产品闪耀上市——一辈子的旅程两个人体验才完整】

在这多雨的季节里,小雨丝丝入怀,红尘笑语里,陌上花开缓缓归来。值此诗情画意的4月,钻之韵旗下品牌"一辈子"新品上市,耀世夺目,光华绽放,为这个百花争艳的季节,添一份美丽,加一份期待,多一些浪漫。

"一辈子"系列珠宝产品,以爱人间的永恒承诺为理念、以寓意"一辈子"的"杯子"为原型、洞察爱人之间的情感需求,并结合精湛的K金镶嵌工艺及钻之韵独具特色的"时来运转"专利工艺,打造出"一辈子"系列产品,分别为"爱你一辈子""恋你一辈子""相伴一辈子"及"甜蜜一辈子"四大主题,与情侣、夫妻珍惜彼此,携手相爱一辈子的爱情观相契合,是恋人间的最佳爱情信物。

❖ **爱你,一辈子——你我相爱 就是命运**

"爱你一辈子"主题产品,在设计上,以爱人间表达爱意的玫瑰为主要元素,镂空的玫瑰花底、优雅的杯子造型,直接表达了"爱你一辈子"的产品主题,在外形上,面大金轻,性价比超高。若以这样一款珠宝饰品赠与爱人,就算什么也不说,爱人也可直接从这无声的饰品上,读懂你那颗滚烫的心。

❖ **恋你,一辈子——愿得一人心 白首不相离**

"恋你一辈子"主题产品,在设计上,以嘴唇为主要元素,体现爱人的亲密无间。镂空的嘴唇底盘,加上优雅的杯子造型,造型奇特精致。而嘴唇亦代表承诺,承诺这一辈子都恋你无悔。若将此信物赠与爱人,她定会明白你未说出口的情话与心中那份沉甸甸的承诺。

❖ **相伴,一辈子——你若不离不弃,我必生死相依**

"相伴一辈子"主题产品,以脚印为主要元素,代表爱人间一步一个脚印共同经历过的人生岁月。在设计上,镂空的脚印底盘与优雅的杯子造型,预示着爱人继续携手一辈子的心意。此主题的款式新颖特别,独占市场,识别度极高。陪伴是最长情的告白,相守是最温暖的承诺,"相伴一辈子",此生有你。

❖ **甜蜜,一辈子——金风玉露一相逢,便胜却人间无数**

"甜蜜一辈子"主题产品,以蜂巢为设计元素,直接表现出"甜如蜜"的产品含义,在设计上,底部雕刻成镂空六边蜂巢,工艺精湛,寓意甜蜜美好,象征爱人间的感情深厚,一辈子甜甜蜜蜜相守相依。

第五章 珠宝首饰广告策划

第一节 理论、方法与策略基础

一、广告及其分类

(一) 广告的含义及其要素

1. 广告的含义

广告是为了某种特定的需要,通过一定形式的媒体,公开而广泛地向公众传递信息的宣传手段。广告有广义和狭义之分,广义广告包括非经济广告和经济广告。非经济广告指不以盈利为目的的广告,如政府行政部门、社会事业单位乃至个人的各种公告、启事、声明等。狭义广告仅指经济广告,又称商业广告,是指以盈利为目的的广告,通常是商品生产者、经营者和消费者之间沟通信息的重要手段,或企业占领市场、推销产品、提供劳务的重要形式。本章以下内容主要分析商业广告。

广告即"广而告之",其本质是传播,但是它又不同于一般大众传播和宣传活动,它必须借助于一定的媒介准确、有效地将某一项商品的信息传送给一群用户和消费者,并说服他们,以达到宣传与促销之目的。因此,有多少人通过广告了解到关于企业、品牌及其商品有用的相关信息,并影响其消费行为,才是评判广告是否成功的关键所在。

美国广告主协会对广告下的定义是:广告是付费的大众传播,其最终目的是传递信息,改变人们对广告商品或事项的态度,诱发其行动而使广告主获得利益。

2. 广告的要素

广告的要素:广告主、广告公司、广告媒体、广告信息、广告思想和技巧、广告受众及广告费用。

(二) 广告的分类

由于人们理解或看待问题的角度不同,因此广告分类的标准也各异,导致广告的种类很多。以下我们仅选取几种比较常见的分类方法。

1. 以传播媒介为标准

(1) 报纸广告:指刊登在报纸上的广告。其特点是发行频率高、发行量大、信息传递快,可及时广泛发布。

(2) 杂志广告:指刊登在杂志上的广告。杂志可分为专业性杂志、行业性杂志、消费者杂志等。其特点是表现力较强,还可以用较多的篇幅来传递关于商品的详尽信息,既利于消费者理解和记忆,也有更高的保存价值。其缺点是影响范围较窄,且因杂志出版周期长,经济信息不易及时传递。

(3) 电视广告:一种以电视为媒体的广告,是电子广告的一种形式。它是兼有视听效果并运用了语言、声音、文字、形象、动作、表演等综合手段进行传播的信息传播方式。电视广告在播出(发布)前需要进行母带制作。

(4) 电影广告:广义的电影广告是以电影及其衍生媒体为载体的广告形式。根据广告主、广告目标的不同,电影广告可以分为两大类。一是电影推片广告,由电影制片发行放映机构以推广电影为广告目标,以该电影的潜在电影观众为广告受众,通过电影及其衍生媒体投放的硬性广告与软性广告。二是电影搭片广告,由非电影机构的广告主,以推广其商品、服务、品牌形象、活动等为广告目标,以电影观众与潜在电影观众为广告受众,通过电影及其衍生媒体投放的硬性广告与搭载广告。

(5)网络广告:指利用国际互联网这种载体,通过图文或多媒体方式,发布的赢利性商业广告,是在网络上发布的有偿信息传播。广告主一般利用网站上的广告横幅、文本链接、多媒体的方法,在互联网刊登或发布广告。

(6)包装广告:即利用包装商品的纸、盒、罐子,介绍商品的内容及有关经营信息的一种宣传形式,既是包装,也是广告。

(7)广播广告:它是通过广播媒体宣传与推广企业的产品与经营的一种广告形式,其优势主要有广播广告的交流感与意境性,广播广告的流动感与兼作性,广播广告覆盖的无限性与广播广告受众的全面性,广播广告的低投入与高回报。

(8)招贴广告:招贴,又称海报,一般由图形、色彩、文字三部分组成,招贴广告指张贴于纸板、墙、大木板或车辆上的印刷广告,或以其他方式展示的印刷广告,是户外广告的主要形式,是广告的最古老形式之一。

(9)POP 广告:POP 广告是英文 Point of Purchase Advertising 的缩写,是指在商品进行销售和购买活动的场所所做的广告,它属于销售现场媒体广告。

销售现场媒体是一种综合性的媒体形式,从内容上大致可分为室内媒体和室外媒体。室内媒体主要指货架陈列广告、柜台广告、模特儿广告、四周墙上广告、圆柱广告、空中悬挂广告等。销售现场的室外媒介主要指销售场所如商店、百货公司、超级市场门前和附近周围的一切广告形式。譬如广告牌、灯箱、霓虹灯、电子显示广告牌、招贴画、商店招牌、门联、门面装饰、橱窗等。

(10)交通广告:指发布于火车、飞机、轮船、公共汽车等交通工具及旅客候车、候机、候船等地点的广告。它一般包含以下三个部分:第一,设置于公共汽车站、电车站及地铁站等公共场所的固定型交通广告;第二,以车辆作为载体的流动型交通广告;第三,安置于公共交通工具内部的交通广告。

(11)直邮广告:又称 DM 广告,DM 是英文 Direct Mail 的缩写,是直接邮寄的意思。在我国,邮寄广告的发展较为迅速,已不局限于征订单之类的初级邮寄函件了。邮寄广告分为一次性邮寄和数次性邮寄两类,主要是根据邮寄的目的和产品(或服务)的性质而定。

(12)其他广告,如一些特殊的户外广告:卫星发射现场广告、空中广告(如飞行表演、跳伞表演、热气球球身广告)、活人(模特)活动广告、实物放大(缩小)模型广告、充气放大模型广告、自动翻转(多面)广告、激光投射广告(或利用建筑物反射、或利用空中飞行物、或利用云层反射),等等。这些全新的户外广告形式,在视觉外观上富有强烈的表现力与冲击力,因而在传达效果上比其他传统形式的户外广告更胜一筹。

又如:礼品广告,它以小型礼品或纪念品的馈赠为手段,博取用户对企业的好感和记忆。

现在,随着智能手机的普及和微信等即时通讯服务平台的不断开发,利用手机发布广告或进行微营销已成为越来越多企业的选择,因此,随着新媒介的不断增加,依媒介划分的广告种类也会越来越多。

2. 以广告目的为标准

(1)产品广告:指向消费者介绍产品的特征,直接推销产品,目的是打开销路、提高市场占有率的广告。

(2)企业广告:指向工业企业传播有关原材料、机械器材、零配件等生产资料的信息的广告,一般利用专业杂志或专业媒体发布广告信息,主要针对那些购买或指定产品和服务用于再生产的人。

(3)品牌广告:指以树立产品品牌形象,提高品牌的市场占有率为直接目的,突出传播品牌在消费者心目中确定位置的一类广告。

(4)观念广告:指通过提倡或灌输某种观念和意见,试图引导或转变公众的看法,影响公众的态度和行为的一种公关广告。它可以宣传组织的宗旨、信念、文化或某项政策,也可以传播社会潮流的某个倾向或热点。

(5)公益广告:指不以盈利为目的而为社会公众切身利益和社会风尚服务的广告,它具有社会的效益性、主题的现实性和表现的号召性三大特点。

公益广告隶属非商业性广告,是社会公益事业的一个最重要部分,与其他广告相比具有相当特别的社会性。它通常由政府有关部门来做,广告公司和部分企业也参与了公益广告的资助,或完全由他们办理。他们在做公益广告的同时也借此提高了企业的形象,向社会展示了企业的理念,阐明它对社会的功能和责任,表明自己追求的不仅仅是从经营中获利,而是过问和参与如何解决社会问题及环境问题这一意图,因此,公益广告也能很好地成为企业与社会公众沟通的渠道之一。

3. 以广告传播范围为标准

(1)国际性广告:指为了配合国际营销活动,在产品出口目标国或地区所做的商品广告。它是以本国的广告发展为母体,再进入世界市场的广告宣传,使出口产品能迅速地进入国际市场,为产品赢得声誉,扩大产品的销售,实现销售目标。

(2)全国性广告:指选择在全国性广告媒介上进行刊播的广告,其目的是激起全国范围的消费者的普遍反响,产生对其产品的认知与认购。

(3)地方性广告:指通过地方性传播媒介,如地方报纸、电台、电视台、路牌、霓虹灯等发布的广告。此类广告多为配合密集型市场营销策略的实施,广告宣传的重点是促进人们使用地方性产品,或认店购买。

(4)区域性广告:指选用区域性传播媒体,如地方报纸、杂志、电台、电视台开展的广告宣传,这种广告的传播范围仅限于一定区域内。开展区域性广告的产品往往是地区选择性或是区域性需求较强的产品,如加湿器、防滑用具、游泳器材等,且销售量有限,地区选择性较强,广告多是为配合差异性市场营销策略而进行的。

二、广告媒介选择

媒介又称媒体,属于典型的外来语,英语为 Media。媒体为 Media 的意译,媒介为 Media 的音译,在应用中,两个词基本通用不加区分。其意为"中间的""手段"或"工具"等。

所谓广告媒介就是指能够借以实现广告主与广告对象之间信息传播的物质工具。随着技术的日新月异,广告主有了更多的选择,除了上述各种媒体之外,智能手机、互动电视、银行自动取款机(ATM)屏幕(主要用于银行自身企业和产品宣传)、数字信息亭、黄页广告、电话提示音广告等都可以列入考虑的对象。

(一)广告媒体的分类

1. 按表现形式分类

按表现形式可分为:印刷媒体、电子媒体等。印刷媒体包括报纸、杂志、说明书、挂历等。电子媒体包括电视、广播、电动广告牌、电话等。

2. 按功能分类

按功能可分为:视觉媒体、听觉媒体和视听两用媒体。视觉媒体包括报纸、杂志、邮递、海报、传单、招贴、日历、户外广告、橱窗布置、实物和交通等媒体形式。听觉媒体包括无线电广播、有线广播、宣传车、录音和电话等媒体形式。视听两用媒体主要包括电视、电影、戏剧、小品及其他表演形式。

3. 按影响范围分类

按影响范围的大小可分为国际性广告媒体、全国性广告媒体和地方性广告媒体。世界性媒体如卫星电路传播、面向全球的刊物等。全国性媒体如国家电视台、全国性报刊等。地方性媒体如省市电视台、报刊，少数民族语言、文字的电台、电视台、报刊、杂志等。

4. 按接受类型分类

按广告媒体所接触的视、听、读者的不同，分为大众化媒体和专业性媒体。大众媒体包括报纸、杂志、广播、电视，专业性媒体包括专业报刊、杂志、专业性说明书等。

5. 按时间分类

按媒体传播信息的长短可分瞬时性媒体、短期性媒体和长期性媒体。瞬时性媒体如广播、电视、幻灯片、电影等。短期性媒体如海报、橱窗、广告牌、报纸等。长期性媒体如产品说明书、产品包装、厂牌、商标、挂历等。

6. 按可统计程度分类

按对广告发布数量和广告收费标准的统计程度来划分，可分为计量媒体和非计量媒体。计量媒体如报纸、杂志、广播、电视等。非计量媒体如路牌、橱窗等。

7. 按传播内容分类

按其传播内容可分为综合性媒体和单一性媒体。综合性媒体指能够同时传播多种广告信息内容的媒体，如报纸、杂志、广播、电视等。单一性媒体是指只能传播某一种或某一方面的广告信息内容的媒体，如包装、橱窗、霓虹灯等。

8. 按与广告主的关系分类

按与广告主的关系来分，又可分为间接媒体和专用媒体(或称租用媒体与自用媒体)。间接媒体(或租用媒体)是指广告主通过租赁、购买等方式间接利用的媒体，如报纸、杂志、广播、电视、公共设施等。专用媒体(或自用媒体)是指属广告主所有并能为广告主直接使用的媒体，如产品包装、邮寄、传单、橱窗、霓虹灯、挂历、展销会、宣传车等。

(二) 选择广告媒体要考虑的因素

1. 市场方面的因素

(1) 要考虑消费者的属性。

人总依其个人品味来选择适合的媒体，不同教育或职业的消费者，对媒体的接触习惯都不相同。一般地说，教育程度较高者，偏重于印刷媒体；教育程度较低者，偏重于电波媒体，因此要配合消费者的性别、年龄、教育程度、职业及地域性等来决定应用何种媒体。

(2) 要考虑商品的特性。

各种商品的特性不一样，应该按商品特性来考虑媒体。例如消费者(生活)用品广告和工业用品广告的媒体策略完全不同，前者是全体的消费大众，后者是特定的工厂、老板或董事，很显然，千万元的别墅广告和普通公寓广告的媒体使用应当有所不同。当今大中城市大众媒体中对珠宝业来说的有效媒体，从电视、广播、报纸、杂志等媒体的传播效果比较来看，由于珠宝首饰是有丰富文化和情感内涵的奢侈品，故应该以选择涵盖声、光、影三种表现力的电视媒体来体现这种内涵为佳。

(3) 要考虑商品的销售范围。

商品市场究竟是全国性的销售，或是限于地方区域性市场的销售，这关系到广告接触者的范围大小，由此才可决定选择何种较经济有效的媒体，以免使用不适当的广告媒体而毫无传播效果。

2. 媒体方面因素

(1) 要考虑媒体量的价值。

要考虑媒体量的价值，如报纸的发行量、杂志的发行量、电视的收视率、电台的收听率，才能了解效果。

(2) 要考虑媒体的价值。

要考虑媒体的价值即考虑媒体的接触层次，应仔细分析其类型，以期与产品消费者的类型符合。同时需考虑媒体的特性、优缺点，节目或编辑内容，是否与广告效果有关。

(3)要考虑媒体的经济价值。

要慎重考虑各媒体的成本费用,不仅要考虑"绝对成本",即媒体的实际支付费用,同时亦应考虑"相对成本",如用印刷媒体的每天读者数,或电波媒体的每分钟每千人的视听成本。

3. 广告主方面的因素

(1)要考虑广告主销售方式的特征。

销售方式究竟以推销员为主还是以零售商为主,这要看用什么样的销售策略。销售策略不同选择媒体的标准也不同。

(2)要考虑广告主的促销战略。

要考虑广告主的促销战略,如计划一个赠送样品的广告活动,就要用能配合赠送活动的媒体。

(3)要考虑广告主活动的基本目的及广告预算的分配额和广告主的经济能力。

此外对于同行竞争者使用广告媒体的情况与战略也应列入媒体考虑范围,以达"知己知彼"之效。

(三)广告媒介选择的原则

成功的媒介策略应该是在分析目标顾客特点、产品特点和媒体特点的基础上求得三者的统一。因此,必须遵循以下原则。

1. 与企业的营销目标相结合

一个企业在确定了自己的目标市场以后,要以一个最佳的营销组合或以一个有效的营销计划进入和占领这个目标市场。其具体表现为如何实现一定时期内的企业营销目标,具体可以分为扩大销售额、增加市场占有率、树立企业或产品形象三种目标。在媒介选择时,必须针对特定的营销目标,并寻求媒介与目标之间最大限度的吻合。

(1)扩大销售额时的媒介选择。

企业扩大销售额的目标要求广告能够促使消费者缩短购买决策过程,尽快地做出购买决策。为了达到这一目标,在媒介上较为理想的选择顺序应该是电视、广播、焦点(POP)、直邮(DM)报纸、杂志等。

(2)增加市场占有率时的媒介选择。

增加市场占有率就是争取新的消费者,甚至把自己竞争对手的消费者吸引过来,以加强企业自身的竞争地位。在增加市场占有率时,选择的媒介以报纸、杂志的效果为最佳,其次是电视与广播,再次是焦点、直邮及户外等媒介。

(3)树立企业产品形象时的媒介选择。

树立企业或产品形象是使消费者产生对企业或产品的好感,提高企业或产品的知名度与美誉度。为了实现这些目标,在媒介选择上,报纸、户外交通和赛场等媒介较为适宜,同时,在电视、杂志上进行形象广告宣传,也会产生良好的效果。

2. 与目标市场相结合

(1)以区域划分目标市场的媒介选择。

企业的目标市场从区域上划分,可以分为全国范围目标市场和区域目标市场。如果目标市场为全国范围的话,媒体的选择应寻求一个成本尽可能低,广告信息总暴露量尽可能大的媒介组合,因此,可以选择国家一级的电视台、电台、杂志和全国范围内发行量较大的报纸。如果是区域性很强的目标市场,只在一个城市甚至几个街区,企业就没有必要把广告费花在别的地方,在本地媒体进行宣传就行了,甚至可以挨家挨户发送宣传单。

(2)以消费者自身因素划分目标市场的媒介选择。

所谓消费者自身因素是指消费者的年龄、性别、职业、受教育程度、收入等因素。在对市场细分时,企业比较多地使用这种社会文化标志来细分市场。而我们都清楚,消费者的行为是存在差异性的,这种差异性的表现之一就是消费者接触各种媒介的习惯是不同的。电视、广播、报纸、网络及其各节目时段及栏目通常都有其相对固定的一部分观众、听众、读者和网民,在不同的媒体、网站上或不同的节目时段及栏目中刊播广告,其广告效果也是不一样的。

因此,企业在选择广告媒介时,就应在确定目标顾客的基础上根据目标顾客接触媒体的习惯、他们的喜好,有针对性地选择合适的媒体及传递方式,使广告讯息能够有效地覆盖目标顾客。在媒介选择上,经常运用撇脂媒介选择法。撇脂媒介选择法就是企业首先把广告集中投放到最有可能购买企业产品的消费群体中去,如果产品的销售没有达到顶期的目标,随后再调整到另一个群体,直到在广告媒介上找出一个最能适应某一个消费群体的媒介。

3. 与产品特点相结合

适合企业产品特点的媒介才是最好的!

根据中国宝玉石协会在中国黄金报上发布的我国首饰经营状况及发展趋势的调研报告显示:报纸、电视、行业媒体是珠宝公司投放广告的首选媒体,其中58.1%的受访者选择报纸媒体作为公司广告的投放载体,42.7%的受访者选择电视媒体,31.1%的受访者选择行业媒体作为公司的广告投放对象。当前,行业内的主要专业报刊杂志有:《中国黄金报》《全国宝玉石报》《中国宝石》《中国宝玉石》《时尚珠宝》《中国黄金珠宝》《亚洲珠宝》等。

(四)媒介组合策略

各种媒介的功能、特点各异,在进行广告活动的时候,常常采用媒介组合来开展广告工作。如何选择并组合广告媒介以达到最佳的广告传播效果,是商家投放广告时必须考虑的问题。

1. 各媒介的组合搭配分析

报纸与广播搭配,可以使不同文化程度的消费者都能够接受到广告信息。

电视与广播搭配,可以使城市和乡村的消费者都接受到广告信息。

报纸或电视与焦点广告搭配,常常有利于提醒消费者购买已经有了感知信息的商品。

报纸与电视的搭配运用,可以在报纸广告对商品进行详细解释之后再以电视开展广告攻势,产生强力推销的效果。

报纸与杂志的搭配,可以用报纸广告做强力推销,而用杂志广告来稳定市场,或以报纸广告固定市场,以杂志广告拓宽市场。

报纸或电视与直邮广告搭配,以直邮广告为先导,做试探性宣传,然后以报纸或电视开展强力推销广告,也可能取得比较显著的成效。

直邮广告和焦点广告或招贴广告的配合,在对某一特定地区进行广告宣传时,能够起到巩固和发展市场的作用。

路牌广告与其他广告形式的搭配,等等。

2. 媒介时机分析

当确定了选择哪几种媒介相组合之后,随后的问题就是如何把握广告的时机,即何时发布广告的效果最为明显。在电台和电视台确定后,要选择好一定的广告时段,尤其是广告黄金时段。

1) 季节性时机

许多商品存在着明显的季节性,在广告发布时间上就必须加以考虑。比如,在秋末大做电扇广告或空调广告,充其量只能增加产品的知名度。

2) 时间分配

这主要指在限定时间内使用媒介的频率(少量、适中、大量)以及广告量在较长时期内的分布(持续式、间隔式),这应该和企业的总体营销策略相联系。

当产品在市场上已经有了较高的知名度,可以选择间隔式广告。广告此时所起的作用是"提醒"。

在开拓市场时,就必须采用高频率的方式,才能使产品品牌印象迅速建立起来。

从产品生命周期来看,导入期,广告应适当集中;成长期,广告可适当减少,以充分利用已有的知名度;激烈竞争的成熟期,广告量又应适当回升。

由此可见,何时发布广告,效果是不同的。在相等量的时间里,选择不同量的广告宣传,效果也会不同。对于企业来说,先进入市场的广告无疑能够占有先声夺人、先入为主之利,但如果能把握时机,后来者也可以后发制人、后来居上。企业可以根据自己的具体情况,去选择不同的广告时机。

三、广告策划及其文案

1. 广告策划的含义

广告策划,又称广告企划,是在市场调查研究的基础上,对广告整体活动或某一方面活动的预先设想和策划,一般通过广告策划书的形式体现出来。广告策划书把在广告活动中所要采取的一切部署都列出来,指示相关人员在特定时间予以执行,它是广告活动的正式行动文件。

2. 广告策划书的形式

广告策划书有两种形式,一种是表格式的。这种形式的广告策划书上列有广告主现在的销售量或者销售金额、广告目标、广告诉求重点、广告时限、广告诉求对象、广告地区、广告内容、广告表现战略、广告媒体战略、其他促销策略等栏目。其中广告目标一栏又分为知名度、理解度、喜爱度、购买愿意度等小栏目。一般不把具体销售量或销售额作为广告目标。因为销售量或销售额只是广告结果测定的一个参考数值,它们还会受商品(劳务)的包装、价格、质量、服务等因素的影响。这种广告策划书比较简单,使用的面不是很广。另一种是以书面语言叙述的广告策划书,运用广泛。这种把广告策划意见撰写成书面形式的广告计划,又称广告策划书。人们通常所说的广告策划书和广告计划书实际上是一回事,没有什么大的区别。

3. 广告策划书的内容

一份完整的广告策划书至少应包括以下内容:①前言;②市场分析;③广告战略或广告重点;④广告对象或广告诉求;⑤广告地区或诉求地区;⑥广告策略;⑦广告预算及分配;⑧广告效果预测。

当然,广告策划书可能因撰写者个性或个案的不同而有所不同,但内容大体如此。

4. 撰写广告策划书时,各部分应注意的问题

1) 前言部分

前言部分应简明扼要地说明广告活动的时限、任务和目标,必要时还应说明广告主的营销战略。这是全部计划的摘要,它的目的是把广告计划的要点提出来,让企业最高层的决策者或执行人员快速阅读和了解,使最高层的决策者或执行人员对策划的某一部分有疑问时,能通过翻阅该部分迅速了解细节,这部分内容不宜太长,以数百字为佳,所以有的广告策划书称这部分为执行摘要。

2) 市场分析部分

市场分析部分一般包括四个方面的内容:①企业经营情况分析;②产品分析;③市场分析;④消费者研究。

撰写时应根据产品分析的结果,说明广告产品自身所具备的特点和优点。再根据市场分析的情况,把广告产品与市场中各种同类商品进行比较,并指出消费者的爱好和偏向。如果有可能,也可提出广告产品的改进或开发建议。有的广告策划书称这部分为情况分析,简短地叙述广告主及广告产品的历史,对产品、消费者和竞争者进行评估。

3) 广告战略或广告重点部分

该部分一般应根据产品定位和市场研究结果,阐明广告策略的重点,说明用什么方法使广告产品在消费者心目中建立深刻的印象。用什么方法刺激消费者产生购买兴趣;用什么方法改变消费者的使用习惯,使消费者选购和使用广告产品;用什么方法扩大广告产品的销售对象范围;用什么方法使消费者形成新的购买习惯。有的广告策划书在这部分内容中增设促销活动计划,写明促销活动的目的、策略和设想。也有把促销活动计划作为单独文件分别处理的。

4) 广告对象或广告诉求部分

该部分主要根据产品定位和市场研究来测算出广告对象有多少人、多少户。根据人口研究结果,列出有关人口的分析数据,概述潜在消费者的需求特征和心理特征、生活方式和消费方式等。

5) 广告地区或诉求地区部分

该部分应确定目标市场,并说明选择此特定分布地区的理由。

6) 广告策略部分

该部分要详细说明广告实施的具体细节。撰文者应把所涉及的媒体计划清晰、完整而又简短地设计出来,详细程度可根据媒体计划的复杂性而定。也可另行制订媒体策划书。一般至少应清楚地叙述所使用的媒体、使用该媒体的目的、媒体策略、媒体计划。如果选用多种媒体,则需对各类媒体的刊播及如何交叉配合加以说明。

7) 广告预算及分配部分

该部分要根据广告策略的内容,详细列出媒体选用情况及所需费用、每次刊播的价格,最好能制成表格,列出调研、设计、制作等费用。也有人将这部分内容列入广告预算书中专门介绍。

8) 广告效果预测部分

该部分主要说明经广告主认可,按照广告计划实施广告活动预计可达到的目标。这一目标应该和前言部分规定的目标任务相呼应。

在实际撰写广告策划书时,上述八个部分可有增减或合并分列。如可增加公关计划、广告建议等部分,也可将最后部分改为结束语或结论,根据具体情况而定。

撰写广告策划书一般要求简短,避免冗长。要简要、概述、分类,删除一切多余的文字,尽量避免一而再地重复相同概念,力求简练、易读、易懂。撰写广告计划时,不要使用许多代名词。广告策划的决策者和执行者不在意是谁的观念、谁的建议,他们需要的是事实。广告策划书在每一部分的开始最好有一个简短的摘要。在每一部分中要说明所使用资料的来源,使计划书增加可信度。一般来说,广告策划书不要超过两万字。如果篇幅过长,可将图表及有关说明材料用附录的办法解决。

在撰写过程中,视具体情况,有时也将媒体策划、广告预算、总结报告等部分专门列出,形成相对独立的文案。随后分而述之。

四、广告发布及其效果测定

广告活动从按照广告计划执行,到广告公司完成广告创作并形成广告作品,经过广告主的最后审核同意后,即可送到预定的媒介刊播。这项工作一般由媒介部门的有关专业人员负责。他们的任务,就是专门负责与有关媒介接洽,安排有关广告的刊播事宜,并对刊播质量、日期实施监督。对于不同媒介,其广告作品的发布形式是不一样的。

广告的发布,是广告活动的扫尾工作,余下的只是广告效果测试。

所谓广告效果是指广告活动或广告作品对消费者所产生的影响。狭义的广告效果指的是广告取得的经济效果,即广告达到既定目标的程度,就是通常所包括的传播效果和销售效果。从广义上来说,广告效果还包含了心理效果和社会效果。心理效果是广告对受众心理认知、情感和意志的影响程度,是广告的传播功能、经济功能、教育功能、社会功能等的集中体现。广告的社会效果是广告对社会道德、文化教育、伦理、环境的影响。良好的社会效果也能给企业带来良好的经济效益。

所谓广告效果测试,就是运用科学的方法来鉴定广告的效益。一般将广告效果测定划分为两大方向:一是广告传播效果的测定。这一测定包含三部分内容:广告作品的测试(品质管理)、媒体计划测试和消费者的心理效果测试

（发稿后）。二是广告销售效果测定。影响销售效果的原因是多方面的，测定广告效果必须要排除其他因素的干扰，准确测量广告因素对销售的影响。这两个方向一直是广告效果研究的重点和主要方向，测定方法也发展得较为成熟。

在进行广告效果测试时，应该坚持有效性原则、可靠性原则和相关性原则，测试方法主要有单一变量测试法和多种变量测试法，等等。

对广告效果进行测定是必要的。其一，在广告完成了其计划的制订和创意制作后。为了对广告进行功能上、价值上的判断和选择，有必要对广告策略的集中体现形式——广告作品进行效果测定，以便对广告投放决策提供参考；其二，在广告按照确定计划刊播之后，或者是在局部区域播出后，根据市场反应对广告的到达率、受众收视效果及行为反应等进行测定，以便确切了解广告刊播的实际效果。从广告经营管理的角度而言，无论是哪一种测定，都是对广告目标的保证和确认。

在制订广告计划的时候，就要对广告活动的效果进行预测，因为广告主时刻担心的是广告效果究竟如何，此广告投入是否值得。因此，广告计划中对广告效果所作的预测，往往承担着说服广告主，也就是你的客户核准全程广告计划的重大责任，或是说广告经营也即广告代理公司推销广告计划的一种机会和一种方式。对广告效果的预测，重点在两方面，一是广告目的能否实现，二是广告目的与成本的测定。

对广告效果的测定取决于广告事先确定的目标，在广告运动展开之前所确定的广告运动目标是什么，就必须从目标实现上来确认效果是否达到。比如，广告目标界定为直接销售业绩的提高，那么就必须从广告前后销售额的变化上来判断广告效果。如果把广告的目标确定为提高产品知名度和树立公司形象，那么消费者对产品认知情况或公司美誉的提升情况就是一个判断标准。总之，对广告效果的测定必须要与广告目标的设定相联系，按照目标设定情况具体分析。

第二节 项目：范本阅读
《宏艺珠宝广告策划书》

内容概要

宏艺首饰股份有限公司是山西本土的珠宝公司，经过多年的发展，宏艺珠宝已经成为具有一定知名度的区域品牌，被誉为"山西珠宝第一店"。"买放心，到宏艺"的口号已经在民间流传三十余年，品牌历史悠久。宏艺一直以来以黄金饰品为主打，以其精湛的制作工艺和良好的售后服务赢得了广大消费者的信赖，消费者品牌忠诚度较高。现在宏艺已发展成多种经营的珠宝首饰品牌，售有黄金、铂金、钻石、翡翠等系列珠宝首饰产品，满足不同年龄层的审美情趣。

根据我们的研究分析，宏艺珠宝目前存在着如系列产品间主题概念不一致，没有一个统一的产品文化概念；品牌文化内涵不足，定位混乱；目标人群过于老化等一些问题，导致了宏艺珠宝的竞争力下降。

为树立宏艺的品牌新形象，提升宏艺的知名度和美誉度，我们重新定义了宏艺珠宝的内涵，将宏艺珠宝系列广告诉求于典雅、时尚，"新宏艺，馨生活"是核心广告语。广告配合整体的营销活动，通过不同的媒介向消费者传达同一个信息：宏艺是一种生活态度，一种女人自己独特的生活方式，更是女性独立精神的张扬，而不仅仅是一件珠宝。

目 录

一、前言

二、市场环境分析

（一）珠宝行业现状

(二) 珠宝行业趋势

(三) 市场竞争概况

(四) 宏艺珠宝现状

三、消费者研究

(一) 珠宝首饰总体消费态势

(二) 宏艺珠宝消费者分析

(三) 宏艺珠宝受众目标特征

四、企业和竞争者分析

(一) 宏艺在市场中的地位

(二) 宏艺的主要竞争对手

五、营销策略

(一) 宏艺珠宝市场分析(SWOT分析)

(二) 宏艺珠宝的市场战略

(三) 宏艺珠宝的定位战略

(四) 宏艺珠宝的市场计划

(五) 宏艺珠宝的营销策略

六、媒介提案

(一) 广告目的

(二) 广告诉求战略

(三) 广告表现战略

(四) 广告媒介策略

七、创意设计

(一) 广告概念

(二) 活动实施计划

八、预算提案

九、广告效果测定

附录:

附录一 珠宝首饰调查问卷

附录二 珠宝首饰调查报告

附录三 "你眼中的时尚"调查问卷

附录四 "你眼中的时尚"调查报告

附录五 女性日常生活状况调查问卷

附录六 女性日常生活状况调查报告

一、前言

随着当今社会经济和文化的发展,人们的消费水平也显著提高,越来越多的人尤其是女性更注重自身魅力的提升,珠宝首饰已经变成她们的生活必需品。她们对珠宝的需求日趋明显,珠宝市场出现白热化。调查显示女性在选购珠宝时更注重追求艺术素养、文化品位、个性主张和时代风格。

金银珠宝首饰历来都是作为一种高档的情感和文化艺术消费品走进消费品行列的。目前珠宝市场上珠宝品牌虽多但却未能做到精确传播到目标消费者中,调查显示,现代女性渴望有一种外在语言能够表达出她们内心的情感,珠宝作为一种传达情感、显示个人独特魅力的道具,成为女性的首选饰品,然而许多女性表示找不到一种合适的珠宝来表达她们的个性和情感。因此,宏艺珠宝针对市场需要推出黄金、铂金、钻石等系列珠宝首饰产品,满足年轻女性的审美情趣、价值观和情感需要,产品设计加强了珠宝的美感和灵气,使女性在佩戴珠宝增添自身个性魅力的同时,也可以向人们展示出她们的生活情趣和个性品味。同时推出宏艺珠宝系列广告,通过对产品和企业的宣传,树立企业形象,以提升宏艺的知名度和美誉度。

二、市场环境分析

(一) 珠宝行业现状

近年来女性消费能力在不断提高,自我重视意识也在不断提高,敢于表达自己,展示自己的品味、身份、地位等,而珠宝成为她们的首选饰品。调查表明,58%的受调查女性会因增加个人魅力而购买珠宝,29%的受调查者选择因爱情而购买珠宝首饰,可见珠宝首饰仍是一大热点[详见珠宝首饰调查报告(附录二)]。

据盛世指标数据管理有限公司研究执行的《2006年

VOGUE中国时尚指数研究报告》显示：女性对于珠宝首饰有着偏爱，对珠宝的关注程度仅次于服饰和化妆品，究其原因是珠宝既显示了她们的文化品位，又能保持其原有价值。

据中国黄金协会发布的2006年度行业统计数据，预计到2010年，珠宝首饰行业市场总容量将达到2000亿元。中国有13亿的人口，6亿多为女性，按每十人有一件饰品计算，需要6000多万件。珠宝首饰需求必然存在并增长，珠宝市场极具开发价值。

面对如此广阔的市场，许多国外珠宝商已经纷纷将目光投向中国，随着国外品牌抢滩市场、港产品牌快速扩张、国内区域品牌开始全国进军，市场竞争也变得日趋激烈，行业洗牌速度加剧，品牌集中度加快。

就目前行业竞争格局来看（见下表），国内珠宝行业的格局呈现港产和国际品牌占据高端市场，众多区域强势品牌呈众星捧月的态势。

珠宝行业竞争格局

市场分布	市场状态
港资企业（如周大福、周生生）	知名度高、时尚感强、销售渠道广、市场份额相对较高
国际高端品牌（如卡地亚、蒂芙尼）	知名度高，靠专卖店和高档商场专柜经营，市场份额有限
内地老字号企业（如老凤祥、老城隍庙）	区域品牌渗透率高，珠宝文化深入人心
新兴珠宝企业（如金伯利、通灵翠钻）	市场占有率高，分销范围广

就珠宝品牌渗透率而言，国际顶级品牌目前主要占领的是北京、上海等消费实力强的一线城市，其雄厚的资本能力、成熟的市场经营模式等，是内地品牌所不能比拟的。港资珠宝品牌（如周大福、周生生）开始进军二级市场，快速完成对市场的覆盖，目前在许多二级市场中已经存在他们的加盟和直营店。与此同时，一些国际品牌也开始谋求与本土珠宝商合作向二三线市场进军。老字号本土品牌由于资金、设备、人才、管理以及品牌影响力上都不及国际品牌，打开本地市场以外的其他区域市场较难。新兴珠宝品牌由于起点低，对市场和消费者缺乏深入的了解，经营管理不当，只有少数品牌在市场上立足并稳定下来。

从营销方式来看，由于珠宝首饰行业在内地尚处于发展阶段，营销方式仍较为传统，产品经过几道环节后才最后到达终端顾客手中。这种经营方式的弊端是：商品流通周期长，层层加价使商品价格居高不下，零售店利润小；产品雷同，缺乏个性，价格混乱，市场缺乏规范的管理和服务。

另外，就内地珠宝首饰业而言，首饰加工的设备和工艺的落后，一直是制约行业发展的重要因素，尤其是首饰的表面处理技术，尽管我国磁力抛光技术应用广泛，但在表面处理上不及国外技术先进，在这一点上许多港资品牌和国外品牌的珠宝首饰略占优势。

（二）珠宝行业趋势

当前珠宝市场款式繁多，花色琳琅。综合考证，珠宝市场发展趋向有以下几个特点。

(1)黄金珠宝饰品走势良好。据中国黄金协会进行的"2007年黄金首饰流行趋势大型调查"结果显示，每年购买1～3件黄金首饰的被调查者已经占被调查人群的65.3%，黄金首饰消费增长较快。

在对北京、上海等8个城市进行调查后，统计发现，近一年购买过黄金首饰的消费者占46.63%；明年打算购买的消费者占55.24%。消费者对首饰套件购买的比例呈明显上升趋势。

黄金珠宝饰品销售良好的主要原因有：产品质量可靠、花色品种多、宣传力度大、经营管理规范、售后服务制度完善等。

(2)铂金和钻石饰品成为新的消费热点。据调查，在珠宝饰品销售额中,铂金及钻饰的销售额占到35%至50%。据国际铂金协会今年初对上海、北京、杭州、南京和大连五大城市的消费者调查,对象为20~40岁的女性,家庭月收入在1600元以上,在贵金属首饰中青睐铂金者,杭州占53%、上海占45%、大连占43%、南京占38%、北京占30%,这说明铂金饰品销售发展大有可为。与铂金饰品发展相适应的钻饰这几年发展更快。铂金和钻饰继续处于旺销的趋势主要原因有:首饰制作工艺精致、款式多样、造型高雅华贵、色彩光亮夺目。

(3)珠宝朝多品种、多样化发展。各种品牌纷纷实行多种经营,从黄金到翡翠无所不有。

(三)市场竞争概况

纵观整个国内珠宝首饰市场,各品牌珠宝的优势各有不同。

(1)周大福:首饰工艺技术卓越,销售网络遍布港澳及内陆100多个城市,产品面向多个消费层。

(2)周生生:销售网络遍布中、港两地,设有网上购物店;2004年与迪士尼乐园合作,取得大陆、港、台的华特·迪士尼饰品专利权。

(3)卡地亚:尊贵奢华,款式华美,工艺精湛。

(4)老凤祥:品牌历史悠久,口碑良好,黄金饰品是主打产品。

(5)金伯利:珠宝业加盟连锁经营,广告投入大。

(6)五一百氏:山西区域市场上的后起之秀,精耕细作,服务优势突现。

(四)宏艺珠宝现状

宏艺首饰股份有限公司是山西本土的珠宝公司,经过多年的发展宏艺珠宝已经成为具有一定知名度的区域品牌,被誉为"山西珠宝第一店"。"买放心,到宏艺"的口号已经在民间流传三十余年,品牌历史悠久。宏艺一直以来以黄金饰品为主打,以其精湛的制作工艺和良好的售后服务赢得了广大消费者的信赖,消费者品牌忠诚度较高。现在宏艺已发展成多种经营的珠宝首饰品牌,售有黄金、铂金、钻石、翡翠等系列珠宝首饰产品,满足不同年龄层的审美情趣,特别是25~45岁的女性消费者对珠宝首饰的需求。

宏艺珠宝

三、消费者研究

(一)珠宝首饰总体消费态势

调查显示在女性日常消费支出中,珠宝首饰是中高等收入者关注度仅次于服饰的消费领域,而随着收入的增加,珠宝首饰的消费比例也在不断增加。究其原因,主要是珠宝首饰以其能展示个人魅力和身份地位的特殊功能而深得各个消费层女性的青睐。

(二)宏艺珠宝消费者分析

对于女性消费者来说,是一个跨度比较大的年龄段。25~40岁的女性消费者显然具有不同的消费特点。我们根据调查研究,比较不同年龄女性的消费特点,将25~45岁的消费者划分为以下两个年龄段进行分析。

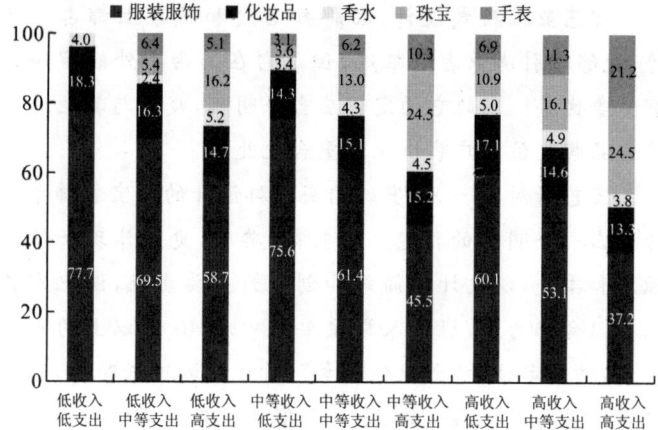

珠宝首饰总体消费态势

（数据来源：由中国国情研究会、《VOGUE 服饰与美容》杂志联合组织，盛世指标数据管理有限公司研究执行的《2006 年 VOGUE 中国时尚指数研究报告》，本次研究通过线上和线下结合的形式，共调查了北京、上海、广州、杭州、成都、沈阳、西安、武汉 8 个城市 20～45 岁的 2529 名时尚敏感人群）

1. 25～35 岁的女性

这一年龄段的女性刚刚进入社会不久，有了一定的经济基础，可以消费得起一些非生活必需品。由于这个年龄段的人都出生于 20 世纪七八十年代，这段时期恰是国家实行新的经济政策和改革开放的开始，许多外来文化进入内地，并与传统文化相融合。其文化影响着这一代人的成长，也是受该文化的影响，这一代人的消费意识超前，且追求前卫，对生活非必需品有天生的热爱，特别是对于那些富有特殊情感和文化的产品，尽情地彰显她们独特的个性、品味与价值取向。这类消费者更容易受到电视、杂志等大众媒介广告的诱导，消费中存在着很强的非理性成分。

2. 35～45 岁的女性

这一年龄段的女性已在社会上打拼多年，人生阅历丰富，具有成熟的理性思维。她们多出生于 20 世纪 60 年代，在那个经济不发达的特殊历史年代里，她们从小接受的教育与文化熏陶多趋向于保守，这直接影响到她们以后的消费心理，理性因素高于感性因素。在收入增加的情况下她们在生活非必需品的支出上也不会轻易地提高，这一年龄段的消费者不易受现代传媒手段的诱导。

基于以上分析，要精确打动这两类消费者，使用同样的产品诉求战略和传播方式是存在很大风险的，所以必须找出这两类消费者共同的消费特点。

根据我们的调查，25～45 岁的女性共同的消费特点都是喜欢追求自己的生活，向往一个适合自己的完美生活。我们将以此作为宏艺珠宝广告的诉求点之一，来吸引 25～45 岁的女性消费者。

由于 25～35 岁这一年龄段的女性更容易受媒体干扰，消费感性化，对现代新生活的追求感更强，因此我们将这一年龄段的女性作为宏艺珠宝目标人群中的重要客户。

（三）宏艺珠宝受众目标特征

1. 广告目标受众特征

目标受众为年龄在 25～35 岁的女性，她们注重自身外在气质的培养，注重个人形象，追求个性，喜欢追求自己的生活，注重自我价值的实现，事业起步或者处于成长期，中等收入水平，具有一定的消费能力和良好的消费形态，有能力营造良好的生活品质。

2. 受众生活形态分析

25～35 岁的女性注重个人形象，关注时尚前沿和文化动态，购买品牌服饰，是高消费娱乐方式（如听音乐会）的消费者。平时阅读时尚休闲类、艺术类和一些有文化深度的新锐杂志如《ELLE》《新周刊》等。在消费时更多的是出于精神品位和情感趣味的选择，在选购珠宝首饰时，她们消费的其实是一种文化、身份和地位，更是获得尊重的需要[详见"你眼中的时尚"调查报告（附录四）及女性日常生活状况调查报告（附录六）]。

3. 消费者使用情况分析

[详见珠宝首饰调查报告(附录二)]

(1)一般佩戴珠宝场合：①参加舞会、宴会等重要社交场合；②日常生活中(上班,逛街等)。

(2)佩戴的目的：①装饰自身以增加个人魅力；②准备结婚或结婚纪念日；③显示身份地位。

(3)使用品牌情况：①小部分高端客户偏爱于使用国际知名度高的大品牌；②消费者佩戴珠宝钻饰更倾向于周大福、周生生、老凤祥等国内知名品牌。

(4)购买状况(包含已婚及未婚)：①看到合适喜欢的就购买；②亲友赠送。

(5)购买地点及方式：①商场首饰专柜及珠宝专卖店；②大商场；③展销会或珠宝交易市场；④普通首饰店(包括珠宝首饰加工店)。

(6)商品特性之探讨：①款式设计；②商品质量；③有面子；④内涵概念；⑤工艺。

宏艺珠宝特性的顺位应为：设计精美,款式多样,多为经典传统款式设计；注重品质,珠宝成色正,以金饰著称；精致、典雅；有面子；"诚信为本,一诺千金",贴心的服务赢尽口碑；价格合理,物超所值。

四、企业和竞争者分析

(一)宏艺在市场中的地位

目前,宏艺珠宝的主要目标市场还在山西省,作为一个区域品牌,宏艺在山西居民中有较高的拥有率,且以金饰最为畅销。

(二)宏艺的主要竞争对手

宏艺珠宝的主要竞争对手是集中于港产品牌和知名度高的国际品牌,款式设计新颖,价格较高的珠宝首饰系列。周大福、周生生、金伯利、还有太原本土的"五一百氏"都是宏艺的主要竞争对手。

宏艺虽在款式设计、品牌知名度和服务上都占有优势,能够吸引消费者的眼球,但是它在山西之外的市场没有竞争优势。因此它的定位应当很明确,减少与其他珠宝首饰品牌定位及广告诉求的重合之处。

宏艺针对25～35岁的购买人群设计的珠宝首饰系列传达出一个明确的信息——时尚、典雅,更能体现女性的独立和柔美,以设计的简约和创新为主要卖点,淡化宏艺以往以金饰为主,消费人群主要集中在40岁以上的市场定位,转而定位于"个性和艺术",对于永远追求时尚,张扬自我个性与独特品味的25～35岁女性充满着吸引力。宏艺珠宝带来的是设计理念和广告诉求的转变,是宏艺突破传统的精彩之作,以期打破其主要竞争品牌在珠宝时尚概念和市场的领先地位,引领女性进入更自由、更独立的生活空间。

1. 宏艺的主要竞争对手

(1)周大福:周大福面向各个消费层推出了不同系列的主打产品,几款饰品都保持了周大福的一贯风格,设计新潮、动感前卫的年轻系列吸引众多年轻消费者的目光,销售上采用"一口价"策略,在市场上拥有很高的占有率,是宏艺的主要竞争对手。2007年主打产品有:骄人系列、纯翠系列、绝配系列,主要面向20～30岁的女性,以年轻时尚消费群为主。

周大福

(2)周生生：周生生推出的几款首饰虽款式新颖，注重时尚，产品富于现代感，其消费者更倾向于高收入者，侧重高档首饰营销，价格偏高。2007年主打产品：Pt Loving Hearts、Diamond in Motion等钻石系列，主要面向高端消费群。

周生生

(3)老凤祥：品牌历史悠久，消费者口碑较好，以黄金饰品著称，是宏艺金饰的主要竞争对手。2007年主打产品：爱琴海"AEGEAN"系列钻石吊坠、婚庆系列，产品回归传统，仍以爱情为主线，主要面向婚恋群体。

老凤祥

(4)金伯利：市场占有率高，但没有形成品牌文化，钻饰为主营产品。低价策略迎合不同层次消费者的心理，是宏艺珠宝在价格方面的主要竞争对手。"龙凤对戒"系列、"结婚钻戒"系列，仍发挥自身优势，金伯利2007年仍以钻饰为主打，面向中高等收入人群。

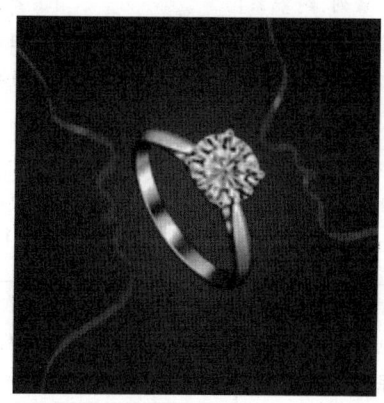

金伯利

(5)五一百氏：该品牌是宏艺在太原的主要竞争对手，太原本土品牌，属于五一百货集团，售后服务较好，引进激光雕刻技术，在售后饰品上免费刻字留念，服务上的创新吸引部分消费者，但销售范围和推广速度不及宏艺。

五一百氏

(6)其他品牌：宏艺的竞争对手还包括一些其他在太原不是很知名，但比较有特色的珠宝品牌。因为这些产品在流通渠道上比不上宏艺或者因地缘限制没能跨出省市，因此只会有少数人购买，不是宏艺的主要竞争对手。

2. 宏艺主要竞争对手广告分析

品牌名称	主打系列	广告语	目标消费群特点
周大福	骄人系列、纯翠系列、绝配系列、玩美钻饰	人人都以为我很听话，是的，我很听自己的话"玩美"的女人，始终如此美丽，因为心永远年轻	主要面向20~30岁的女性，以年轻时尚消费群为主
周生生	Pt Loving Hearts、Diamond in Motion	爱是合二为一，未来的路，两人印出一对足印	主要面向高端消费群，主打爱情牌
老凤祥	爱琴海"AEGEAN"系列钻石吊坠、婚庆系列	百年老凤祥，首饰新"时尚"	主要面向婚恋群体
金伯利	"龙凤对戒"系列、"结婚钻戒"系列	金伯利女人，小心别走光	面向中高等收入人群
五一百氏	花系列、钻石精灵系列	人如花，花姣美	面向40岁以上女性消费者

3. 过去的宏艺广告分析

品牌	广告语	竞争弱点
宏艺	买放心，到宏艺	(1)没有意识到竞争同质化、市场不断细分的客观环境，广告语太粗糙 (2)每个品牌为了和别的品牌明显区分，必须不断放大自己的个性化特色，从而找到自己的目标消费者，过去的宏艺广告语没有这方面的内涵，没有考虑到年轻消费群的珠宝消费心理需求

五、营销策略

(一) 宏艺珠宝市场分析(SWOT 分析)

S(优势)

(1)宏艺形象良好，拥有强大的群众基础。经过多年来的运营在群众中有了很强的口碑效应，品牌认知度强。

(2)宏艺的产品质量优良，尤以黄金饰品的做工精良，品质纯正著称，产品质量口碑很好。

(3)珠宝设计以中式为主，含蓄庄重，新款设计紧随时尚潮流。

(4)宏艺采用独立店铺，整体设计为东方古典风格。

(5)宏艺具有良好的售后服务，提供零距离便民服务。

W(劣势)

(1)系列产品间主题概念不一致，没有一个统一的产品文化概念。

(2)品牌文化内涵不足，定位混乱，对于品牌的长期运营不力。

(3)目标人群过于老化，多是40岁以上的女性。

(4)产品种类不丰富，款式较少。

(5)店铺整体布局过于老化，古代气味太浓。

(6)品牌知名度有限，影响力不足。

(7)店内购物环境过于拘谨严肃。

(8)少数服务员服务态度冷淡，主动性差。

O(机会)

(1)25~35岁的女性收入增加，生活品位提高，女性消费者的购买力增强，且有很强的独立性，对珠宝的需求相对增加。

(2)主要目标顾客以追求时尚的女性和婚恋人群为主。

(3)珠宝作为礼品、纪念品在消费者的购买目的调查中也占有一定比例。

(4)拥有黄金、铂金、钻石、翡翠、珍珠、彩金、有色宝石等多种产品组合，满足不同消费群的需要。

(5)高档商业区的不断开发，入驻商业区也会带来巨大的经济效益。

(6)珠宝品牌与手机、手表等其他的相关产品公司合作成为发展趋势。

T(威胁)

(1)国际大品牌分流部分高端客户,品牌宣传力度大,顾客品牌忠诚度较高。

(2)周大福、周生生、老凤祥等中国著名珠宝品牌占据山西市场大部分的销售份额。

(3)市场细分加剧,出现多种面向不同消费群的产品。

(4)许多珠宝价格较低,且得到消费者的认可。

(二)宏艺珠宝的市场战略

依据珠宝首饰的市场现状,宏艺在扩大目标市场的战略上,采取立足山西,逐步向周边城市(西安、郑州、呼和浩特、北京、石家庄等)扩展,进而进军全国市场的方式。

从宏艺珠宝的外观设计、产品价格上来看,宏艺要改变过去以金饰为主打的产品销售,转为侧重强调宏艺首饰作为与女性交流的纽带,设计满足女性心理需求的产品,宏艺正在扩展新的目标消费市场——25~35岁的女性消费者。

(三)宏艺珠宝的定位战略

宏艺珠宝以前的产品定位并不明确,品牌文化内涵不足,品牌的长期运营不力。而现今的珠宝首饰市场随着国内外强势品牌的入驻和扩张,市场竞争加剧。消费者"求新、求变"的心理也越来越强烈,调查显示女性在购买珠宝首饰时更重视珠宝的物美价廉。款式设计是她们购买珠宝首饰时最关注的因素之一,高达70%的消费者最关心款式,其他依次为品牌知名度、价格、内涵概念。品牌对消费者选购时产生的影响越来越大,已占到35%,仅次于款式。宏艺珠宝推出的设计理念正迎合了25~35岁的女性消费者购买心理,个性、典雅满足了女性消费者展示自我魅力、追求情感表达的心理。

宏艺不仅仅是一件珠宝,更是一种生活态度,一种女人自己独特的生活方式,是女性独立精神的张扬。

(四)宏艺珠宝的市场计划

短期目标:经过一系列的前期造势宣传,转变形象,提高宏艺新形象的品牌认知度。

中期目标:整合所有的资源,通过强大的感情营销与客户交流,形成品牌美誉度。

长期目标:通过一系列的公益活动与日常的客户营销,形成最终的品牌忠诚度。

(五)宏艺珠宝的营销策略

1. 前期造势

(1)通过传统媒体与户外媒体的联合宣传,形成视觉上的强烈冲击。

(2)与山西电视台合作,推出与宏艺有关的一档新时代女性生活的综艺节目(配合"秀出我的生活"大型活动)。

(3)在山西区域内进行"秀出我的生活"大型活动。

2. 常规营销

1)品牌旗舰店计划

在产品主打城市(包括太原、西安和北京等)举办盛大的新店开张暨新品发布会,邀请品牌形象代言人(贾静雯)参加并代言,并邀请知名模特将新品在发布会中予以展示。

旗舰店和发布会的布置突现一种新的生活格调、新的生活主张;推出女性新生活主题,介绍首饰搭配,贴近生活,增强时尚感;邀请国内知名潮流媒体到场报道。

计划在各省会、直辖市和发达地区建立总店,依靠旗舰店—专卖店—专卖柜,构建三级连锁专卖体系,建立整体分销战略。

2)潮流媒体计划

在知名潮流媒体(如《瑞丽》)上推出宏艺广告,推出一个整体的概念性广告,宣传新宏艺的精神和形象。广告以简约大气,突现品牌特质和精神,以反映新时代的女性魅力,新时代的生活为要义。定期在潮流媒体上推出"自由""真我""永恒"等主题的子广告以及节日的特别企划,如七夕和情人节的爱情主题、春节的喜庆主题等;同时建立起完备的官方网站和期刊,期刊的内容为珠宝首饰和相关的品质生活,作为载体传递产品信息和品牌文化,将期刊定期免费发送至高级办公楼、休闲会所、高级餐饮娱乐场所,以及飞机、火车软座和邮轮等高级交通工具及候机(车、船)室。

3)专柜计划

在各大专柜适时推出企划活动,如妇女节优惠并有特别版首饰,七夕和情人节爱情主题推出情侣限量版,在其上刻上双方名字并赠送甜蜜礼品及情侣套件等,春节的喜庆主题亦推出节日限量版首饰。同时推出婚钻DIY服务,新人可以在专柜和官方网站订制DIY自己的婚钻,凡参与该活动者均可获赠99朵玫瑰,刺激消费者的购买欲。

4)客户营销

发展VIP客户,凡购物满×××元以上均可获得VIP身份,该身份可以购首饰优惠并提前预定限量版。同时成立宏艺VIP俱乐部,在不同地区设立分会,以抽奖组织旅游,并组织联谊以及与公司高层和设计部门的恳谈会。

发展"新生活"的倡导者,定期招募、组织他们参加各种时尚活动(演唱会、选秀活动、时尚旅游,与媒体明星的生活交流会)。

5)公益活动

在山西本土举行关怀女性生活的活动,定期开展与女性的心理对话的活动,并且在2008年奥运会中向获得佳绩的女运动员赠送饰品,从她们自己的生活故事出发,为她们量身订制自己的饰品。

6)CROSSOVER

与著名时装设计师以及艺术大师做Crossover(跨界),同时也可与著名时装、手表等联手做Crossover,推出别注版。

六、媒介提案

(一)广告目的

宏艺珠宝秉承中式经典复古,与新锐时尚元素相结合,将珠宝首饰变成一种时尚,一种艺术,最终将佩戴宏艺首饰当作一种生活方式,领悟一种独特的生活态度的象征。通过广告旨在传达宏艺珠宝的设计理念,引领珠宝首饰全新的消费风尚,建立宏艺在消费者心中全新的形象,提升宏艺珠宝的知名度和美誉度。

(二)广告诉求战略

宏艺珠宝系列广告诉求于典雅、时尚、卓越品质,"新宏艺,馨生活"是核心广告语。广告配合整体的营销活动,通过不同的媒介向消费者传达同一个信息:宏艺是一种生活态度,一种女人自己独特的生活方式,更是女性独立精神的张扬,而不仅仅是一件珠宝。

通过广告表现展示品牌内涵:对于女性来说,一个心爱的物件可以使她的整个内心世界满足。一件女性私人的艺术品代表她的私人空间,女性都喜欢独自拥有的感觉。宏艺珠宝,就是女性生活中最贴心的伴侣,是女性独特生活方式的外在体现。

(三)广告表现战略

广告表现要展现宏艺珠宝的贴心。宏艺珠宝在外形上的简约,很适合在广告中展示,只要把广告当作产品展示的舞台就足够吸引人们的目光。

1. CF(Commercial Film,商业广告影片)电视广告表现

企划意图:诠释宏艺,让女人任何时候都活得个性,活得精彩。

CF模特:贾静雯。

CF场景:上班时、和爱人一起、和朋友一起时;不同珠宝的佩戴,展示不同的自我。

CF主题:体现女性在事业上的独立,能创造自己的一片天地;在感情上的自主,不是男人的附属品;在生活上的自我,可以生活在自己的空间里。

15s CF广告表现:重点是在不同的环境,宏艺珠宝带来的女性心理上的满足,将时尚和文化韵味相融合。

广告语:格调生活,宏艺相伴。

场景1:写字楼

办公室内繁忙的景象由闪亮的挂坠投影出来,拉远景,主人公佩戴挂坠在其气派亮堂的独立办公室内面带微笑,信心满满地审阅下属送来的文件(下属以男性为主)。

场景2:繁华的维多利亚湾

夜景由钻戒投影出来,拉远景,主人公戴钻戒与爱人在维多利亚湾亲密拥抱(配悠扬抒情的交响乐)。

场景3:奢华浪漫的晚会

盛满香槟的高脚杯,闪亮的钻戒、挂坠和手链相互交映。一片闪亮过后,主人公在晚会上佩戴钻戒、挂坠和手链谈笑风生,俨然是晚会的主角。在灯光下,珠宝首饰和玻璃器皿的光交汇后,闪出宏艺的广告语。

2. NP平面广告(报纸、户外广告牌)表现

企划意图:让宏艺的理念、产品等通过文字信息呈现。

主标题:我的个性,我的世界,宏艺打造……

副标题:宏艺,让我的时间定格。

NP平面广告:以一颗硕大无比的钻石的三个视角,折射出女主人佩戴首饰站在高大写字楼的落地玻璃前(女强人);佩戴首饰的女主人公与爱人相拥在海湾旁(甜蜜爱情);晚会上,佩戴首饰的女主角衣着华丽,手持香槟杯(品位生活)。

(广告定格在模特最完美、最喜欢的时候,重点突出其满足的眼神)

3. MG(杂志)广告表现

企划意图:用宏艺的产品样式打动目标消费者,增强其诱惑力。

表现重点:宏艺产品的美,模特满足的眼神。

广告语:新宏艺,馨生活。

MG(杂志)广告:红褐色背景,在中上方佩戴宏艺首饰的女主角正自豪地向朋友展示自己佩戴的新款宏艺首饰,旁边伴着她的爱人。四周略靠下是朋友们美慕关注的眼神和样子(新款宏艺首饰可以依据宏艺的当季主打变化)。

4. 广播广告表现

企划意图:增加宏艺品牌宣传力度及新增活动内容等,用声音去打动目标消费者。

表现重点:强调宏艺经营的范围及品牌历史,本土影响力,宏艺近期动向,及众多分店分布。

广播广告表现:(磁性,有穿透力的声音)宏艺珠宝,女性自己的艺术品。宏艺,"秀出我生活"摄影大赛正在火热举行中,凡到指定地点便可任选佩戴首饰拍下自己的风采,并免费把靓照带回家,还可凭靓照参加风采大赛,赢取大奖。女性,SHOW出你自己的生活!(轻快:宏艺广告语)。

(四)广告媒介策略

时间:2007年7月—12月。

广告费用:788.836万元。

制作费:100万元。

6个月的广告费分别如下。

七月:1 726 880元。

八月:1 726 880元。

九月:818 100元。

十月:1 183 500元。

十一月:716 500元。

十二月:716 500元。

媒体	七月	八月	九月	十月	十一月	十二月
电视	849 000	849 000	381 000	849 000	381 000	381 000
报纸	508 200	508 200	127 050	127 050	127 050	127 050
杂志	164 820	164 820	105 190	105 190	105 190	105 190
户外喷绘1	23 760	23 760	23 760	23 760	23 760	23 760
户外喷绘2	63 000	63 000	63 000	63 000	63 000	63 000
户外面翻	102 600	102 600	102 600			
广播	15 500	15 500	15 500	15 500	16 500	16 500
共计(元/月)	1 726 880	1 726 880	818 100	1 183 500	716 500	716 500

注:单位为元。

媒体选择：以电视、报纸为主要媒体，以杂志、广播、户外广告为辅。

根据受众目标人群特性和各媒体在山西地区的影响力，考虑到广告成本及预算，在媒体编排上兼顾CPM及GRP，我们选择了以下媒体。

CF电视选择：山西卫视、太原电视台（新闻频道）。

MG杂志选择：《瑞丽·服饰美容》。

NP报纸选择：山西晚报。

广播选择：山西交通广播。

户外广告：户外喷绘广告牌、面翻广告牌。

媒体选择说明如下。

（1）电视：对山西的整体广告环境及本次广告对象（25~35岁女性）而言，电视的关注率较高，且电视效果直观，动态感比较足，有感染力和说服力，不受文化程度限制，传播迅速。调查显示，在山西区域内，25~35岁女性电视选择一般以山西卫视（黄金剧场）和太原电视台新闻频道（本地新闻）为主，主要集中在18:00~22:00。

（2）报纸：报纸的关注率仅次于电视，且广告费用低，新闻性较强，读者可以反复阅读，认真思考，适合给信息量大的产品做广告。在山西区域内，尤以山西晚报受众面积最广。

（3）杂志：对目标消费者的针对性强，生命力长，会被传阅，色彩精美。调查显示，25~35岁女性所选择的时尚类杂志《瑞丽·服饰美容》所占比例最大。

（4）广播：比报纸具有感染力，不受文化程度限制，传播迅速。由于职业女性经常在上下班乘坐出租，我们选择山西交通广播作为广告投放媒体。

（5）户外媒体：吸引路人的关注目光，增强物品的真实感，而且渲染了产品气息，诱导消费者的购买欲，强化广告的特殊印象。由于珠宝本身的特殊性质，户外以广告牌和灯箱为最佳。综合考察太原市内的户外媒体，我们选择了女性最常去的迎泽大街、五一广场投放户外广告。

七、创意设计

（一）广告概念

核心概念：依据现代女性独立自主的个性特点，设计出一种现代女性所追求的生活方式。

女性独立观：事业上的独立，我能创造自己的一片天。

感情上的自主，我不是男人的附属品。

生活上的自我，我的生活空间我来主宰。

现代生活方式：在物质基础保证的前提下，现代女性追求精神文化层面。城市中的音乐厅，展览馆；户外的自然美景，极度生存都有粉领们的影子。她们不崇拜于纸醉金迷，奢华浪费的生活，更倾向于那种简约、合理、自然、独特的女性生活方式。

核心广告语：新宏艺，馨生活。

我的个性，我的世界，宏艺打造……

格调生活，宏艺相伴。

宏艺珠宝的品牌内涵：对于女性来说一个心爱的物件可以使她的整个内心世界满足。一件女性私人的艺术品代表她的私人空间，女性都喜欢独自拥有的感觉。

女性的内心世界是深不可测的，是宏大的。而女性的生活是充满艺术感的，每一位女性都希望自己的生活幸福、满足。

宏艺从此点出发倡导的是一种新的生活概念，一种以25~35岁女性为主流人群的新生活方式。

- 什么是新（馨）生活？

新生活从字面上来看就是区别于旧生活，是现代文明发展与中国特色相结合的产物。新生活即简约时尚，亲近自然，生活中我是主角。

- 为什么要缔造新（馨）生活？

当现代女性长期生活在高工作压力下，从而导致家庭情感生活的疲倦，自己独立空间的丧失，工作就是她们生活的全部。她们需要释放，需要换一种生活状态，需要一种有自己独立空间的生活,需要一种有自我精神释放的新生活。

新生活中的女性,工作并不是生活中的全部。她们在工作中展示了自己精英的一面,在生活中她们更不依附于男性,使自己的感情生活有声有色,在自己的那片天地里,她敢于去尝试一切,活出女性的精彩。

(二)活动实施计划

宏艺"秀出我自己"营销活动

活动目标:推出宏艺新形象,使新宏艺开始被大众所了解并接受,完成前期造势活动,提升宏艺知名度,加强新产品的宣传。

主办单位:山西宏艺首饰股份有限公司。

活动时间:2007年7月7日—7月8日

2007年7月14日—7月15日

2007年7月21日—7月22日

2007年7月28日—7月29日(分别为四个周末,每天活动时间为8:00—18:00)

活动地点:柳巷南路路口、联洋商厦门口、和信商厦门口。

参加对象:25~45岁。

活动具体内容:产品展览、现场咨询、分发宣传刊物、非专业选秀大赛。

1. 活动前准备

(1)活动前两个小时(即6:00),公司准备所有用品:首饰(用于展览及选秀);桌子、玻璃橱窗、活动屋子;产品图片及宣传手册、活动宣传单、报名表;拍照设备、音箱设备;工作服(宏艺统一工作服);展布(简要介绍活动内容及照片展览)。

(2)活动前安排工作人员:现场总负责人;布置场地;负责报名登记及整理照片;拍照、化妆;咨询人员;保安(维持现场秩序及安全);分发宣传单;整理人员(结束后清理活动场地)。

2. 活动细则

1)产品展览

(1)橱窗展览:在活动现场摆放若干玻璃橱窗,展览宏艺的部分产品,每一个橱窗配2名工作人员,一名负责解说和介绍产品的特定意义,一名负责保护工作。

(2)展布展览:现场摆放立体展布,介绍活动内容及图片展览。

2)现场咨询

现场摆放2张桌子,每张桌子配一名工作人员,负责咨询事宜和记录相关事项,同时宣传新宏艺,介绍宏艺近期活动。

3)分发宣传刊物

每个活动现场有2名工作人员负责向路人发放活动宣传单。

4)非专业选秀大赛

(1)前期活动。

报名:凡是符合要求的活动对象(25~45岁女性),在如实填完个人资料以后,均可参加比赛。

拍照:活动屋子内摆放各类宏艺首饰,参赛者可随意挑选自己喜爱的首饰,然后由工作人员免费帮助化妆,当场拍照获取照片,如对自己照片满意,可留下参加选秀活动,如不满意,可免费带走。

(2)后期评选(8月)。

在为期一个月的活动之后,由宏艺评委组评选出10名最佳模特(要求模特能充分展示个人气质和首饰美感),每位入选选手,都将成为宏艺的非专业模特,并获得宏艺提供的价值2000元的首饰,其照片将刊登在宏艺宣传刊物上。

(3)最终解释权归宏艺所有。

活动宣传计划如下。

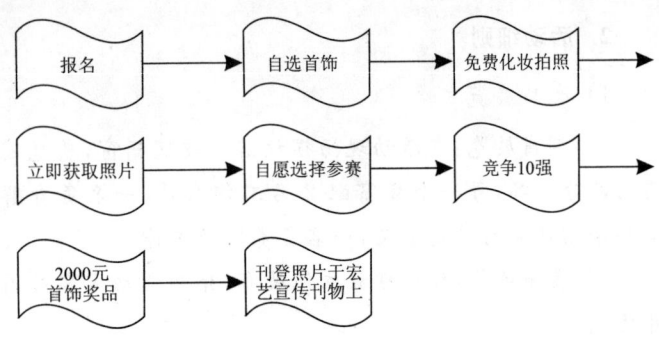

活动流程图

注：现场播放音乐，中间穿插宏艺的音频宣传（大概2首歌后插1分钟宏艺宣传广告）。

1. 活动前期与中期

（1）广播：配合宏艺日常的广播宣传，对本次活动进行宣传，时间为活动前两周至活动结束（即6月23日开始至7月29日），高频率宣传活动时间、地点及非专业选秀大赛内容。

（2）报纸：时间与广播宣传时间相同，着重报道活动进行情况。

（3）现场音频宣传及分发活动宣传单：音频内容以新宏艺理念、产品特点及企业相关介绍为主，宣传单内容为活动介绍，针对活动对象进行发放。

2. 活动后期

（1）在几个活动地点进行问卷调查（9月）：每个地点分发1000份问卷，调查活动的影响力、活动的效果。

（2）报纸：时间为8月，总结报道活动进行情况，并刊登非专业选秀大赛结果。

（3）广播：时间为8月，以选秀结果及对获奖者采访内容为主。

可行性分析：如今，消费者越来越重视产品的体验，消费者越来越渴望参与到商家的互动中去，作为商家就更应该发挥消费者的创造能力。本活动从此点出发，借选秀活动之热，通过大量创新与互动，并附加各大媒体的宣传，达到前期造势，打开品牌认知度的效果。

通过全方位的媒体宣传保证活动的参赛力度，通过在赛场的精美布置与造势保证活动的影响力，通过活动全新的互动概念牢牢抓住了消费者的参与心理，配合后期的调研工作，可进行消费者数据研究。

八、广告预算

6个月广告总预算为1 388.836万元，其中，100万元为制作费，600万元为明星代言费，刊播费用为688.836万元（不包括活动费用）。

制作费：100万元。

明星代言费：600万元（初步调查估计）。

（1）电视：刊播费用为3 690 000元，占总刊播费的53.57%。

刊播时段为：高收视率的电视连续剧、综艺节目、益智节目、女性节目及谈话节目。

刊播次数与费用：广告投放的第一个月、第二个月、第四个月，每天播放，广告直接给予消费者刺激，广告费用共计2 547 000元。

广告投放的其余月份直至广告期结束，稳固宏艺在消费者中的品牌形象，广告费用共计1 143 000元。

（2）报纸：刊播费用为1 524 600元，占总刊播费的22.13%。

第一、第二个月，每月山西晚报以一版彩色全版刊出十次，共计1 016 400元。

第三个月起至广告期结束，山西晚报以一版彩色半版刊每月刊出五次，总计508 200元。

（3）杂志：刊播费用为750 400元，占总刊播费的10.89%。

第一、第二个月，《瑞丽·服饰美容》每月以目录旁页刊出一次，共计329 640元。

第三个月起至广告期结束，《瑞丽·服饰美容》每月以一般内页刊出一次,共计 420 760 元。

(4) 户外广告:刊播费用为 623 160 元,占总刊播费之 9.05%。

户外灯光喷绘广告(两个):6 个月共计 520 560 元。

户外灯光面翻广告(一个):广告前三个月投放,共计 307 800 元。

(5) 广播广告:刊播费用为 95 000 元,占总刊播费的 1.38%。

广告投放的第一至第四个月,每天套播 10 次 15 秒广告,广告直接给予消费者刺激,广告费用共计 62 000 元。

广告投放的其余月份直至广告期结束,每日 5 秒整点报时,稳固宏艺在消费者中的品牌形象,广告费用共计 33 000 元。

广告媒体排期和预算分配

1. 电视媒体排期

广告投放的第一个月、第二个月、第四个月,每天播放,广告直接给予消费者刺激,广告费用共计 2 547 000 元。

CF 选择	播出时段	价格(元/次)	折扣价(元/次)	每月共计(元)
山西卫视	19:30—20:30	20 000	4000	120 000
	20:30—21:30	21 000	4200	126 000
	21:30—22:00	20 000	4000	120 000
	22:00—22:10	18 000	3600	108 000
太原电视台(新闻频道)	约 18:04	8500	1700	51 000
	约 18:27	14 000	2800	84 000
	约 20:25	20 000	4000	120 000
	约 21:10	20 000	4000	120 000

广告投放的其余月份直至广告期结束,稳固宏艺在消费者中的品牌形象,广告费用共计 1 143 000 元。

排期如下。

CF 选择	播出时段	价格(元/次)	折扣价(元/次)	每月共计(元)
山西卫视	20:30—21:30	21 000	4200	126 000
	21:30—22:00	20 000	4000	120 000
太原电视台(新闻频道)	约 18:04	8500	1700	51 000
	约 18:27	14 000	2800	84 000

2. 报纸媒体排期

第一、第二个月,每月《山西晚报》以一版彩色全版刊出十次,共计 1 016 400 元。

第三个月起至广告期结束,《山西晚报》以一版彩色半版刊每月刊出五次,总计 508 200 元。

NP 选择	刊播位置	刊播方式	价格(元/次)	折扣价(元/次)
山西晚报	省版	彩色全版	101 640	50 820
	省版	彩色半版	50 820	25 410

3. 杂志媒体

第一、第二个月,《瑞丽·服饰美容》每月以目录旁页刊出一次,共计 329 640 元。

第三个月起至广告期结束,《瑞丽·服饰美容》每月以一般内页刊出一次,总计 420 760 元。

MG 选择	刊播位置	价格(元/次)	折扣价(元/次)
《瑞丽·服饰美容》	目录旁页	246 000	164 820
	一般内页	157 000	105 190

4. 户外媒体

户外灯光喷绘广告(两个):6 个月共计 520 560 元。

户外灯光面翻广告(一个):广告前三个月投放,共计

307 800元。

位置		面积	价格(元/6个月)
户外灯光喷绘广告	太原市解放路与开化寺街十字路口	6.6m×20m	142 560
	太原市迎泽大街	35m×10m	378 000
户外灯光面翻广告	太原市五一广场	38m×9m	102 600

5. 广播广告

广告投放的第一至第四个月,每天套播10次15秒广告,广告直接给予消费者以刺激,广告费用共计62 000元。

广告投放的其余月份直至广告期结束,每日5秒整点报时,稳固宏艺在消费者中的品牌形象,广告费用共计33 000元。

广播选择	刊播方式	长度	价格(元/月)
山西交通广播	套播10次	15″	15 500
	整点报时(每日15次)	5″	16 500

(以上所有媒体报价均来自媒体资源网。)

九、广告效果测定

广告刊播后,不定期以问卷、网络调查、交流会等形式作广告效果测定,以随时修正广告企划案。

电视广告每周测一次;报纸、杂志、网络每两周测一次;每月举办消费者座谈会。

附录一 珠宝首饰调查问卷

1. 您听说过宏艺珠宝吗?(选C的直接做第4题)
   A.熟悉且买过 B.听说但未买过 C.从未听过
2. 宏艺珠宝在你心中的形象?( )
   A.精巧典雅   B.高贵华丽
   C.自然简约   D.成熟稳重
3. 在同样价格下你会选择购买宏艺的产品吗?( )
   A.会   B.可以考虑   C.不会
4. 购买首饰最可能的原因是:( )
   A.赠送礼品   B.准备结婚或结婚纪念日
   C.增加个人魅力   D.体现身份
5. 在购买珠宝首饰时最关注的因素有:( )
   A.价格   B.内涵概念
   C.款式,设计   D.卖场环境
   E.工艺   F.商家信誉
   G.品牌知名度   H.其他(请写明)
6. 您购买珠宝首饰的目的是:( )
   A.装饰   B.保值   C.保健   D.显示身份
   E.用于馈赠   F.其他
7. 您一般在什么时候佩戴珠宝首饰:( )
   A.参加宴会、舞会等重要社交场合   B.日常生活
   C.旅游   D.不戴,用来收藏
8. 您选择所佩戴首饰的款式是依据:( )
   A.搭配服装   B.依心情而定   C.款式寓意
9. 您会选择购买什么款式的首饰?( )
   A.与众不同的另类   B.大众化的经典款式
   C.自己设计的独特款式
10. 您购买首饰时会考虑它的寓意吗?( )
    A.只要喜欢就好,寓意无所谓   B.非常注意
    C.根据情况选择
11. 您希望佩戴首饰的效果是:( )
    A.优雅大方   B.另类出彩
    C.灵巧可爱   D.性感别致
12. 您会选择什么样的地点来购买珠宝首饰?( )
    A.商场珠宝专柜   B.珠宝专卖首饰店
    C.珠宝展示中心直销(售价低于市场价30%~50%)

D. 都可以考虑

13. 您更信赖通过下列哪些方式购买珠宝首饰？（   ）

　　A. 到品牌珠宝首饰专卖店购买
　　B. 展销会或珠宝交易市场
　　C. 普通首饰店铺（包括加工店）　　D. 电视直销
　　E. 大商场　　　　　　　　　　　　F. 其他（请写明）

附录二　珠宝首饰调查报告

调查范围：太原市

调查对象：25～45 岁有一定收入的女士

调查地点：高档写字楼、商业购物中心、超市

调查时间：2007 年 5 月 19 日—20 日

整理时间：2007 年 5 月 21 日

调查内容：25～45 岁年轻女士珠宝首饰的消费偏好及宏艺珠宝的品牌影响力

调查结果及分析

一、年轻女士珠宝首饰的消费偏好及消费趋势

随着职业女性的增加和女性对自身关注意识的提升，近年来我国 25～45 岁女士的消费观也在逐渐转变。

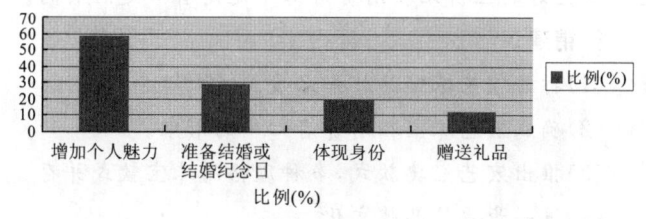

女性购买珠宝的原因

在调查过程中，58％的女士购买首饰最可能的原因是增加个人魅力，29％的受调查者选择因准备结婚或结婚纪念日而购买珠宝首饰，可见女性的消费能力在不断提高，多数女性注重自身外在气质的培养，而针对结婚设计的珠宝首饰仍是一大购买热点。我们发现首饰逐渐成为生活的必需品，珠宝变成时尚。珠宝首饰被推向了大众化消费，现今，消费者在选购过程中，追求各自的艺术素养、文化品位、个性主张和时代风格。目前，珠宝行业的目标顾客是正在恋爱或即将结婚的人群，虽然有部分用珠宝衬托身份的购买群，但是这两部分顾客的数量在目标顾客总量中占的比例较小。

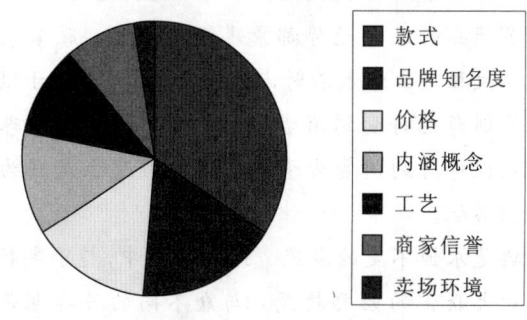

购买珠宝首饰最关注因素比例图

从图中我们可以清楚地看到，女性消费者消费观念的转变。她们越来越重视商品的物美价廉。款式设计是她们购买珠宝首饰时最关注的因素之一。价格不再是消费者购买首饰的首要因素，高达 70％的消费者最关心款式，其他依次为品牌知名度、价格、内涵概念。值得注意的是品牌对消费者选购时产生的影响越来越大，已占到 35％，仅次于款式。

在对购买目的的调查中，82％的女性消费者认为购买珠宝首饰是为了装饰自身，以增加个人魅力。象征性消费占主导位置，用于情侣及夫妻表达爱意、家庭成员间表达亲情等方面，其次的消费动机在于礼品消费、显示财富等。20％和 12％的消费者分别选择了"用于馈赠"和"显示身份"。珠宝首饰作为一种高档商品，其作为礼品的价值也在不断凸显。

宴会、舞会等重要场合是女性佩戴珠宝首饰的主要场合，从调查中，我们发现 46％的女性在日常生活中也时时佩戴珠宝首饰，珠宝首饰已经成为她们生活中不可或缺的

重要佩饰。佩戴时赢得心理满足成为消费者佩戴珠宝首饰的主要原因之一。仅有5%的女性选择珠宝收藏,可见珠宝的保值功能已经不受消费者关注了。

新颖的款式设计是消费者购买珠宝首饰的主要趋势。60%的消费者根据服装选择佩戴什么样的珠宝首饰,服装潮流的千变万化使得珠宝首饰的购买需求不断提高。在所有与女性日常消费相关的产品中,服装是变化最快的,因此很多产品的流行趋势都紧跟服装潮流。服装的流行风格在很大程度上代表着时尚的潮流趋势,而基于服装风格的产品创新也将受到消费者的欢迎。调查显示珠宝首饰的款式设计得到消费者青睐在很大程度上是因为能够与服装相搭配。

经典是永恒不变的潮流。此次调查中,趋于半数的消费者喜欢大众化的经典款式。与众不同的另类也是现代女性喜欢的珠宝首饰款式。不同的首饰有着不同的佩戴效果,但54%的女性消费者在购买时不会考虑珠宝首饰的寓意,她们认为喜欢才是选择的关键。

优雅大方是64%的消费者期待的珠宝首饰的佩戴效果,15%的女性期望佩戴出另类出彩的效果。

珠宝首饰的需求随着消费者的心理而变化,提供多种不同佩戴效果的珠宝首饰又成为了商家吸引消费者的一大亮点。

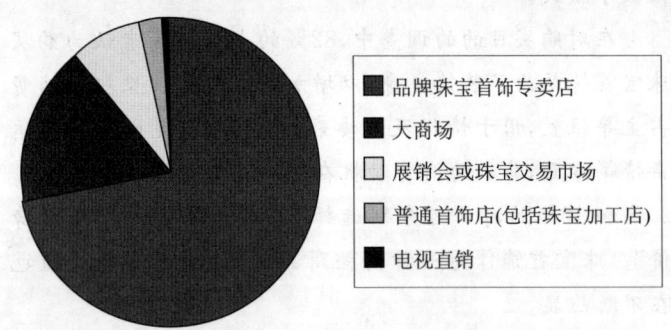

消费者信赖的选购途径比例图

在购买方式上,珠宝首饰专卖店和商场珠宝专柜是消费者选购珠宝的主要场所。85%的消费者更信赖从品牌珠宝店购买珠宝,大商场也是选购的主要去处之一。

二、宏艺珠宝的品牌知名度调查

调查显示,在熟悉宏艺珠宝的消费者中,珠宝的产品口碑是较好的。宏艺珠宝的质量优势得到了消费者的肯定。同时,调查也显示45%的消费者从未听说过宏艺珠宝,40%的受调查者听过但不熟悉,宏艺的品牌知名度还尚未打开。

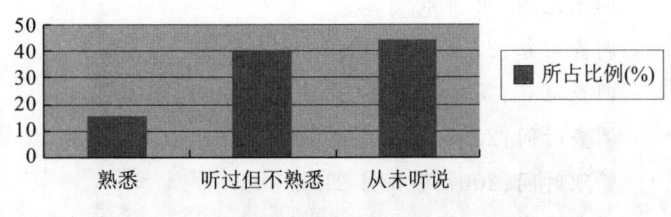

宏艺珠宝的知名度比例图

宏艺的形象也是各有不同,认为宏艺珠宝典雅高贵的占40%,认为精巧典雅的占25%,目前宏艺在消费者心中还未有完整的形象定位。在听过宏艺珠宝的消费者中,90%的女性会考虑在同一价格下优先购买宏艺珠宝。宏艺珠宝良好的性价比在消费者心中还是有一定影响的。

行销建议

(1)打开宏艺珠宝品牌知名度。
(2)确立宏艺珠宝在消费者心中的形象。
(3)推出宏艺经典款式,多种风格的珠宝款式并存。
(4)进一步宣传品牌文化。

附录三 "你眼中的时尚"调查问卷

1.你怎么判断一个人是否时尚?( )
  A.服装服饰   B.休闲方式
  C.发型美容   D.思想观念

E. 日常礼仪　　　　　　　F. 行为举止
G. 居室装修　　　　　　　H. 对科技产品态度
I. 肢体语言动作　　　　　J. 饮食

2. 您认为自己时尚吗？（　　）
   A. 很时尚　　　　　　　B. 比较时尚
   C. 一般　　　　　　　　D. 不太时尚　　　E. 不时尚

3. 你是怎样追求时尚的？（　　）
   A. 欣赏时尚，但不盲从
   B. 在能力许可的情况下追求时尚
   C. 从不关心时尚

4. 你对时尚是怎样定义的？（　　）
   A. 流行什么，什么就是时尚
   B. 时尚是一种个人品位和个性的体现
   C. 没有什么具体概念

5. 是什么影响着你对时尚的理解？（　　）
   A. 个人消费能力　　　B. 价值观　　　C. 心情

6. 您是怎样看待名牌的？（　　）
   A. 适合自己就行，不一定要名牌　　B. 对名牌情有独钟
   C. 会不断尝试新的品牌

7. 你最关注时尚的哪些领域？（　　）
   A. 服装服饰　　　　　　B. 化妆品
   C. 美容美体　　　　　　D. 发型
   E. 休闲娱乐　　　　　　F. 健康养生
   G. 家居装饰　　　　　　H. 旅游户外
   I. 运动健身　　　　　　J. 美食
   K. 数码　　　　　　　　L. 汽车

8. 你是怎样关注时尚的？（　　）
   A. 收看和时尚有关的电视节目
   B. 阅读时尚杂志
   C. 阅读报纸上和时尚相关的报道
   D. 只要和时尚有关的都会关注
   E. 浏览互联网和时尚有关的资讯
   F. 和朋友、同事讨论最新的时尚信息
   G. 经常购买和时尚有关的书籍
   H. 主动搜索和时尚有关的话题

9. 你认为谁是最时尚的女人？（　　）
   A. 王菲　　B. 张曼玉　　C. 章子怡　　D. 范冰冰

10. 你认为最时尚的职业是：（　　）
    A. 高级白领　　　　　　B. 自由职业
    C. 服装珠宝设计　　　　D. 色彩顾问

11. 你在购买贵重物品（如车、珠宝首饰）时，会自己拿主意吗？（　　）
    A. 绝大多数情况下会　　B. 和家人商议了再买
    C. 看情况再说

附录四　"你眼中的时尚"调查报告

调查范围：太原市

调查对象：25～45岁有一定收入的女士

调查地点：高档写字楼、商业购物中心、超市

调查时间：2007年5月25日—26日

整理时间：2007年5月27日

调查内容：25～45岁年轻女士对时尚的理解

调查结果及分析

调查显示：女性已经由盲从时尚向更高层次转变，女性消费正在逐步走向成熟。不同群体的人对时尚层次有着不同的理解。

多数女性认为除了外表上的时尚，生活态度也是一种时尚，是个人品位和个性的体现，时尚不是少数人的权利。她们已经开始积极追求生活的品位和精神价值；而按调查结果来看，女性追求时尚的意愿较为强烈，自我时尚带来的满足感较强。

调查显示：在表征时尚的维度上，服装服饰还是首当其冲的，77.4%的公众认为一个人是否时尚主要表现在服

装饰物上,因此,从目前来看,当代中国人判断时尚的主要依据还是与人的外表打扮密切相关的,一个人是否时尚,完全从穿着打扮的"第一印象"中来判断。此外"思想观念"也最能体现一个人的时尚,说明女性对时尚的理解已经不仅仅停留在外表,对时尚的判断更理性。

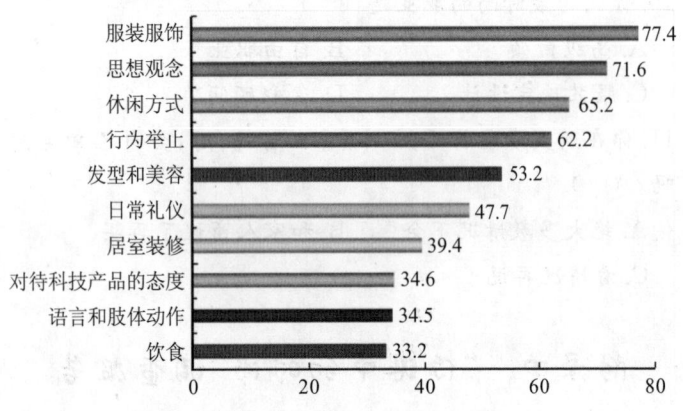

判断一个人是否时尚的主要表现图(%)

49.5%的女性表示会欣赏时尚,但不盲从;同时,也有47.6%的女性表示在能力许可的情况下会追随时尚,只有2.9%的女性表示对时尚从不关心。52%的女性认为,时尚是一种生活态度,是个人品位和个性的体现。对于时尚,女性从盲从回归到了理性。

被调查者中认为自己比较时尚和很时尚的占35%,认为自己一般的占51.5%,认为自己不太时尚的占9.8%,而认为自己很不时尚的仅有3.7%。

一个人的价值观和消费能力,决定了这个人对于时尚的理解。一个人的价值观会决定她的命运、处事方式以及着衣风格;而消费能力决定了她的购买能力。她可以通过她的价值取向结合她的消费能力,在时尚的分层中选择适合自己的东西。56%的受调查者表示价值观是影响她们对时尚理解的重要因素。

在对名牌的选择中,40%的女性认为只要适合自己就行,25.3%的女性对名牌情有独钟,34.7%的女性选择会不断变换尝试新的品牌,名牌对消费者还是有一定影响力的。

从下图分析可以看出女性对一些和外在形象相关的服装服饰、化妆品、美容美体、发型等领域的关注度较高。

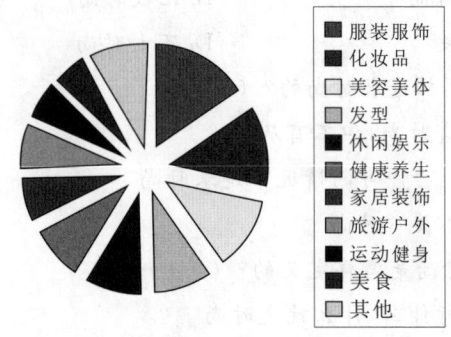

女性最关注领域比例图

多数女性对时尚资讯的关注度也高,对各种形式的时尚资讯关注度都较高,其中对电视时尚节目和报纸时尚报道的关注度最高。

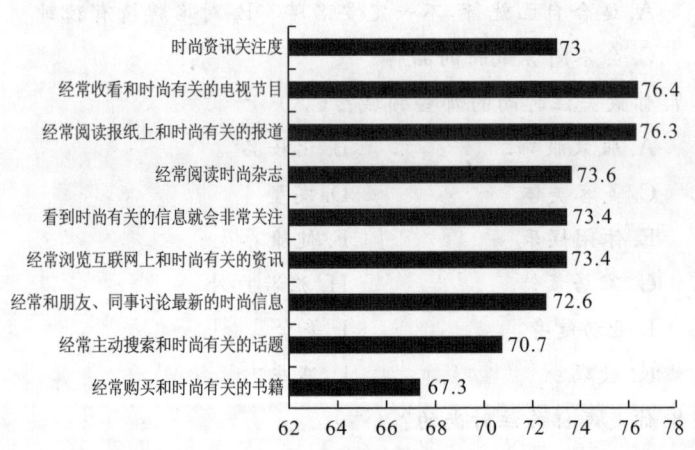

女性对各种时尚的关注度比例图(%)

调查显示,张曼玉以绝对的优势成为女性心目中最时尚的人物代表,居第二位的是章子怡,第三位是王菲,排在第四位的是范冰冰。

虽然大多数女性仍然对经典的时尚职业如"高级白领""服装设计"等情有独钟,但23.4%的女性认为,"自由职业"是最时尚的职业,居第一位,第二位的是"高级白领",排第三位的是"服装珠宝设计",第四位的是"色彩顾问"。

在日常消费中,女性的消费自主权不断提高。55.9%的女性在购买房、车、贵重物品等大额支出时会"自己做主",还有35%的女性会和家人共同商议再决定,但她们的喜好也会在很大程度上影响家庭重大消费的最终决策。

行销建议

(1)从服饰变化中寻找产品创新概念。

(2)充分整合网络、报纸等平台来整合时尚营销传播也非常有价值。

(3)创建体现身份与面子的象征符号。

附录五 女性日常生活状况调查问卷

1. 请问您的年龄是:( )
   A. 16~20 B. 21~25 C. 26~30 D. 31~40
   E. 41~45 F. 46~55

2. 您目前的学历是:( )
   A. 大专 B. 本科 C. 硕士 D. 博士 E. 高中

3. 您的职业是:( )
   A. 教师 B. 公务员 C. 公司职员
   D. 私营业主 E. 企业高管 F. 自由职业
   G. 其他

4. 请问您每月可支配收入是:( )
   A. 1000元以下 B. 1000~1500元
   C. 1501~3000元 D. 3001~5000元
   E. 5001元以上

5. 请问您现在最关心的问题是:( )
   A. 孩子 B. 房子 C. 收入 D. 自己的健康
   E. 丈夫的工作 F. 夫妻感情 G. 父母的健康

6. 请问您目前最大的压力有哪些?( )
   A. 子女教育 B. 工作压力
   C. 赡养老人问题 D. 收入问题
   E. 医疗、养老保障问题 F. 夫妻感情问题
   G. 经济压力过大

7. 请问您对现在的工作满意吗?( )
   A. 很满意 B. 满意 C. 一般
   D. 不满意 E. 很不满意

8. 请问在家庭和职场中的您自信吗?( )
   A. 自信 B. 不自信

9. 请问您工作有压力吗?( )
   A. 很大 B. 较大 C. 一般 D. 没有

10. 在日常生活中,您会注重提升自己的魅力吗?( )
    A. 会 B. 没想过

11. 您平常都是通过哪些方式提高自我修养的?( )
    A. 读书 B. 听音乐
    C. 结识有学识的人 D. 其他(请注明)

12. 请问您关心当今的流行趋势吗?( )
    A. 会 B. 否

13. 请问除了家庭生活外,您有自己的私人空间吗?( )
    A. 有 B. 没有

14. 请问您的居住条件现状是:( )
    A. 没有自己的房子 B. 房子太旧
    C. 居住面积太小 D. 想换新的
    E. 周围环境太差

15. 请问现在您的投资方式是:( )
    A. 炒房 B. 炒股 C. 收藏 D. 基金
    E. 黄金 F. 外汇 G. 债券 H. 商业保险

16. 请问您每月的最大一笔消费支出是:( )
    A. 孩子教育 B. 供车 C. 供房贷
    D. 日常支出 E. 赡养父母 F. 交友
    G. 娱乐 H. 购买书籍

附录六 女性日常生活状况调查报告

调查时间：2007年5月25日—26日
整理时间：2007年5月27日

调查结论

1. 调查对象年龄分布

16～20岁	占1.40%
21～25岁	占19.41%
26～30岁	占32.87%
31～40岁	占29.9%
41～45岁	占10.66%
46～55岁	占5.77%

2. 调查对象学历分布

大专	占35.73%
本科	占47.46%
硕士	占8.58%
博士	占1.58%
高中	占6.65%

3. 调查对象职业分布

教师	占11.93%
公务员	占6.67%
公司职员	占51.4%
私营业主	占1.05%
企业高管	占3.86%
自由职业	占9.82%
其他	占15.26%

4. 调查对象每月可支配收入分布

1000元以下	占14.39%
1000～1500元	占29.82%
1501～3000元	占35.26%
3001～5000元	占14.56%
5001元以上	占5.96%

5. 调查对象目前最关心的问题

孩子	占14.82%
房子	占12.18%
收入	占20.85%
自己的健康	占17.07%
丈夫的工作	占7.68%
夫妻感情	占9.46%
父母健康	占17.94%

6. 调查对象目前感觉最大的压力是

子女教育	占15.51%
工作压力	占22.54%
赡养老人问题	占8.39%
收入问题	占23.73%
医疗、养老保障问题	占10.42%
夫妻感情问题	占3.73%
经济压力过大	占15.68%

7. 调查对象工作满意度分布

很满意	占 4.05%
满意	占 24.05%
一般	占 51.39%
不满意	占 16.46%
很不满意	占 4.05%

8. 调查对象自信程度

自信	占 66.75%
不自信	占 33.25%

9. 调查对象工作压力

很大	占 12.89%
较大	占 39.74%
一般	占 40.53%
没有	占 6.84%

10. 调查对象提升自己的魅力

会选择提升自我魅力	占 87.92%
没想过	占 12.08%

11. 调查对象提升自我修养的方法

读书	占 58.23%
听音乐	占 12.2%
结识有学识的人	占 29.57%

12. 流行趋势关注度

会关注	占 81.41%
不会关注	占 18.59%

13. 除了家庭生活,调查对象有无私人空间

有	占 62.33%
没有	占 37.67%

14. 调查对象房子的居住条件

没有自己的房子	占 31.01%
房子太旧	占 6.97%
居住面积太小	占 20.21%
想换新的	占 33.1%
周围环境太差	占 8.71%

15. 调查对象投资方式分布

炒房	占 7.43%
炒股	占 15.4%
收藏	占 10.97%
基金	占 26.37%
黄金	占 6.73%
外汇	占 3.36%
债券	占 6.02%
商业保险	占 23.72%

16. 调查对象每月最大支出

孩子教育	占 15.17%
供车	占 1.38%
供房贷	占 26.21%
日常支出	占 46.55%
赡养父母	占 2.07%
交友	占 1.38%
娱乐	占 6.21%
购买书籍	占 1.03%

第三节 项目模拟：珠宝首饰广告专题策划

子项目一：某区域（或城市）珠宝知名品牌广告调查

【思路】

选取某一区域（或城市）作为调查范围，对某一时段（如年度或季度）内在该区域经营的主要珠宝知名品牌所投放的广告，做一个比较全面的调查，并形成调查报告。

调查报告的主要包括以下内容。

(1) 各品牌投放的广告类型统计。

(2) 广告媒介选择及投放频次统计。

(3) 资金投入情况（估计）。

(4) 广告创意及特点分析。

(5) 广告效果分析。

子项目二：产品设计及广告创意文案

【思路】

假设自己是某品牌的珠宝首饰设计师，现根据市场需要，在对消费者进行分析的基础上，拟开发设计某主题的产品系列，并准备推向市场，为此需要将产品用一种软性诉求的方式通过一系列的文案传递给消费者，同时，还需要通过合适的广告形式进行宣传，此文案还可转化成广告创意的一部分。

文案主要内容如下。

(1) 主题（情感、文化或其他主题均可）。

(2) 软文系列（能准确传达产品所蕴含的情感及文化内涵）。

(3) 广告语系列及广告创意简要剧本。

子项目三：珠宝首饰广告策划全案

【思路】

参照本章第二节范本的格式及内容，选取某一品牌在近期将要推出的某产品系列或者是你自己准备设计的产品系列，模拟做一个广告策划全案。

文案要求如下。

(1) 格式规范。

(2) 创意新颖。

(3) 内容详实。

第六章 珠宝首饰店面营销

第一节 理论、方法与策略基础

经过30年来的发展,中国珠宝首饰行业开始进入高速发展阶段,各品牌之间的竞争也愈加激烈,而销售渠道是珠宝首饰产业链中增值最大的环节,销售网络已开始成为各品牌竞争的核心,因此,越来越多的珠宝企业通过扩张并控制终端营销网络以求掌握销售的主动权。可以说中国珠宝首饰行业未来的发展,很大程度上取决于珠宝首饰终端的发展,而其终端营销的效果则成为重中之重。

目前,中国珠宝终端营销主要分为两个方面:一种是商场中的珠宝首饰专柜或专营店终端营销,另一种是商场外的珠宝首饰专卖店终端营销。随着网络营销的兴起与发展,珠宝首饰网店正成为各品牌开展终端营销竞争的新战场。本章主要讨论前两种形式,并统一将之称为店面营销。

一、店面营销的概念

店面营销又称店头营销、店头行销,是指通过店铺进行经营,针对光临或路过的流动顾客开展商品销售、企业宣传与促销等活动的一种营销方式,也是流通零售终端所特有的行销方式。

店面处于企业销售的最前端,它代表着企业的形象,也是企业文化和营销理念一线传播者,因此,在企业的生存与发展中有着不可替代的重要作用。

店面营销一般以店面为一个点,沿着市场需求和时间纵深展开,它强调销售员的主观能动性、阶段性重点事件处理和时效延续性。

店面营销一般来说是一个内循环系统,根据时间可大致划分为以下三个阶段。

第一阶段:形象、理念及管理意识导入。
第二阶段:向非店面营销延伸及店面形象维护升级。
第三阶段:市场、店面、产品销售研发互动机制的建立。

二、店面选址及要求

开展店面营销,首先要确定店面的选址,而店面选址适当与否往往决定着店面营销的成败,因此,在正式确定选择店面地址时,必须进行科学分析,一般要求遵循便利、最大效益和发展的原则,并做好以下几个方面的分析。

1. 做好商圈分析

商圈,是指商店以其所在地点为中心,沿着一定的方向和距离扩展,吸引顾客的辐射范围,简单地说,也就是来店顾客所居住的区域范围。进行商圈分析时,需要明确商圈范围,了解商圈内人口的分布状况及市场、非市场因素的有关资料,在此基础上,进行经营效益的评估,衡量店址的使用价值,按照设计的基本原则,选定适宜的地点,使商圈、店址、经营条件协调融合,创造经营优势。

2. 交通便利条件

开设珠宝首饰店铺时,必须考虑顾客来往交通是否方便,还必须考虑停车是否方便,因此,邻近车站,或方便停车,或在顾客步行距离很近的街道设店,是一个不错的选择。

3. 地理位置状况

一般在闹市区,商业活动比较集中、频繁,客流量大,商业氛围较好,有利于促成交易,因此,把珠宝首饰店铺设在这样的地区,其营业额相对要高很多,而且可以通过靓丽的门面装修突出珠宝首饰的高贵形象,迎合消费者心目中珠宝首饰的地位而增加门店的信誉度。同时,如果选择能见度高的地点设店,或临街而设,更可以在第一时间吸引路人的目光。同样,居民聚集、人口集中的地方也是适宜设置店铺的地方。如果在商场中设专柜或专营店,不仅要考虑该商场所处的地理位置状况,更需要考虑该店面在商场内所处的位置、人流的流向及集中度等方面的因素。

4. 竞争状况及潜在威胁

一般来说,对于那些经营珠宝首饰的商店来说,若能集中在某一个地段或街区,则更能招揽顾客。从顾客的角度来看,店面众多表示货品齐全,可比较参考,选择也较多,不怕价钱不公道,是有心购物时的必然选择。当然,同类商店聚集在一个区域,竞争在所难免,这就需要充分考虑可能对经营带来的威胁,并做好应对的准备。

三、店面形象塑造

(一)门面形象

1. 店门

店门是一家店铺给顾客的第一印象,如果店门设计不合理的话,就会直接影响到顾客购物的心情。所以珠宝店面设计要十分注重店门的设计,要能吸引消费者进入店内才行。

为了方便顾客进出,一般店门至少应该有两个。如果店址是在一个拐角处,前后开两扇门,面对两条街,这种店面是最佳的选择。如果店铺是在不太繁华的地点,开始时光顾的人不会很多,这种情况下不宜把门开多了,可以利用出入不便,而保持一些顾客在店内。因为顾客大多有这样的心理,觉得人气旺的店,一定是有好的商品或是价格便宜,有时也正体现了流行趋势,所以顾客愿意去人多的店,而使那些本来就冷清的店更冷清。

在店铺的设计中,对于店门的安装位置,是在中间还是左右,这要根据人流而定。如果是大型的珠宝旗舰专营店,大门可以安置在中央,这样可以让整个店面显得很大气。但是小型门店的进出口就尽量避免安放在中间位置,因为店内的空间狭小,会直接影响店内实际使用面积和顾客的自由流通,进出口安装在左右比较合理。

从商业观点来看,店门应当是开放性的,所以珠宝店面设计时应当考虑到不要让顾客产生"幽闭""阴暗"等不良心理,从而拒客于门外。因此,明快、通畅、具有呼应效果的门廊才是最佳的设计。

另外,出入口的设计也是十分关键的,好的出入口设计要能合理地使消费者从入口到出口,有序地浏览全场,不留死角。如果店面是规则店面,出入口一般在同侧为好,以防太宽使顾客不能走完,留下死角。不规则的店面则要考虑到内部的许多条件,设计难度相对较大。

此外,还要注意装修细节方面的问题。例如,店门面前路面是否平坦,是水平还是斜坡,前边是否有隔挡及影响店门面形象的物体或建筑;同时采光条件、噪音影响及太阳光照射方位等也是主要影响因素;另外也要注意装修时的材料问题。非常普遍的无边框的整体玻璃门属于豪华型门廊,由于这种门透光性好,常用于高档的首饰店、电器店、时装店、化妆品店等的装修。

2. 招牌

招牌是指挂在商店门前作为标志的牌子,主要用来指示店铺的名称和记号,可称为店标,可有竖招、横招或是在门前牌坊上横题字号,或在屋檐下悬置巨匾,或将字横向镶于建筑物上；坐标是设置在店铺门前柜台上的招牌，明代以前坐地式招牌较为常见；墙招是店墙上书写本店的经营范围和类别。如果零售店处于交叉路口，最好每侧上方均应安置有招牌，使来自不同方向的行人均能从远处看到。我们还经常可看到零售店的招牌被设计成两面或三面的，也是便于不同方向迎面而来的路人看到。

招牌可以加强消费者对商店的印象，同时也可起到广告的作用。为了产生效果，店牌应突出且能吸引注意力。在某种程度上来说，店铺招牌的设计代表着该店铺的形象。能否吸引顾客进入店铺，招牌的设计起着很重要的作用。

招牌的设计制作，要注意以下四点。

第一：招牌形式设计的位置有平行放置、垂直放置、纵横放置等；独特的造型对于广告受众来说具有强有力的吸引力，达到招牌吸引顾客的目的；绚烂多彩的光照可以给广告受众制造热闹和欢快的气氛，更具吸引力。

第二：简明扼要的广告信息不但令顾客过目不忘，还能达到良好的交流目的。

第三：除了注意在形式、用料、构图、造型等方面要带给顾客良好的心理感受外，色彩选择也不容忽视，顾客对招牌的识别往往是先识别色彩再识别店标和店徽的。

第四：招牌情感设计，要融入对顾客忠实的情感，这样顾客才会忠实我们的品牌。

3. 橱窗

在现代商业活动中，橱窗既是一种重要的广告形式，也是装饰商店店面的重要手段。一个构思新颖、主题鲜明、风格独特、手法脱俗、装饰美观、色调和谐的商店橱窗，与整个商店建筑结构和内外环境构成的立体画面，能起到美化商店和市容的作用。

根据珠宝首饰产品的特性，从能刺激消费者观感、引发消费者联想的角度出发，其店面的橱窗可选择不同的主题进行设计与布置。

(1) 与服饰时尚结合。如配合时装潮流，借用时装的有关图片，再把珠宝首饰与各款时装搭配，评定其效果，借助于时装与首饰的搭配效果来开拓市场。在这个过程中，需特别留意男士时装与首饰的搭配，不能忽略这个方面，根据统计资料显示，男士佩戴首饰的习惯正在逐渐普及。

(2) 与季节变化同步。一年四季的变化，是珠宝首饰橱窗设计的一个永恒的主题，由于季节的变化，人们的服饰也会发生一定的变化。如在春天来临之际，春回大地，生机盎然，最能象征春天来临的宝石种类，首推绿色系列宝石，绿色最能配合春天的颜色。因此，在橱窗设计中应尽可能地展示绿色系列的各种宝石，如祖母绿、翡翠、翠榴石、绿碧玺、橄榄石、绿玉髓等。

(3) 与文化风俗结合。不同的文化风俗也可以引出无尽的创意，不同民族的工艺及风俗往往能引起消费者观赏的兴趣，同时也能设计出独特的珠宝首饰橱窗。

(4) 与自然景象相配。自然景象是珠宝首饰橱窗设计中又一个可以提供创意和构思的源泉，自然界中充满了各种色彩、图案，不同的季节有着不同的自然景观，以及各种动物、矿石等，都可作为珠宝首饰橱窗设计的构思源泉。

(5) 以科学内容为主题。如珠宝首饰的化学成分、矿物成分、资源特征、物理化学性质、珠宝首饰的保养知识等均可作为橱窗设计的主题。在橱窗中还可以设计陈列不同切磨阶段的宝石，告诉消费者宝石切磨的基本过程，引导消费者进入"宝石世界"；也可以展示一些宝石的成因和资源分布的文字和图片资料，普及珠宝知识，提高消费者的鉴赏能力，唤起消费者的兴趣。

(二) 店面环境

店面环境实际包括店面周围环境(即外部环境)和店面内部环境两部分。

珠宝首饰店面的周围环境，可以影响消费者对该购物环境的辨认，也可能影响消费者购物的方便程度。珠宝首饰店也具有其他类型商店的共性，如果销售珠宝首饰的商店相对集中,他们可以相互影响,相互作用,形成气候,产生一种规模效应(也称马太效应),对珠宝首饰的营销将会起到一定的促进作用。如有些城市出现的珠宝街、珠宝城、珠宝首饰交易中心等就是考虑了这方面的规模效应。因此,为了创造一个优良的珠宝首饰店面购物环境,在考虑人流量、消费习惯、消费文化、收入水平等因素以外,还必须考虑周围其他商店或场所可能造成的影响。

理想的店面内部环境应该尽可能的为消费者提供方便购物的条件,使消费者在这个环境中得到最大程度的满意,并且消费者消费后,得到满意的购物体验,会把这种良好的体验告诉其他消费者,把购物场所提供的良好服务和良好的企业形象传播出去。对于珠宝店来说,要达到这样的效果,内部的设施布置、营业员的专业素养、店铺所能提供的服务等必须是高质量的,只有这样才能吸引消费者,并给他们留下良好的购物印象。

店面内部装饰,包括柜台的布置、墙壁、地板、天花板的设计,以及内部照明、声响、气味和湿度的调解与控制等内容。良好的内部装饰,对促进消费者的购买行为和提高经营效率是非常明显的。一方面,它对消费者的感觉器官有较强的刺激力,使他们在观赏和选购商品的过程中,感到典雅、舒适、和谐,始终保持兴致勃勃的情绪,从而促进购买行为;另一方面,它也能使营业员精神饱满,情绪高涨,服务热情,从而提高工作效率和服务质量。

珠宝店面内部装饰各主要构成部分的基本要求如下。

1. 柜台布置与陈列的总体要求

1) 定位合理

定位即确定珠宝首饰商品柜台布置、陈列的风格和档次。珠宝首饰商品柜台布置、陈列的风格和档次应与整个店堂风格和档次一致。作为高档精品珠宝店,陈列时应突出豪华、精美、强调艺术氛围,而作为一般面向大众的珠宝店,其商品摆放则应突出丰富、详实,让消费者感到他们买得起、买得实惠。有些店铺,则以温馨、浪漫或注重文化品位的格调来进行布置,很好地体现出一种人文关怀、情感呵护的主张,同样,也可获得预想不到的效果。

2) 主题突出

主题,即要求珠宝首饰柜台布置和陈列的主题鲜明,让顾客一看就明白,这是销售什么东西的柜台,为突出主体应做到商品的分类有序摆放,常设有专柜、专区摆放,使销售主体一目了然。常见的分类方法如下。

(1) 以大类及首饰品种分设专柜、专区。如黄金首饰专柜、钻石专柜、翡翠专柜。

(2) 以首饰风格或流行趋势等特点分设专柜。包括流行首饰系列专柜和传统首饰系列专柜。

目前,有很多企业在不同时期,会推出不同主题、不同系列的产品,若品种与数量较为丰富,有利于促销,也可以考虑设专柜集中展示与销售。

3) 商品丰富

商品丰富指柜台商品陈列丰富、充实;品种、规格、款式齐全、数量充足,要使柜台商品陈列丰富,应按照商品的种类密度及主、辅商品的比例。

(1) 种类密度。

种类密度=商品种类数量/陈列商品总数×100%

种类密度越高,表示陈列商品的重复率越低、陈列的花色品种越多、商品组合性能良好。在具体销售环境中,柜台中所陈列的珠宝首饰同一品种、同一款式最多摆放3件,过多的重复会让人感到柜台商品雷同、单调、沉闷,会影响销售效果。

(2) 控制主力商品与辅助商品的比例。

使企业获利的商品是一些独具特色的或可与其他企业竞争的商品。在陈列时,不能因为主力商品可以盈利便铺天盖地般摆放,这同样会产生单调的感觉。在陈列时,应控制好主、辅商品的比例,一般来说,主力商品陈列比例较小,在20%左右,不超过50%,其余为铺垫商品,铺垫商品可起到增加花色品种吸引顾客的作用。

4）整洁美观

整洁即整齐、清洁,在柜台摆放的道具、珠宝首饰都干净、整齐美观,要求商品道具等颜色搭配和谐、摆放构图精美。

2. 柜台布置的具体要求

不同企业对其柜台布置方面有不一样的具体要求,但总的来说,一般要求:

①方便消费者的观看和选购;
②便于货品的陈列;
③与整体购物环境相协调;
④方便消费者的行动;
⑤便于营业员拿取货物;
⑥能有效地利用空间增加展示所销售商品的机会。

3. 商品陈列的主要方法

珠宝店经营的珠宝产品,都是功能独特的名贵商品,一般来说价格相对较高。消费者在购买这类商品时,一般都愿意花较多的时间,或许在购买前还进行过周密的考虑,制订相应的购买计划,然后采取购买行为。因此,对于珠宝店的柜台来说,其内部柜台陈列的商品,除了要符合上述基本要求外,还必须摆放整齐,充分显示珠宝产品的个性特点、美感和质感,增强消费者对店铺所售商品的信任感。

就具体的商品陈列方法来说,主要有对称法、对比法、节奏法。

(1)对称法:即将珠宝首饰按对称原则陈列,其细分又可分为轴对称法、中心对称法。

轴对称法:以柜台台面中线为对称轴,两侧珠宝首饰一一对称,常见的图案有矩形、梯形及各种组合型。

中心对称法:即珠宝首饰围绕某中心对称排列,常见的图形有圆形、放射形。

(2)对比法:即将两种或两种以上不同色彩、形状的珠宝首饰巧妙地组合起来,造成人们视觉上的鲜明差异,由此突出和渲染主题珠宝首饰作用。对比陈列主要表现为色彩对比、质感对比、风格对比等几个方面。

(3)节奏法:"节奏"本来是乐理中的韵律美,在珠宝首饰陈列中引申为时空概念,这从理性角度提醒我们在构思、设计和实施陈列时要充分运用声乐中抑、扬、顿、挫的原理,尽可能地将柜台陈列达到色彩对比鲜明、排列疏密得体、立体效果显著的目的。

4. 店面内部颜色调配

不同的色彩可以引起人们不同的联想,产生不同的心理感受。颜色调配过分艳丽,会使人产生不安全的感觉,情绪烦躁;颜色调配过分素淡,会使人产生疲乏的感觉,情绪低落。因此,珠宝店内部装饰颜色调配是否得当、宜人,对消费者的购买行为与营业员在工作时的情绪调节具有很大的意义。颜色调配得当,可以促进消费者的购买欲望,起到事半功倍的效果,反之则事倍功半,劳民伤财。

为了调节消费者的良好心态,商家一般会根据季节变化选择用不同的色彩布置环境:冬春两季选用淡橙红色、浅黄色等,带来明媚、温暖与活跃,夏秋两季选用淡蓝色、蓝灰色,带来一片清凉和一份惬意。大多数商家还会根据其品牌及产品所传达的理念及文化不同,确定其店面的主题色彩。

同时,还应注意珠宝首饰、道具、柜台三者的颜色搭配,具体有以下搭配建议。

(1)道具颜色要与柜台整体颜色相协调。

如专卖店整体色调是粉红色的,所选道具如放戒指的托盘可采用白色内衬,粉红色边框,既与柜台整体颜色一致又不妨碍珠宝首饰的摆放。

(2)道具颜色要能衬托首饰颜色。

可采用对比色或协调色突出首饰,目前国内市场的几种常见搭配方式:

①用黑色丝绒托盘盛放铂金镶嵌钻石首饰,黑白对比衬托钻石的明亮光芒;

②用白色内衬红色边框的托盘盛放翡翠饰品,红绿对比衬托翡翠的翠绿;

③用白色丝绸托盘放各色珍珠,衬托珍珠的柔美;

④用淡蓝色丝绸托盘盛放铂金首饰,衬托铂金的银白色光芒。

5. 店面内部照明要求

珠宝店的内部照明可以分为基本照明、特殊照明和装饰照明。

基本照明是为了保证消费者能清楚的观看、辨认商品而设置的照明系统,一般布置在店内的天花板上,以白色灯光为主。基本照明除了给消费者提供辨别商品的照明之外,基本照明的不同灯光强度,也能影响人们的购物气氛。一般来说在最里面配置光度最大,前面和侧面光度次之,中部光度最小。基本照明度的这种比例配置,不仅可以增加商店空间的有效利用,使商店富有朝气,还可以使消费者的视线本能的移向明亮的里面,吸引他们从外到内把店走遍,并始终保持较大的选购兴趣。

而特殊照明通常是为了增加珠宝柜台的光度所配置的,常常使用柜台内和柜台上方的聚光灯等设备定向照明。配置这样的照明系统,不仅有助于消费者观看欣赏、选择比较,还可以显示出珠宝产品的珠光宝气,再加上珠宝本身所特有的光泽,起到交相辉映的作用,给消费者以高贵稀有的心理感觉。在特殊照明的设计中,应充分考虑珠宝本身的特殊性,因为大多数宝石都是有颜色的,因此,应避免使用有色灯光照射宝石,以免使宝石本身的颜色发生改变,而影响到消费者的购买行为。总之,设计适当的照明系统,对商店来说,是展示店容、树立商店形象、宣传商店、招徕顾客、方便选购的不可缺少的手段。

首饰柜台的灯光配置要求科学合理,以宝石类首饰为例,一般情况如下:

①翡翠、红宝石等暖色调的宝石要求配置黄色灯光;

②钻石、浅蓝色等冷色调的宝石要求配置白色灯光;

③欧泊、珍珠、翡翠等易失水的宝石要求柜台配置小水杯,保持一定的湿度,灯光温度也不宜过高。

6. 店面现场的信息发布

店面现场信息发布实际上包含两部分:一是促销信息发布,即POP广告;二是辅助性信息发布,即与商品相关的信息以图文、视频或实物等形式在店面内进行展示。

1) POP广告

POP是(Point of Purchase)的英文缩写,意即"购买地的广告",商店内能促进销售的广告皆属于POP范畴,它能代替营业员传达商品情报与活动信息。制作精良的POP广告,是促进消费者产生购买行为的最佳工具。

POP广告设置在购物现场,有助于唤起消费者潜意识中对商品的记忆;也可向消费者传递许多商品信息,无形中起到推销员的作用;优美的POP广告,还可以美化购物环境,许多现代化的商业企业中,都投入较大的人力和物力设计精美的POP广告,而生产商品的企业也把购物环境中的POP广告作为推销产品的一招妙棋,把大量的广告费投放在POP广告方面。如戴比尔斯公司,为了开拓中国的钻石消费市场,无偿地为许多珠宝首饰零售企业(店堂)提供制作精良、印刷精美的POP广告,在POP广告中,介绍钻石的基本知识和保养方法,以及与钻石有关的一些文化内容,以达到良好的宣传和促销作用。

2) 辅助性图文信息及实物展示

珠宝首饰与一般消费品不同,其特殊属性及价值体现需要消费者用心去体会,才可能会感受或领悟得到。大多数情况下,人们对珠宝首饰的认识还是有限的,尤其是宝玉石方面的专业知识更是缺乏,但人们有时候碍于面子,不肯求教于他人。问商家,怕自己处于交易劣势,被商家蒙混以次充好;问他人,怕被人当成是"白痴",丢了面子,为此,有时候还要不懂装懂。因此,除了现场销售人员的主动细致的解说以外,更多地还是需要商家通过图文或视频的形式,将消费者希望了解的珠宝首饰知识在店堂内予以展示。如：为满足消费者对珠宝首饰的好奇心，可布置一些未经切磨、修饰的宝石原石与图片；为普及宝玉石知识、珠宝首饰文化，可布置一些图文并茂的展板或视频播放等；为营造购物氛围，还可以考虑播放一些舒缓的轻音乐，摆放一些绿色植物、鲜花等。

四、珠宝店面营销活动

如果说店面形象塑造是"面子工程"的话，那么围绕着店面开展的营销活动就是"里子工程"，具体体现在店面服务、宣传等诸方面。

（一）店面开业及店庆活动策划

几乎所有的珠宝首饰店面的开业庆典总是办得比较隆重，就如同一个生命诞生一样，开业就意味着从此有了该店面的特殊日子——"生日"，每年都有一个"店庆日"。但凡开业或店庆，店家总会举行一系列的庆典活动，有时候还会邀请一些政要、社会名流出席重要活动，邀请文娱明星代言或助兴演出。这里要注意的一个关键问题，就是设定活动的主题，它必须有别于其他的开业庆典，特别是要与同行的开业庆典显著区别开来，否则，就失去了意义。如：别人已办过婚庆主题的庆典活动，你也办一个类似的，显然不合适；哪怕是你也做婚庆主题的庆典，你的诉求点及形式等诸方面与他人要有明显的区分。通俗一点说，跟顾客（受众）讲与别人不一样的故事。

（二）店面宣传策略

店面要善于利用各种传播媒介向公众有意识、有目的地传播店面的有关信息以影响和改变公众的态度、意见和行为，扩大店面的社会影响，形成对店面有利的舆论环境。简单地说，就是有效地利用媒体来扩大店面的知名度和提高店面的美誉度。

店面宣传途径主要有以下几个方面。

1. 媒介宣传

媒介宣传是店面宣传最基本的途径，根据媒介性质、形象定位、公众特性、目标定位、宣传费用、店面经营战略、市场战略等，选择最恰当的宣传媒介，组建最佳的媒介组合，在最恰当的时机推出媒介宣传作品，以期取得最佳的宣传效果。这里的媒介除了传统的大众媒介以外，还应包括基于网络平台与多媒体技术的有影响力的新媒介形式。

2. 活动宣传

活动宣传是利用顾客的自我表现欲望和参与愿望，设置具有吸引力的活动，宣传店面的各种信息，展示店面形象和商品形象，从而提高店面的知名度、美誉度，树立良好的店面形象。它的载体是"活动"形式，而不是媒介，呈现出来的是一个"运行过程"。如各店面开展的一些体验活动，实际上也就是一种很好的宣传。

3. 公关宣传

公关宣传分为两种，一种是邀请文娱明星或知名公众人物担任品牌及产品的代言人，开展宣传；另一种是通过赞助公益、慈善、文化娱乐活动或举办珠宝首饰设计比赛、展览等活动，开展宣传。

4. 店面广告

店面广告是最有效、最基本的宣传，主要有店面门口广告、店堂内灯箱广告和商品包装广告。店面广告的好坏，直接影响客流量，好的店面广告还能起到诱导消费的作用。

店面广告最好能勾起人们的好奇心，我们主张采用情感式的广告，有时候哪怕是一声问候，一个趣味的问题，都会引发人们主动地进店或通过相关渠道（如网站）去了解更多的信息，这就达到了宣传的目的。

（三）店面营销活动的开展

1. 固定、长期地开展一些活动

该活动可以分为两类，一类是针对目标顾客开展的一些体验性活动，其目的主要是加深顾客对产品的认识，以促进销售，增强顾客满意度、忠诚度。另一类为面向店面所在社区(或区域)开展文化、公益等活动,其主要目的是让人们一直都能看到该珠宝店的身影,最好是能把珠宝店的活动融入到社区生活中,能成为社区日常活动的一部分。企业可以借助这些活动的开展,与社区及其居民建立起良好的关系,在他们的心目中牢固树立起该店面及其所代表的品牌的良好形象及价值认同。

2. 每间隔一个时期(如每年、每季)举办一场具有影响力的活动

首先,要求这样的活动有创意,且没被他人所采用;同时,要求这样的活动有足够的吸引力、影响力。开展这样的活动,主要目的是为新老顾客创造一些难忘的体验,让目标消费者成为新顾客;让老顾客能借此机会再重回店里看一看。

我们经常会遇到一些珠宝店策划婚庆活动或借助节日开展一些主题活动,但真正很有创意的、有个性的活动并不多,反而雷同的比较多,容易引起人们的感觉疲劳,就失去了吸引力,其实际效果就可想而知了。

3. 企业统一开展的促销活动

珠宝首饰企业一般会统一安排在其门下各店面经常性地开展一些促销活动,并投入大量的人力与物力、财力,但有时却不能获得预期的效果,究其原因,可能是多方面的,也可能仅是某一个环节出现了问题,影响了最终的效果。

一般认为,要做好店面促销活动,需着重做好以下五个环节的工作。

1) 促销设计

在正式开展店面促销活动以前,企业需要充分了解顾客的真正需求,对促销活动进行精心设计与准备,制订出适合顾客需求的促销活动计划,这是促销能否成功的关键一步。任何促销活动,除了考虑能否给店面带来销量的增长与收益的提高以外,还要兼顾是否有利于提升企业与品牌的形象,而更重要的是能否让顾客满意并给他带来直接的利益。因此,对顾客需求的把握是否准确,就可能成为影响促销成败的关键。同时,在设计促销活动时,还需尽可能地简化工作流程,让顾客方便参与、乐于参与。

2) 促销沟通

从促销方案出台到最终执行,至少需要经过四个环节:企业内部各部门之间的沟通,企业与零售终端的沟通,企业与各地分支机构的沟通,促销人员专门化统一培训。如果各个环节相关人员对促销活动的理解出现偏差,那么最终的促销结果也会出现偏差。因此,标准化、简单化是提升跨部门沟通效率的重要途径。

3) 资源到位

企业开展促销活动,一般会提供各种优惠措施,其中包括一些捆绑式的销售或免费赠送品,如果这些物品配备不到位,会造成店面促销活动场面失控,甚至影响企业声誉。因此,需要企业各促销沟通环节统一认识,互相监督,环环落实,要确保各种设定好的优惠措施能最终落实到各营销终端(店面),并尽可能减少资源流通环节,尽量降低在这个过程中的损耗,将为终端店内促销执行效率的提升,提供重要的资源保障。

4) 促销实施

这是促销活动能否达到预期效果的关键环节,需要各店面从促销商品的陈列与展示、店面氛围的营造、促销信息的发布与宣传等诸多环节逐一落实到位,而最关键的是训练有素的促销人员对整个促销活动的整体把控程度,在这里,促销员的角色应该是多重的,他既是销售员、引导员、解说员,更是专家式的销售顾问、顾客的知心朋友。

5) 总结与反馈

这里实际包括两个层次的工作内容。一是各营销终端(店面)对促销活动开展情况的总结与反馈。它包括促销活动开展期间的分阶段小结,便于及时总结经验与不足,并将促销活动情况及时逐级上报,以利于企业(总部)

及时调整或完善促销方案。二是企业对促销活动的整体把控与总结。一方面，企业可指派专门人员走访各门店了解促销活动开展情况，并给予必要的指导；另一方面，企业可建立必要的信息反馈系统，及时汇总各门店的促销信息。同时，企业要及时从多种渠道获得的信息进行整理分析，并对下一阶段的促销工作提出指导意见或对促销方案进行必要的调整或完善。

对企业来说，不仅要掌握本企业促销活动开展的具体情况，而且，还要及时对同行企业开展的促销活动进行了解与分析，尤其是在促销内容、促销力度近乎雷同的情形下，应有必要的应对，以免陷于被动的竞争。

（四）店面服务策略

1. 一支训练有素的高素质员工队伍

人们说，员工是店面营销的灵魂。确实，员工是店面最重要的资源，店面必须要对员工进行系统的培训，让其掌握营销的技巧，让其学会讲故事，让其懂得更多的珠宝首饰知识，并使每个员工都成为微笑的天使，礼仪的化身，懂行的专家。

2. 树立顾客就是朋友，就是亲人的理念

珠宝店面及其员工应该把顾客当作是自己的朋友或亲人，给予礼貌、热情、细致、周到的服务，并给予顾客足够的信任，这样才会拉近与顾客的距离，才能有效地做好珠宝首饰消费的引导工作。在具体的服务过程中，微笑与耐心是必不可少的，这也是与顾客情感沟通的基本技巧。

3. 更多地以情感打动人

当前，情感营销正越来越受到珠宝首饰企业的重视，几乎每个国际知名珠宝品牌都在讲述着其品牌历史及其荡气回肠的品牌故事，无非是要借助于故事来表达品牌情感，利用情感来打动消费者，以此俘虏其心智，使之成为该品牌忠诚的追随者。卡地亚、蒂芙尼、戴比尔斯……莫不如此。

关键是，我们如何去打动人？这就需要企业不断去挖掘故事，通过产品、品牌以文化的形式体现出来，通过宣传及活动让人们感动起来，通过营销人员的言语准确地表达出来。爱情、亲情、友情，不管哪种情，顾客被打动了，就会有行动，积极的消费行为自然就水到渠成了。

4. 实现真正的顾问式销售，给予顾客更多的消费体验

前面我们已经提到，消费者可能会因为珠宝首饰知识的缺乏，往往会在选购商品时无所适从，而出于多种原因，又会对销售员积极的促销产生敌意，并可能因此失去一次交易的机会。这时候，除了店堂内必要的图文介绍以外，销售员以什么角色出现就很关键了。如果是不顾顾客感受，试图以优惠、好处等去说服顾客，结果可能会适得其反。这时候，如果出现的是一个知识渊博的珠宝玉石专家，由他来教会顾客如何辨识珠宝玉石真伪、品质，由他来叙述蕴藏在珠宝产品中的故事与文化寓意，应该会出现明显不同的效果。如果此时，再给予顾客有针对性的体验活动，让其体会到佩戴珠宝首饰对其个人形象提升及心理满足等方面所带来的愉悦和兴奋，结果就可想而知了。

（五）店面形象维护及提升

如果一家店面要长期经营并不断扩展的话，应集中精力做好重点店面的形象维护，并因此作为核心区域市场，依靠口碑传播开拓其他区域市场（即在周边新开店面）。实际上，借助于店面营销的影响，可提升该企业及品牌的整体形象，反之，若一家店面营销失败，则会给企业或品牌带来难以预料的负面影响。所以说，做好店面形象的维护至关重要。

（六）顾客关系维护与拓展

1. 专注于竞争对手不曾关注的群体

这是寻找企业新的营销增长点的关键。如何培植新顾客，历来是各类企业尤其是各营销终端所面临的难题，但又是必须重视与解决的重大任务。目前有很多珠宝首

饰品牌或专注于走高端路线或渠道下沉,到二三线城市拓展市场,有些则专注于他人未曾关注或非重点关注的人群,争夺客户资源。这就需要企业要充分做足市场调查,并有针对性地开展营销工作。

2. 维护好老顾客的关系

这是保证企业正常营销业绩的根本。要维护好与老顾客的关系,需要建立相应的平台,尽可能详细地了解与记录顾客的相关信息及动态变化,要经常性地保持与老顾客的联系,在其生日及其他重要纪念日、节日来临前,送上温馨的祝福与问候,保持情感联络等。

第二节 项目:珠宝首饰店面营销个案解读

个案一:禧六福"禧""福"形象标新立异

俗话说:人靠衣装,佛靠金装。门店的装修风格尤其重要,它直接反映公司的品牌形象和文化。禧六福珠宝在店面装修风格上把"禧""福"文化完美地融合在一起,标新立异的品牌形象深入民心。

1. 禧六福店面的装修色调

颜色对人的心理和生理影响很大,颜色的对比度、颜色的搭配直接刺激到人的视觉效果,能给人产生心理需求和购买欲望。珠宝品牌的装修色调更是讲究、注重品牌的形象。灯光的配色、墙壁的装修、柜台的搭配、道具的配色、地板的铺砖,每一项都是相互搭配,互相融合,形成自身品牌的装修特色。禧六福珠宝在装修色调方面有自身独特的文化色彩,以中国红和金黄色为主色调,黑色、白色为辅,简单的装修搭配,明亮端庄,雍容华贵,给消费者一种亲民的体验感。红色喜庆,金黄色高贵,黑色大气,白色纯洁,给消费者带来不一样的视觉效果,更添加了平易近人的形象享受。

禧六福店面平面图 2

2. 禧六福店面的装修格局

装修格局是店面的咽喉,是顾客与商品出入和流通的通道。店面每日迎送顾客的多少,决定着店面的兴衰。因而,为了使店面能提高对顾客的接待量,装修格局的设计和布局起着举足轻重的作用。第一要素为格局宽敞明亮,出入方便;其次是装修设计:时尚、古典、自然、清新……各种不同格局来吸引消费者的眼球。禧六福珠宝的装修格局以宽敞明亮,端庄典雅为主,给人一种温馨舒适、家一般

禧六福店面平面图 1

的感觉。人流的走向,为循环"U"形,左右畅通,给消费者提供轻松购物的空间。特色的"禧""福"装修,传统与时尚的巧妙结合让整个空间充满了福的气息,禧的韵味,充分展现禧六福珠宝特有的"禧""福"文化。

3. 禧六福店面的道具陈列

在整个珠宝店面装修上,格局是大局之重,但道具色调和陈列却是店面的点睛之作,也是体现品牌形象和衬托产品的一部分,是不可缺少的。禧六福珠宝道具以喜庆、时尚为主要元素,结合中国红和洁净的白色搭配。红色道具喜庆,代表红红火火,处处洋溢着幸福的气息;白色代表时尚简朴,给人一种亮丽的心情。红色和白色搭配相得益彰,给人喜庆、温馨、浪漫之感。在陈列方面,以散装的戒托自由组合,随性摆出各种形状,给人新鲜和灵动之感;套系,整版道具,陈列方式多种,灵活,随意。店员可以根据每次活动的特色创新陈列商品,这就是禧六福的精神所在,不断创新,不断完善自身品牌特色。

禧六福珠宝推崇一种文化,推动一种时尚,健全一种思维,建立一种信心,健美一种心态,建设一种快乐。禧六福珠宝从店面装修做起,每一个细节,每一个地方,都精益求精,完美融入企业文化,给消费者提供一个轻松购物的环境,把更多快乐、福气带进寻常百姓家。把"中国第一福"文化不断发扬光大,把"禧""福"文化的种子撒播到全国各地,遍地开花。

(资料来源:深圳珠宝网,文/官眉)

个案二:嘉华大囍·婚爱荟萃
——嘉华婚爱珠宝中心

嘉华婚爱珠宝中心历时两年修建完成,外观设计由著名设计师、美籍华人陈伟豪先生亲自主持设计。设计完成的楼体大气壮观,以"东方元素,时尚表达"的设计理念,将中国古典元素与现代时尚巧妙结合,在厚重的历史沉淀中突显灵动的时尚,带给人梦幻、幸福、吉祥的美妙感觉。体验中心内部由深圳资深设计师胡飞先生主持,按消费人群的特点进行人性化的设计,一至四层模拟婚恋情感的方式,故事性的递进展开,融汇中国婚爱文化的艺术氛围,打造成为中国婚爱文化第一楼的商业形象!

嘉华婚爱珠宝中心建筑外观效果图

1. 珠宝中心外观亮点

1)"囍"

"囍"字。设计师巧妙应用建筑本身的特点,在楼体的外立面组合出中国传统婚爱文化的标志性符号"囍"。其设计灵感来源于中国传统的木雕首饰盒,寓意一切珍贵尽收其中。喜字在甲骨文中表示一个人在敲着鼓庆贺自己开心的事,双喜代表了两家人敲鼓庆贺共同的喜事;左边的"囍"字高 18.1m,宽 15.24m,右边"囍"字高 18.1m,宽 8.4m。此双喜正在申请吉尼斯世界纪录。

2）婚爱真言

大楼外墙采用木纹大理石材干挂，石面篆刻嘉华二十四字婚爱真言：浪漫忠贞，包容互爱；风雨同舟，不离不弃；白头偕老，幸福一生。木纹石材深浅错落的排列，字体大小交错，用现代时尚构成的手法诠释，排除了单调石刻给人带来的过于沉重的感觉。字体鎏金，更有字字金言之意。

3）婚戒

作为大楼的点睛之笔，楼体正中用镜面不锈钢条塑造出一对佩戴婚戒的爱侣手影，配合巨大的婚戒雕塑，以时尚现代的手法把婚姻中最神圣最幸福的一刻展现出来。而这颗紧扣嘉华广告语"婚姻的幸福，从选对一枚戒指开始！"主题的戒指，高达1.8m，也是目前世界上最大的戒指，嘉华还将根据推出的新产品定期更换戒指的款式。

4）万"囍"墙

地面一层继续沿用"囍"字文化，承上启下，打造出全部由喜字组合而成的"万囍墙"。墙面采用双层玻璃幕墙组合，夹胶玻璃丝印喜字，外层红色，内层深红，既能通透室内空间，又使过往行人产生梦幻般身临其境的视觉感受，仿佛置身于万千喜字，不由自主地进入金色璀璨的嘉华婚爱珠宝世界。

5）传承

整座大楼的设计元素一脉相承又融会贯通出一场传统婚礼的场景，从大红"囍"字高挂，到佩戴戒指的定情瞬间，再到万千喜字包裹的幸福梦幻，让每一个经过的人都有"见证美满婚姻，守护幸福生活"的感觉。

2. 珠宝中心内部亮点

大楼室内设计是由深圳资深的十大杰出设计师胡飞先生同样历经十次修稿而成，充分说明我们对大楼设计的精益求精，所有的设计理念都是为了让大楼的装饰设计更加璀璨明亮，喜庆时尚，不论从视觉感受上，还是亲身体验上都会带给您前所未有、与众不同的婚爱幸福感受。

在珠宝柜台陈列上嘉华打破常规模式，推崇"文化引导配货"，根据人生各个婚爱阶段进行主题分区，令珠宝的设计风格及其承载的文化，同各区域的文化相配衬。真正做到"打造中国人最喜爱的结婚钻戒，弘扬中华民族优良传统的婚姻爱情文化"的品牌使命。

(1) 第一层浪漫爱情馆。

运用巧妙的灯光设计结合各种透光材料巧妙造型，选用明亮、舒适的灯光，让人感受到温暖、热烈、深情的接待氛围。独特的婚爱文化墙展示，彰显嘉华文化的企业特色。充分表达区域属性：浪漫、时尚，从而传达企业文化的主题"浪漫忠贞，包容互爱"。

嘉华婚爱珠宝中心浪漫爱情馆效果图

(2) 第二层喜结良缘馆。

讲究的功能布局，精美的展台形式，暗喻惊艳的穹顶天花，喜庆的整体氛围相互呼应，完美地表达婚姻的庄严、虔诚、神圣与深邃，实现"风雨同舟，不离不弃"的文化主题描述。

(3) 第三层美满幸福馆。

通过墙面天花展台各个细部元素的精雕细琢，如同婚

嘉华婚爱珠宝中心喜结良缘馆效果图

姻的幸福需要精心的营造,引导消费者探讨设计背后的故事文化,展示品牌独特的魅力,进而感悟"白头偕老,幸福一生"的人生真谛。

嘉华婚爱珠宝中心美满幸福馆效果图

(4)第四层东方爱情文化馆。

运用古典中式风格,结合现代装饰手法搭配,让每一处空间透露出婚爱文化的空间情怀。通过对常规材质的不同组合,在每个细节上的处理运用了雕花、廊柱、线条,体现工艺的精细考究,从而提升空间的品质。

嘉华婚爱珠宝中心东方爱情文化馆效果图

嘉华婚爱珠宝对婚爱的情感寄予更多关注,品牌文化二十四字承载着嘉华对美满婚姻、牵手百年的祝福。设计师运用空间设计放大了嘉华的品牌文化,在传统美及现代审美中寻求一种诠释,还原了嘉华的婚爱珠宝世界,给顾客一个璀璨明亮的消费殿堂和故事性的诗意空间。空间布局、视觉元素及灯光效果的巧妙结合,营造了高雅亲切的购物氛围,完美呈现出嘉华婚爱珠宝的独特文化魅力。

第三节 项目模拟:珠宝首饰店面营销专题策划

子项目:珠宝首饰旗舰店或大卖场周期促销活动策划

【思路】

为某珠宝首饰旗舰店或大卖场设计一次周期性的促销活动,如"珠宝节""结婚季"等,要求有明确的主题,活动内容有创新性、有吸引力,活动安排井然有序、节奏紧凑。

【方案框架】

(1)活动思路:讲述清楚本次促销活动的动因,开展此活动有何目的与意义。

(2)活动预期目标:主要包括对氛围的营造、对销售的影响、对品牌及店面形象的提升效果,对顾客的吸引力、关注力、好感度的提升,对新老客户关系的维护等。

(3)活动主题:要有一个鲜明、创新的主题。

(4 活动广告语:贴近顾客的内心,设计系列易辨认、易记忆、且能引起顾客共鸣的广告语。

(5)活动模块设计:活动模块一般包括珠宝首饰展示模块、展销或促销模块(或重点推介模块)、体验及服务模块以及珠宝首饰文化推广、VIP活动等模块,各模块的取舍及构成,应根据店面促销需要而定。必要时,还可以提供免费的珠宝鉴定与检测等服务。设定奖品、纪念品、赠品及折扣、让利等优惠措施时,一定要让消费者感觉到实在,体会到商家释放出来的善意与真诚。

(6)活动细则:针对具体的活动内容,作出合理细致的安排,时间、地点要明确,宣传要到位,人、财、物均要到位,还需就某些容易出现纰漏的细节,要做好应急预案。

就具体的工作流程及活动宣传而言,应把握好以下几个环节:活动开幕式、闭幕式的安排,尤其是嘉宾与媒体的邀请,走秀及表演节目的安排,均要比较明确。

宣传造势:如何利用各种媒介对活动进行宣传,要设法引起媒体、公众的关注。

(7)活动现场的布置与氛围的营造等要与活动主题一致,等等。

第七章　珠宝首饰关系营销

第一节　理论、方法与策略基础

一、关系营销理论的产生与发展

(一)关系营销的概念及其发展

中国社会自古以来讲人情、讲关系,因此,"关系"一词对国人来说,并不陌生,并且现代社会赋予了"关系"更多的内涵。

对企业来说,处理不好老板与员工、管理者与被管理者以及员工之间的关系,就无法形成合力,甚至危及企业的生存与发展;同样,处理不好与外部的关系,也是致命的。如果处理不好与消费者的关系,就意味着产品无人问津,经营失败;处理不好与供应商的关系,企业生产就可能陷于停顿,处境艰难;处理不好与同行的关系,就可能陷入恶性竞争,两败俱伤;处理不好与经销商、代理商、零售商等中间商的关系,就可能导致销量锐减,丧失市场;处理不好与公众的关系,就可能陷入公关危机,商誉尽失;处理不好与银行的关系,就可能陷入资金困局,危及生存;处理不好与政府及相关管理部门的关系,损失可能则更大,会处处受制,步步皆输。所以,对于任何一家企业来说,关系无处不在。也正因为这些变化,使得人们认识到,关系处理对企业的重要性,于是,越来越多的企业主们关注于经营这些关系,也为关系营销理论在中国被不断推崇与应用找到了实践基础。

所谓关系营销,是把营销活动看成是一个企业与消费者、供应商、分销商、竞争者、政府机构及其他公众发生互动作用的过程,其核心是建立和发展与这些公众的良好关系,以此使各方面的利益得到满足和融合,信任和承诺是这个过程得以实现的基础。该理论是美国营销学者巴巴拉·杰克逊于1985年首先提出的,菲利普·科特勒在其《营销管理》第六版也有论述,从20世纪80年代起迅速风靡全世界。它是现代西方营销理论与实践在传统的交易型营销基础上的一个发展和进步。

在关系营销中,利益是厂家与客户建立关系的纽带,其中厂家的利益是实现了销售,而客户的利益则包括了组织利益和个人利益:①组织利益,获得优质产品、良好的服务以及适中的价格;②个人利益,权利、成就、被赏识或安全感等。而信任是保证双方利益得以实现的基础,很难想象一个被客户极不信任的销售人员,客户会同时相信他代表的厂家能够提供优质产品和良好的服务。

综上所述,关系营销可以用十个字来概括:利益是纽带,信任是保证。

随着社会经济的发展,人们发现仅靠制订并实施传统的市场营销组合策略——即4Ps组合,越来越难以直接有效地帮助企业获得经营优势,对于一家企业来说,它必须通过银行获得资金、从社会招聘人员、与科研机构进行交易或合作、通过经销商分销产品、与广告公司联合进行促销和媒体沟通;不仅如此,企业还必须被更广义的相关成员所接受,包括同行企业、社区公众、媒体、政府、消费者组织、环境保护团体等，企业无法以一己之力应付所有的环境压力。因此，企业与这些环境因素息息相关，而这些与企业生存和发展具有关联的组织、群体和个人就构成了保障企业生存与发展的事业共同体。企业必须通过有效的关系管理，与共同体中的伙伴建立起亲密的关系，并形成网络，做到利益与资源共享，才能取得成功，并可达到所有伙伴"多赢"的结果。这就是关系营销的本义所在。同时，关系营销还可以节省交易成本和时间，简化交易程序，不必为每一笔交易讨价还价，谋求各方利益关系的最大化是企业及其伙伴们共同追求的目标。

关系营销也为企业带来了独特的资产即市场营销网络。所谓市场营销网络是指企业和与之建立牢固的互相依赖的商业关系的其他企业所构成的网络。在市场营销网络中，企业可以找到战略伙伴并与之联合，以获得一个更广泛、更有效的占有空间。借助该网络，企业可以在全球各地市场上同时推出新产品，并减少由于产品进入市场的时间滞后而被富有进攻性的模仿者夺走市场的风险。

而随着现代通讯网络技术的不断创新与发展，沟通更加便捷，使得各种营销伙伴关系的建立、维护和发展更有效、更方便，成本也更低，更是推动了关系营销的应用与发展。

（二）4R营销理论

说到关系营销，更要了解4R营销理论。对于该理论由谁提出有争议：一说是由美国营销学者艾略特·艾登伯格2001年在其《4R营销》一书中提出的4R营销理论，还有一说是由整合营销传播理论的开创者美国学者唐·E·舒尔茨在4C营销理论的基础上提出了4R营销理论。该理论产生的背景是：自20世纪90年代开始，随着市场竞争的加剧，企业以顾客为中心，主动创造需求、面向竞争、促进销售、建立关系、长期拥有客户、保证长期利益的实现已成为营销的重心。

我们在这里主要分析舒尔茨根据关系营销思想提出的4Rs营销组合模型。

1. 4R理论的营销四要素

第一，关联（Relevancy），即认为企业与顾客是一个命运共同体，建立并发展与顾客之间的长期关系是企业经营的核心理念和最重要的内容。

第二，反应（Reaction），在相互影响的市场中，对经营者来说最现实的问题不在于如何控制、制订和实施计划，而在于如何站在顾客的角度及时地倾听和从推测性商业模式转移成为高度回应需求的商业模式。

第三，关系（Relationship），在企业与客户的关系发生了本质性变化的市场环境中，抢占市场的关键已转变为与顾客建立长期而稳固的关系。与此相适应产生了5个转向：从一次性交易转向强调建立长期友好合作关系，从着眼于短期利益转向重视长期利益，从顾客被动适应企业单一销售转向顾客主动参与到生产过程中来，从相互的利益冲突转向共同的和谐发展，从管理营销组合转向管理企业与顾客的互动关系。

第四，回报（Reward），任何交易与合作关系的巩固和发展，都是经济利益问题。因此，一定的合理回报既是正确处理营销活动中各种矛盾的出发点，也是营销的落脚点。

2. 珠宝首饰企业运用4R营销理论应关注的四个方面

实施关系营销，为顾客提供满意的服务是我国珠宝首饰营销手段的发展趋势。具体来看，珠宝首饰企业运用关系营销应关注以下四点。

（1）与顾客建立关联。在竞争性市场中，顾客具有动态性。顾客忠诚度是变化的，他们会转向其他企业。要提高顾客的忠诚度，赢得长期而稳定的市场，重要的营销策略是通过某些有效的方式在业务、需求等方面与顾客建立关联，形成一种互助、互求、互需的关系。关系营销可以在不断吸引新顾客的同时，不断留住老顾客。珠宝首饰企业通过定期或不定期的与关系方或顾客联系，替他们服务，并为他们提供最大的消费价值，使其体验到本公司最关心最尊重他们,从而乐于从众多的公司中选择本公司作为他们忠诚的伙伴关系户。

(2)运用关系营销提高公司的竞争优势,提高市场反应速度。在今天相互影响的市场中,对经营者来说最现实的问题不在于如何控制、判定和实施计划,而在于如何站在顾客的角度及时地倾听顾客的希望、渴望和需求,并及时答复和迅速作出反应,满足顾客的需求。珠宝首饰企业实施关系营销可与消费者建立紧密的伙伴关系,保持相当数量的忠诚顾客,并能按不同消费者群进行市场微细分,采取不同的服务方式,满足消费者个性化服务,创造与竞争对手不同的优势,获得市场竞争的成功。

(3)用关系营销树立公司的良好形象。在企业与客户的关系发生了根本性变化的市场营销环境中,抢占市场的关键已转变为与顾客建立长期而稳固的关系,从交易变成责任,从顾客变成朋友,从管理营销组合变成管理和顾客的互动关系。沟通是建立关系的重要手段。拥有关系营销意识的珠宝首饰企业重视公司与关系方的接触和联系,会主动引入CIS设计、公司理念识别、行为识别、视觉识别,这样有助于关系方或顾客对公司产生满意感、忠诚感,建立长期共存共荣的伙伴关系。

(4)回报是营销的源泉。对企业来说,市场营销的真正价值在于其为企业带来短期或长期的收入和利润的能力。实施关系营销的珠宝首饰企业应注重营销的各关系方利益,在营销活动中重视公共关系、政治权力,忠诚地履行自己对各关系方的诺言,把大批忠诚的关系方或顾客吸引到本公司周围,而正由于忠诚的老顾客的"口碑效应",大大降低了促销费用,从而提高公司效益。比如爱迪尔为白内障患者捐献爱心,六福珠宝赞助亚姐选美,世纪缘钻石"现场刻字"和"钻石之旅"等活动都取得了极大的成功,并且在一定程度上推动了品牌的口碑传播。

总之,4R理论以竞争为导向,在新的层次上概括了营销的新框架,体现并落实了关系营销的思想,即通过关联、关系和反应,提出了如何建立关系,长期拥有客户保证长期利益的具体操作方式,这是一个具有里程碑意义的进步。反应机制为互动与双赢,建立关联提供了基础和保证,同时也延伸和升华了便利性。而"回报"则落实了成本和双赢两方面的内容。这样,企业为顾客提供价值和追求回报相辅相成,相互促进,客观上达成了一种双赢的效果。

二、关系营销的本质特征

关系营销的本质特征可以概括为以下几个方面。

1. 双向沟通

在关系营销中,沟通应该是双向而非单向的。只有广泛的信息交流和信息共享,才可能使企业赢得各个利益相关者的支持与合作。

2. 合作

一般而言,关系有两种基本状态,即对立和合作。只有通过合作才能实现协同,因此合作是"双赢"的基础。

3. 双赢

双赢即关系营销旨在通过合作增加关系各方的利益,而不是通过损害其中一方或多方的利益来增加其他各方的利益。

4. 亲密

关系能否得到稳定和发展,情感因素也起着重要的作用。因此关系营销不只是要实现物质利益的互惠,还必须让参与各方能从关系中获得情感的需求与满足。

5. 控制

关系营销要求建立专门的部门,用以跟踪顾客、分销商、供应商及营销系统中其他参与者的态度,由此了解关系的动态变化,及时采取措施消除关系中的不稳定因素和不利于关系各方利益共同增长的因素。

此外,通过有效的信息反馈,也有利于企业及时改进产品和服务,更好地满足市场的需求。

三、关系营销的原则

关系营销的实质是在市场营销中与各关系方建立长期稳定的相互依存的营销关系,以求彼此协调发展,因而必须遵循以下原则。

1. 主动沟通原则

在关系营销中,各关系方都应主动与其他关系方接触和联系,相互沟通信息,了解情况,形成制度或以合同形式定期或不定期碰头,相互交流各关系方需求变化情况,主动为关系方服务或为关系方解决困难和问题,增强伙伴合作关系。

2. 承诺信任原则

在关系营销中各关系方相互之间都应作出一系列书面或口头承诺,并以自己的行为履行诺言,才能赢得关系方的信任。承诺的实质是一种自信的表现,履行承诺就是将誓言变成行动,是维护和尊重关系方利益的体现,也是获得关系方信任的关键,是公司(企业)与关系方保持融洽伙伴关系的基础。

3. 互惠原则

在与关系方交往过程中必须做到相互满足关系方的经济利益,并通过在公平、公正、公开的条件下进行成熟、高质量的产品或价值交换使关系方都能得到实惠。

四、关系营销必须处理好的六种关系

在"关系营销"概念里,一个企业必须处理好以下六种关系。

1. 与供应商的关系

任何一个企业都不可能独自解决自己生产所需的所有资源。在现实的资源交换过程中资源的构成是多方面的,至少包含了人、财、物、技术、信息等方面。因此,与供应商的关系决定了企业所能获得的资源数量、质量及获得的速度。企业与供应商必须结成紧密的合作网络,进行必要的资源交换。另外,公司在市场上的声誉也是部分地来自于与供应商所形成的关系。

2. 企业内部关系

任何一家企业,要想让外部顾客满意,首先得让内部员工满意。只有工作满意的员工,才可能以更高的效率和效益为外部顾客提供更加优质的服务,并最终让外部顾客感到满意。因为在为顾客创造价值的生产过程中,任何一个环节的低效率或低质量都会影响最终的顾客价值。

3. 与竞争者的关系

现代竞争已发展为"协作竞争",在竞争中实现"双赢"的结果才是最理想的战略选择。因此,争取与那些拥有与自己具有互补性资源竞争者的协作,实现知识的转移、资源的共享和更有效的利用,可以分担巨额的产品开发费用和风险。

4. 与分销商的关系

对企业来说,零售商和批发商的支持对于产品的成功至关重要。如果企业投入了大量的资源去争取顾客,而忽略了与零售商、经销商等对产品的销售起关键作用的个人或组织建立积极的关系,则可能会被这些人或组织所抵制,最终扼杀产品成功推向市场。

5. 与顾客的关系

这是关系营销的核心。顾客是企业存在和发展的基础,市场竞争的实质是对顾客的争夺。最新的研究表明,企业在争取新顾客的同时,还必须重视留住顾客,培育和发展顾客忠诚。例如,争取一位新顾客所需花的费用往往是留住一位老顾客所花费用的 6 倍。企业可以通过数据库营销、发展会员关系等多种形式,更好地满足顾客需求,增加顾客信任,密切双方关系。

6. 与其他影响者的关系

除了上述五种关系以外,金融机构、新闻媒体、政府、

社区,以及诸如消费者权益保护组织、环保组织等各种各样的社会压力团体,对于企业的生存和发展都会产生重要的影响。因此,企业必须认真对待,并制订以公共关系为主要手段的营销策略。

五、关系营销的层次

根据美国营销学者贝瑞和帕拉苏拉曼归纳的三级客户关系营销手段,这里着重从如何与顾客建立关系的角度来分析关系营销的三个层次。

1. 一级关系营销

一级关系营销指企业通过价格和其他财务上的价值让渡吸引顾客与企业建立长期交易关系。如对那些频繁购买以及按稳定数量进行购买的顾客给予财务奖励的营销计划。

2. 二级关系营销

二级关系营销指企业不仅用财务上的价值让渡吸引顾客,而且尽量了解各个顾客的需要和愿望,并使服务个性化和人格化,以此来增强公司和顾客的社会联系。二级关系营销的主要表现形式是建立顾客俱乐部。

3. 三级关系营销

三级关系营销指企业和顾客相互依赖对方的结构发生变化,双方成为合作伙伴关系。三级关系营销的建立,在存在专用性资产和重复交易的条件下,如果一方放弃关系将会付出转移成本,关系的维持具有价值,从而形成"双边锁定"。这种良好的结构性关系将会提高客户转向竞争者的机会成本,同时也将增加客户脱离竞争者而转向本企业的利益。

六、关系营销的实施步骤

1. 筛选合作伙伴

企业首先从所有的客户中筛选出值得和必须建立关系的合作伙伴,并进一步确认要建立关系营销的重要客户。选择重要客户的原则不仅仅是当前的盈利能力,而且包括未来的发展前景。企业可以首先选择 5 个或 10 个最大的客户进行关系营销,如果其他客户的业务有意外增长也可入选。

2. 指派关系经理

对筛选出的合作伙伴指派关系经理专人负责,这是建立关系营销的关键。企业要为每个重要客户选派干练的关系经理,每个关系经理一般只管理一家或少数几家客户,并派一名总经理管理关系经理。关系经理对客户负责,是有关客户所有信息的汇集点,是公司为客户服务的动员者,对服务客户的销售人员应当进行关系营销的训练。总经理负责制定关系经理的工作职责、评价标准、资源支持,以提高关系经理的工作质量和工作效率。

3. 制订工作计划

为了能够经常地与关系对象进行联络和沟通,企业必须分别制订长期的和年度的工作计划。计划中要确定关系经理职责,明确他们的报告关系、目标、责任和评价标准。每个关系经理也必须制订长期和年度的客户关系管理计划,年度计划要确定目标、策略、具体行动方案和所需要的资源。

4. 了解关系变化

企业要通过建立专门的部门,用以跟踪顾客、分销商、供应商及营销系统中其他参与者的态度,由此了解关系的动态变化。同时,企业通过客户关系的信息反馈和追踪,测定他们的长期需求,密切关注合作伙伴的变化,了解他们的兴趣。企业在此基础上,一方面要调整和改善关系营销策略,进一步巩固相互依赖的伙伴关系;另一方面要及时采取措施,消除关系中的不稳定因素和有利于关系各方利益共同增长的因素。此外,通过有效的信息反馈,企业将会改进产品和服务,更好地满足市场的需要。

第二节 项目:珠宝首饰关系营销个案解读

个案一:施华洛世奇"璀璨之谜"艺术展尽显品牌高端公关技巧

1895年,来自波希米亚的发明家丹尼尔·施华洛世奇以其远见卓识,携同他最新发明的仿水晶首饰石切割打磨机器,移居到奥地利泰利莱郡的华登斯市。自此,施华洛世奇开始在时尚世界中迸发火花,更发展成为全球首屈一指的精确切割仿水晶制造商,为时尚服饰、首饰、灯饰、建筑及室内设计提供仿水晶元素。时至今日,企业仍由家族的第四及第五代成员经营,分公司遍布全球超过120个国家,雇员约有23 000人,2010年的营业额为20.6亿欧元。施华洛世奇企业的两个主要业务,分别负责制造及销售水晶元素,以及设计制造成品。施华洛世奇仿水晶已成为国际设计作品必备的元素。自1965年起,公司便为高级首饰业提供精确切割的天然及人造宝石。施华洛世奇崇尚的创意精神,充分展现在品牌旗下的配饰、首饰及家居饰品系列,并在全球超过1900家施华洛世奇水晶轩及专柜中有售。施华洛世奇水晶会全球约有325 000名会员,凝聚着一群热爱仿水晶收集的收藏家;而于1995年开幕、位于华登斯市的多媒体仿水晶博物馆"施华洛世奇水晶世界",印证了施华洛世奇丰富的灵感和创意。

施华洛世奇通过在世界各地举办"璀璨之谜"艺术展等艺术活动,一方面是向世界各地的消费者及艺术爱好者传递其产品信息及艺术创作的最新成果,另一方面,为人们全方位了解品牌的历史与未来的发展提供了很好的平台,同时通过搭建多种平台,让更多的人了解活动信息,扩大其品牌影响力。也正是借助于艺术展等各种公关手段,施华洛世奇与世界各地的消费者、供应商、分销商、艺术机构以及新闻媒体、社会名流等,甚至是同行建立起了良好的关系,为其品牌及产品推广发挥了重要的作用,也为我们很好地诠释了关系营销的真谛。以下我们选取了相关媒体对施华洛世奇在上海举办"璀璨之谜"艺术展的相关报道,再现其艺术展之盛况,作为我们学习借鉴之用。

1. 开幕盛况

2012年7月13日至31日,一场旨在展现时尚与创意之完美结合的奇幻之旅——施华洛世奇"璀璨之谜"艺术展在上海展览中心华彩上演。以精致的仿水晶饰品、无限的创造力和技术创新而享誉时尚、珠宝和设计界的全球知名品牌施华洛世奇(Swarovski)选择在上海,这一充满活力的时尚都市首次举办融汇各个艺术门类和时尚风格的创意大展,通过独一无二的互动体验、尖端的技术展示、前卫的图像呈现,再配合令人惊叹的光影效果和动人的故事,让参观者全方位的领略施华洛世奇这一传世品牌的悠久历史、夺目的现在和璀璨的未来。

值得一提的是,为了庆祝这一意义非凡的展览,施华洛世奇在7月11日特意举办了盛大的展览开幕盛典。当晚汇集中外星光、盛况空前——品牌最新一季秋冬系列广告主角、新一代邦女郎法国女星贝纳尼丝·玛尔洛专程赶来,当日她佩戴施华洛世奇2012年最新秋冬系列项链及耳环,浓郁的巴洛克装饰风格的设计由贝纳尼丝·玛尔洛现场演绎得分外浪漫与优雅。此外著名演员孙俪、秦岚,世界小姐张梓琳,台湾艺人范玮琪、陈乔恩,著名模特林嘉绮、秦舒培以及当红男演员吴奇隆、李东学、黄立行、张鲁一也都选择各自心仪的施华洛世奇最新首饰、手表及手包亮相,在开幕活动当晚留下了光彩照人的红毯瞬间。开幕典礼现场高潮迭起、精彩纷呈。

2. 展会亮点

1) 微电影

为庆祝施华洛世奇"璀璨之谜"艺术展于上海盛大开幕,施华洛世奇特别呈献首部微电影《爱·璀璨》,由国内著名演员秦岚、张鲁一浪漫演绎,个性创作导演林哲乐及台湾知名摄影师周书豪负责执导及拍摄,通过网络展现蕴藏在 Nirvana 戒指内的浪漫闪烁魅力。《爱·璀璨》首个预告于 2012 年 6 月 18 日全线首播，观众可通过施华洛世奇新浪微博专页、优酷、土豆视频空间、施华洛世奇官网、各社交媒体专页或以智能手机（iPhone 或 Android 系统）观赏及浏览微电影的精彩内容。

犹如诗歌般的预告片在互联网上播出之后便受到数以百万计的点击率及观众好评，而施华洛世奇更独具匠心地在现场揭开了该影片的神秘结局，最吸引人之处是男女主演秦岚、张鲁一在现场真实上演了这一最终悬念，诗意而又浪漫。

2）网络直播

与此同时，施华洛世奇更迎合时尚摩登的趋势，在优酷、新浪微博、开心网、Facebook 及手机版网页等 12 个社交媒体平台上进行网络及图文直播，无论是您在活动现场还是安在家中，都可以即时收看到微电影结局及开幕典礼盛况，完美展现施华洛世奇不断革新的力量。随后，施华洛世奇水晶精品部行政总裁罗伯特·布克包尔先生与贝纳尼丝·玛尔洛共同为施华洛世奇"璀璨之谜"艺术展启动揭幕。著名台湾歌手黄立行先生亦在现场献演，为这一绚烂的夜晚奏出最强音。

3）手机版网页、街旁签到及微活动

为了让水晶迷随时随地获得艺术展的最新消息，施华洛世奇特别推出手机版行动网页，发布微电影《爱·璀璨》预告片及艺术展信息、直播开幕盛典并提供互动投票、RSVP 及微活动等相关应用。此外，施华洛世奇更与"街旁"合作，举办有奖定位签到活动，用户可通过指定的施华洛世奇水晶轩签到，获得虚拟徽章及赢取施华洛世奇"璀璨之谜"艺术展门票。

4）QR 二维码及虚拟试装

施华洛世奇将透过场内的数码互动装置，为参观者送上崭新惊喜。艺术展访客可通过手机扫描设于场内的 QR 二维码，读取有关各展馆的专属信息，深入探索施华洛世奇创作背后的璀璨故事。同时，艺术展内更首设虚拟试装镜，透过面部识别技术，让水晶迷轻触屏幕即可搭配展现个性魅力的闪亮首饰，并可于微博上实时与好友分享美丽瞬间。

施华洛世奇透过不容错过的全方位活动，为网上社交媒体注入闪烁魅力，让粉丝体验施华洛世奇"璀璨之谜"艺术展的互动之旅，感受炫目光辉、独特美感与追求完美的精神。

5）现场奇幻氛围

本次艺术展始于一条流光溢彩的晶光隧道，在璀璨仿水晶元素营造出的奇幻氛围中，分别由晶光隧道、闪烁迷宫、名人殿堂、灵感空间、时尚之殿、摩登秀场、璀璨典藏、华丽体验、Nirvana 展厅九大部分组成，每一部分都独一无二，游览其中犹如进入一条悠长的时光隧道，展示着施华洛世奇品牌 117 年来的发展、工艺、文化与时装、艺术的不解之缘，以及极具革新性的力量。

其中最吸引目光的莫过于名人堂和时尚之殿了。名人堂呈现了施华洛世奇和娱乐界联手 117 年中，做出贡献的传奇歌手、名人和明星。我们可以看到朱迪·加兰在《绿野仙踪》中所穿的经典红宝石拖鞋的重新演绎，经由世界顶级的设计师设计，包括 AlbertaFerretti、Christian-Louboutin 和 Sergio Rossi，他们也是 2009 年《绿野仙踪》70 周年纪念红宝石拖鞋系列的设计师。纪念鞋也是用施华洛世奇元素水晶制作。展出的还有玛丽莲·梦露在 1962 年肯尼迪总统生日宴上所穿的镶嵌着成千上万颗手工缝制的施华洛世奇元素水晶的紧身礼服。

而在时尚之殿，高级定制时装彰显了时尚界中水晶的魅力、灵活性和创意。历史上很多标志性的时装都镶嵌有施华洛世奇元素水晶，充分展现其艺术的魅力。

实际上，整个展览最大的亮点应该是 Nirvana 戒指厅。在展厅中心，这枚经过 2 年研究、并于 1998 年作为 Daniel Swarovski 高级定制系列的一部分首次亮相的戒指,通过 3D 影像和投影呈现在大家的眼前,其切割水晶面彰显了施华洛世奇的技术和手工艺。细细品味,你还会发现戒指正中的对称棱柱隐藏了一个微妙却令人叹服的秘密——一颗完美切割的心形。

在见证了施华洛世奇的历史所揭示的璀璨之谜后,人们会惊异于这些华美贵重的作品是如此精妙的诠释了丹尼尔·施华洛世奇(Daniel Swarovski)的历史传承。它们是梦想的源泉,给予了全世界创意天才以灵感,给予了人们的生活以魅力和璀璨的光芒。

3. 补充:大阪"璀璨之谜"品牌传承展

继 2012 年在上海和首尔成功收获热烈的反响之后,2013 年 11 月 27 日到 12 月 9 日施华洛世奇在日本大阪的 hankyu umeda 百货商场举办了"璀璨之谜"品牌传承展,热情招待大阪的购物者们。期间,游客们可通过各种水晶装置、历史水晶文物陈列及其背后的故事了解施华洛世奇 118 年的悠久历史。

展览的亮点之一是水晶隧道,600 张施华洛世奇 LED 窗帘布满通往水晶宫的水晶通道,实现与光照的交相呼应。名人堂也是展览的一大轰动元素,展出了施华洛世奇最具代表性的一些作品,包括 Lady Gaga 曾穿过的施华洛世奇元素靴子和 2012 年维多利亚的秘密时尚秀中 Miranda Kerr 穿过的服装。时尚厅收罗了来自世界各地时尚传奇的颇具历史意义的服装。璀璨珍宝室陈列了许多神秘而美丽的艺术品,最后则是 Nirvana Room 给每位游客带来的惊喜。从游客的反映来看,施华洛世奇璀璨之谜大阪站绝对是值得一去的。

个案二:珠宝会所营销在争议中悄然兴起

我国珠宝首饰行业经过十多年的快速增长,竞争也越来越激烈。对于一些高端品牌来说,要守住其在一线城市好不容易建立起来的市场地位,必须要在保证直营店、加盟店经营业绩的前提下,拓展新销售渠道,创新其营销策略,以取得消费者的信任并与之建立起牢固的关系,就显得尤为重要。于是,一种基于关系营销理论指导下的新的珠宝渠道营销模式——珠宝会所营销在国内悄然兴起。

1. 珠宝会所营销的动因分析

自 2010 年以来,北京、上海、深圳等国内一线城市已相继推出类似的高档珠宝会所,如峰记珠宝至尊 VIP 会所、杭州越王珠宝会所、深圳嘉黛珠宝会所概念店、河南翠钻宫、北京 FANCYCD 会所、北京"金邸"工美私人会馆,等等,而麒麟珠宝(Qeelin)更是把专卖店开进了深圳观澜湖高尔夫会所。

珠宝品牌挺进各种会所,是因为高端珠宝同样面临渠道拓展的难题。繁华商业街的专卖店、加盟店各色人群皆可鱼贯而入,让富有阶层感觉"有失身份",提不起兴趣,而百货、商超的专卖柜高不可攀的入场费,让店家望而却步,同样也是"鱼龙混杂"。

目前,越来越多的珠宝首饰商家意识到了这个问题,希望培养一批忠实的高端客户,走高端路线,而设施高档、环境优雅、服务细致的各类会所正是能够紧密地"团结"重点客户、带来更高的利润的场所。通过会所营销,珠宝厂商能吸引一批社会中高端阶层,使其成为重点客户或关键客户,也能把无效客户拒之门外,让中高端阶层产生不一样的尊荣感。会所还可以通过会员的良好口碑,打造珠宝高端形象,有利于品牌营造和企业树立良好形象。

2. 珠宝会所与珠宝首饰定制

按照当前行业内的理解与做法,所谓珠宝会所,主要是为高端客户提供私密空间进行珠宝品鉴,搭建交流平台进行资源嫁接,让客户享受从供货、设计、制作到成品的一条龙服务的一种终端营销模式。目前大多数珠宝会所均提供珠宝首饰定制服务,而珠宝首饰定制领域又分为全定制和半定制,所谓全定制是指根据客户的需求,由设计师量身设计定制的首饰产品,多见于高级个人定制和个人设计室定制。而半定制是在首饰厂已有的大量模版中选择款式,再配以合适的宝石,或者稍稍改动原有的款式,这类定制多见于网络定制或者小规模作坊定制。目前不少珠宝会所采用的定制方式属于半定制。

目前国内的珠宝会所的经营方式一般分两种,一种是所谓的高端私密会所,通常比较隐蔽地开在一些高档写字楼或别墅区内,主要是为爱珠宝的高消费人群提供包括珠宝定制在内的更专业、更舒适的服务,也更注重珠宝文化的传播,为顾客提供最专业的信息,以及普通市场难得一见的高级珠宝。另一种则是普通会所或者是整合高端消费资源的大型会场模式。它承载的功能不只是珠宝定制,还有相关联的消费体验和娱乐交流。更像是以珠宝为核心,延展出上下游产品的 Shopping Mall(超大规模购物中心)。如深圳车公庙的中国嘉黛珠宝会所概念店,耗资300万美元,是国内首家集购物、体验、交流为一体的综合性珠宝门店。

3. 会所营销与店面营销的比较

珠宝会所的目标客户不同于普通商铺的客户,定位相对高端。这些人群的消费心理和消费习惯,也与普通人不太一样。珠宝会所的顾客更具有这一特点,由于他们购买货品的价格和价值都会超过寻常货品,因此他们在购物动机上会更为理性,不会像在柜台购买一块普通的珠宝时容易感情用事一时冲动。他们会更在乎珠宝的投资价值和收藏价值。

与一般店面营销相比,珠宝会所为顾客提供更加安静的环境,可以让买卖双方有足够的空间、情绪互相学习、探讨,通过讲座、鉴赏、实物比较等交流方式,吸引、聚集和邀请一批对珠宝玉器感兴趣的高消费群体。如某会所还计划组织会员到加工厂参观,甚至可以去香港、欧洲、美国等地区和国家的名牌珠宝店,了解和感受别样的珠宝文化氛围。

4. 会所选介:越王珠宝会所

浙江首家珠宝会所——越王珠宝杭州会所于2010年4月17日隆重落户杭州南宋御街中北创意街区,中国珠宝玉石首饰行业协会、杭州市下城区人民政府、浙江越王珠宝有限公司有志于联合打造浙江珠宝文化产业设计基地,特地在越王珠宝杭州会所成立"中国珠宝玉石首饰行业协会首饰设计研发中心"。

越王珠宝长期致力于产品个性化设计和概念创意开发,在完美品质之上,赋予产品更多的情感内涵,以"悦人·越己"的品牌理念,在百余年的发展中,一直走在珠宝潮流消费的前沿。据了解,越王珠宝杭州会所设有VIP会员中心、体验中心等人性化服务场所,顾客可以在店内喝咖啡、聊天、休憩、感受珠宝的魅力。毋庸置疑,越王珠宝杭州会所"专业化、个性化"的特色服务,彰显尊贵身份的风格,将会完全符合追求时尚与奢华品质生活的高端人士的品位。

北京越王珠宝会所"隐藏"在北京东三环鳞次栉比的一栋高级写字楼里,知道这里的人并不多。据说镇所之宝是一枚亚洲最大克拉的钻戒。据会所负责人介绍,装修耗资百万的会所就是"聚货、交朋友"的地方,很个人化。所以并不采用会员制,而更像是"朋友制"。这里的服务态度只有一条:把顾客当作亲戚、朋友。他还认为,做珠宝会所一定要有自己的特色,可能是产品种类特色,也可以是设计特色。由于拥有国内最高端的设计团队,香港等地区的加工工厂,可以为会所客户实现定制一条龙服务。作为上海钻交所会员,这里的钻石均从以色列直接进货,翡翠也有自己独立的进货渠道。从供货、设计、制作到成品,客户可以享受到最完善、放心的服务待遇。

5. 珠宝会所引发的争议

(1)争议一:高端珠宝会所不"高端"。

如果分析那些国外知名品牌成功运作的珠宝会所,不难发现,一个真正高端的会所必然有世间罕有的稀世珠宝产品,有国际著名的珠宝设计师及其不同凡响的作品,名流出入频繁,受明星大腕追捧,亦既有高端显赫的客户群,又有很强的品牌影响力与号召力,能给消费者带来高度的尊贵感与内心满足感,极具高端会所应有的尊贵性与私密性。

但对照国内目前开设的各家珠宝会所,就会发现,我们是真正的先天不足,即至少现在在国内还没有形成一个真正的高端珠宝品牌,能够与国际知名品牌乃至港资知名品牌抗衡。当然,我们可以在"形"上把会所做到高端,即具备国外知名珠宝品牌高端会所应有的"硬件"——如豪华的装饰、稀罕的珍宝等,但无法在"神"上做到满意,即不具备"软件"——一支有很强原创能力且有一定影响力的设计团队,更缺乏高端的原创作品,所以,很多珠宝会所就沦落为"土豪们"闲来聚会、听讲座、听音乐、品茶、品酒、抽雪茄之类的小圈子聚会场所,已远离了高端会所应具有的吸引高端客户群、以此带动更多消费群体的本来功能,不仅没带来高端客户群,更是把普通消费者也拒之门外。

(2)争议二:对会所的客户群认识"模糊"。

目前,在业内对所谓高端消费群体比较简单的划分标准是具备单次消费20万元以上消费能力的人,似乎很少从更深的层面去分析这些具备较强消费能力的人,实际上由于职业、受教育程度、所处的社会阶层等不同,其珠宝首饰的消费追求方面是有很大差异的,与土豪们一掷千金、竞相炫富的行为不同,有些人很理智,更重视珠宝首饰产品所具有的文化内涵与设计师的创意价值,而这些人应该是会所真正要争取的客户群。况且,"土豪们"在乎名气更大的国际品牌,如卡地亚、蒂芙尼等国际顶级品牌,哪怕珠宝会所提供更好的产品与精心的服务,也难以使他们成为你忠诚的客户。所以,真正要使珠宝会所成为品牌渠道营销的利器,就必须真正找准客户群,并培养好这些客户群,与他们成为朋友,甚至如亲人一样,预计会给企业带来难以预想的神奇效果。

(3)争议三:会所与卖场混为一谈。

会所顾名思义,其第一要义应该是聚会的场所,它可以是一种文化交流的场所,也可以是朋友间谈心娱乐的场所,以此来界定珠宝会所的概念,它首先应该是珠宝首饰文化交流与艺术品品鉴的场所,因此,商品的交易不应该是其首要功能,但这一点却是大多数会所容易混淆的。

有很多会所实际上就是珠宝大卖场,豪华装修,展柜、货柜一应俱全,当然少不了标价吓人的所谓极品珠宝,商业味极浓,文化味缺失,如何能在情感上引起客户的共鸣?

珠宝会所应该注重珠宝文化的展示,应该把交易交给店面去完成,实实在在地把会所当作朋友、亲人聚会交流的场所来经营,只要假以时日,一个忠诚的客户群自然就会形成了。

个案三:卡地亚年度珠宝展注重讲故事

2013年4月11日,卡地亚(Cartier)年度顶级珠宝展于台北登场,共展出超过200余件珠宝作品,同时现场布置了三座巴黎空运来台的装置艺术,以卡地亚历史著名的四位缪思为概念设计,搭配珠宝作品共同展出。

珠宝展以"Cartier Precious Muse——卡地亚珍爱缪思"为主题,回溯过去,卡地亚三兄弟的旅行——从巴黎、伦敦、纽约、印度及俄罗斯等地,寻找灵感并汲取各地文化,卡地亚将这些珍贵经验完整保存;而在每一个设计中,卡地亚都以史料为本,佐以丰沛创意,创作出每一个令人惊艳的作品。

在卡地亚珠宝设计的历史上,有四位著名的女性,以她们独有的风格引领潮流,也更因为她们钟情于卡地亚,成为卡地亚珠宝设计的灵感缪思。她们与卡地亚交织出的火花,为跨越时代风格的最佳诠释;她们诠释了卡地亚的不同风貌,卡地亚也由她们身上获得养分,进而演化、绽放出多元的设计风格;卡地亚也创造风格,并鼓舞世人展现自我风格。

专家简评:讲故事是奢侈品牌擅用、惯用的公关手段,将品牌所代表的精神、理念变成故事要素传达给消费者,让消费者感受品牌从不为人知到无人不知的过程中所代表的文化,并激发其为此支付产品价值之外的精神溢价,是奢侈品乐此不疲的做法。但将故事讲成史诗般传奇,想必只有卡地亚才能实现。

第三节 项目模拟:珠宝首饰关系营销专题策划

子项目一:寻找我的客户群

【思路】

假设你自己开设了一个首饰设计工作室,将如何建立客户群?

【提示】

从工作室所能开展的业务入手,结合自己擅长的设计领域与产品特色,据此来寻找自己的客户群。

子项目二:珠宝首饰公关活动策划

【思路】

为某一珠宝品牌做一份完整的公关策划文案,要求有一个明确、独特的主题,具体的活动要有创新,并有助于提升企业与品牌形象,促进产品推广与销售,扩大企业影响力,等等。

策划文案基本框架如下。

1. 标题

拟定一个清晰易懂的标题,可以"××公司××活动策划书"为标题,或以某一活动主题作为主标题,以"××公司××活动策划书"作为副标题。

2. 前言(或策划背景)

简明扼要地介绍组织策划这份文案的背景情况。需要交代本次策划是在什么背景下,出于什么需要来开展本次公关专题活动的,这是为后面开展具体的方案设计服务的,要让决策者明白本次策划的意义所在。

3. 调查分析(或 SWOT 分析)

在进行策划之前,需要对企业、品牌及其产品在珠宝首饰市场中所处的地位及基本形象进行调查分析(可以做 SWOT 分析),以明确下一步公关工作的重点和方向。

调查分析要注重调查对象的代表性,调查手段的适用性,调查方法的科学性,资料收集的真实性和全面性,分析结论的可靠性。

4. 公关目标

需要明确本次公关活动应达到的总体目标、分阶段目标等,主要从是否有利于企业的发展,是否能够提升品牌形象及影响力,是否可以从加强消费者对品牌的认同度、好感度、满意度、忠诚度等方面去提出具体的目标。当然开展公关活动必须围绕着企业的市场定位、品牌定位、产品定位等方面来开展,还需与当前的主流价值观和社会文化发展需要保持一致,更要与绝大多数公众的物质生活与精神追求相吻合。有时候,开展公关活动,也是为了针对企业经营方面存在的问题而开展的,主要是希望通过公关活动告诉公众,企业在努力、在进步,现在是该将企业取得的成果告诉大家的时候了。特殊的公关活动,就是公关危机的处理,更需要企业具有高度的智慧与应对能力。所以,明确公关目标,可以让公关活动思路更清晰、措施更得力、效果更明显。

5. 公关创意及说明

创意是公关活动成败的关键。创意是公关人员根据调查结论、社会组织形象特性和公众需求所进行的一种创造性思维活动,它是整个公关活动策划中的画龙点睛之笔。一个富有创意性的公关策划,能吸引和感染公众,使公关传播受到良好的效果。

创意的内容包括以下几个方面。

(1)活动主题。

(2)活动名称和项目。

(3)标语。

(4) 宣传册页。

(5) 专门设计的首饰作品或纪念品等。

活动主题要新颖,富有独特性和个性,有意境感和吸引力。

6. 媒介策略

公共关系活动过程也就是组织向公众的信息传播、双向沟通过程,因此,正确选择传播媒介是使活动取得成功的重要一环。媒介的选择要有针对性、可行性、有效性。

7. 活动计划

活动计划是对具体活动的指导。应根据各个活动项目分别制订各项活动计划。活动计划要有周密性、可操作性和具体性。

8. 经费预算

正确的经费预算是实施活动的保证。

经费预算要合理、全面、留有余地。

9. 效果评估

正确的评估本次活动的效果,有助于组织了解公关方案的实现程度,衡量公关活动的实际效果,调动公关人员的积极性,并为下一轮公关工作提供新的信息。

效果评估要依据目标,实事求是,并给出评估效果的方法。

10. 策划人署名及策划日期

子项目三:珠宝首饰会所设计方案

【思路】

引进或重新包装一个会所品牌,也可以以某一珠宝首饰品牌为会所品牌,锁定高端消费群,做一个高端的珠宝首饰会所设计方案。要求具有中国传统文化底蕴,能将珠宝首饰文化与中国传统文化很好地结合起来,并凸显该品牌文化与经营理念,全方位打造一个超凡脱俗、气定神闲的珠宝会所,让人们远离现代都市繁华喧嚣的纷扰,在此觅得须臾安静,在平和、安详、喜悦的氛围中,品鉴珠宝之美,领略别样风情,不知不觉中沉迷于会所专业、舒适的服务与消费体验给他带来的那份愉悦之中。

【提示】

可以单纯地做一个设计的文案,也可以寻求与空间设计、展示设计方面的专业人员合作做一个完整的方案(带设计效果图)。

【要点】

此方案首先要对项目概况作简要说明,然后,必须把握以下要点,并将之具体化。需要特别注意的一点,不要把珠宝首饰会所打造成一个以聚会交友为主的娱乐场所,也不要把珠宝会所仅仅当作珠宝高端卖场。

1. 选址及分析

简要描述会所选址的理由与目的。珠宝会所的选址一般都远离闹市,但交通要便利。

2. 会所定位与设计理念

会所的定位要明确,并准确锁定某一特定高端顾客群,使其在会所的互动交流与消费体验中体会尊贵感与内心满足,进而受到他们的追捧,以进一步提升品牌的影响力。同时,作为国内的高端珠宝会所,其设计要体现出中国元素,显扬中国传统文化的博大精深与珠宝首饰文化的璀璨瑰丽。精准的市场定位不是靠感觉就能找到的,需要深入的市场调查、周密的利益权衡,在细分目标市场和客源、有个清晰的规划后,珠宝首饰会所才能在市场环境、规划设计、功能布局、推广策划、服务系统等方面制定出符合目标客户群体的精准定位。

3. 会所产品的选择与专业队伍的配置

珠宝首饰会所产品种类往往集中在钻石、翡翠、和田玉、彩色宝石等珍品上,品级和价位较高,用以区分传统模式的货品结构。会所产品的选择,可以考虑引进稀缺珠宝或著名设计师的顶级作品,作为镇店之宝;其展示的其他产品也应全部是精品,并显示出产品稀缺、保值增值的特性,这也是满足国人注重珠宝投资、保值升值的愿望。

会所内除了自身配置的专业设计、加工及专业服务人员以外,还可以邀请国际或国内知名设计师入驻或加盟到会所辅助服务,以吸引顾客并形成自身日渐壮大的高端客户群。会所专业队伍的配置应当包括以下几个部分。

(1)专业设计与咨询团队:可聘请国内外知名的珠宝专家学者、首饰设计师、玉雕师、首饰工艺师组成专家团队,参与会所举办的珠宝知识与鉴赏、珠宝鉴定与评估等专业讲座,并提供个性化的首饰设计与制作服务。定制可以融入更多顾客的个人想法,可以更好地彰显佩戴者的个性,凸显佩戴者的气质;同时,定制过程既是一个专享的过程,也是实现顾客需求的过程。珠宝会所预备的高端产品和知名设计师相结合能够完全满足"高端定制"的定位需求。

(2)专业管理与沟通团队:作为会所的管理人员,不仅要求他们善经营、懂管理,还需要他们善于搭建人脉关系、公关能力强,并随着会所的持续经营,能建立起相对稳定、可靠的高端客户资源信息库,因此,这支队伍的能力如何,将成为会所经营成败之关键。

(3)专业营销与服务团队:进入会所的顾客,必然会有部分人对所内展示的珠宝首饰感兴趣或对某设计师及其作品感兴趣,并可能会产生消费需求,这时候,专业导购人员的能力如何就显得很关键,他们不仅要精通珠宝专业知识,还要熟悉会所内所有珠宝首饰展示品以及顾客所要了解的设计师及其作品的情况,并且要能说会道、服务热情、细致耐心、技能熟练。如何组建与培养专业营销与服务团队,这是会所开创之初就必须考虑的,并且在会所经营过程中可以通过培训不断加以完善与提高。珠宝首饰会所提供的服务不仅是优质的消费服务,还可以提供广泛的附加增值服务,这就需要专业设计与咨询专家团队紧密配合,来开展相应的服务或活动项目,比如专家鉴定咨询、珠宝文化大讲堂及专业知识讲座、定期的聚会活动、寄卖与拍卖与回购、珠宝投资与收藏、艺术品投资鉴赏沙龙、财富投资讲座、名人互动以及系统的跟踪服务等。珠宝首饰会所还能更深入地探讨珠宝文化,陶冶珠宝文化情操。

(4)外援助力团队:会所可以有目的地选择国内外的明星、商界精英、政要,作为其某一时期相对固定的外援助力团队。如:可以与明星签约代言其品牌或产品;赞助明星、商界精英或各级政要等佩戴其首饰产品出入重要活动场所,或邀请他们出席会所重大庆典、发布会等活动,以扩大会所及品牌的影响力。

4. 室内外空间设计及氛围营造

珠宝首饰会所的空间设计应当本着营造一个让人放松、心情愉悦,乐于在此交流、会友的珠宝消费与文化交流场所,因此,在区域分割与设定方面,要统筹兼顾高端顾客群的各方面心理需求。一般来说,会所内的区域分割大致可以从以下几个方面来考虑。

(1)展示区域:珠宝会所中展示的珠宝玉石作品,应当以艺术性展示为主,通过介绍作品的文化性和艺术性,展示其欣赏价值和艺术价值,提高客人对珠宝玉石的兴趣爱好与收藏欲望。

(2)讲演区域:给入驻会所的专业设计与咨询团队开设一个举办专业性演讲或作品小型展演的空间,这也是顾客们学习与交流的专业场所。若能将之培育成为会所常客们收藏珍品品鉴、展示与交流的场所,其意义将更重大。

(3)文宣区域:会所应具有普及珠宝首饰专业知识与文化的功能,因此,需要设立一个区域,以图文与实物的形式,对珠宝首饰的历史文化和珠宝玉石的形成、开采、加工以及工艺流程作精彩展示,同时,还需对珠宝首饰真假鉴别、会所文化、专家团队等进行宣传。

(4)传统文化体验区:可引入中国传统家具、茶文化及琴棋书画等元素,开设专门区域,作为入所顾客的休闲交流场所,配以必要的餐饮服务,并配备各种珠宝书刊与时尚杂志。

(5) 定制服务与私密交易区域：此区域专门为顾客个性化定制珠宝首饰或开展私密交易而设，因此，在空间设置时要兼具安全性与私密性的特点。

豪华舒适的空间氛围是珠宝首饰会所硬件的首要条件。珠宝本身就是艺术品，是一个文化产品，它蕴含丰富的文化气息。因此，要求会所的环境不仅仅只是体现奢华、气派、高贵与舒适，更重要的是要与珠宝文化有机地融合起来，把珠宝文化融入到会所的每个角落，让人感觉仿佛是走进了一个珠宝艺术文化的殿堂。

5. 异业联盟和口碑传播推广

珠宝首饰会所经营能否取得成功，关键在于搭建人脉。人们若因珠宝玉石结缘于会所，从此结下友谊，乃至收获爱情，会所就成了他们友情或爱情的圣殿。可这一切的关键在于会所有没有足够的吸引力，使之趋之若鹜。对于那些有多年传统商铺经营基础的珠宝首饰品牌来说，由于积累了一批高端消费人群，因此开展会所经营相对容易一些，它可以通过体验顾客的口碑进行传播推广。但对于自创的会所品牌来说，若要开发顾客群，则要困难得多。在人们不了解珠宝首饰会所，或有排斥倾向时，除了加强会所的宣传与推广以外，还需要搭建一些平台，借助外来力量，来吸引目标顾客。当前，比较有效的是异业联盟的形式，比如同高端汽车4S店、高尔夫俱乐部、银行VIP客户部、高端房产项目、丽人俱乐部、高端美容机构等合作，共同组织开展一些互惠互利的会员活动，进行珠宝会所产品的推广，以吸引高端人群。

另外，建立会员制度，实行规范化管理，积极开展会员活动，始终与会员保持紧密联系，互动交流，也是很有必要的一种管理与服务模式。若能通过与会员的广泛互动，使会员把会所当作他们的另一个家，会所就成功了。

第八章 珠宝首饰文化营销

第一节 理论、方法与策略基础

一、文化营销的基本概念

21世纪是世界经济和文化融合的时代,在全球化的背景下,企业及其产品的竞争已超越了传统意义上的技术与质量的竞争,产品同质化使得原先以技术与质量见长的企业失去了竞争的优势,而内在于企业或包含在产品深处的一种隐性的东西——文化,逐渐成为当今企业博弈的主要手段,更是企业形成核心竞争力的关键性因素。文化营销理论正是在这样的背景下产生的,并广泛被企业所接受与采用的。

文化除了直接作为商品、资产进入市场之外,还是现代营销的资本。文化服务、商品的文化内涵,正在成为提升商品价值的一种资产。而且在相当一些领域,文化营销资本甚至是货币资本、实物资本和土地资本的先导资本。

同样的商品,同样的价位,不同的营销策略,会取得绝然不同的营销业绩。而文化促销,越来越成为促销的利器。因此,在当今社会,相信不会有企业敢说其营销与文化无关。

目前,人们对文化营销至少有以下五种理解:一是对各种文化产品和文化服务的营销;二是利用各种文化产品或文化活动来促进商品销售;三是企业需要借助或适应不同地域特点的环境文化开展营销活动;四是企业把文化因素渗透到市场营销组合中,制订出具有文化特色的市场营销组合;五是企业应充分利用CI战略构建具有特色的企业文化来开展营销与管理。这里所指的文化营销主要指后四种。

文化营销中的文化一般从狭义上理解,主要包括语言、文字、文学、艺术、音乐、价值观、宗教信仰、道德规范、风俗习惯、行为方式等意识形态领域的内容以及物化的精神。我们把这些文化构成统称为文化资源。

众所周知,企业向消费者推销的不仅仅是单一的产品,因为产品在满足消费者物质需求的同时还满足消费者精神上的需求,给消费者以文化上的享受,满足他们高品位的消费。而这正是企业转变营销方式进行文化营销的原点所在。

文化营销以顾客的文化体验为诉求,针对产品(服务)和顾客的消费心理,利用传统文化或现代文化,形成一种文化气氛,有效影响顾客消费观念,促进消费行为的发生,进而形成一种消费习惯,一种消费传统。因此,文化营销实际上是把商品作为文化的载体,通过市场交换进入消费者的意识,它在一定程度上反映了消费者对物质和精神追求的各种文化要素。

文化营销既包括浅层次的构思、设计、造型、装潢、包装、商标、广告、款式,又包含对营销活动的价值评判、审美评价和道德评价。一方面表现为企业对以往文化成果的整合运用,另一方面又是企业在营销过程中不断创造新的文化的过程。

文化营销也是一种生产力。从小的方面来看,它借助文化手段,提炼出企业自身的独特文化,使之成为企业全体员工衷心认同的和共有的核心价值观念,进而引导人们的思维模式和行为方式,并借以吸引外部优秀人才来为本企业效力,以达到凝聚企业,促进企业不断发展之目的。从大的方面来说,企业最大的效益是由文化创造的。在知识经济这个时代,人们在消费物质形态产品的同时,更加注重消费文化形态的产品,因此,利用文化力营销,可以优化资源配置,推动经济发展,由此看来,文化营销是实实在在的生产力。

综上所述,我们可以给文化营销定义为:企业以满足消费者文化需求为导向,整合运用文化资源进行商品开发、品牌塑造与促销,旨在提高市场竞争力的一种营销方式。

二、文化营销的主要内容

企业的文化营销是一个整体、有机的系统。为便于理解,我们将之分为以下三个部分。

(一)企业文化建设

企业文化建设是企业文化营销的前提和基础,企业没有良好的、健康的、全面的文化建设,文化营销就成了无源之水、无本之木。

企业文化是企业长期生产、经营、建设、发展过程中所形成的管理思想、管理方式、管理理论、群体意识以及与之相适应的思维方式和行为规范的总和。它是企业领导层提倡、上下共同遵守的文化传统和不断革新的一套行为方式,它体现为企业价值观、经营理念和行为规范,渗透于企业的各个领域,也与企业内部的每个组织与个人密切相关。

企业文化建设是一项系统工程,是现代企业发展必不可少的竞争法宝。一个没有企业文化的企业是没有前途的企业,一个没有信念的企业是没有希望的企业。从这个意义上来说,企业文化建设既是企业在市场经济条件下生存发展的内在需要,又是实现管理现代化的重要方面。为此,应从建立现代企业发展的实际出发,树立科学发展观,讲究经营之道,培养企业精神,塑造企业形象,优化企业内外环境,全力打造具有自身特色的企业文化,为企业快速发展提供动力和保证。

建设企业文化,实际上就是要重新审视企业所遵循的价值观体系,根据长远发展战略重新建立起一套可以共享传承,可以促进并保持企业正常运作以及长足发展的价值理念、思维方式和行为准则。

企业文化建设的内容主要包括:物质文化、行为文化、制度文化、核心文化。

1. 物质文化

物质文化是产品和各种物质设施等构成的器物文化,是一种以物质形态加以表现的表层文化。

企业生产的产品和提供的服务是企业生产经营的成果,是物质文化的首要内容。其次企业的生产环境、企业容貌、企业建筑、企业广告、产品包装与设计等也构成企业物质文化的重要内容。

2. 行为文化

行为文化是指员工在生产经营及学习娱乐活动中产生的活动文化。指企业经营、教育宣传、人际关系活动、文娱体育活动中产生的文化现象。包括企业行为的规范、企业人际关系的规范和公共关系的规范。企业行为包括企业与企业之间、企业与顾客之间、企业与政府之间、企业与社会之间的行为。

3. 制度文化

制度文化主要包括企业领导体制、企业组织机构和企业管理制度三个方面。企业制度文化是企业为实现自身目标对员工的行为给予一定限制的文化,它具有共性和强有力的行为规范的要求。它规范着企业的每一个人。企业工艺操作流程、厂纪厂规、经济责任制、考核奖惩等都是企业制度文化的内容。

4. 核心文化

核心文化是指企业生产经营过程中,受一定的社会文化背景、意识形态影响而长期形成的一种精神成果和文化观念。包括企业精神、企业经营哲学、企业道德、企业价值观念、企业风貌等内容,是企业意识形态的总和。

(1)"参与、奉献、协作"的企业精神,是现代意识与企业个性相结合的一种群体意识。是企业经营宗旨、价值准则、企业信条的集中体现,它构成企业文化的基石。通常通过厂歌、厂徽、厂训、厂规等形象表现出来。

(2)"以市场为导向"的企业经营哲学:指企业经营过程中提升的世界观和方法论。是企业在处理人与人、人与物关系上形成的意识形态与文化现象。与民族文化、特定时期的社会生产、特定的经济形态、国家经济体制及企业文化背景有关。

(3)"以人为本"的企业价值观:是企业在追求经营成功过程中所推崇的基本信念和奉行的目标。体现在处理股东、员工、顾客、公众等利益群体的关系中,包括利润价值观、经营管理价值观和社会互利价值观。

(二)社会文化环境分析

企业分析和识别不同社会环境的文化特点是文化营销的中间环节及纽带,在企业文化建设的基础上,只有对不同环境的文化进行分析才能制订出科学的文化营销组合策略。

社会文化环境是指一个社会的民族特征、人口规模与地理分布、生活方式、文化传统、风俗习惯、语言、道德观、价值观、教育水平、社会结构、家庭关系等的总和。处于不同文化环境的人,在语言、宗教信仰、价值观念、思维方式、风俗习惯等方面都存在着差异,因此在营销活动中,企业必须重视各种文化环境因素的影响,分析并适应不同的文化环境。

企业对文化环境的分析过程是企业文化建设的一个重要步骤,企业对文化环境分析的目的是要把社会文化内化为企业的内部文化,使企业的一切生产经营活动都符合环境文化的价值检验,另外,企业对文化的分析与关注最终要落实到对人的关注上,从而有效地激励员工,有效地为顾客服务。

同时,社会文化环境也是影响企业营销诸多变量中最复杂、最深刻、最重要的变量,它影响和制约着人们的消费观念、需求与欲望、购买行为和生活方式。任何企业都处于一定的社会文化环境中,企业营销活动必然受到所在社会文化环境的影响和制约。为此,企业应了解和分析社会文化环境,针对不同的文化环境制订不同的营销策略,组织不同的营销活动。

企业营销对社会文化环境的研究一般从以下几个方面入手。

1. 教育状况分析

受教育程度的高低,影响到消费者对商品功能、款式、包装和服务要求的差异性。通常文化教育水平高的国家或地区的消费者要求商品包装典雅华贵,对附加功能也有一定的要求。因此企业营销开展的市场开发、产品定价和促销等活动都要考虑到消费者所受教育程度的高低,采取不同的策略。

2. 宗教信仰分析

宗教是构成社会文化的重要因素,宗教对人们消费需求和购买行为的影响很大。不同的宗教有自己独特的对节日礼仪、商品使用的要求和禁忌。某些宗教组织甚至在教徒购买决策中有决定性的影响。为此,企业可以把影响大的宗教组织作为自己的重要公共关系对象,在营销活动中也要注意到不同的宗教信仰,以避免由于矛盾和冲突给企业营销活动带来损失。

3. 价值观念分析

价值观念是指人们对社会生活中各种事物的态度和看法。不同文化背景下,人们的价值观念往往有着很大的差异,消费者对商品的色彩、标识、式样以及促销方式都有自己褒贬不一的意见和态度。例如,同一种款式的首饰,甲民族认为是美的,乙民族却认为是丑的;同一种色彩饰品,农村居民十分喜爱,城市居民却可能很少问津;同一种婚庆消费行为,在这个城市受热捧,而在另一个城市却可能被冷落。因此,企业营销必须根据消费者不同的价值观念设计产品,提供服务。

4. 消费习俗分析

消费习俗是指人们在长期经济与社会活动中所形成的一种消费方式与习惯。不同的消费习俗,具有不同的商品要求。研究消费习俗,不但有利于组织好消费用品的生产与销售,而且有利于正确、主动地引导健康的消费。了解目标市场消费者的禁忌、习惯、避讳等是企业进行市场营销的重要前提。

总之,无论在国内还是在国际上开展市场营销活动,企业都必须全面了解、认真分析所处的社会文化环境,以利于准确把握消费者的需要、欲望和购买行为,正确选择目标市场,制订切实可行的营销方案。特别是对要进军国际市场和少数民族地区的企业来说,这样做尤为重要。

(三)文化营销组合策略

有了优秀的企业文化和正确的对社会文化环境的分析与判断,企业再制订切实有效的文化营销组合策略,才可以取得满意的营销效果。如果忽视了前两者,只重视文化营销组合策略的运用,其结果只能是收效甚微。

所谓文化营销组合策略,可以理解为将文化元素植入到各种营销策略之中,或者说,在准确传达企业文化理念的基础上,把各项营销活动做得富有文化内涵,使之形成强大的文化营销力。从传统的市场营销组合策略来说,无论是产品策略、价格策略,还是促销策略、销售渠道策略,都可以创建其特色的文化,或者在统一的文化理念中各自发挥最大效能,并形成合力,以取得最大的营销效果。

本教材仅选取最能体现文化营销价值的三个方面,做进一步叙述。

1. 产品文化

产品文化是指以企业生产的产品为载体,反映企业物质及精神追求的各种文化要素的总和,是产品价值、使用价值和文化附加值的统一,又是一类消费者群体在某段时期内对某种产品所蕴含特有个性的定位。

产品文化主要包括三层内容:一是指人们对产品的理解和产品的整体形象,二是与产品文化直接相关的产品质量与质量意识,三是指产品设计中的文化因素。

中国的产品设计需要表达中国文化的精髓,以一种现在的智慧和形式。如果中国的时尚设计能够体现出当代中国的精神文化,那么不仅会在国内流行,同时也会在国际范围内得到广泛接受和认可,就像是中国的饮食,流行全世界!

2. 品牌文化

品牌文化是品牌在经营中逐步形成的文化积淀,代表了企业和消费者的利益认知、情感归属,是品牌与传统文化以及企业个性形象的总和。企业通过赋予品牌深刻而丰富的文化内涵,建立鲜明的品牌定位,并充分利用各种强有力的内外部传播途径形成消费者对品牌在精神上的高度认同,创造品牌信仰,最终形成强烈的品牌忠诚。拥有品牌忠诚就可以赢得顾客忠诚,赢得稳定的市场,大大地增强了企业的竞争能力,为品牌战略的成功实施提供强有力的保障。

与企业文化的内部凝聚作用不同,品牌文化突出了企业外在的宣传、整合优势,将企业品牌理念有效地传递给消费者,进而占领消费者的心智。品牌文化是凝结在品牌上的企业精华。

一个品牌能否成功或者说能走多远,不单单依靠企业的经济实力,而是看品牌有没有强大生命力的文化。做品牌就是做文化,品牌只有注入文化才能与消费者更好地沟通,才能与竞争品牌形成区别,才能更加节约传播成本。

品牌只有具有了触动消费者内心的核心价值观时，才能引发消费者共鸣，一个品牌才能真正的活在消费者心中。

品牌文化的核心是文化内涵，具体而言是其蕴含着深刻的价值内涵和情感内涵，也就是品牌所凝炼的价值观念、生活态度、审美情趣、个性修养、时尚品位、情感诉求等精神象征。

品牌文化的塑造通过创造产品的物质效用与品牌精神高度统一的完美境界，能超越时空的限制带给消费者更多的高层次的满足、心灵的慰藉和精神的寄托，在消费者心灵深处形成潜在的文化认同和情感眷恋。在消费者心目中，他们所钟情的品牌作为一种商品的标志，除了代表商品的质量、性能及独特的市场定位以外，更代表他们自己的价值观、个性、品位、格调、生活方式和消费模式；他们所购买的产品也不只是一个简单的物品，而是一种与众不同的体验和特定的表现自我、实现自我价值的道具；他们认牌购买某种商品也不是单纯的购买行为，而是因为品牌所能够带来的文化价值及心理利益的追逐和个人情感的释放。因此，他们对自己喜爱的品牌形成强烈的信赖感和依赖感，融合了许多美好联想和隽永记忆，他们对品牌的选择和忠诚不是建立在直接的产品利益上，而是建立在品牌深刻的文化内涵和精神内涵上，维系他们与品牌长期联系的是独特的品牌形象和情感因素。这样的顾客很难发生"品牌转换"，毫无疑问是企业的高质量、高创利的忠诚顾客，是企业财富的不竭源泉。

品牌文化代表着一种价值观、一种品位、一种格调、一种时尚、一种生活方式，它的独特魅力就在于它不仅仅提供给顾客某种效用，而且帮助顾客去寻找心灵的归属，放飞人生的梦想，实现他们的追求。在这个互联网时代，消费者与企业的关系发生了逆转，品牌必须直面现实，你的品牌属于消费者，必须与消费者积极交流。如何让你的品牌与消费者交流，这时候文化成为与消费者沟通的桥梁。

品牌文化的塑造要遵循以下两个原则：一是这种文化要适合产品特征。产品都有自己的特性，如在什么样的场景下使用，产品能给消费者带来什么利益等。品牌文化要与产品特性相匹配，才能让消费者觉得自然、可接受。有的时候，品牌经营者采用的是品牌延伸策略，即一个品牌下有许多品种的产品，这时就要抓住产品的共性。二是这种文化要符合目标市场消费群体的特征。品牌文化要从目标市场消费群体中去寻找，要通过充分考察他（她）们的思想心态和行为方式来获得。只有这样，这种品牌文化才容易被目标市场消费者认同，才能增强品牌力。

为了塑造合适的品牌文化，可以根据对社会文化环境的准确分析与判断，与不同的文化相结合，进而创造出自身独特的品牌文化。如服饰、运动产品在品牌文化中引入时尚的内容，创造出一种品牌时尚文化。但是，要特别注意的一点是，在借助和创造时尚的同时，也应考虑到时尚的消退。一个有效的措施是在时尚成为高潮时，就有意识地转换营销策略，引导消费者将这种时尚转化为日常生活的一部分。对珠宝首饰品牌来说，将我国优秀的民族传统文化融入品牌文化，更易让大众产生共鸣。如很多中国传统的节日体现的是浓浓的亲情和家族文化；国人的婚丧嫁娶、衣食住行等很多风俗、仪式也都体现着文化的精神内涵；很多故事、典故、寓言和英雄也都从不同层面反映和传承着文化；还有各民族独特的民族文化以及不同的地域文化等，这些精神、风俗、仪式和群体结合在一起，就构成了从深层到表层的中华文化。如果企业能很好地将其品牌与我国民族文化有机地联系在一起，必将塑造出一个成功的品牌与企业。

在塑造品牌文化时，必须注意其与产品文化的区别。品牌文化是指品牌本身的文化建设，而产品文化则是指与产品特性相关的文化建设。从两者的差异来看，产品文化建设很容易被竞争对手仿效，而品牌本身的文化建设则为企业所固有，竞争对手很难利用和模仿，只要品牌进行过规范的商标注册，那么品牌将受到法律的保护，品牌文化也就受到了保护。

3. 服务文化

服务文化是企业在长期对用户服务的过程中所形成的服务理念、职业观念等服务价值取向的总和。理念系统是服务文化建设基础,是服务文化的精神内核,是影响服务中一切问题的根本,根植于服务理念中产生的服务态度、行为,对服务素质、技能的要求、服务体制、标准的制定以及服务设施建设,都将对企业最终的服务质量和服务形象产生影响。对珠宝首饰企业来说,建立具有自身特色的服务文化,显得尤为重要。

服务文化应该主要包括以下工作内容。

(1)服务文化评估:客户满意调查、内部满意调查、服务能力调查、服务文化效果评估。包括产品:服务文化调研报告。

(2)服务文化设计:服务理念、服务行为。包括产品:服务文化手册、服务能力模型。

(3)服务文化规划:目的与原则、阶段推进计划、保障措施。包括产品:服务文化三年(五年)规划、服务文化推广实施计划、服务文化深植方案。

(4)服务能力建设:培训与辅导、跟踪、阶段测评。包括产品:培训教案、跟踪测评报告。

(5)服务氛围营造:环境应用、案例编写、活动。包括产品:服务文化可视化设计、服务文化故事集、活动方案。

(6)服务品牌塑造:品牌命名、品牌设计、品牌推广。包括产品:品牌名称、品牌 Logo 及 VI、服务品牌手册。

对于现代企业而言,要生存发展,就必须实施服务转型。这是一种传统服务向现代服务的升级,以我为中心的官僚文化向顾客导向的服务文化的转型。优秀的企业得益于企业家高度的服务文化自觉,卓越的企业首先是适时转型的服务型文化的品牌企业,优秀的企业家都是文化意识很强、善于超越自我自觉实施文化经营的佼佼者;名牌企业的名牌是靠优质的服务文化感动顾客的。

另外,文化营销也体现在企业的其他营销策略中。如包装文化,如果产品包装设计新颖独特,有文化内涵,则可以使得该产品更具文化价值、审美价值,更能吸引与满足消费者的心理愉悦感,不仅可以促进销售,也无形中提升了商品的附加值。又如网络营销文化,企业不仅需要建设一个具有文化魅力的网站,更需要进行适合于在网络传播的一系列文化营销策划,在商品信息发布、广告宣传、促销手段以及网络营销中支付、交货的服务等诸方面融入文化要素,以建设符合 e 时代文化理念的营销文化,才能有效实现文化营销的最佳业绩。

三、CI 设计

心理学研究表明,一个人在接受外界信息时,视觉接受的信息占全部信息量的 83%,11% 的信息来自听觉,所以在企业文化的建设和传播过程中,视觉形象是广泛传播企业文化、理念的重要载体。纵观国内大小珠宝首饰企业品牌,企业形象识别模糊是通病,无论是从企业名称还是标识,甚至是企业的理念、产品设计的风格,均有很多雷同化,而实际上经过 20 多年的发展,有很多国内珠宝首饰企业,拥有了较高的品质和服务,如果依然在企业与品牌形象建设方面,与自身的地位、战略风格不匹配,则会严重制约企业的进一步发展,很可能在新的一轮大洗牌冲击下,失去其市场优势与地位,甚至被淘汰。因此,建立一套科学的、视觉冲击力强的、国际化企业形象系统已经是当前国内珠宝首饰企业的当务之急。

(一)CI 设计的概念

CI,也称 CIS,是英文"Corporate Identity System"的缩写,目前一般译为"企业视觉形象识别系统"。CI 设计,即有关企业视觉形象识别的设计,包括企业名称、标志、标准字体、色彩、象征图案、标语、吉祥物等方面的设计。

CI 设计是 20 世纪 60 年代由美国首先提出,70 年代在日本得以广泛推广和应用,它是现代企业走向整体化、形象化和系统管理的一种全新的概念。其定义是：将企业经营理念与精神文化，运用整体传达系统（特别是视觉传达系统），传达给企业内部与大众，并使其对企业生产一致的认同感或价值观，从而达到形成良好的企业形象和促销产品的设计系统。

CI系统是企业大规模化经营而引发的企业对内对外管理行为的体现。在当今国际市场竞争愈来愈激烈，企业之间的竞争已不是产品、质量、技术等方面的竞争，已发展为多元化的整体竞争。企业欲求生存必须从管理、观念、现象等方面进行调整和更新，制订出长远的发展规划和战略，以适应市场环境的变化。现在的市场竞争，首先是形象的竞争，推行企业形象设计，实施企业形象的竞争，推行企业形象设计实施企业形象战略。为统一和提升企业的形象力，使企业形象表现出符合社会价值观要求的一面，企业就必须进行其形象管理和形象设计。

CI设计系统是以企业定位或企业经营理念为核心的，对包括企业内部管理、对外关系活动、广告宣传以及其他以视觉和音响为手段的宣传活动在内的各个方面，进行组织化、系统化、统一性的综合设计，力求使企业所有这方面以一种统一的形态显现于社会大众面前，产生出良好的企业形象。

CI作为企业形象一体化的设计系统，是一种建立和传达企业形象的完整和理想的方法。企业可通过CI设计对其办公系统、生产系统、管理系统，以及经营、包装、广告等系统形成规范化设计和规范化管理，由此来调动企业每个职员的积极性和参与企业的发展战略。通过一体化的符号形式来划分企业的责任和义务，使企业经营在各职能部门中能有效地运作，建立起企业与众不同的个性形象，使企业产品与其他同类产品区别开来，在同行中脱颖而出，迅速有效地帮助企业创造出品牌效应，占有市场。

CI系统的实施，对企业内部，可使企业的经营管理走向科学化和条理化，趋向符号化，根据市场和企业的发展有目的地制定经营理念，制定一套能够贯彻的管理原则和管理规范，以符号的形式参照执行，使企业的生产过程和市场流通流程化，以降低成本和损耗，有效地提高产品质量。对外传播形式，则是利用各种媒体统一性地推出，使社会大众大量地接受企业传播信息，建立起良好的企业形象来提高企业及产品的知名度，增强社会大众对企业形象的记忆和对企业产品的认购率，使企业产品更为畅销，为企业带来更好的社会效益和经济效益。

(二) CI系统的构成

CI系统是由理念识别(Mind Identity，简称MI)、行为识别(Behaviour Identity，简称BI)和视觉识别(Visual Identity，简称VI)三个方面所构成。

1. 理念识别(MI)

它是确立企业独具特色的经营理念，是企业生产经营过程中设计、科研、生产、营销、服务、管理等经营理念的识别系统，是企业对当前和未来一个时期的经营目标、经营思想、营销方式和营销形态所作的总体规划和界定，主要包括企业精神、企业价值观、企业信条、经营宗旨、经营方针、市场定位、产业构成、组织体制、社会责任和发展规划等。属于企业文化的意识形态范畴。

2. 行为识别(BI)

它是企业实际经营理念与创造企业文化的准则，对企业运作方式所作的统一规划而形成的动态识别形态。它是以经营理念为基本出发点，对内是建立完善的组织制度、管理规范、职员教育、行为规范和福利制度；对外则是开拓市场调查、进行产品开发，透过社会公益文化活动、公共关系、营销活动等方式来传达企业理念，以获得社会公众对企业识别形式的认同。

3. 视觉识别(VI)

它是以企业标志(Logo)、标准字体、标准色彩为核心展开的完整、体系的视觉传达体系，是将企业理念、文化特质、服务内容、企业规范等抽象语意转换为具体符号的概念,塑造出独特的企业形象。视觉识别系统分为基本要素系统和应用要素系统两方面。

(1)基本要素系统主要包括:企业名称、企业标志(Logo)、标准字体、标准色彩、象征图案、宣传口语、市场行销报告书等。

(2)应用要素系统一般包括以下部分。

A.导视系统(户外、户内):欢迎牌、企业标牌、导视水牌、企业整体平面图、建筑指示牌、道路行车指示、门牌等。

B.户外展示、广告、宣传系统;霓虹灯、灯箱、灯杆刀旗、阅读栏、车体展示、大型广告牌、旗帜、海报、报刊等。

C.办公用品系统:国内外信封、信纸、传真纸、便签、格式文件、文件袋、文件夹、笔记本、工作证等。

D.服装、识别系统:门店统一形象识别、产品包装、员工制服、工作服、胸牌等。

E.礼品系统:企业形象礼品、赠品、手提袋、文化衫、台历、挂历等。

在 CI 设计系统中,视觉识别设计(VI)是最外在、最直接、最具有传播力和感染力的部分,最容易被社会大众所接受,占据主导地位。

VI 设计是将企业标志的基本要素,以强力方针及管理系统有效地展开,形成企业固有的视觉形象,是透过视觉符号的设计统一化来传达精神与经营理念,有效地推广企业及其产品的知名度和形象。因此,企业识别系统是以视觉识别系统为基础的,并将企业识别的基本精神充分地体现出来,使企业产品名牌化,同时对推进产品进入市场起着直接的作用。VI 设计从视觉上表现了企业的经营理念和精神文化,从而形成独特的企业形象,就其本身又具有形象的价值。

(三)基本元素设计应遵循的原则

(1)要能担当公司理念、精神的象征。

(2)可以长久使用,与公司远景相适应。

(3)易于识别,具有艺术的美感。

(4)与其他行业具有良好差别性。

(5)无类似。

(6)放大、缩小、黑白、阴阳变化时不会改变感觉。

在企业形象设计中,最为重要的是企业标志、标准字体、标准色彩和吉祥物。只要确定了这四种元素,其他的应用设计就会水到渠成。

四、文化营销的实施

在实施文化营销过程中应该注意:①人性化,即符合、满足人的精神需求;②个性化,即要有企业自己的声音;③社会性,即充分挖掘社会文化资源并回归社会;④生动性,即营销技术要灵活、创新、形象、易传播;⑤公益性,即营销活动必须对社会公众有益。将文化有机融进营销,就像将钻石镶进白金戒指,形成 1+1>2 的社会价值。

第二节 项目:珠宝首饰文化营销个案解读

珠宝自古以来都是与文化交相辉映的。女娲炼石补天,造就了一个美丽的传说;和氏献璧,讲述了一个慧眼识宝的传奇故事。今天,珠宝也早已不再为王公贵族所独享,无论你身处何地,珠宝正以前所未有的文化形态向你走来,拥有珠宝、佩戴珠宝已成为一种文化、一种时尚、一种生活态度。

从奇缘天成的钻石到鲜红似火、清澈透蓝的红蓝宝石;从青翠欲滴的祖母绿到斑斓多姿的金绿宝石;从玉石之王翡翠到晶莹剔透的水晶,凡是宝石,就有其美妙传神之处、就有其独特的文化内涵。但是如果我们将之制作成珠宝产品,却缺失了文化底蕴,它依然只是一堆美丽的彩色石子。因此,作为珠宝首饰产品的设计师与营销人员,不仅要欣赏珠宝的华贵和璀璨,更要对珠宝文化具有超乎寻常的感悟,要将珠宝与陶冶性情、修身养性融为一体,方可达到人物相宜、境界不凡。

以下选取几个有典型意义的文化营销个案，来帮助我们更好地理解文化营销在珠宝首饰生产与营销中的实践应用。

案例一：赋予产品以文化内涵
——美伊(Maylee)推出佛文化系列和田玉珠宝

1. 品牌简介

一个十二年来坚持玉石时尚化概念，演绎中国人自己的珠宝首饰文化，独树一帜的"中国风"品牌。

美伊(Maylee)，运用中西合璧的设计理念和精湛的现代工艺，对八千年历史的中国玉石消费文化进行了全新定位，时尚化、时装化、大众化的全新商品属性，精确地对接了现代女性的时尚消费需求。

美伊(Maylee)，每一件产品都与玉石结缘，每一个设计创意都源于博大精深的中华文化，每一款寓意都会满足人们内心深处的精神寄托！

"美由心生、伊人如玉"，是美伊(Maylee)品牌永续追求的核心价值，它精彩地诠释了美的真谛，真正的美是集品德、气质、修养于内心，并由内而外地散发出温润人心的优雅气息，就如一块美玉。

2012年初，美伊品牌迎来第三次全面升级，从形象、品牌定位、产品线到终端销售，都进行了全面完善和提升，焕然一新的品牌面貌更精准地对接目标消费群，全力打造时尚玉文化专业品牌。

目前，在全国大型时尚百货公司拥有100多家连锁专柜。连续多年被中国珠宝玉石首饰行业协会授予"放心示范店"资格，同时被授为理事单位。

2. 特色产品：佛文化系列和田玉珠宝

佛文化作为中华传统文化的重要组成部分，对中国人民的精神和面貌影响深远。

当代高僧净空法师在《认识佛教》中认为：佛教就是幸福美满的教育。"佛"，从它的本体上来说是"智慧"，从它的作用上来说是"觉悟"。事实上，佛教是贯穿古今的心灵鸡汤，是对生活圆满的期许。所以，东方人用佩戴与佛相关的各类饰品的方式，来表达自己对美好人生的向往和追求。

现代佛家文化中，能为现代人所用的理念非常之广。美伊(Maylee)认为，明心见性对我们现代人来说，最具有实践意义。也与美伊"美由心生、伊人如玉"的品牌理念相吻合。

同时，随着社会复杂程度的演进，人们普遍滋生出各种负面情绪，从而影响了个人及社会生活。针对此种情况，佛学喻人要居安思危、洁身自好，让内心充满安定祥和，从而保持积极健康的心态，获得心灵平静祥和的生活。而这正与和田玉纯净、温和的玉性相吻合。因此，无论从

文化还是特性上,和田玉都是与佛学本质最为贴近的材质。

1) 美伊(Maylee)精品和田玉佛珠

佛珠是佛教用品中的珠子,是佛教徒在念佛时为了摄心一念而拨动计数的工具。佩戴圆润的佛珠,提醒世人坦然应对各种境遇,善调己心,遇事圆润。不忧不怖,不骄不躁,减少不健康心理对自己的控制。

美伊(Maylee)女款青白玉"加慧圆满"108颗和216颗,母珠和隔珠采用佛教七宝之首的红玛瑙。佛珠108颗是最常见的数目,为了表示求证百八三昧,断除一百零八种烦恼,从而使身心能达到一种寂静的状态。216颗表示两串108颗佛珠连在一起。

美伊(Maylee)男款青玉"青龙献瑞"14颗和16颗和田玉精品佛珠手串。母珠采用佛教七宝之首的黑玛瑙。14颗表示观音菩萨的14种无畏。16颗表示佛家的16种智慧。勇敢和智慧,充分体现男人的内心力量。

2) 美伊(Maylee)银镶和田玉佛公

佛是佛教文化的重要一部分,是佛教精髓所在,也是东方传统文化结晶的产物,自古以来玉佛已经成为人们的辟邪祈福的常用佩戴饰物。

传统习俗为"男戴观音女戴佛",认为女子带佛尤其好。"佛"谐音"福",女子佩戴可以沾福气。另外,佛为男性形象,常慈眉善目,肚量大,古语有云"大肚能容,容天下难容之事;开口就笑,笑世上可笑之人",与女子形成阴阳互补,借以帮助女子培养开阔的胸怀,凡事大度想得开的心境,让女子保平安增富贵,促进家庭好运。

美伊(Maylee)银镶和田玉佛公,具有独特的设计风格,金玉巧妙结合。以925白银层次浮雕精工打造的佛公端庄慈目,面带福相,和田玉饱满圆润,整体看上去细节感十足,观之令人平心静气。

案例二：打造企业特色文化
——禧六福珠宝之人生六大福

禧六福珠宝一直以"中国第一福文化"而著称于世，在经过百年的洗礼和磨砺中，结合中西方的珠宝工艺特色和传统文化精髓，经过不断的推敲和汲取，终成自身品牌的福文化基因。

福是什么？从福字的造字法分解来看，左右结构，左边为示，右边有一口田，一个家庭、一个人有着属于自己的一口田那就能代表福；古人有理解为寿终正寝、儿孙满堂、妻贤子孝、人丁兴旺、家运昌隆约为福。福的内涵极为丰富，又很有弹性，禧六福对"福"文化的理解是："人们对美好生活的祈求和设想，以及由此而衍生的一切文化元素。"

禧六福珠宝结合传统福元素，取其精华创造成自身独特的福文化。有爱有果为新婚福；有生有长为生日福；施恩感恩为感恩福；身体安康为健康福；开基创业为功禄福；无灾无病为平安福，六福和合，即为禧六福。禧六福珠宝把人生福运提炼成为此六大福，把人生百态福气浓缩为精华。无论在哪个城市、哪个地方，大家都能轻易地记住，辨析此六大福。

生命的充盈和幸福，从爱的源头开始——新婚。新婚是爱情的升华，是爱的一种永恒责任，从此感知生活的点点滴滴。当钟声敲响的时候，在亲朋好友的见证下，新人许下一生不变的爱情誓言，携子之手，与子偕老。婚姻是爱情的结果，也是人生的考验。当人生之旅开始起航，我们懂得了生活的初衷。十年修得同船渡，百年修得共枕眠，婚姻是一块田地，要相爱的人相互浇灌，才能长出绿油油的菜苗，才能积累更多的福气。其实幸福很简单，爱就是宽容、懂得、欣赏、包容，这才是人生之福也——新婚福！

六福之一——生日福，从呱呱落地到年老古稀，在我们满周岁开始，生日就伴着我们，每一年每一次，都是生命的一个铭记。年年有今日，岁岁有今朝！无论小孩、青年、中年、老年，每个人都会记住生日这天，有亲朋好友、同事的祝福，有满桌的酒菜，有摇曳的烛光和蛋糕，有微笑后露出的幸福笑脸，这些简单的祝福在生活中已经很常见了，也是每个过生日之人感觉最特别的日子，最有福气的日子。生活中因为生日这个特别的日子让人倍感温馨，因为生日这个值得纪念的日子而感觉世间充满了爱。

伴着第一声啼哭,我们来到了这个世界上。生活中的平淡,我们找到了温暖;从成长中,我们找到了坚强,从失败中我们找到了成功的距离;从失落中找到希望,从无助中找到了扶持……生活本来就是一个不断成长的慢慢旅程,生活就是一首唱着高低音符的歌曲,生活中有太多的感动,当我们静下心来,慢慢的回味,才能真正发现,怀着感恩的心去品尝生活的酸甜苦辣,对所有的这一切我们心存感激。学会感恩,学会理解爱,懂得爱,给予爱,奉献爱,学会用宽大的胸怀去拥抱这个世界,我们会发现人世间的真善美。学会感恩,才会发现生活的感人之处,珍惜现在的生活,人生的道路中时刻感恩,会发现每天的朝阳升起来就是美好的一天。感恩福——学会施恩感恩,人生福气绵绵不绝。

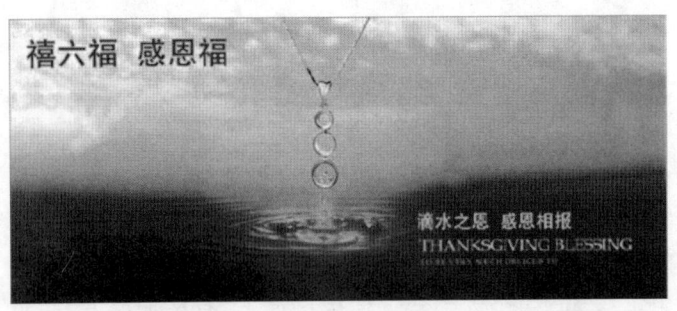

人生最大的财富是什么?有的人想拥有很多钱、帅气、美貌、权利等。但这都是人的欲望而产生的,在得到这些的时候,还是感觉生活缺少了一部分,甚至不满足。其实人生最大的财富是健康,身体是革命的本钱。拥有健康的身心,强壮的体魄,你才有人生的幸福,才有一切的开始。如果没有健康,所有的事情都是零而已,也无从开始。我们要保持良好的心态和乐观的精神面貌,积极地面对生活,笑对人生。无论多忙,也抽点时间锻炼自己的身体。在身心健康的情况下,我们才有精力去做自己喜欢的事情,去完成工作,达到自己的人生目的。健康福——人生中最大的财富之福。

古今成功者,宽容大度,心态乐观,坚持不懈,有自己的目标。从高考、考托福、考雅思;从工作升迁,项目谈成;从官运亨通,事业成功……都会得到公司、同事、亲朋好友的祝贺,大家都会为你的成功而高兴,为你送上美好的祝福。每一个成功的背后都有一段艰辛的故事,比别人多许多汗水和努力。他们都用自己的行动告知人们:要自信,相信自己,世界上最重要的人是你自己,你才是命运和成功的主宰者。开基创业之功禄福,给你的人生画上绚丽的色彩,给你的生命激荡出浪花,给你的生活添上福气。

"天有不测风云,人有旦夕祸福。"这是人生的常态,无论生命的长短如何,每个人都不愿轻易失去,支撑它的必定是平安;生命是无价的,最可贵的必定是平安。健康是基本,平安是根本。出入平安,出门在外祈求平安,生活中的每一件事情都盼望平安,一切顺利。无灾无病,无痛无失——平安福。平安,是一个抽象的东西,虽然摸不着看不见,但我们时刻都需要它。平安在身旁,福气永不断。用正直的心,宽容的心,关爱的心,去面对生活的每一件事情,平安就无刻不在,带给你福运。

人生六大福:新婚福、生日福、感恩福、健康福、功禄福、平安福,即为禧六福六大福。一览天下福,禧六福集天下之大福,汲取人生常态,人生福气,结合自身品牌发展趋势,浓缩为此六大福运。不仅把公司品牌注入深厚的福文化,设计风格演绎中国福文化,而且每件产品的设计,制作,生产都是以福元素为核心,精心打造福饰品。禧六福

珠宝之人生六大福给人们带来更多的喜气、福运。身体健康是福气,家庭和睦是福气,日子平安是福气,国泰民安是福气,生逢盛世也是福气。让我们一起高举"福",一起发扬"中国第一福文化",让世间充满更多的爱,更多的福气。

禧六福珠宝以"福文化"为旗帜,这几年的飞速发展已经得到业内人士的认可和广大消费者的追捧。在店面装修上,都是以浓浓的"禧""福"文化为主要元素,天花板上大大的"福符号",墙面设计的"囍"字,柜台古香古色而不缺乏时尚的色调,都透着"禧""福"的气息,让每一个进店的顾客身临福境,在愉悦购物的同时享受"请福""祈福""送福"的真实体验。在产品方面,从设计、起版、制作到出版,每一件产品都以福元素为主题,倾注更多的福运,每一件珠宝都是一个故事,每一件都是传福送礼的佳品,"禧""福"文化也遍布全国各地,名扬四海。

案例三:特色文化助力营销
——嘉华婚爱珠宝:让主题文化带动情感消费

嘉华婚爱珠宝是中国珠宝界历史最为悠久的驰名品牌之一,创建于清朝嘉庆年间(1799年)。"嘉"一始于嘉庆之时,二喻美好之意;"华"乃中华,以表达其为中华之瑰宝。

嘉华婚爱珠宝以"打造中国人最喜爱的结婚钻戒,弘扬中华民族优良传统的婚姻爱情文化"为品牌使命,旨在用珠宝首饰作为载体,传播中国传统优良的婚姻爱情文化,让每一件首饰都能见证美满婚姻,守护幸福家庭。

正是由于注入了婚爱文化元素,嘉华才具备强劲的竞

争力,加盟商、消费者的共同选择,便是看中了嘉华的特色品牌文化,以及被嘉华产品所蕴含的美好寓意、嘉华文化中的爱和责任所吸引。

1. 专注主题文化提升品牌认知

打造一个有文化的珠宝品牌,非一夕之功,需要在方方面面做足功课。

产品方面,嘉华专注为恋爱、订婚、结婚、结婚周年纪念的婚爱群体提供高品质、高附加值的珠宝首饰,每一件产品从款式、设计元素到取名寓意都围绕嘉华宣扬的婚爱文化,完美表达嘉华对婚姻的坚守和承诺;在终端店铺形象上突出喜庆、吉祥的气氛,在店内布置、柜台、道具等展示上都体现嘉华品牌文化,使消费者一进店就能够感受到浓浓的婚爱文化氛围;同时,嘉华亦不断深入挖掘东方优良传统的婚爱文化精髓,并将其物化演绎,落到店面形象、产品、营销活动的实际中去。

百年婚姻,多少世事变迁!嘉华婚爱珠宝一路相伴,见证了数千万对夫妇美满幸福的婚姻,融会了最珍贵的感人情感经历,具有了人的灵性。嘉华婚爱珠宝二十四字婚爱真言——"浪漫忠贞,包容互爱;风雨同舟,不离不弃;白头偕老,幸福一生"承载着嘉华对美满婚姻、牵手百年的祝福!2011年5月,嘉华婚爱珠宝签订黄磊、孙莉为品牌形象代言人的合约,揭开嘉华品牌发展的崭新篇章!

2. 产品研发很有"爱"

嘉华婚爱珠宝传承中华民族优良传统文化精髓,先后推出了独具新古典主义风格的"家有喜饰""国喜皇饰""包

容互爱""轮回""轻舞""天鹅恋曲""乾坤"等特色婚爱主题系列新品,并在行业内开创"姻缘戒"产品品类,表达了嘉华对甜蜜爱情和美好婚姻的真挚祝福,深受消费者喜爱!

嘉华的很多产品,尤其是主题系列产品,非常具有文化内涵。如 2010 年推出的"家有喜饰"系列,产品的设计灵感取自古代的器物"如意",寓意吉祥,制作时,将贵金属和钻石搭配,结合东方元素,沿袭时尚路线,采用先进工艺,打造出彰显新生活的珍贵佳作,把家本身蕴含的幸福和美满精神都发挥得淋漓尽致。它截取了人生的三个不同时期的喜庆片段:喜结连理、喜添新丁和金榜题名,以此唤起人们对幸福的追求与向往。

2011 年嘉华推出"姻缘戒"主题系列新品,以姻缘为主题,以佛教法器——"转经筒"为主要设计元素,将藏族文化融入到首饰设计,独特的创意赋予了产品与众不同的内涵。

戒指上的红玛瑙代表月老牵姻缘时用的红线,牢牢圈住了命中注定的两个人。用佛教经典语言"梵文"篆刻的"浪漫忠贞,包容互爱;风雨同舟,不离不弃;白头偕老,幸福一生",是嘉华为天下美满姻缘的祈祷。作为点睛之笔的钻石,是千百年来爱情永恒的象征,代表了婚姻中的热情、浪漫、忠贞。能够飞快旋转的姻缘戒是人们寄托信仰的信物,代表了人们对美好姻缘的向往。戒指每旋转一次便如同默诵了一遍爱的心经,它散发的强大磁场能量会护佑佩戴之人寻觅到此生真爱。

2012 年嘉华推出"红线"系列,以中国传统文化中代表姻缘的"红绳"为设计元素,用时尚的手法和创新的材质将东方元素时尚表达,完美表现和诠释"千里姻缘一线牵"这一古老的概念。产品以 K 金、钻石、红绳为主要材质,外形设计上采用现代感强、轻松、优雅的造型,同时在工艺上进行创新,红绳的运用,突破了珠宝首饰以贵金属和宝石为材质的传统工艺,更能突出产品主题,烘托喜庆吉祥的气氛。

3. 营销活动很有"爱"

嘉华自 2007 年开始启动了大型"百年结婚证书展"活动,宣扬嘉华婚爱文化。该展将嘉华历代掌门人收藏的从清朝、民国至新中国成立后不同时期的近 100 幅婚书进行文化包装,复原它们特殊的时代背景和文化内涵,制作成一幅幅精美的展板,有计划地在全国进行巡回展出。目前已经走过了六七十个城市,所到之处均掀起一股热潮,吸引了许多市民前来观看,当地新闻媒体纷纷报道。大家都表示没想到婚姻文化还有这么丰富的内涵,惊讶于嘉华婚爱珠宝深厚的文化底蕴。很多媒体和参观者都向嘉华反馈说这种活动很有意义。

它对老年人来说是一种回顾,对年轻人来说具有教育意义,让人们更加了解中国婚爱文化的历史变迁。2012年,嘉华将此活动升级为"婚爱文化节",结合嘉华四个年代婚礼秀、东方婚爱文化博览会等活动,扩大规模和影响,在湖南娄底、河北迁安、山东海阳等地掀起婚爱文化的热潮。

玉雕图案的文化解读

爱情是千古的话题,许多忠贞不渝的爱情故事代代相传。爱情忠贞、婚姻美满、家庭幸福、子孙兴旺是人们向往和追求的。

白头富贵:牡丹树上站着两只白头翁。牡丹寓意富贵,两只白头翁表示夫妻,寓意夫妻白头到老,富贵到头。

百子图:由一百个形态各异的童子构成,表示人丁兴旺、子孙多,同时寓意祝贺多子多孙。

并蒂莲/并蒂同心:又称并头莲,寓意并排在同一根茎上的两朵莲花,用以表示夫妻恩爱、情投意合。

长春白头:长春花枝头站着白头翁,寓意夫妻和谐、长春不老,彼此相伴到白头。

吹箫引凤:又称弄玉吹箫、肖史弄玉。相传秦穆王有一女,名弄玉,善吹箫,一日梦见一英俊青年戴羽冠、披鹤氅、骑彩凤,由天而降,自称为华山之主,要娶弄玉。秦穆王在华山寻得此人,名肖史,相貌出众,也善吹箫,弄玉也非常喜欢。八月十五完婚后肖史乘龙、弄玉乘凤双双腾云而去。人称女婿为乘龙快婿,新娘为吹箫引凤。

娥皇女英:娥皇、女英是古帝尧的两个女儿,同嫁舜为妃,后舜南巡湘江,死于苍梧。娥皇、女英闻讯赶来,悲痛万分,也死于江、湘之间。传说娥皇、女英的眼泪将竹子染成斑痕,现称潇湘竹和湘妃竹。九嶷山,又称苍梧山的潇湘竹最多。

聪明伶俐:以葱和荔表示,希望孩子聪明伶俐。

夫妻和合:由鸳鸯和荷花表示夫妻相处和好、相亲、相爱之意。

夫荣妻贵:由芙蓉和桂花组成,寓意丈夫荣耀,妻子位置也随之优越。

瓜瓞绵绵:大者曰瓜,小者曰瓞。瓜,籽多藤长,大小瓜结在绵长的藤上象征着子孙万代、世代绵长,又指良缘之喜。常用累累的大瓜和绵长蔓表示。

和合如意:由荷、盒、灵芝组成,寓意和谐美好,称心如意。

和合万年:和谐、美好、长久的意义。

红拂:也称风尘三侠,红拂原是长安隋朝权臣杨素的侍妾,卫公李靖以布衣身份拜见杨素时与红拂相见,彼此十分景慕。红拂女扮男装随李靖私奔,并结为夫妻,途中在客店与侠士张仲坚结为兄妹,后李靖在红拂的帮助下为唐朝立下了大功。

花好月圆:"莫思身外,且斗尊前,愿花长好,人长健,月长圆",后成为祝贺新婚的贺词,常用盛开的花朵和圆月表示。

举案齐眉:东汉梁鸿年幼父母双亡,自己努力学习,成为著名学者。妻子孟光身胖面丑,但心地善良,品德好。婚后两个人隐居山中,以耕织为生,相敬如宾,生活愉快。后居住到朋友皋伯通家,孟光每次送饭时都将木盘举到与眉毛一样高,表示诚挚和敬爱之意。木盘过去也称为案,形容夫妻相互敬重之意。

举家欢乐:菊花、架子、飞舞的鸟表示,菊与举,架与家音近,飞舞的鸟显示欢乐。寓意全家和睦、美满、幸福。

连生贵子:莲花是花中君子,花和果同时生长,引申为连生贵子。画面以童子坐在荷叶上,一手抱笙,一手拿莲子表示,寓意多子多福。

榴开得子:同上。

柳毅传书:洞庭女遭夫家虐待,在荒山野岭牧羊,书生柳毅落地回乡,途经泾阳,帮助龙女传书,使其脱离苦难,彼此相互爱慕,终成眷属。

鸾凤和鸣:鸾是一种与凤凰同类的神鸟,后人多用来比喻男女生活美满,夫妻和睦,相亲相爱。

牛郎织女:中国古老著名的民间爱情故事。每年七夕,牛郎、织女鹊桥相会的美丽传说传诵至今。

同偕到老:"君子偕老,死则同穴",常用铜镜和绣花鞋表示。铜与同,鞋与偕同音,比喻夫妻和谐,相伴而终。

麒麟送福:麒麟是祥瑞之兽。画面一童子骑在麒麟背上,有祥云、仙鹤、蝙蝠相伴,此语是祈求或祝福早生贵子之意。

宜男多子:画面以萱草和石榴构成,萱草别名宜男,能预卜生男的异草,传说妇女佩带萱草能生男孩,石榴代表多子之意。此语意为祝愿妇女多生男孩。

宜子孙:由萱草表示,寓意多生男孩。

因荷得藕:荷花和藕、莲子等组成画面。何与荷,藕与偶同音,更因为开荷花才能结藕,寓意因缘之喜,为新婚祝颂之意。

鸳鸯贵子:图案以鸳鸯、荷叶、莲子构成。鸳鸯成双成对,形影不离,人们将鸳鸯视为爱情忠贞不渝、婚姻幸福美满的象征。图案"鸳鸯贵子"比例夫妻和美,连生贵子。

早生子:以枣、栗子表示,寓意或祈祝早生贵子。

早生贵子:以枣和桂圆表示,借助枣与早,桂与贵寓意早生贵子,是新婚祝贺之词。

竹梅双喜:以竹子、梅花、一对喜鹊表示。正如李白诗云:"郎骑竹马来,绕床弄青梅,同居长千里,两小无嫌猜。"描写一对小儿女天真烂漫之景。竹梅指夫妻,为新婚颂祝之意。

子孙万代:以许多葫芦和藤蔓表示,寓意子孙万代,生生不息。

珍珠骄傲的绽放　让新娘以宠爱之名
恋上 Ystyle.cn 时尚奢侈品

每一位女人,都是一个爱恋凡尘,追寻千年真爱的天使;每一颗珍珠,都是一滴天使飘落凡间,遗落在人间的眼泪。

这滴眼泪,经历千百昼夜更替,数载冬去春来,水土赋予灵气,孕育成了灵性的珍珠;这个天使,飘落人间,找到了丘比特爱神配给的另一半,步入了千年之爱的婚姻殿堂。

采撷来自宇宙亿万光年的灵气,珍珠的尊贵和华丽如凤凰涅磐后的重生,骄傲的绽放,精彩绝伦。Ystyle.cn 时尚奢侈品珠宝就像难以捉摸的魔术师,以一线阳光穿起摇曳皎洁的月光,经典的白珍珠吊坠系列款式简洁,情意浓浓,让新娘以宠爱之名恋上 Ystyle.cn 时尚奢侈品。

从红地毯上明星般一夜绚烂的华丽,到披上白纱时一款 Ystyle.cn 时尚奢侈品白珍珠吊坠实而真切的诚挚,我们从来都不希望它仅仅是您的一件外在装饰,而是祝福新娘戴上白珍珠吊坠的那一刻起,那些过往的故事全都成就如今精致夺目的您,独一无二的光芒。

圆润的音色在午夜低徊,跃动的音符在煦风中穿梭,带着妩媚的光泽,Ystyle.cn 时尚奢侈品黑珍珠项链高贵、神秘,从颈间轻轻滑落,视线就此定格。

此曲只应天上有,人间难得几回闻。这飞扬的姿态,恍如一个轻灵舞动的身影,盘旋在记忆深处。也只有珍珠的高贵与珍贵,方可比拟这样的美态和美丽的珍贵。

粼粼羽光,那轻灵跳动的,是阳光下的波光粼粼,是闪烁着华彩的粼粼羽光。细密的花纹层层相叠,如鸟儿丰满的长羽,在阳光下闪耀着美丽的光彩,让人想起那个温暖美丽的午后,娴静地享受居家的日子。

世间最美好事就是两心相许,世间最难得事就是时间过去,而你对我一往情深如初见。于千万人之中,这样的承诺,何其珍贵,又是如此艰难,许下的那一刻,可见他对你炽热的爱。

Ystyle.cn 时尚珠宝金珍珠吊坠有着现代主义雕塑般洗练的线条,像花蕾,像水滴,托着华彩四射的珍珠。十分符合现代女性的审美观,简洁的造型和恰当的尺度使它具有极好的可佩戴性,适合日常、工作、宴会等多种场合。每个女人都有一颗追求完美、渴望与众不同的心,简简单单地去爱,简简单单地只用一颗珍珠便可照亮你的生活。

集山水的空灵与中国风的大气自然,Ystyle.cn 时尚珠宝金珍珠吊坠不但体现了江南女性的优雅秀气,更显示出了她们时尚大方的气质。立体造型,用精致的珠宝体现得形象生动。精湛的制作工艺,将 K 金处理得非常精致,不错过每一个细节,与高亮泽优质珍珠搭配,更显得气宇非凡。充满品质感和优雅格调的金珍珠成为 Ystyle.cn 时尚珠宝的主色调,以最精致的设计语言简化线条,大气度设计打造一种近乎香艳的奢华,迎合了高阶人士的前卫品味。

"上善若水,水善利万物而不争。"最高境界的善行就像水的品性一样,泽被万物而不争名利。Ystyle.cn 时尚珠宝金珍珠吊坠系列诠释着女人如水,晶莹剔透,宁静端庄,她的气质如水般通透灵动,她广阔、平淡、清澈、温柔,她包容一切,她富有力量,她将"水"的特性发挥得淋漓尽致。女人是水,而水却是生命之源。水至柔,却柔而有骨,信念执着追求不懈,令人肃然起敬。如水的女人是美的化身,是爱的使者,是情的寄托。该系列产品体现了水的动态美,K 金造型饱满生动,富有质感,点点小钻形同水珠般闪亮耀眼,与本是水之精灵的高亮泽珍珠搭配,温润优雅,至臻至美。

"浮云似纱尽飘散,明月如珠照人来,团圆美满今朝醉,暖风轻抚花儿娇,柔情蜜意满人间。"明月、花朵、珍珠,乃天地之合,与生俱来的柔美相辅相成,一颗珍珠一份思念,一轮明月一片真情,让珍珠和着明月送上满满的祝福……Ystyle.cn 时尚珠宝金珍珠吊坠闪耀着动人的光芒,流畅的线条栩栩如生,似乎和风一吹就要绚烂绽放。优雅高贵,适合在重要宴会上佩戴。

第三节 项目模拟:珠宝首饰文化营销专题策划

子项目一:某珠宝首饰企业文化、品牌文化及服务文化调研

【思路】

选取某一珠宝企业,对其企业文化建设、品牌文化构建及服务文化培育等诸方面做比较全面的调查了解,并对其文化建设方面存在的问题进行剖析,可以对照那些在上

述诸方面做得比较成功的企业进行比较分析,据此,对今后如何加强文化营销提出自己的看法或建议。

呈现形式:调研报告。

子项目二:珠宝首饰主题文化营销活动方案策划

【思路】

选定某节日(如中西方重大的传统节日或企业的周年庆)或是某一习俗(如婚庆习俗、各民族特色文化习俗甚至是宗教活动)作为文化营销策划的主题来源,在充分了解节日、习俗文化内涵的前提下,找某一个点切入,提炼为本次文化营销策划的主题,然后提出活动的方案。

活动方案主要框架:主题,时间,地点,活动构想,具体安排,配套工作,预算。

呈现形式:活动方案文本。

子项目三:选取特定文化元素进行珠宝首饰创意设计

【思路】

以某一文化元素作为主题,设计创作具有深度文化内涵的珠宝首饰系列产品。

【要求】

(1)主题突出,符合消费者的情感诉求与文化体验的需要。

(2)格调高雅,符合主流价值观,能体现美好的精神追求。

(3)易于传播,有利于企业进行产品推广与宣传,能提升企业的品牌形象。

(4)创意新颖,设计独特,产品定位明确。

(5)能提出产品推广的设想,能用合适的软文描述产品内含的消费者利益诉求点。

呈现形式:设计方案文本(包括消费者分析、作品构思、设计草图、创意软文、营销建议等)。

子项目四:珠宝首饰企业文化重建或品牌文化塑造

【思路】

在本节子项目一的基础上,提出该企业文化重建或品牌文化塑造及提升的方案(可结合第三章相关项目来做)。

【项目主要内容】

(1)企业文化(或品牌文化)建设现状。

(2)文化建设方面存在的问题。

(3)文化提炼(企业文化要基于企业经营理念、价值观及企业内部精神面貌的分析,从物质文化、行为文化、制度文化、核心文化四个方面进行提炼。品牌文化则从体现某种价值观、品位、格调、时尚,或生活方式等方面进行提炼)。

(4)企业文化(或品牌文化)识别系统设计(CI设计)。

(5)文化传播方案(即如何宣传推广企业文化或品牌文化)。

呈现形式:策划文本。

子项目五:珠宝首饰自营实体店服务文化升级或重构

【思路】

在对该企业终端营销进行实地调研的基础上,对其营销终端(如实体自营店)在营销服务环节方面存在的问题进行分析,并从提升终端营销服务文化的角度,提出如何进行服务升级的具体方案。

【项目主要内容】

(1)现行服务体系评价:从客户满意度、内部员工满意度、服务能力水平及服务效果等方面进行评价分析(需要进行企业内外部的调查),关键是找出问题。

(2)服务文化设计:提出新的服务理念、服务行为规范要求,要与企业及品牌文化一脉相承,关键是突出服务的文化内涵。体现形式:服务文化手册、服务行为规范体系等。

(3)服务培训与实施:提出服务体系的分阶段推进计划及保障措施,提出员工的培训与训练计划。体现形式:服务文化三年(五年)规划、服务文化推广实施计划、服务文化深植方案、服务能力培训与辅导方案、阶段性服务跟踪测评报告等。

(4)服务氛围营造:可根据情感营销、文化营销、体验营销的要求,营造一个适合进行各种体验的服务环境。体现形式:服务文化可视化场景设计、服务文化故事集、体验活动方案等。

(5)服务品牌塑造:根据实际需要,可独立塑造服务品牌,或作为企业的子品牌,进行品牌设计与推广。体现形式:服务品牌名称、品牌 Logo 及 VI、服务品牌手册等(如果认为无此必要,则不用做此部分)。

呈现形式:策划书及配套文本。

第九章 珠宝首饰情感营销

第一节 理论、方法与策略基础

情感是人类的永恒主题,亲情、友情、爱情是人生不可或缺的三大情感。亲情的无私,友情的纯真,爱情的忠贞,我们每个人的一生既生活在这些情中,同时又在追求着这些情,力求最美最真。

珠宝从诞生的时候,就与爱情联系在一起,而在"钻石恒久远,一颗永流传"的情感表达里,珠宝深藏着爱情的永恒及人们对爱情矢志不渝的承诺。消费者购买一件珠宝产品,除了装饰与投资外,更多的是在传承一种情感,因此,需要我们的珠宝首饰企业在产品的推广上融入更多的情感因素,并将其有机地融入到企业产品的营销行为中,从而引起消费者的感情共鸣,进而影响其消费行为。

一、情感营销的基本概念

情感营销就是把消费者个人情感差异和需求作为企业品牌营销战略的情感营销核心,通过借助情感包装、情感促销、情感广告、情感口碑、情感设计等策略,以达到与消费者心理的沟通和情感的交流,赢得消费者的信赖和偏爱,来实现企业的经营目标的一种营销方式。

在情感消费时代,消费者购买商品所看重的已不是商品数量的多少、质量好坏以及价钱的高低,而是为了一种感情上的满足,一种心理上的认同。情感营销就是要站在顾客的角度去制订营销策略,从消费者的情感需要出发,唤起和激起消费者的情感需求,诱导消费者心灵上的共鸣,寓情感于营销之中,让有情的营销赢得无情的竞争。

一则感人至深的情感广告,一次饱含深情的公关活动,一场感动内心的促销活动都能让人心甘情愿地接受产品,情感营销正以它独有的魅力催化着让人惊叹的力量。

二、情感营销的基本内容

一般来说,情感营销包括情感产品、情感包装、情感品牌、情感广告、情感价格、情感服务和情感环境等方面的基本内容。

(一)情感产品与情感设计

1. 情感产品

情感产品是指在具备基本功能、满足消费者生理需求的前提下,更注重消费者的情感需要,能更好地满足消费者不同心理需求的产品与服务。

"珠宝是有感情的",珠宝消费实际上就是情感消费,这是由珠宝固有的特点决定的,它更多的是满足人们在心理需求方面的精神利益。精神利益可以使消费者找到感情的寄托、心灵的归宿,用流行的一句话说,叫作"花钱买感觉"。

情感产品之所以受到人们的青睐,根本原因是企业站在消费者的立场上,以消费者是否接受、是否喜欢、是否满意作为产品设计和开发的准则,其中融入了企业对消费者的一片深情和爱心,充分体现了以消费者为核心的现代市场营销观念,进而赢得了消费者的信赖和忠诚。

情感产品的核心在于如何表达情感,而产品的款式造型就是其中至关重要的一环。如果企业在产品设计上即能做到取形又能做到取意,那其产品受欢迎程度就更大。例如钻之韵珠宝曾经推出"一辈子"系列以及"钱袋"系列,其原形就来自我们普通人的生活中,其中,"一辈子"利用文字谐音,恰到好处地注入了情感元素,为产品的推广带来了极大的便利,并获得了广大顾客的青睐。

又如中国原创珠宝设计倡导者 TTF 珠宝推出的"旗袍""红豆"等传统与现代完美结合的设计作品,工艺精湛,制作精美,得到了国内外市场良好的反响。其中"旗袍"出自 TTF 韩国籍设计师韩恩永主笔设计的"花样年华"系列,采用了 K 金、钻石、红玛瑙等不同材质进行组合。通过中国最具有代表性的服装——旗袍作为载体,用简洁的设计和富有创意的色彩搭配,让"旗袍"在不经意的中国红里,用中国诗情画意般的妩媚吐露东方女性的华美高贵。其流动的韵律、潇洒的画意与浓郁的诗情,勾勒出中国女性的贤淑、典雅、性感与清丽。一袭旗袍,见证一段精彩的人生轨迹,浓缩一段花样年华的人生缩影。

由一般产品开发到情感产品开发,是市场供求关系变化和竞争的必然结果,也是企业市场营销质的飞跃。虽然给企业提出了更高的要求,使企业面临更严峻的挑战,但却为赢得顾客、赢得市场提供了有效手段。

2. 情感设计

美国认知心理学家唐纳德·A·诺曼(Donald Norman)在其《情感化设计》一书中阐述了情感在设计中所处的重要地位与作用,深入地分析了如何将情感效果融入产品的设计中,他对情感设计的定义是:以人与物的情感交流为目的的创作行为活动。设计师通过设计手法,对产品的颜色、材质、外观、点、线、面等元素进行整合,使产品可以通过声音、形态、喻意、外观形象等各方面影响人的听觉、视觉、触觉从而产生联想,达到人与物的心灵沟通从而产生共鸣。也就是说情感设计能让产品带有情感,能与人心灵沟通,产生共鸣。

通过情感设计,产品就变成了一种有性格、有生命、有风韵、有魅力,进而能与消费者心心相印的精神产品。

我们这里所说的情感设计,不仅仅是在产品设计与开发过程中融入情感效果,而且要将情感贯穿于企业营销所有环节之中。

根据消费者情感需求的特点,我们可以将情感设计分为定制设计、主题设计和人文设计三种形式。

1) 定制设计

定制设计是指企业在制造产品、设计产品或提供服务过程中,充分考虑不同层次消费者的特殊需求,赋予消费者更多参与制造产品的权利,设计出让消费者表现情感的机会点,再把主题落在具体某个产品或服务上,通过情感诉求的方式让消费者接受产品或服务。

2) 主题设计

主题设计是指企业抓住消费者特殊时间的特殊情感需求变化,创造一种表现情感的全新经营和服务主题,然后根据主题设计产品和提供特殊服务,引起消费者的共鸣。

3) 人文设计

人文设计是指企业根据消费者的特殊需求,在设计产品、制造产品、营销运作时充分关注社会、关注环保,不伤害消费者感情,不损害消费者利益。

上述三种形式的情感设计正越来越多地被珠宝首饰企业所采用,我们会在下面的一些案例中予以呈现。

(二)情感包装

所谓情感包装是指通过包装材料、图案、色彩、造型等所创造而形成的独特风格和艺术手笔,给消费者以不同的情感享受,博得其好感和心理认同。

在这里,包装除了满足保护商品、便于携带、便于使用、美化商品、促进销售的基本作用之外,还被赋予了更丰富的情感内涵。当产品包装情感化时,情感的图案、情感的色彩、情感的造型,更能引发消费者积极的情绪。使其产生愉悦的感觉,从而更加激发消费者的购买欲望。

(三)情感品牌

所谓情感品牌,就是能引起消费者的情感共鸣,满足消费者的情感需求,能给消费者带来心灵的体验和美妙的幻想,被消费者所信任的一类品牌。

情感是消费者和品牌之间的联系纽带。营销大师李光斗曾说,情感营销就是与消费者谈恋爱,让消费者爱上你。也有人说,当前我们要将企业与消费者的关系,从以前的"顾客就是上帝"变为"顾客就是情人"的关系,其实说的就是同一个道理。还有一个观点,即"顾客就是朋友(或亲人)",通过建立一种新型的亲情关系,把企业与顾客之间的距离最大限度地缩短,通过与顾客做"朋友",而使顾客成为企业永远的"朋友",有人说,这叫作亲情营销。试想,当顾客成为企业的"朋友"或"亲人"时,还会不信任企业,不购买他的产品吗?

情感营销不仅需要企业提炼出品牌的感情因素,让消费者从中找到一种感情寄托,从而激起其与品牌的情感共鸣,更需要企业的长期坚持,真正站在消费者的角度去思考,建立品牌的忠诚度。那么,情感营销带来的将不仅仅是企业所期待的销售额的提升,更会是企业整体形象在消费者心中影响力的提升。

情感品牌的承载是企业文化。文化说到底是一种情感的精髓,是凝聚在品牌上的企业精华,也是对渗透在品牌经营全过程中的理念、意志、行为规范和团队风格的体现。如:"为自己,更为下一代珍藏。"是通灵珠宝多年沉淀下来的企业价值观,也是对消费者的承诺。

情感品牌的核心是消费者的一种感受,亦即对品牌的情感。一件满意的产品或服务,一份郑重的承诺,一声温馨的问候,一次值得记忆的购物体验,哪怕是一次小小的价值让渡(并非一般意义上的打折),只要能触及消费者"柔软"的内心,其好感与信任就会油然而生。

借用世界十大品牌形象创意公司之一的 d/g * 国际(d/g * worldwide)的总裁马克·戈贝的观点与传统的品牌概念不同,情感品牌有以下十大要求。

(1)从消费者到人。消费者购买,人生活。在交流的圈子里,我们通常将消费者视为我们必须攻击的"敌人"。也就是说,我们(制造商、零售商以及他们的交流代理机构)与他们是对立的。类似"击溃他们的防线,破解他们的语言,制订战略以赢得战争"这样的术语在日常生活中仍然随处可见。其实不必这样,我们可以用更好的方法,以积极的方式在消费者心目中制造购买欲,而不是控制或贬低他们。我们可以在一种互相尊重的基础上通过一种双赢的、合作的方式来实现我们的目标。

(2)从产品到体验。产品满足需要,体验满足欲望。对于已经在市场上拥有一定影响力的产品,要想吸引更多客户,保持客户对产品的兴趣,至关重要的一点是创新品牌,增加品牌的情感含量,给客户以联想空间。只有这样,才能使产品与消费者产生情感上的共鸣,保持鲜活的生命力。

(3)从诚实到信任。诚实是意料之中的,信任是令人兴奋而亲密的。在当今的商业社会中,诚实是必需的,信任则是另一回事。信任是一个品牌具有的最重要的价值之一,它需要公司付出相当的努力。信任是你期望从朋友那里得到的东西。

(4)从品质到偏好。今天,以公道的价格提高商品的品质已经是理所当然的了。但创造销量的不再是品质,而是消费者的偏好。如果你想在商界立足,就必须提高品质,这是消费者所期望的,你最好不要让他们失望。而对于一个品牌的偏好,才是真正通向成功的关键之所在。

(5)从臭名昭著到引人入胜。出名并不意味着你受人喜爱,臭名昭著同样能够令你出名。但是,你如果想成为人们期待、盼望的对象,就必须传达那些与顾客志趣相投、引人入胜的东西。

(6)从标识到个性。标识意味着认知,个性则是关于特色和神奇的魅力。标识是可以描述、形容的,它是一种认知,传达的是品牌与竞争对手之间的一点区别。品牌个性则是非常特别的,它拥有一种神奇的魅力,能够在消费者心中激发一种情感的反应。中国的珠宝品牌在标识与个性方面运用得比较成功的实例就是运用民族情感和传统文化情感,通过反应中国的价值观念、生活方式和风俗习惯来表达情感,以此让顾客接受。例如:有运用地名的百年品牌"老庙黄金",体现中国传统文化的"萃华金店""越王珠宝",向往吉祥顺意的"周大福珠宝""六福珠宝""百福珠宝",等等。

(7)从功能到感受。一种产品的功能只是关于一些实用的或者说肤浅的品质,而感性的设计则关乎体验。如果产品的外观和性能仅仅是靠设计来满足功能而不考虑消费者的感受的话,功能本身是不太可能长久维持这种产品的吸引力的。设计是关于人类的解决方案,它的基础是创意,而创意反映的是一套全新的感性体验。通过强调产品能够带给消费者的福利来创造产品的认同,只有在产品的创意对消费者而言记忆犹新且心情激动时才能达到目的。绝对牌伏特加、苹果电脑和吉列剃须刀都是那种既注重推介新型产品又重视消费者感性体验的品牌。

(8)从充斥到展示。充斥意味着随处可见,情感的展示则是需要消费者感知的。品牌的展示可以对消费者形成一种强烈的冲击。它可以与人们形成一种稳定而持久的联系,尤其是当它被精心策划成一种时尚节目的时候,更容易与消费者达成情感上的默契。

(9)从交流到对话。交流的目的是告知,对话的目的是共享。许多公司与消费者进行的交流,主要都是关于信息的——这些信息通常都是一种单向式的建议,"希望您接受它并且喜欢它"。真正的对话意味着一种双向的交流,是厂商与消费者的会谈。现在数码媒体的发展已经为我们提供了进行双向式交流这种革新的技术条件,并将最终帮助人们与厂商之间建立一种令人满意的伙伴关系。

(10)从服务到关系。服务是一种销售行为,关系则意味着一种承认与感谢。在商业交易之中,服务涉及一种基本的效率。服务的好坏可以促成也可以破坏一桩买卖。但是,关系却意味着品牌的代表者真正地致力于理解并且领会顾客究竟是什么样的人。星巴克的首席执行官霍华德·舒尔茨在谈到为顾客营造浪漫氛围时说:"如果你向顾客打招呼,与他们交流只言片语,然后为他们准确地调配出他们需要的口味,那么,他们将会很渴望再次回到这里。"

同时,马克·戈贝还提出了情感品牌的四大支柱。

(1)关系。关系是关于与你的顾客建立一种复杂而深刻的联系,并且对你的顾客表现出尊重,同时给予他们真正需要的那种情感体验。

(2)感性体验。这是一个巨大的有待开拓的领域,是21世纪潜在的品牌金矿。研究表明,提供一种多层次的感性品牌体验,可能是一种极其有效的品牌工具,效力或许能超出人们的想象。为消费者提供关于一种品牌的感性体验是获得那种值得纪念的情感品牌接触的关键。这种情感品牌接触则会在消费者心目中建立起对该品牌的偏好,并且创造出对品牌的忠诚。

(3)想象力。品牌设计与制作是令情感品牌程序成为现实的关键步骤。产品、包装、零售专卖店、广告以及网站的富于想象力的设计使得品牌顺利突围,超越顾客的预期,以一种新款、别致的方式直抵客户的心。明日的品牌大战将是努力寻求那种既"蛮横"又微妙的方法,不断地为消费者带来惊奇和喜悦。

(4)远见。这是品牌取得长久胜利的最重要因素。品牌在市场中会经历一个自然的生命周期,为了在今天的市场之中创造并且维持竞争优势,品牌必须不断地自我更新、自我创造。这就要求一种强大有力的品牌理念,一种对品牌的深刻理解和远见卓识。

当然,品牌情感的建立不是举手之劳的事情,它需要一个过程,并要讲求一定技巧。最常见的方式就是刺激消费者头脑中的"感情连结",对那些早已扎根的强烈情感进行因势利导,使之和品牌融合起来。品牌应当与创新性的产品相结合,它们在文化上具有相关性,符合进步潮流,同时具有社会敏感性,并且在人们的生活中随处可见,与人们进行着密切的交流。但更重要的是品牌设计,要树立品牌设计是关于"精神和情感的共鸣"的思想。也有人把品牌和消费者想象成两个人,两人相识之后,通过交往而成为终生的朋友,结下永恒的友谊。

总之,珠宝首饰企业必须通过协调整合品牌发展各个阶段和各种接触点,有目的地、无缝隙地为顾客持续不断地传递情感信息,从而创造出一个情感化的品牌。

(四)情感广告

情感广告是诉诸于消费者的情绪或情感反应,传达商品带给他们的附加值或情绪上的满足,使消费者形成积极的品牌态度。这种广告又叫作"情绪广告"或"感性广告"。

以情定位,以情动人,在广告中融入亲情、爱情、友情等情感,紧紧扣住消费者的情感兴奋点,不仅赋予了商品生命力和人性化的特点,而且容易激起消费者的怀旧或向往的情感共鸣,从而能诱发消费者对商品的购买动机。

如:由 DTC 推出的第一版"迷宫版"钻石广告由于在中央电视台播出而受到了广大观众的欢迎。片中女主人公在红线的引领下,走出了迷宫并得到了划下红线的一枚结婚钻戒,在甜蜜的拥抱下,男女主人公得到了如钻石般永恒的幸福。钻石代表高贵、地位、永恒与爱情。而在DTC 推出的第二版钻石广告中,爱情的魅力又再一次得到了升华。

又如:Forevermark(永恒印记)作为全球钻石权威戴比尔斯集团的全球首个钻石品牌,其在各大时尚杂志极力推广的 Encordia 拥爱系列,宣传主语就紧扣情感主题,"真情相系,永难分舍""独一无二的钻石,紧扣相系,一生相守",加上与之相似的产品款式设计,无不令众多有情人为之动容。又如宝怡珠宝推出的"爱无限"系列,其广告语是"爱无限,无限爱",配上无限大符号"∞"作为宣传元素,让人仿佛感受到真爱的永恒和博大。其实,这样的广告宣传在珠宝首饰行业里还有很多。

(五)情感价格

情感价格是指能满足消费者情感需要的价格,注重价格与消费者自身的情感需要相吻合。

要实现企业的价格策略,定出的产品价格同样需要广大消费者的理解、认同,需要与广大顾客的感情沟通。于是,情感价格便应运而生。

从目前来看,市场上的情感价格主要有以下几种形式。

(1)按预期价格定价。所谓预期价格,即大多数消费者对商品的心理估价。消费心理学研究表明,人们在购物之前往往对购买对象进行价值评估,并根据评估结果判断售价是否合理,这是消费者购买行为过程的一个重要阶段。一般情况是当商品的售价比预期价格过高时,人们就会认为这是搞欺诈,从而拒绝购买;而当售价比预期价格过低时,人们又会对产品产生怀疑,因而不敢购买。对于刚上市的新产品,这一特点表现得尤为明显。因此,按预期价格定价就成了生产经营者的明智选择。由于它迎合了广大消费者的心理,会使定出的产品价格较容易在市场上实现,可大大减少定价上的风险。

(2)让利作价。让利作价就是将企业的正常利润拿出一部分,通过降低商品销售价格让利于消费者。此种策略最先由杭州金龙商厦提出,1994 年它们实行"十点利"在杭州城引起轰动,顾客趋之若鹜,日营业额由原来不到 3 万元,猛增到 40 多万元,仅四个月就盈利 102 万元。之后,这一做法迅速被全国众多企业所效仿。让利作价成功的根本原因是它不仅使消费者购买到了便宜商品,用有限的货币支出得到了更多的利益,更主要的是它通过公开商品进价(以原始凭证为据),使人们看到了企业对顾客的一片真诚,这同市场上常见的"赔本大甩卖"的价格欺诈以及暴利宰客行为形成了鲜明的对照,因此赢得了人们的广泛信赖和好感。让利作价,多适用于价高利大的产品。

(3)折扣让价。现在,多采用累计折扣,即顾客一定时间内在某一企业购买商品的金额达到一定额度时,卖方给买者退回一定价款(一般以实物形式出现)。在其他条件与大多数企业相同时,实行折扣让价会给购买者以额外的利益,从而激发其对经销企业的感激之情,它对保持企业的"回头客"有明显的作用。此外,还有关系折扣,即对那些企业的老客户实行价格优待。由于这一做法体现了感情上的倾斜,因此,对于巩固与重点客户的关系,培养忠诚的顾客队伍,有着特殊的作用。

(六)情感公关

公关在企业营销中的作用已被越来越多的企业所认识,运用公关树立企业及其产品形象,已经成为企业营销战略的重点。

情感公关要求企业要设身处地地为顾客着想,设法加强与顾客的感情交流,通过调查问卷等形式,使消费者参与到企业的营销活动中来,让消费者对企业及其产品从认识阶段升华到情感阶段,最后达到行动阶段。

具有现代经营观念的企业,其公关活动在营销过程中所起的作用越来越大。一方面,通过公关活动,以有效的手段强化渲染企业及其品牌所特有的情感色彩,可把企业的特殊情感和反哺之义传送给社会公众,在社会上树立良好形象,塑造企业及其品牌良好的亲和力,以迅速打开消费者的心扉,赢得消费者的欢心,为确立市场优势地位打下坚实的基础;另一方面,通过公关活动,可以协调好企业方方面面的情感关系,协调企业内部上下级之间的友谊关系,为企业的顺利经营创造和谐、融洽的内外环境。

(七)情感服务

企业通过提供一系列富有人情味、带有较强感情色彩,能被消费者认同,且乐于接受的特色营销服务,使本企业与其竞争对手形成明显的服务差异,可增强企业的营销效果,获得差异化竞争优势,这就是情感服务。

情感服务要求企业必须充分了解与把握消费者的情感需求,在做好消费者的购买引导工作的同时,更要用自己周到而独特的服务手段使客户对自己的产品与品牌从情感上、心理上产生认同。

珠宝首饰的情感服务常见于个性化定制服务、专家式购物顾问、多维的购物体验等形式,其关键是营销人员应该将自己定位成消费者的知心朋友,对消费者要充满爱心,帮助消费者解决消费疑虑。情感也需要维护,维护手段大体包括建立客户档案,标注特殊情况,便于跟踪回访,定期的电话回访,了解恢复情况,提示注意问题,等等。

(八)情感环境

开展情感营销,需要创造合适的情感环境。对于营销终端或者服务机构来说,营销终端的外观形象及营销氛围的营造和营销人员个人形象的塑造同样重要。

营造一个舒适、温馨、优雅的营销环境,能给消费者带来愉悦的心情,感观的享受,让消费者产生一种无形的亲切感,消费者在不知不觉的微笑服务中,既购买了原来就想买的商品,又购买了一些进门前本不打算买的商品。如:全球婚戒典范IDO,在终端零售店的整体氛围布置中就选用了白色与粉色为基调,使整个选购环境给人以浪漫纯净之感。

第二节 项目:珠宝首饰情感营销个案解读

个案一:DOIDO珠宝情感营销 掀起情感消费新风暴

【品牌简介】

DOIDO爱度钻石网是一家利用互联网信息技术优化钻石珠宝供应链,颠覆传统的钻石销售模式,为消费者提供个性化情感首饰在线定制的新型企业。其总部位于中国珠宝首饰的源头——深圳罗湖珠宝产业园,由深圳市爱度珠宝有限公司与国际著名钻石公司强强联手全力打造。

DOIDO 前身有着十五年传统珠宝行业经验和良好信誉,现在,DOIDO 采用全新渠道、创新经营模式,压缩掉庞大的店面成本、销售人工成本、压货成本,让单件首饰的成本最高降低至 70%,以颠覆性的价格在线销售新概念珠宝首饰。

DOIDO 首创钻石 BLC 模式,企业(Business)+情感(Love)+客户(Customer),深入挖掘客户需求,通过电子商务方式和专利技术,以个性化钻石首饰为载体、以情感为诉求点,满足网购人群的情感需求。

【品牌内涵】

我愿意:DOIDO 认为,每一款钻饰都是一种情感的表达。DOIDO 作为中国最专业婚戒情饰专家,致力于挖掘钻饰的情感价值,相信精美的钻饰会说话、会唱歌、会传情,DOIDO 传递爱心,传递真情,愿天下有情人终成眷属!

我承诺:DOIDO 认为,每一款钻饰都是一份感情的铭记和承诺,顾客赠送出钻饰是一种情感的承诺,网站销售出一件钻饰也是一份情感的承诺。DOIDO 钻饰愿意陪伴有情人一起共度人生,见证这份感情!

做自己:DOIDO 认为,每一款钻饰都是一种个性的追求,DOIDO 尊重个性,在锤炼自己品牌个性的同时,也希望顾客自作主张,做回自己,打造自己心目中的钻饰。DOIDO 愿意通过产品和服务满足顾客个性要求,在大千世界中共同凸显你我的与众不同!

【品牌定位】

中国最专业的婚戒情饰专家。

【品牌口号】

与爱携手,共度一生。

【品牌使命】

挖掘首饰情感价值,通过多种定制服务满足消费者的情感和个性需求,让珠宝以及珠宝文化更好地融入人们的生活。

传递爱心,传递真情,弘扬大爱精神,用实际行动增进人与人、人与社会的情感传递,用爱来回馈社会。

DOIDO 服务对象:天下有情人,婚嫁人士,追求首饰个性特点和情感需求的时尚人士。

【服务方针】

尊重情感,尊重个性,尊重需求。

传递爱心,传递真情。

【品牌特色】

专利产品:指纹婚戒、珍珠钻石耳钉。

个性定制:DIY 定制、来样定制、来图定制、个性刻字、全球猎钻。

爱心传递:让每一件首饰具有真正的感情印记。

【营销解读】

珠宝产品生产的高度同质化,很难真正体现多种多样的情感需求,如何实现珠宝产品情感差异化,是珠宝业界亟待解决的难题。

DOIDO 是以情感消费为使命诞生的,在其引领下的所有产品均以打造最优秀的情感消费品为目标,尤其是开发出"指纹婚戒"等系列个性化的首饰,为我们如何破解产品情感差异化难题提供了很好的样板。而 DOIDO 始终围绕着情感展开的品牌策略、营销策略及产品策略,则为我们带来了情感消费的新体验。

1. "指纹婚戒"——融爱入戒,独一无二

每年的八月至来年春天,是谈婚论嫁的黄金时段,如何选择一款有价值又有意义的结婚钻戒成了人们关注的焦点,借助于网络的强大信息量,新人选择结婚钻戒不再局限于商店的产品陈列及销售人员的介绍。

在搜索引擎中输入"结婚钻戒",会有大量关于婚戒的信息,其中对结婚戒指最有意义的描述莫过于此:结婚戒指是婚姻的一个重要象征,一个结婚戒指上面,有没有钻石、有多少克拉钻石,其实跟它是不是一个合格的结婚戒指没什么关系。结婚戒指,由那个特定的人在那个特定的时间送出,它应当代表某种承诺,要含有某种意义,最关键的是,要带着对方的气息、痕迹,独一无二,这才能算是一个合格的结婚戒指。

在情感消费时代,结婚戒指不再以单纯的经典六爪皇冠为准,也不以闪亮耀眼的克拉钻为准,而以是否饱含新人间对爱的执着追求与矢志不渝为标准。

DOIDO突破工艺上的难题,让指纹也可以雕刻在钻石婚戒上。

• 作为专利技术产品,"指纹婚戒"凝聚了DOIDO人的心血和良苦用心,通过网上定制服务和独家专利技术,DOIDO将爱人的指纹刻在婚戒上,让婚戒带上爱人的气息和痕迹,不但独一无二,而且铭刻承诺、一生守护!

• "钻石恒久远,一颗永流传。"钻石能代表爱情,却不能代表独属于你我的唯一爱情。

• 指纹——每个人独一无二,拥有神秘的基因密码,只有将指纹固化到钻戒上,用神秘而独特的气息和痕迹,代表您对爱的忠贞与坚定不移,这样的才是真正属于你我的唯一爱情见证。DOIDO爱度专利技术制作的这一独特表现使得其成为婚戒行业新的标准及新潮流,成为最时尚、最有意义的指纹首饰。

2. 情感产品——诠释真爱,传达真情

"具有个性化的首饰"专利技术给人们揭开了真正的情感产品的面纱,用指纹可以表达爱人间对爱的忠贞不移,用孩子的足迹则可以表达父母用礼物记录下孩子成长记录的真情表达,或许只要大家愿意,则可以用自己的方式去表达某一种情感,喜怒哀乐,均可体现在一件情感产品里,可以送给自己当礼物,也可以留给他人做纪念。

情感消费时代的情感产品,是以表达特殊感情为主的,而不是以使用功能为主的,在情感消费时代产生的DOIDO品牌,是以开发情感产品为主的,同时也以雄厚的实力抢先申请了专利技术,同时即将引发一场真正的情感产品的风暴,让各位有情人参与讨论,并找到合适的情感产品表达自己各种各样的情感。

3. 情感营销——重在体验,赢在尊重

当人们都在极力用广告去表达情感的时候,DOIDO,这个专门为情感消费时代而诞生的品牌却悄然做起了把情感留给消费者的各种营销活动。

(1)在品牌战略选择上,DOIDO率先申请了一个可以让消费者无限参与的商标——DOIDO,并作为品牌加以培育,同时以品牌基金为基础,与消费者共同完成品牌建设,在品牌文化中融入消费者情感的同时,在利益上保证了参与品牌建设的消费者都能分享DOIDO的情感成果。

(2)在产品战略选择上,DOIDO先发制人,并不是走传统产品上市的路子,而是抢先申请了代表个人情感的私人标记专利技术,为做到真正的情感产品打下基础。指纹婚戒是其推出的面向适婚消费群体的情感产品,以指纹特有的含义,结合珠宝与爱情的完美结合,着力打造真正意义的结婚戒指,从而达到培育情感消费时代人们对情感产品新认识的目的。

(3)在营销战略选择上,DOIDO不打价格的主意,因为DOIDO是在网上直销情感产品的,价格本来就是与消费者零距离接触的,无须再强调低价;在营销上,DOIDO在网站上线近一年的时间里,没有打过广告牌,只是老老实实地做着用户体验调研及网站用户体验调整,并最终确立了以互动活动为主的营销思想,在网站正式上线试运营期间,提供了多种多样的体验活动,其中有免费的,也有象征性付费的体验,充分展示了DOIDO尊重消费者,以情感产品为出发点的营销意识。

(4)DOIDO不只是在网上卖珠宝,更是个性化情感首饰的解决方案专家。DOIDO创造了一个开放的购物环境,无论从网站设计、个性定制服务,到精心准备的每一款珠宝的名称和寓意,都充分考虑到顾客对高品质首饰的需

求和内心的情感诉求。网站提供多种多样的在线定制服务:DIY定制、来图来样定制、个性刻字、全球搜钻,全力解决消费者的个性要求,让消费者的首饰与众不同,具有真正的情感印记!

真正的情感营销,是点点滴滴的积累,并不是一两次成功的广告运作可以概括的,作为情感消费时代情感产品中的佼佼者,珠宝产品应该打好情感这张牌,让消费者在情感消费中得到最好的情感回报。而目前出现的DOIDO的情感营销,虽然还很生涩,相信通过努力,定能带领消费者成为情感消费时代的领跑者。

【主打产品】

1. 指纹戒系列

(1)指纹婚戒:铭刻承诺,见证爱情——让婚戒带上爱人的气息和痕迹,独一无二、一生守护!

(2)指纹亲情戒:刻下父母的指纹,留下父母的思念——感恩父母,让亲情时刻维系。

(3)指纹单身戒:刻下基因密码,做最个性自己——如果有一天,遇到了你的另一半,别忘了送给对方哦!

2. 2013年秋季唯美婚戒单品Eternal lover永恒恋人

一向以情感人,以质取胜的DOIDO(爱度钻石),此次单品依然延续了其一贯的温情风格。饱含浓情蜜意的温柔,以及其中彰显的对佩戴者的细致关怀,是Eternal lover永恒恋人的独特魅力。设计上,钻戒的指圈部分采用巧妙的活口式,如同飞舞于指间的精灵,随性而自在的依顺着、感知着无名指的悄然变化,巧妙的尺度调节,知冷知热的关怀,什么时候佩戴着,都那么契合。工艺上,采用意大利的内弧工艺,丝滑舒适。而在材质的选择上,则融合了充满19世纪俄罗斯贵族气质的玫瑰金和现代感强烈的纯净K金,两者的碰撞,散发出一股迷离的诱惑感。30分高纯度的美钻,宛若清晨露珠滴落于戒指之上,真是美不胜收。

个案二:百年同心——用爱缔造婚庆首饰至臻典范

任何经典的成就,都始于开拓者用心的缔造,于珠宝,亦如此。2009年,"百年同心"诞生,以爱的名义执着打造婚庆首饰的下一个经典。深圳珠宝展的惊艳亮相、三大系列的完美诠释、全国市场的勤力开拓,这个脱胎于老字号首饰加工生产企业的全新品牌,在继承"同心首饰"优秀纯手工制金工艺以及精耕细作精神传统的同时,将市场细分理念融进实际运作,以先行者的姿态拓展出婚庆消费市场的一片蓝海,也由此揭开婚姻与首饰完美结合的崭新篇章。

1. 情感理念重塑经典

市场的发展,经济的繁荣,带来的不仅是国人消费欲望的日益强烈,同样还有消费行为的日趋成熟。消费市场发展至今,国内消费者以保值为主的购买行为已逐步发生转变,取而代之的是挖掘更深层次的情感诉求,以消费满足对生活、美、情感的一系列需求。因而,在对珠宝首饰的定义以及创意设计中,情感因素以及文化内涵的融入应当说是必不可少的。基于这一点,在创立之初,百年同心就将企业理念以及产品创意通通凝结于一个简单的"爱"字,用"爱"传递信息,用"爱"衍生永恒,用"爱"提炼幸福婚姻的精华,用"爱"定义首饰与人的重重关系。无论是创意设计、加工制造,抑或开拓营销、后续服务,在百年同心的发展过程中,情感理念贯穿各个环节,成为支持其成熟壮大的价值关键。

运用个性化的创意设计来区别一般,彰显品牌,成了珠宝企业脱颖而出的法宝之一。秉承同心首饰传统手工工艺的顶级品质,在对黄金的打造与诠释上,百年同心以更为时尚的审美赋予首饰传统与现代交织的美感。在其首创的三大旗舰主题当中,"家有喜饰"雍容古典,"十里红妆"深蕴内涵,"就是爱你"时尚浪漫,而它们要赋予与传递的,也正是文化黄金需求表达的真正价值。应当说,在每款首饰中凝聚的寓意与精粹,也正是百年同心"爱"的理念的多种表达。

百年同心在创建品牌的最初,就将目标定位于婚庆市场,以更为专业的理念和工艺,打造中国婚饰的至臻典范,引领婚庆理念的强势回归。

百年同心对目标消费者的研究,也同样表现在产品研发以及推广上。如上文提到的三大旗舰主题饰品,就是为婚庆市场中具有不同消费目的的消费者而量身打造的:对于全面迈入婚龄的"80后"一代,"就是爱你"撷取生活中最为时尚浪漫的点滴细节,以故事形式赋予黄金首饰生命力,扭转黄金不时尚的刻板印象,为年轻一代提供购买黄金首饰的充足理由;对于婚庆市场中的次主角——父母一代,"十里红妆"汲取中国传统婚庆文化,以"良田千亩,十里红妆"的典故契合其殷切祝福的良苦用心,将"嫁妆"演变为设计精良的典藏金品,表达代代传承的美好祝愿;而"家有喜饰"更是以古典与现代交融的风格衬托出新娘大气雍容的典雅气质,为婚礼这一重要时刻提供最为美好的纪念与见证。针对婚庆市场中处于不同角色的消费者,三大系列将其审美需求以及购买目的通通囊括,多元化地演绎出婚庆首饰的多种姿态,也由此在婚庆消费市场占据重要位置。

2. 价值取向推动发展

对于一个优秀企业而言,具备完善的体系、科学的运营方式固然重要,价值观也同样不可或缺。随着时间推移,企业所处的市场会变化,新技术会不断涌现,产品会更新换代,而核心价值观却会始终伴随着企业的成长,成为企业发展的精神支柱。百年同心自成立以来,就依托企业以"爱"为主的经营理念,将价值观建立在社会责任感之上,努力寻求可持续发展模式。

针对节能环保这一社会普遍关注的全球性问题,百年同心将珠宝业内最高标准的工艺和设施运用在包括抛光工艺、金属提纯、珠宝设计,以及货品物流设施在内的一系列生产环节中,以确保生产过程中的环保性与可持续性。同时,百年同心还将环保理念运用到营销终端,保证包装材料以及产品目录均运用可再生纸张。而本着对环境负责的态度,百年同心也对首饰选用材料进行严格把控,其首饰运用的大部分贵金属如金、银均来自于中国的国有矿场,确保了材料来源的正规性。应当说,百年同心的价值体系中,以爱为本的经营理念得到了进一步的贯彻和体现,百年同心的社会责任感在其对环保的态度和做法中,得到了进一步提升。

经历了创建初期的摸索与打拼,下一阶段,百年同心将发展目标着重定位在新品的开发以及推广之上。借鉴成熟行业的推广思路,百年同心将一年的时间划分为几个周期,有计划地按周期创意新品、推广发布、推陈出新,赋予黄金饰品以鲜活的生命力。而在销售终端,也将继续执行直营店与加盟店相辅相成的有机模式,提高品牌影响力,达到最佳效果。

个案三:浩景包装"永恒之心"营销攻略

音乐盒,诞生于中世纪欧洲文艺复兴时期,有着悠久的历史文化,或为人们典藏一段岁月,或为收藏一份情感,或为对旧时代的怀念,等等,历年来得到众多有品位人士的追求。随着现代光电科技的发展,音乐盒逐渐淡出了人们的视线,却成为浪漫情侣们表达情感的热衷品。

近期,东莞市浩景包装制品有限公司首次推出发光的"永恒之心"首饰盒系列,将内置LED灯和MP4影音播放功能引入到珠宝首饰盒,高清播放,外置蓝牙扬声器,成为首例首饰盒中的"音乐盒"。这让首饰盒不再只是一个单调的储藏盒,而是让首饰盒更大限度地传递情感,或表达一种文化内涵。

1. 首饰盒也能传递情感与文化

珠宝首饰盒绝不仅仅只是珠宝首饰的一个包装物,更是珠宝首饰传递精神文化的一种延伸。一件珍贵的首饰必定有其丰富的情感内涵和精神追求,而一个成功营销者绝不会放过通过首饰盒来传递和表达其文化内涵。

由此,一直以来,首饰盒就如同珠宝首饰款式一样都是千变万化的,首饰盒设计师总是穷其智慧来设计出新颖独特的首饰盒。一般传统首饰盒局限于在材质、款式、规格上寻求改变。目前首饰包装盒大都采用各种木料、布料以及各类塑料类如 PVC、PC、PBT、ABS 等。通过各种材质搭配,配以不同颜色,不同风格的首饰盒都可制作而成,或凸显高贵,或表现优雅,或活泼可爱等。

首饰盒和珠宝首饰一样,同样属于感官性产品,即消费者的审美眼光和精神愉悦度决定其价值,当然珠宝首饰还有其本身材质的价值。一个成功的首饰盒,无论是款式的设计,还是材质的搭配都必须满足消费者的审美需求,或者说能够更好实现消费者表达情感的需求。传统首饰盒的制作方式还是停留在外观形状上,如果能进行纵深开发,即可以在首饰盒功能上寻求突破,引进现代科学技术,传统与现代相结合,或将成为首饰盒发展与变化的一条新思路。

2. 功能突破带来多彩真情演绎

首饰盒创新要寻求新的突破,借鉴现代科学技术成为不错的选择。现代电子科技给我们带来便利是显而易见的,浩景包装投入 100 多万元创新研发的"永恒之心"首饰盒正是采用了现代 LED 和高清影音技术,让首饰盒说话,通过首饰盒清楚地向对方表达关爱之情。

在这个表达爱不再含蓄的时代,而又要避免尴尬的场景,带有影音功能的首饰盒解决了这个难题。首饰盒采用的清晰影音技术可以将精彩的视频放置其中,高清播放,让多彩生活在首饰盒里完美演绎,有爱,有声。极致丰富的色彩组合使首饰盒时尚感十足,高贵与时尚巧妙地融为一体,和谐体现。消费者可以非常方便地将自己日常生活视频通过数据线储存到"永恒之心"中,打开首饰盒即可看到主人公快乐而幸福的生活瞬间,如选取恋爱、结婚、纪念日等典型的生活场景,捕捉真情与爱的瞬间。

3. 有爱的首饰盒让营销富有情感

做营销,要懂得抓住消费者心理需求,生产出消费者最喜爱、最需要的首饰产品,这成为首饰界的一个共识。当有爱无法说出口时,这样一个带有 LED 和影音功能的首饰盒与象征爱情永恒的钻石戒指,无疑能成为表达情感的最好方式。

与此同时,各地的首饰零售商需要将自己的品牌形象传递给消费者,更需要以此稳固自己的固定消费群。浩景包装开发出的这款首饰盒可以帮助零售商去实现这一目的。零售商可以自行将品牌广告植入首饰盒中,消费者打开首饰盒就可以看到商家的品牌广告,这种亲密的接触方式比电视媒体、网络媒体更易被消费者所接受。零售商可以设计出一些温馨的提示,如爱情密语、爱情保鲜计等,消费者在受到启发的同时,更增加了对该品牌的好感。首饰盒,这种新型品牌传播载体,随着销售量的不断增加,传播范围将会更加广泛。对于零售商而言,每销售完一件珠宝首饰,就意味着抢占了一个广告平台资源。

在竞争日益激烈的珠宝首饰市场,完善而周到的服务依然是珠宝生产企业赢得客户、赢得市场的重要方式。从市场需求出发,用开拓性、创造性思维来做好市场,才能走得更远。

个案四:通灵珠宝——高端珠宝的情感营销之道

比利时的国礼、世博会欧盟馆的展品、柏林电影节连续四年的唯一指定珠宝、三代"谋女郎"的至爱、随神州七号遨游太空的唯一珠宝……这些标签均汇集在了一个品牌身上。德国前总统邀请这个品牌的创始人到总统府做客。它,就是通灵珠宝(TESIRO)!通灵珠宝(TESIRO),全国约 300 家、数十亿元的销售额,中国珠宝的领先品牌。创始人沈东军认为塑造珠宝品牌最重要的是:找准定位、做好营销、创新产品。

1. 跨代定位　提升持续贡献率

如果说国内早期的珠宝消费更多关注价格、保值等因素，如今其作为高端消费品的情感价值因素却越来越成为关注的重点。即客户更加在意消费珠宝所能获得的诸如地位、身份、情感、意境等方面的享受。因此满足什么样的客户情感需求，如何找准品牌定位至关重要。

国内珠宝企业的品牌定位目前存在两种问题，要么过于注重功能诉求，要么情感诉求过于空泛。功能诉求很难实现持续的客户销售，而空泛的情感诉求则难以唤起消费者的深刻认同。目前大多数珠宝品牌依然将自己定位于婚庆市场，但婚戒大都是一次性消费，企业需要不断地开发新的客户。在营销学上有一个基本的认知，开发新客户的成本是维护老客户成本的 5 倍，而企业 80% 的利润来源于 20% 老客户的重复购买。

"为自己，更为下一代珍藏。"通灵珠宝的这一品牌定位则与众不同。中国文化重视下一代的传承，财富的传承、精神的传承、感情的传承，等等。通灵珠宝的品牌定位可以说准确把握住了消费者这种重视传承的情感需求。当客户走进通灵珠宝专柜，珠宝的挑选已经从单纯的购买转化为了长期情感珍藏。

通灵珠宝的一位客户曾经表示："将我能够收藏的好东西都收藏起来，留给我的孩子，让他们将来可以过无忧无虑的生活，做自己想做的事情，我有这样的情结，而通灵珠宝真正成全了我这种情结。"

从营销数据上来看，通灵珠宝的这一定位不但赢得了消费者深刻的品牌认同，更成功地提升了客户的持续贡献率。数据显示，通灵珠宝的客户持续贡献率表现突出，客户第 4 次到第 5 次购买的转化率高达 60% 以上，平均间隔时间不到 150 天。

2. 权威背书　增加品牌美誉度

奢侈品品牌与享用它的名人从来都是分不开的。还记得英国国王爱德华八世赠送给辛普森夫人的卡地亚猎豹胸针吗？不爱江山爱美人的经典爱情故事，完美地展现了卡地亚"爱她，就送她卡地亚珠宝！"的品牌精神，让卡地亚珠宝成为了奢华与真爱的象征。如今，这种名人背书已经成为奢侈品营销的经典模式。

在早几年，国内珠宝营销更多聚焦于促销、馈赠。这些营销手段只能短期提升销量，无法持续吸引客户，也不能让客户形成对品牌的认同感。近年来，越来越多的珠宝品牌开始借鉴国际经验，通过名人背书来提升品牌形象，通灵珠宝表现得尤为突出。

2009 年通灵珠宝首次牵手柏林电影节，之后连续四年成为电影节唯一指定珠宝。通过柏林电影节，通灵珠宝品牌不但进入到更为广阔的世界舞台，更得到众多政商名人、影视明星的欣赏和认可。

德国前总统克里斯蒂安·伍尔夫向通灵珠宝创始人沈东军亲自表达谢意，感谢通灵珠宝对柏林电影节的支持和贡献。柏林电影节主席迪特·科斯里克盛赞通灵珠宝是"全世界最美的钻饰之一"，并亲自到比利时驻德使馆为通灵珠宝独家发售的"蓝色火焰"切工钻石吹灭生日蜡烛。

卓越的营销让通灵珠宝近年来的品牌影响力越来越大。2011 年比利时 MAS 博物馆特别为通灵（TESIRO）和"TESIRO 博物馆"系列钻饰设计了专属手印并永久保存。通灵珠宝创始人沈东军也受到比利时国王与王后的亲切接见。

通过一系列的权威背书，通灵珠宝成功地将消费者对明星名人的关注转移到对通灵珠宝品牌的关注。通过这种爱屋及乌的情感效应，通灵珠宝的品牌知名度和美誉度实现了全面提升。

3. 专利产品　形成绝对差异化

目前，品牌价值定位不准确，产品缺乏个性气质雷同等几乎成为占据中国珠宝市场 80% 份额的众多国内品牌的共同形象，而国内珠宝品牌掀起的价格战、渠道战也正在成为他们挥之不去的梦魇。

与其他品牌不同,通灵珠宝很早就将产品的独特切工塑造为差异化的品牌特点。2009年,象征世界钻石切工革命性进步的蓝色火焰切工钻石在著名油画大师鲁本斯故居发布,其作为钻石切工革命的里程碑,被永久馆藏于比利时钻石博物馆。这种钻石拥有89面完美切工,能够释放更为璀璨的蓝色火彩,因此,一问世就在全球珠宝界引起了巨大的轰动。通灵珠宝在获得蓝色火焰切工钻石独家发售权后,更是将其产品差异化推向了极致。

如果说产品是珠宝品牌的灵魂,那么设计则是产品的灵魂。在很多其他国内珠宝品牌还在肆意抄袭国外流行珠宝款式时,由通灵珠宝全球设计顾问安德烈·拉瑟里原创设计的红毯系列高级定制珠宝早已经风靡各大电影节,成为章子怡、赵薇、倪妮、张雨绮等众多明星的红毯选择。与此同时安德烈·拉瑟里更是将传承这一品牌核心理念完美的融合在了产品设计里。

通灵珠宝结婚对戒系列"穿越时空的爱",由同一钻石原坯切割出两颗美钻镶嵌而成,被选中切割成一对钻石的钻坯,需经过切割工匠的精确测量和计算,约百中取一的机会才能符合如此严苛的要求。"两钻同坯,天生一对"的完美爱情,也是安德烈·拉瑟里为纪念与妻子坚贞永恒的爱情而精心设计的,他赋予了这款产品"今生今世永不变心"的永恒主题。而最新的"TESIRO博物馆"高端典藏系列,则吸取了新建于比利时安特卫普市的MAS博物馆的灵感元素,成功地打造了一种具有历史感和深度的奢华珠宝体验。独有的专利产品,让通灵珠宝与其他品牌形成了鲜明的品牌差异化区隔。在满足消费者独特化消费情感需求的同时,其品牌也很自然地融入到了消费者的心中。

找准定位、做好营销、创新产品,在激烈的市场竞争中通灵珠宝形成了一套自成一派的情感营销独门绝技。归根结底,奢侈品营销的根本在于你是否能够为消费者带来独特的情感感受。对于很多国内珠宝品牌来说,这一点尤其需要思考和突破,而通灵珠宝的"为自己,更为下一代珍藏"无疑已经走在了前端。

个案五:爱立方情感珠宝商城

爱立方情感珠宝商城是全国首家以"情感"为主打的珠宝饰品商城。商城以"将爱情故事礼存起来"为主打,希望通过商城的每件礼品来传递一份情感,让双方存有一个值得留恋的爱情点滴。商城主要销售具爱情印证意义的金饰、银饰、钻饰、珍珠、水晶、情侣饰、创意饰等,进驻的都是知名珠宝饰品品牌。同时,爱立方情感珠宝商城网络店与实体店相结合,让购买者更便利、安全、放心。

【商城特色】

(1)全国首家引进国际知名珠宝品牌故事商城。

(2)全球首家"爱情印证、情感保鲜"的专业珠宝饰品商城。

(3)全球首家主张"将爱情故事礼存起来"的专业珠宝饰品商城。

爱立方情感珠宝商城希望每一件礼品都成为一个永流传的印记。爱立方情感珠宝希望每个礼品都是对情人之间的一个拥抱、一个电话、一个短信、一个时刻、一个关爱等的奖励与纪念,这些奖励与纪念,串起来,都是一个情感的永续记忆。

爱立方情感珠宝,追求故事感。这种故事可能包括诗词、电影、音乐,也可能就是一件日常生活小事。但是,这都是印证爱情的故事!

【商城"七心"服务】

(1)称心:全国首家主张"将爱情故事礼存起来"的专业珠宝饰品商城!

(2)贴心:时尚品牌、知名品牌、尊贵品牌、国际品牌、稀有品牌,体贴入微。

(3)省心:有专业的网络商城,也有实体店。

(4)放心:有品牌溯源、有品牌历史溯源,真品牌、独渠道、长保值。

(5)精心:国内首家珠宝饰品品牌化经营机构,精心开发每件产品、应对每个情感故事。

(6)专心:是国内首家专业爱情珠宝销售机构,专一。

(7)舒心:提倡售前、售中、售后零担忧服务,舒心享受爱情滋味。

【商城口号】

"教堂里举办婚礼,爱立方印证爱情。"

"两心一物,爱证千年。"

"爱情36计,爱情72变,爱情108件,爱立方都能实现。"

珠宝广告语选粹

1. 戴梦得(一)

牵手一生的约定,

戴梦得,我的钻石,我的梦想!

2. 戴梦得(二)

岁月尽好,

爱相伴,

戴梦得,我的钻石,我的梦想!

3. 蒂爵珠宝

在这个爱的日子,

有钻石闪亮,

足够浪漫。

4. 吉盟珠宝

一直在某处,

寻找着幸福的光影。

梦境之中,

转身之处,

或是人生的一个十字路口,

直到那一刻,

光芒照进心的深处,

才发现幸福原来就在自己手中。

Shine 幸福如此闪耀,

闪耀·恒久之美,吉盟首饰。

5. 金伯利钻石

爱的礼物,

只为幸福传递,

贵乎稀有,万里挑一,金伯利钻石。

6. 金艺华珠宝(蒋梦婕)

如花美眷,

似水流年,

让世界看看东方美,

金艺华珠宝。

7. 金至尊珠宝(一)(陈慧琳)

我很清楚的记得那天,

我坐在镜子前,

看着那件婚纱,

我试着去想象,

将要踏上的旅程,

但我真的没想到,

我会找到的,

是如此美丽,

如此动人,

金至尊珠宝。

8. 金至尊珠宝(二)(陈慧琳)

得天独厚,

因为有你,

金至尊珠宝。

9. 老凤祥(一)

作为一个设计师,

一段旅行,
是吸引灵感的对话,
一股小溪却融入了这里,
爱琴海,我和我自己。

10. 老凤祥(二)(赵雅芝)

跨越三个世纪的经典,
老凤祥!

11. 老凤祥(三)

女人懂得如何控制,
如何表达,
如何张扬,
跨越三个世纪的经典,
百年老凤祥,引领新时尚。

12. 老凤祥(四)(赵雅芝)

邂逅时光的雕琢,
在纯粹中体会真爱的触动。
纯粹女人,
跨越三个世纪的经典,
老凤祥翡翠,
天地灵动,
珍贵真情真爱,
享受珍品生活。
跨越三个世纪的经典,
老凤祥珍珠,
铭刻给灵感不朽的机会,
灿烂瞬间与永恒共舞。
跨越三个世界的经典,
老凤祥钻石。

13. 老庙黄金(一)(丁子峻)

爱上海,爱在上海,
老庙黄金。

14. 老庙黄金(二)(沈星)

美可以很中国,
也可以很世界。
虽然没有十全十美,
可是幸福却有一百分,
拥有老庙黄金,
相信我,
要多幸福,
就多幸福!

15. 六福珠宝(一)

六福珠宝,
千变万化。

16. 六福珠宝(二)

从懂事以来,
我就喜欢长头发。
为什么都说,
怀孕的女人最美呢?
爱很美,
六福珠宝。

17. 六福珠宝(三)

我从小就比她爱美。
今天最美的应该是她。
爱很美,
六福珠宝。

18. 六福珠宝(四)

想好了就去做吧!
多听听我的准没错,
都说我很听话,
对啊!
我很听自己的话,
我的代言,我的 K gold,六福珠宝!

19. 明牌首饰(一)

明钻让我心动,
明钻让我灵动,
明钻让我感动,
限量版女人,无限量钻石。
中国驰名商标,明牌首饰。

20. 明牌首饰(二)

释放每一道迷人光芒,
引领全球铂金风尚,
明牌珠宝,
总有精彩呈现,
MINGR!

21. 七彩云南翡翠(一)

七彩云南翡翠珠宝,
极翠天下,
致美人生,
七彩云南翡翠,东方之瑰宝。

22. 七彩云南翡翠(二)

回眸一笑百媚生,
七彩云南翡翠,
翠韵天下,
七彩云南。

23. 千禧之星(孙俪)

吾爱:
当你读到这封信的时候,
我已经在为我们的爱而决斗了。
你是这个世界上唯一值得我这样做的女人,
你也是这个世界上唯一值得拥有这枚戒指的人,
我希望,
我们的爱能像钻石般永恒。
跨越时空,恒久闪亮!
千禧情缘钻石承诺,千禧之星珠宝。

24. 上海亚一

我的唯一,上海亚一。

25. 世纪缘钻石

三十亿年来,
我们从未分离,
SJONO 世纪缘,
天生一对,
同胚钻系列。

26. 招金银楼(刘烨)

唯有金,让爱无界;
唯有金,纯金金品。

27. 中国黄金

徜徉,独自的精彩;
贪恋,二人的浪漫。
一刻闪耀的金见证至真的爱,
只为爱闪耀,
中金首饰。

28. 周大生

世界上最珍贵的是钻石,
比钻石更珍贵的是爱,
周大生,
因爱而美,为爱而生。

29. 周生生

愉悦,是真挚支持;
愉悦,是倾注目光;
愉悦,是祝福拥抱;
愉悦,是不变承诺。
愉悦时刻,周生生。

第三节 项目模拟：珠宝首饰情感营销专题策划

子项目一：不同主题的情感系列产品设计

【基本思路】

分别以爱情、亲情、友情为主题，设计不同的系列产品（也可选取其他主题，如节日、风俗、宗教等）。

【要求】

(1) 找准情感诉求点（消费者的利益点）。

(2) 产品描述准确到位。

(3) 产品符合特定消费群体的个性特点（必须要有消费者分析）。

(4) 提供作品构思及草图。

子项目二：某珠宝企业情感营销策划全案

【基本思路】

选取某一珠宝企业，在分析该企业经营基本情况的基础上，为该企业在某一区域或城市推行情感营销进行全案策划。

【策划基本内容】

(1) 情感主题设定及描述。

(2) 情感产品设计。

(3) 情感包装设计。

(4) 品牌情感形象塑造。

(5) 情感广告创意设计。

(6) 情感价格设计。

(7) 情感公关活动设计。

(8) 情感服务设计。

(9) 情感环境营造。

第十章　珠宝首饰体验营销

第一节　理论、方法与策略基础

苹果公司前CEO乔布斯认为"情感的经济"将取代"理性的经济",基于硅芯片上的技术运算制胜时代已经过去,取而代之的是"与消费者产生情感共鸣"和"制造让顾客难忘的体验"。因此,他主张不断变革、不断创新品牌文化,始终把技术创新和注重消费者放在首位,以保持苹果公司长久的旺盛生命力。在把自主创新作为发展的动力源泉的同时,苹果更注重用户体验来为品牌保驾护航,或许这也是苹果一直被模仿,从未被超越的真正原因所在。

苹果公司在产品开发与营销方面的不断创新,为全球企业推行体验营销提供了成功的典范。

一、体验营销的含义

体验营销是指企业通过采用让目标顾客观摩、聆听、尝试、试用等方式,使其亲身体验企业提供的产品或服务,让顾客实际感知产品或服务的品质或性能,从而促使顾客认知、喜好并购买的一种营销方式。这种方式以满足消费者的体验需求为目标,以服务产品为平台,以有形产品为载体,生产、经营高质量产品,拉近企业和消费者之间的距离。

企业采取体验营销方式时,一般要营造一种氛围,设计一系列事件,以促使顾客变成其中的一个角色尽情"表演",顾客在"表演"过程中将会因为主动参与而产生深刻难忘的体验,从而为获得的体验向企业让渡价值。此时,企业的角色就是搭建舞台、编写剧本,顾客的角色是演员,而联系企业和顾客的利益纽带则为体验。开展体验营销,要求企业深入体察顾客的心理,准确掌握顾客需要何种类型的体验。

二、体验营销的特征

1. 顾客主动参与

在体验营销中,消费者既是企业的"客人",也是体验活动的"主人"。因此,需要消费者主动参与到体验活动中来,并通过企业与消费者之间的有效互动,使消费者获得对企业、品牌及其产品直接的感知效果。

2. 满足情感需求

体验营销是基于对当前消费者不仅是理智购买者,更是感性购买者在这一事实和认识的基础上,被广泛应用到实际营销活动中的。实际上,很多人的购买行为是感性的,他们对消费行为在很大程度上受感性支配,他们并非都是理性地分析、评价,最后决定购买的。他们也会存在幻想,更有对感情、欢乐等心理方面的追求,因此,特定的环境下,他们也会有冲动,这就需要企业善于把握消费者的情感需要,在营销时"晓之以理,动之以情",这也是体验营销的核心。

3. 符合个性特征

当今社会,人们追逐个性化,一种体验情景根本无法满足消费者的多样化、娱乐性需求。个性鲜明、注重品位的消费者,很少光顾批发市场、小型商店,而是频繁出入名品名店,以显示其高贵、与众不同,对他们来说装修大气、高端或者典雅、别致的名品店、专卖店,更能给他们带来消费的愉悦、满足,更符合其个性需要,并且他们还会根据个人喜好对店面做出评判,还在其社交圈内进行传播。因此,在体验营销中,要吸引个体参与达到互动,不仅在店堂内部环境营造上要有个性,更要对营销活动进行精心设计,能给参与者带来前所未有的独特体验。当然,消费者也乐于为所获得的体验买单,即使商品的价格高于其他店家,他们也愿意接受。

4. 体验主题明确

体验营销活动的最终效果是建立在个人主体印象(主要包含时间、空间、技术、真实性、质地、规格等方面的特征)的基础上,它包含个体差异的影响,对不同的印象、不同的个体有不同的感受,表现为一种个体的主观性。因此,在体验营销中,要根据个体的不同设定、不同的体验"主题",以给体验者留下深刻的印象。

5. 注重消费感受

在体验营销中,强调顾客所能感受到的一种难忘的、身临其境的体验,它是一种被感知的效果。同时,顾客所获得的感受并不会因一次体验的完成而马上消失,具有一定的延续性,如顾客对体验的各种回忆等,有时顾客事后甚至会对这种体验重新评价,产生新的感受。因此体验营销的效果是长期性的,一旦顾客对体验满意,他们对公司往往产生高度的忠诚。

三、体验营销的主要原则

1. 适用适度

任何类型的企业都可以使用体验营销,传递体验的载体也不仅限于服务,比如在产品设计上注重顾客的体验、商品功能的体验化设计、购买环境的体验布置等。但是,有一点必须注意,任何形式的体验营销都必须与企业文化、品牌理念、产品特性相符,与其营销的场合相适应;同时,还要把握一个度,即有意识地塑造与消费者接触的各个环节的体验,让消费者能恰到好处地体验到产品与服务所带来的愉悦和满足。有时候,不合时宜或者过度的体验会带来相反的效果,现实中这样的案例也不少。如:某珠宝店现场派发首饰小挂件,凡进店的人都可以领取,结果造成场面失控,最终导致店内商品被哄抢。

2. 合理合法

体验式营销能否被消费者接受,与地域差异关系密切。各个国家和地区由于风俗习惯及文化的不同,价值观念和价值评判标准也不同,评价的结果存在差异。因此,体验营销活动的安排,必须适应当地市场的风土人情,既富有新意,又符合常理,当然更要合法。

四、体验营销的类型

体验营销以拉近企业和消费者之间的距离为重要经营手段,成为企业获得竞争优势的新武器。但体验营销并不是适合于所有行业和所有产品,只有当某产品具备不可察知性,即其品质必须通过使用才能断定的特性,才可以运用这种方式。

体验营销是考虑消费者的感觉、情感、思考、行动、关联五个方面,重新定义、设计的一种思考方式的营销方法。这种思考方式突破传统上"理性消费者"的假设,认为消费者消费时是理性与感性兼具的,消费者在消费前、消费中和消费后的体验才是购买行为与品牌经营的关键。例如,在黄金被当作普通的"货物"出售时,只是根据当下的行情以每克多少元的价钱进行交易;当其被加工制作成一般的首饰出售时,或许可以多赚一些加工费;当其被设计成一个比较独特的新款首饰时,可以卖出更好的价钱;但如果此款首饰被赋予特殊的含义,且是由知名品牌企业所生产,又在特别的场合或情境下出售,相信可以卖出更高的价钱,乃至天价出售也会有人问津。

由于体验的复杂化和多样化,所以《体验式营销》一书的作者伯恩德·H·施密特将不同的体验形式称为战略体验模块,并将其分为知觉体验、思维体验、行为体验、情感体验、关联体验五种类型。据此,我们可以将体验营销的类型也归纳为以下五种类别。

1. 感官式营销

感官体验即知觉体验,指来自于人们的视觉、听觉、触觉、味觉和嗅觉等知觉器官的对企业、品牌及其产品的感觉与认识。

感官式营销就是通过消费者感官体验来进行营销的一种方式。它的主要目的是创造消费者的第一感觉,加强消费者对企业、品牌及其产品的识别与认同,并激发消费者的购买动机,提高产品的附加值等。通俗一点说,如果消费者在完成一次购物后,说:"感觉非常好",实际上就是其感官上得到了满足,这就是感官式营销。

以购买珠宝首饰为例。顾客购物流程一般为:吸引顾客入店→迎宾→顾客观察→询问→倒水、坐下→交流→展示商品→试戴→挑选→商品讲解、品牌介绍→超值服务介绍→闲逛(店内)→推销谈判→成交→买单→讲解售后服务→包装→递交名片等资料→送别。

其中,"推销谈判"为最艰难的环节,大多数珠宝店内都会加设洽谈桌,在顾客购买的时候端上咖啡,仔细欣赏品鉴的同时给顾客以"备受尊敬"的感受。在"品牌介绍"的时候,会讲解趣味的品牌故事,等等。在这个流程的各个环节,会有选择地镶入商家需要加入的营销内容。同时,还应考虑在珠宝店放置什么样的椅子可以让顾客坐得最久、最舒适,从而让顾客在店内逗留的时间最长;又如,顾客来店内买珠宝,喝咖啡能让顾客安静下来,给顾客的感觉最好,有利于销售,等等。再如:不少珠宝店面改变陈列方式,提倡顾客体验试戴珠宝,令很多原本犹豫不买的顾客产生了掏钱包买单的冲动,也大幅地提升了店面的销售业绩。

总之,感官式营销的目的是让顾客拥有一个好的心情,顾客有了好的心情,营销的效果自然就会好。

2. 情感式营销

情感体验即体现消费者内在的感情与情绪,使消费者在消费中感受到各种情感,如亲情、友情和爱情等。

情感式营销就是基于消费者情感体验的一种营销方式。在营销过程中,要触动消费者的内心情感,创造情感体验,其范围可以是一个温和、柔情的正面心情,如欢乐、自豪,甚至是强烈的激动情绪。情感式营销需要真正了解什么刺激可以引起某种情绪,以及能使消费者自然地受到感染,并融入到这种情景中来。

人们购买珠宝,除了保值的目的外,其余都是为了情感。结婚是为了爱,馈赠是为了亲情、友情。买给自己也是因为内心某种情感需要。可以说,情感是珠宝营销永恒的主题,也是这个行业的本质之一。因此,设计与情感相符的营销方式,以吸引、感染、煽动影响顾客的情绪和购买决策,就显得尤为重要。比如,顾客购买了结婚用的某品牌的珠宝首饰,商家一定要记录顾客的结婚日期,在每年的结婚纪念日那一天,给她送去浪漫的惊喜礼物和祝福,并坚持做到每年的纪念日都是第一个送去不同的惊喜,相信这些顾客将成为该品牌一辈子最忠实的顾客,而且,她们一定会津津乐道地将这些感动告诉她们身边的朋友。

3. 思考式营销

思维体验即以创意的方式引起消费者的好奇、兴趣,对问题进行集中或分散的思考,为消费者创造认知和解决问题的体验。

思考式营销就是基于消费者思维体验的一种营销方式,其核心是启发人们的智力,创造性地让消费者获得认识和解决问题的体验。它运用好奇、计谋和诱惑,引发消费者产生统一或各异的想法。在高科技产品宣传中,思考式营销被广泛使用。如美国苹果公司大多数的产品采用这种形式的营销来广泛推向全球。

4. 行动式营销

行为体验指通过增加消费者的身体体验,指出他们做事的替代方法、替代的生活形态与互动,丰富消费者的生活,从而使消费者被激发或自发地改变生活形态。

行动式营销就是基于消费者行为体验的一种营销方式,如通过文体明星、大众偶像、社会名流等参与的活动来激发消费者,使其生活形态予以改变,从而实现产品的销售。如:一些珠宝首饰知名品牌邀请当红明星或名模作为代言人,邀请政界要人、商界名流出席新品发布会,邀请娱乐明星现场助兴或互动等,都是行动式营销的典型方式。

5. 关联式营销

关联体验是更高层次、更深层次的体验类型,指在为顾客创造感官、情感、思考和行动等体验层面之外,还需要为顾客创造的是一种丰富的、升华的联想式体验,从而让人能和更广泛的社会系统产生关联。实际上,关联是对感官、情感及适当行动的相互结合,关联活动的诉求是为自我改进的个人渴望,要别人对自己产生好感,让人和一个较广泛的社会系统产生关联,从而建立个人对某种品牌的偏好,同时让使用该品牌的人们进而形成一个群体。

实际上,有些人喜欢佩戴名贵珠宝,出席重要社交场合,或参加重大庆典活动,就可能包含着对该珠宝款式的喜爱,对珠宝首饰设计师的认同,对珠宝品牌的偏爱,对该珠宝所蕴含的文化内涵与其身份相配的认可,等等。而他们也以行动说明其乐于与这些人交往,并渴望得到他人尊重与好感,与他们成为朋友。同时,佩戴这些珠宝或许会给消费者带来对某一偶像的联想,因为该偶像也曾佩戴过或代言此类珠宝首饰,这就是关联式体验。因此,如果珠宝企业能够营造这种氛围的营销环境,其效果必然事半功倍。

五、体验营销的操作步骤

1. 有效识别目标顾客

识别目标顾客就是通过提供购前体验的形式找到企业所需要的目标顾客,即找到对企业的产品及其提供的体验感兴趣的群体,其难点是该群体范围如何确定,倘若漫无目的地随意选定,不仅达不到预期的目的,更是资源的浪费。设置体验活动可以事先规划和酌情公布体验预案,让顾客对品牌的体验活动有所了解,并能积极地参与体验活动的设计完善过程。在具体实施过程中还要对目标顾客进行细分,对不同类型的顾客提供不同方式、不同水平的体验。在运作方法上要注意信息由内向外传递的拓展性。某些企业选择其内部员工充当最初的体验对象,以此来设定体验项目以吸引目标顾客,是比较可行且又经济的做法。

此阶段工作的实质意义在于了解目标顾客的体验感受,可为后阶段创建体验环境和体验产品或服务作准备。

2. 全面认识目标顾客

认识目标顾客就要深入了解目标顾客的特点、需求,尤其是其情感需求,更要清楚顾客所喜、所忧、所盼。企业必须通过市场调查来获取有关信息,并对信息进行筛选、分析,走进顾客的内心世界,想顾客之所思,排顾客之所忧,依此设定体验方法与手段,以吸引顾客主动参与到体验活动中来。

珠宝零售终端的体验营销活动一般是根据目标顾客的共性需求而设定,而顾客们的个性千差万别,企业不可能一一满足顾客的个性要求来提供体验项目或活动,因此,需要企业花心思去从千头万绪的顾客心理诉求中梳理出比较有代表性的共性需求,并据此来满足顾客,尤其是品牌忠诚顾客的体验需求。因此,此阶段工作的重点应该是面向品牌忠诚者全面征集体验需要及以往所经受的体验感受。

3. 精准设定体验项目

企业着力塑造的顾客体验应该是经过精心设计和规划的,即企业要提供的顾客体验对顾客必须有价值并且众不同。也就是说,体验必须具有稳定性和可预测性。

具体来说,就是要按照前述对目标顾客的分析,找准顾客利益诉求点,结合产品的卖点,确定具体的体验项目或活动。设定的项目还应有主次之分、层次之别,甚至是不同类型顾客提供给不同内容的体验等,这要根据具体需要而定。

顾客体验一般有以下四个层次。

(1)产品或品牌提供的体验,这是顾客最核心的体验。

(2)产品类别提供的体验。

(3)品牌在使用或消费环境下提供的体验。

(4)与顾客的社会文化环境相关联的体验。

以上四个层次主要是从体验产品的舒适愉悦感、产品的价值受益感、使用荣誉感、自我满足感这四个方面去建立和考虑。与此相适应,我们可从以下四个方面去满足顾客的体验需要。

一是在产品的研发设计环节上,让顾客参与其中,如某些企业采取的珠宝定制模式,就是很好地让顾客参与到珠宝首饰的设计中来,直接感受到参与设计所带来的愉悦感与成就感、满足感,并对产品的质量、企业的真诚、品牌的内涵等有直接的感知。

二是以独具创意的个性产品去赢得消费者的心,让顾客在与同类产品的比较中明显地感觉到差别优势,对产品产生美好的感觉体验,自觉或不自觉地去将自己与珠宝首饰产品"对号入座",或产生急于拥有的冲动。

三是通过多种渠道的企业与顾客之间的互动,让顾客积极并充分地介入到主题体验活动中来,并通过活动和产品的使用,使顾客感受到佩戴珠宝首饰所带来的时尚、尊贵及荣耀,体现出其阶层和地位的需要。

四是可以通过开设珠宝品牌大型体验店或会所等形式,不仅让顾客体验产品和服务,实现个性需求的满足,更重要的是有意识、有目的地培养忠诚顾客。

总之,一次有效的体验应该是在企业预设的情境下完成的,因此,企业要关注每个细节,尽量避免疏漏,同时,还要将可能出现的意外悉数排查,更要排除顾客之顾虑,让其安全、放心、愉快地参与到体验活动中来。

4. 科学制定评价参数

体验项目有没有达到预期目的,可以通过很多细节来检视结果。很多珠宝首饰产品在开发设计环节就由设计师赋予了其特定的内涵,因此,我们在设定体验项目时,必须与产品的特定内涵相符,使顾客通过现场佩戴能感受到其气质的变化、内心的共鸣,如果再加上其亲近的人的一声赞美,其周围人们赞许的目光、欢呼,这时,她(他)会有什么表现?相信大家都会想象得到结果。因此,我们在实施体验项目之前,要就如何衡量体验效果进行参数设定,即预设体验项目可能给顾客带来的情绪、情感方面的变化,进而可能带来的对企业、品牌及其产品的评判等,可以用合适的言语及数字来表达这些参数,为后续的评价工作提供依据。如佩戴某首饰给顾客带来年轻感还是成熟感,或者是幸福感、高贵感等;该首饰与体验对象的气质是否相配、身份是否相符、年龄是否相当等。这里,还需要对参与营销的企业内部员工进行必要的培训,统一对评价参与的认识,以引导顾客有效地参与相应的体验,这样在顾客体验后,就容易从这几个方面对产品(或服务)的好坏形成一个判断。

5. 引导顾客参与体验

此阶段,企业要做的工作就是让目标顾客在其设定的情境中参与具体的体验活动,要提供最舒适的环境、最温馨的氛围、最体贴的服务,还要用最便捷的方式,让顾客参与其中并从最具创意的珠宝首饰情感产品和最有人性化的专家服务中体会到企业的善意呵护,以情换情,引起顾客的内心共鸣,用丰富的活动换取顾客丰富的体验感受,使顾客能逐渐形成对品牌的全面认识,增加顾客对品牌的忠诚度。

为确保体验活动的顺利进行,必须要有相应的体验流程及管理制度,并事先给出详尽的预案,以加强对各体验环节及顾客接触点的有效管理,对于各环节所反映的评价参数变化及时作出正确应对,更是重中之重。

6. 客观评价完善体验

实施体验营销,要及时进行阶段性评估总结。评估总结不仅要看顾客的参与人数,也要看参与效果,如是否配合、参与热情、情感变化等,更重要的是顾客体验后对企业与产品的评价,其消费态度及行为的变化以及可能受其影响的群体对品牌认同、产品消费的变化。因此,每当顾客参与体验活动后,要充分利用各种手段迅速及时地收集顾客的意见反馈,便于企业及时掌握第一手材料,同时,也使顾客能够感受到品牌的真诚与期望。

阶段性评估总结的目的是不断完善体验营销模式,以便进入下一轮的运作。但必须强调的是,企业在产品、服务、营销、管理等各个方面的不断改进发展,才是顾客体验得以有效持续开展之根本。同时,企业除了对原有顾客体验活动进行不断提高外,还要善于开拓视野并不断挖掘顾客新的体验需求,使顾客体验活动保持新鲜度并持久地发展。因此,珠宝首饰企业应根据整体经营环境的发展变化,并根据竞争对手及竞争手段的变化,不断加强技术、文化、时尚、生活方式等方面的创新,不断完善体验营销活动,以确保体验营销持续不断地向前发展。

六、体验营销的常见模式

体验营销的目的在于赢得顾客的"内心",因此,在正确分析目标顾客的基础上,可利用传统文化、现代科技、艺术和大自然等手段来增加产品的体验内涵,通过引起顾客的内心共鸣,达到影响其消费、对企业与产品产生好感等目的。

目前,体验营销较常见的模式有以下八种。

1. 节日模式

每个民族都有自己的传统节日,传统节日的观念对人们的消费行为起着无形的影响。这些节日在丰富人们精神生活的同时,也深刻地影响着消费行为的变化。随着我国的节假日不断增多,出现了新的消费现象——假日消费,企业如能把握好商机便可大大增加产品的销售量。

2. 感情模式

感情模式通过寻找消费活动中导致消费者情感变化的因素,掌握消费态度形成规律以及有效的营销心理方法,以激发消费者积极的情感,促进营销活动顺利进行。

3. 文化模式

利用一种传统文化或一种现代文化,使企业的商品及服务与消费者的消费心理形成一种社会文化气氛,从而有效地影响消费者的消费观念,进而促使消费者自觉地接近与文化相关的商品或服务,促进消费行为的发生,甚至形成一种消费习惯和传统。

4. 美化模式

由于每个消费者的生活环境与背景不同,对于美的要求也不同,这种不同的要求也反映在消费行为中。

人们在消费行为中求美的动机主要有两种表现:一是商品能为消费者创造出美和美感;二是商品本身存在客观的美的价值。这类商品能给消费者带来美的享受和愉悦,使消费者体验到了美感,满足了对美的需要。

5. 服务模式

对企业来说,优越的服务模式,可以征服广大消费者的心,取得他们的信任,同样也可以使产品的销售量大增。

6. 环境模式

消费者在感觉良好的听、看、嗅过程中,容易产生喜欢的特殊感觉。因此,良好的购物环境,不但迎合了现代人文化消费的需求,也提高了商品与服务的外在质量和主观质量,还使商品与服务的形象更加完美。

7. 个性模式

为了满足消费者的个性化需求,企业开辟出一条富有创意的双向沟通的销售渠道。在掌握消费者忠诚度之余,满足了消费大众参与的成就感,同时也增进了产品的销售。

8. 多元化经营模式

现代销售场所不仅装饰豪华,环境舒适典雅,设有现代化设备,而且集购物、娱乐、休闲为一体,使消费者在购物过程中也可娱乐休息。同时也使消费者自然而然地进行了心理调节,从而创造更多的销售机会。

七、几种典型的体验营销方式

1. 美学体验营销

美学体验营销是指以人们的审美情趣为诉求,经由知觉刺激,提供给顾客以美的愉悦、兴奋、享受与满足。这种营销模式要求企业对色彩、音乐、形状、图案、风格等美的元素加以良好地运用。这种方式在奢侈品中尤其盛行,并且被广泛应用。

日本建筑师 shigeru ban 跟法国著名奢侈品牌爱马仕联合创造出"Module H",这是一个在 2012 年米兰设计周上亮相的模块化的屏风和区域分割系统。标志性和专利的"H"在金属板上镂空,营造出松散堆叠的时尚风格,同时故意在编排上略有位移,创建一个不对称和网格状模式。镂空的设计使得用户可以自由在其之上添加各种装饰品。从某种程度上即是美学体验营销的典型代表。

2. 娱乐体验营销

娱乐体验营销是指以顾客的娱乐体验为诉求,通过愉悦顾客来达到企业的营销目标。这种营销方式的出发点和归宿点就是为顾客制造快乐和开心。它相对于传统的营销方式来说显得更加亲切、轻松、生动,并富有人情味。

娱乐体验营销也正越来越多地被珠宝首饰企业所运用。如:2012 年六福珠宝获邀赞助香港电影《情谜》的珠宝拍摄,其中有一场戏的情节更是在六福珠宝店铺内取景,在片中的六福珠宝产品充分表现出了性感、优雅的独特气质。这与六福珠宝一直关注女性和美,并用不同款式的珠宝去表现女性不同个性的美的理念有关。六福珠宝还冠名赞助 2014 年贺岁电影《六福喜事》的拍摄。再如赵薇导演处女作《致青春》赞助珠宝由 DOIDO 爱度钻石 20 位专业设计师潜心 35 天打造,完美融合影片角色与 DOIDO 爱度钻石品牌概念,款式别具一格寓意深刻,材质方面,主打玫瑰金呈现年轻活力,同时融入时下珠宝界最为热门的彩色宝石、芙蓉石。随着《致青春》的热映并不断创造高票房,爱度钻石也获得了巨大的成功,据媒体报道,4 月 26 日影片首映当天,DOIDO 爱度钻石网访问量较往常相比增长了 200%,并一直保持较高的增长速度。

而影视明星、歌坛巨星、名模佳丽们获得各珠宝品牌大力赞助出席各类大型晚会、演唱会、T 台走秀等活动更是最常见的。所以,珠宝首饰营销向来不缺"娱乐"。

3. 生活方式体验营销

生活方式体验营销是以消费者所追求的生活方式为诉求点,通过将公司的产品或品牌演化成某一种生活方式的象征甚至是身份、地位的识别标志,从而达到吸引消费者、建立起稳定的消费群体的目的。体验营销中的"体验"是要消费者经过自我思考与尝试去获得的解决方案。这种方案是独特的,是一种生活方式与消费者个人喜好的结合。商家要做的就是对产品的文化、功能、搭配方案的介绍及制作展示等,帮助他们找到最适合自己的方案。珠宝定制及个性化婚戒、钻饰等从某种意义上来说,也是一种将消费者所追求的生活方式通过具体的个性产品表达出来的形式,在这里,企业或者珠宝店就是消费者寻找灵感和设计思路的地方,消费者可以根据每种产品价格、钻石大小、颜色、产地等,思考出搭配方式。

当消费者将自己的人生主张、价值观、生活态度借由某种商品传达时,就表明他对该品牌的感官享受超过了临界点,开始形成对这一品牌的价值主张,这是品牌体验的最高境界。

4. 氛围体验营销

氛围指的是围绕某一群体、场所或环境产生的效果或感觉。氛围营销就是要有意营造这种使人流连忘返的氛围体验。因为好的氛围会像磁石一样牢牢地吸引着顾客，使顾客频频光顾。

大多数的珠宝体验实体店及珠宝会所就具备氛围体验营销的特点，本教材有相关的例子介绍。

5. 文化体验营销

文化对于消费者而言，往往会显得高端和远离，而通过独具匠心的文化体验安排，让艺术、文学、音乐等看似高雅的文化活动能够深入消费者的心中，让消费者感受到不一样的独特韵味。

钻石、翡翠、黄金都拥有非常多的历史和故事，而这样浓厚而富有趣味的文化，足可以深深地吸引顾客。如有的珠宝店会在店内设立一条弧形的展示小走廊，走廊上有很多钻石开采、加工方面的图片。每位顾客入店，销售员都会亲自引领顾客亲切讲解钻石的开采加工是如何的艰难，钻石是如何的稀有珍贵。在此过程中，顾客一方面深入地了解了钻石的文化，另一方面也对这个品牌终身难忘。因为在别的珠宝店，顾客是不会有这种深切感受的。终端的特色和竞争优势就是在这样一些小细节中形成的。

当前，上述五种体验营销方式已成为许多珠宝首饰企业大小品牌的常态营销活动，如谢瑞麟的一站式婚嫁服务平台及"求婚礼遇"，流行美的"发现惊喜"，I DO 的"求婚表白"……我们可以从下一节的个案及其他章节的介绍中找到生动的实例。

第二节 项目：珠宝首饰体验营销个案解读

个案一：谢瑞麟开启国内珠宝市场体验式营销模式

1. 一站式婚嫁服务平台及"求婚礼遇"

——TSL｜谢瑞麟2013"谢谢爱，婚尚分享会"

通过个性化的"求婚礼遇"服务，令更多准新人体验到品牌独有的婚庆文化及周到而贴心的婚嫁服务。而伴随着2013"谢谢爱，婚尚分享会"活动的启动，TSL｜谢瑞麟官方微博也展开了求婚创意有奖征集的网络活动预热，鼓励更多准新人及创意达人说出自己的个性求婚创意，最终通过活动官方Minisite投票评选出来的获胜者，还将赢取"马尔代夫浪漫双人游"终极大奖，令众多粉丝大胆秀出求婚创意，引领当下求婚热潮。

"谢谢爱，婚尚分享会"是由TSL｜谢瑞麟为其VIP会员精心打造的婚庆分享沙龙。旨在为品牌坚持打造优秀品质婚嫁珠宝的同时，令更多顾客有机会感受到贴心而又创新的婚嫁服务。其中，率先由品牌提出的"求婚礼遇"服务受到很多准新人的关注，谢瑞麟提倡求婚是美满婚姻的开始，积极分享求婚文化，鼓励新人大胆表达爱意。因此，消费者在选择谢瑞麟珠宝的同时，亦能尊享"求婚礼遇"服务。此外，经过专业培训的TSL｜谢瑞麟婚嫁大使，还将为准新人提供珠宝首饰以外的婚嫁潮流资讯，以及婚嫁文化等多元化信息，为消费者带来全新及互动的珠宝购物体验。也正是这样一份贴心的婚嫁服务，帮助众多准新人在2012年完成了他们的求婚梦想。温馨浪漫的求婚场景、人气明星的惊喜现身、最新的婚尚潮流分享，2012"谢谢爱，婚尚分享会"为我们制造了众多的惊喜与感动。

2013"谢谢爱，婚尚分享会"，TSL｜谢瑞麟会将独有的"求婚礼遇"服务进行到底，通过线上求婚创意有奖征集，汇集各类个性求婚想法，寻找最浪漫、最惊喜、最温暖的求婚创意，为您的璀璨求婚钻戒点染无限智慧，让心爱的她幸福地说出"我愿意"。此外，TSL｜谢瑞麟还将携手明星嘉宾及品牌婚庆专家一同分享幸福时刻，由婚庆专家提供的专业婚嫁珠宝知识及最新潮流婚尚资讯，将帮助准新人们实现完美婚礼。

2. 瞄准婚庆珠宝市场，着力推出求婚服务

国内消费者与以前相比，对婚礼越来越重视，而且每年结婚的人数非常庞大，这使得国内婚庆珠宝市场的发展潜力极大。公司每年都会推出婚庆系列以满足年轻消费者的不同需求。目前，婚礼珠宝占公司销售额的比重约15%，虽然占比并不高，但是发展速度非常快。中国珠宝市场每年的营业额已经超过100亿元，且正以10%的速度增长，发展规模在全球珠宝市场中处于前几位。其中婚庆珠宝市场发展迅猛，成为珠宝市场的重头戏。

目前，婚嫁市场上的主要消费人群为"80后"，这部分消费者重视购物体验，除了购买商品之外更希望可以享受购物的体验过程。但市场上，很少有品牌意识到这一点，因此消费者的忠诚度较低。大家选择商品时，还是停留在只考虑商品和价格的阶段。

很早之前，公司就推出了将顾客的名字刻在戒指上的服务。除了提供商品，他们更希望成为消费者的婚礼顾问，从这个方向去构思新的环节，如今推出求婚的服务也是按照这个方向去构想的。每个人都觉得求婚是他们人生中最重要的一个时刻，怎样去表达男人对女人的爱是独一无二的呢？就需要这个男人独特的想法。他们希望透过婚庆珠宝市场让更多的消费者认识并喜欢TSL｜谢瑞麟，而且深化到以后的生活中。如果消费者在结婚的时候跟品牌有很好的互动，建立很好的关系，将来在结婚纪念日、孩子生日等特殊日子需要购买珠宝时，都会想到TSL｜谢瑞麟，这才是公司最大的成功。

3. 注重设计与工艺，打造核心竞争力

随着中国珠宝市场的快速发展，很多国际珠宝品牌进驻中国分食市场，消费者可以挑选的余地远大于从前。在选购珠宝方面，以前消费者更看重的是材质，如黄金、钻石、铂金等，但是现在设计、工艺等方面越发地受到消费者的重视。

珠宝市场的变化非常快，年轻消费者更青睐于个性的商品，未来珠宝市场的发展趋势也会偏向于设计和工艺方面。

以钻石为例，前几年，消费者购买钻石时比较偏重于单颗大克拉，但是现在消费者希望通过设计来体现大克拉感。用数十颗碎钻拼出来不同款式的钻石首饰，不仅可以避免千篇一律，而且在价格方面也更经济实惠。这对设计和工艺提出了更高的要求。

在设计和工艺方面，企业一直都在不断追求和创新，品牌定位是非凡工艺，潮流演绎。其品牌创始人谢瑞麟先生，一直要求不断改革工艺，用艺术眼光设计出更多不同产品。其产品Atelier珠宝系列是与瑞士的珠宝设计师合作的，工艺方面也采用了欧洲的传统珠宝工艺，所以产品看上去比较厚重，很好地呈现了TSL｜谢瑞麟在设计和工艺方面的追求。

4. 立足自主经营，下沉二三线城市做销售

随着中国经济的快速发展，国内一线城市珠宝市场的品牌保有量迅速增长，很多品牌为了避免一线城市的激烈竞争，将扩张脚步迈向二三线城市。TSL｜谢瑞麟作为最早进入中国内地市场的香港珠宝品牌，也将选择下沉，在二三线城市集中开店。

现在TSL｜谢瑞麟在内地的50多个城市拥有大概200多家销售店面，公司对于不同城市的店铺发展有不同的策略。

TSL｜谢瑞麟在北京、上海、广州、深圳这样的大城市选择与比较有潜力的百货公司合作，打造品牌高端专柜，或者在这些城市的主要商业街开设品牌旗舰店，从而提高品牌形象。如北京三里屯建有一个形象店，上海南京西路有一个独立的店铺，这是公司未来在一线城市的发展方向，而二三线城市，品牌将集中发力销售市场，培养消费者对品牌的认知度和忠诚度。

市面上很多珠宝企业在扩张的过程中选择加盟模式，这是一条快速扩张并且可以节约成本的方式。但TSL｜谢瑞麟负责人认为，虽然引进加盟模式可以让公司更快地占据市场份额，但是对于品牌、服务等方面的把控会比较薄弱。所以，TSL｜谢瑞麟除了快速发展，更希望给消费

者带来非凡的购物体验和产品,自主经营模式将是TSL|谢瑞麟的发展方向。

5. 婚庆大使驻店,贴心服务新人

TSL|谢瑞麟目前在香港,以及全国重点店铺中均驻有经过严格培训的婚庆大使,更专业贴心地为许多准新人们提供全面的婚庆服务。

TSL|谢瑞麟还推出了全新的iPad服务,可以让更多有需求的消费者在其中看到大量的婚嫁信息,包括如何挑选订婚戒指、结婚对戒的小秘方、婚嫁珠宝搭配心得、中式西式婚嫁传统等。集团希望运用流行电子产品,以互动的形式与更多新人们分享并丰富他们的购物体验。

同时,TSL|谢瑞麟推出了第一本珠宝电子杂志,高科技IT应用带进零售业,考虑到很多时候都是女士挑选试戴珠宝,而此时男士就可以与iPad电子互动,换一种方式参与购买。

不仅如此,TSL|谢瑞麟特别为新人设立求婚场地,打造一站式婚嫁服务平台,提供周到的"求婚礼遇"服务,尽全力与顾客一同分享珠宝消费的乐趣与体验。

个案二:体验流行美 缔造新传奇

流行美是一家经营时尚饰品和化妆品的品牌连锁企业。通过"产品+服务"的经营方式,在全国销售终端为购买了时尚饰品和化妆品产品的年轻女性,全方位打造其头部整体造型,并长期免费提供发型设计、盘发、化妆等服务。

流行美倡导"美丽、快乐、自信"的生活态度,打造"发现惊喜"的品牌格调,鼓励人们追求高品质的生活享受。

时尚饰品品牌"流行美"与化妆品品牌"binf"逐渐获得市场的认同,培育了众多忠实的终端客户,销售网络覆盖全国30多个省、市、自治区。

1. 倡导"美丽、快乐、自信"的生活态度,打造"发现惊喜"的品牌格调

她倡导"美丽、快乐、自信"的生活态度,同时她也打造"发现惊喜"的品牌格调,鼓励人们追求高品质的生活享受。这就是"流行美"时尚饰品和化妆品品牌,它通过"产品+服务"的经营方式,让每一位年轻女性拥有流行美的饰品和化妆品都会美丽,每一次发现都是惊喜。

2. 挖掘体验营销内涵,助推企业快速发展

如今国内市场大部分品牌的发饰品,卖到几十元甚至几元的价钱,而流行美的发饰品可以动辄卖数百元,依然有越来越庞大的铁杆顾客粉丝趋之若鹜,更有巨星助阵。

与其他不同的是,流行美始终有着超前的眼光,把握了体验式营销与特许经营结合的精髓,在每次产业升级和转型的时候,都能比同业发掘到关于用户体验营销更多的内涵。

在行业苦苦抢夺美容行业的蛋糕时,流行美敏锐发掘出行业中最容易被忽视却又最有含金量的一环——发饰品,并迅速打开市场。随后当发饰品越发受到市场重视的时候,流行美已经把盘发、发型设计发展成一门大学问。流行美首创体验式营销,由经受专业培训的店员根据顾客不同的场合需求和脸形来设计发型,戴上相应的发饰品。这种新鲜又实用的方式受到越来越多的高端顾客青睐,引发众多行家踊跃加盟。

3. "产品+文化+心理"三位合一,形成核心竞争力

如果我们把流行美历年来的屡次产业升级、创新作为体验式营销的一幅精致拼图,仔细品味后,就会发现其实是对产品、文化和顾客心理的精准把握——在流行美运作总能领先一步的背后,离不开他们对高端发饰精品设计、最新潮流文化和顾客体验心理的孜孜追求。

流行美的管理层一直站在时尚和商业的第一线，很清楚每一个顾客能够甘愿成为自己产品的铁杆粉丝，靠的是令人信服的"产品＋服务"——流行美以每年四次的频率发布当季新品，每次发布的新品款式多达100多款。这些新品都来自鼎鼎大名的设计名师之手，并且融入了知名合作伙伴——施华洛世奇的水钻元素。

为了让每个顾客都能不断通过流行美的造型设计而发现自己的美，流行美会为每个购买的顾客提供终身免费服务，她们可以把流行美的店员当作自己的形象顾问，随时到店里了解最新的发型潮流。而随着高端消费客户的不断累计，流行美挖掘她们在不同场合有不同形象的需求，专门针对聚会、婚礼、职场、逛街、节庆、约会等不同场合来为顾客提供不同的形象服务。

"产品＋文化＋心理"三位合一，让流行美既拥有了让顾客不断传誉的核心竞争力，配合领先一步的眼光和执行力，自然能够飞速发展。

4. 流行美发饰流行趋势

今年的发型从搭配上来说，发饰品更强调结构感上的塑造，毫不遮掩地突出发型的魅惑之美。以流行美为代表的高级发饰品，大量采用璀璨的施华洛世奇水晶元素，配以晶莹剔透的珍珠项链、可拆卸的边梳等元素，表现出顶级的精致、华贵、优雅和动感。

在流行美最新一季的明星产品上，由顶级大师所设计的流行美2014春夏新款发饰，处处洋溢着耀眼的光芒，引领着最新发饰饰品时尚风范。

从装嵌和设计细节上，今年春夏的流行发饰品，更注重在多维度中呈现绚烂的效果，可以看到马眼宝石与莓子色调映衬生辉，也可以看到象牙色珍珠和长方水晶一唱一和，更可以感受到水晶与珍珠巧妙凝聚起来的"正能量气场"。本季新品不拘泥于场合和发质、发色，更不会受制于不同发型变化所铺垫出来的层次感。

5. 巨星代言发现惊喜

对流行美而言，线下的积累已经让公司处于井喷的关键时刻，要让井喷的效果倍增，当然得携手拥有最强影响力的影星，借此冲出国门，走向世界。

流行美在引爆品牌效应这个关键点，大手笔签下了范冰冰，通过范冰冰独立、有担当的形象进行品牌推广。如今，在市场群雄并起之际，流行美通过签约范冰冰代言，在全新的娱乐市场传播平台上引领潮流，整合各种优质资源，给海内外市场的女性高端消费者一个大大的惊喜。

个案三：珠宝营销放低姿态去赚钱 追求鼓动性和娱乐性

整个珠宝零售业都在变着法地追求鼓动性和娱乐性，现在正流行的零售店一般开在沙龙、乡村小屋、画廊、画室或者联排别墅里，有些干脆摇身一变成为主题概念店。购买珠宝是一种冲动消费，顾客受到刺激，珠宝店的业绩也就上去了。因此，即便是根基深厚的珠宝商也不再满足于在大百货商场里开设专柜，他们开始举办各种主题展，火急火燎地追赶新潮流。

1. 零售商放低姿态

传统珠宝的销售模式已经不适应市场需求了：保安严密监控的出入口，静谧无声的购物环境与零售商们正在努力讲述的珠宝背后的故事脱节。现在，昂贵的珠宝被赋予语境和艺术、设计、文化以及美食联系在一起，构造出一种时间与空间上的强烈冲击。

和其他产业一样，珠宝零售业多少受到一些线上冲击，网购珠宝开始流行。在网上选购珠宝有以下优点：选择多，匿名，通过网页可以同时比较多款，在短时间内能掌握更多信息。但购买珠宝更多是一种对质感、材质以及手工艺的挑选，像 Couture Lab 以及 Astley Clarke 这些主要靠网络发家的珠宝商都正着力建设自己的线下销售链。

以 Astley Clarke 为例，它在伦敦几大百货公司 Harrods、Selfridges 以及 Liberty 都设有专柜,目前这个品牌只有三成的交易额是在网上完成的,剩下的销售都在线下。他家的专卖店新近装修落成,坐落于伦敦 bayswater 区一个小巷中,地段算不上很好,但是两层的设计能够给客户带来不一样的购买体验。就好像创始人 Clarke 说的那样:"让客人在一个他们想要的环境中充分考虑是否购买,是珠宝营销很关键的一点。"

"我挺看不惯传统珠宝零售业那种高高在上的嘴脸的,也不想我的客人被这样的高姿态吓倒。" Clarke 说,她所做出的决定背后有其商业因素。和她一样支持此类商业模式的还有两位珠宝大亨——第三代钻石商 Michael Rosenfeld 以及强大的 Oppenheimer 钻石王朝的一员 Rachel Slack。他们都认为大品牌主宰着整个钻石零售业,也都希望自己能够找到新的营销策略,找到突破口。

2. 设计师另辟蹊径

珠宝设计师 Jessica McCormack 在新西兰出生,现住在伦敦,她有一个自有品牌,当她在伦敦 Clerkenwell 一家只接订单的工作室工作五年之后,终于决定开始扩张。她很坚定地表示绝不会考虑线上销售,原因是她认为购买珠宝需要一种实感体验。她想做的是一种相对而言"家族式"的生意,据她自己说:"我追求一种非常老式的感觉"。她的营销理念与她的珠宝设计一样,都受到了复古风潮的影响。她对自己开店的兴趣也不大,真正想要的是拥有自己的销售空间——一个世界上独一无二的地方,而她设计的珠宝也只有在这个地方才能买到。

在大西洋另一端,Barbara Harris 每隔半年就会带着自己的水系列珠宝造访加州的金门 SPA(Salus Per Aquan,水疗美容与养生)。"我的作品极富协调性,自然纯粹,与 SPA 的宗旨不谋而合。"对 SPA 的客人来说,能够边做 SPA 边选购天然珠宝也是享受。Harris 在马塞诸塞州南部的小岛 Nantucket 有一个专卖店,每年夏天她会去小岛度假,在那里她有一群忠实的客户。"珠宝营销讲究主动,要主动给客人带去我的设计。"这是她一贯信奉的宗旨。

Stephen Webster 开在加州比佛利山庄的 Rodeo Drive 专卖店大获成功。这家店二层有一个展示长廊,Webster 把它取名为"无悔人生",在那里他举办各种名流酒会、珠宝特展以及小型音乐会。这个长廊为店铺吸引了无数顾客,也让 Stephen Webster 成为时尚大师。据 Webster 自己介绍:"现在时代不同了,文化艺术和好餐馆成为名流们生活的一部分,但优雅和正式的风格需要另一种方式来展现。我在洛杉矶建立了遍布各处的忠实客户关系网,这些客人来我的店里就好像上俱乐部一样有归属感。"

3. 大牌办主题活动

Tiffany 采用的一向是一种开放性的营销策略,但就是这一个在中国耳熟能详的珠宝大牌,也都开始采用更新颖的营销手法去主动贴近客户。Tiffany 公司首席珠宝设计师 Melvyn Kirtley 确认了这一说法,"我们在营销的各个方面追求与顾客更多的互动与亲密性"。

最显而易见的恐怕是在纽约第五大道 Tiffany 旗舰店新增设的沙龙。顾客可以搭乘专属电梯直达这个沙龙,沙龙的装潢设计也做到了极致,每一个细节都精心设计。比如说门上就装饰了窗框设计师 Gene Moore 标志性的椭圆铁框花纹。沙龙由曼哈顿高级公寓改建而成,非常安静、私密,有一种低调的奢华感。主色调是标志性的 Tiffany 蓝和淡灰,衬得满屋的珠光和铂金非常耀眼。房间内的家具和银器都极富 Tiffany 特色,被非常精巧地摆放,布置出家的感觉。开业以来每周能收到四、五个预约,每个预约客人会在沙龙呆三到四个小时。珠宝被非常小心地布置在房间各处,为的是让客人不要感到过多的压力,而是能在选购时有一个轻松的心情。

Tiffany 和别家珠宝商一样,都开始改变一贯奢华的主题活动,更多一些文化性和主题性。四月份 Tiffany 就在纽约洛克菲勒中心举行了盛大的一年一度的珠宝主题活动。与会客人从一个巨大的天蓝色 Tiffany 盒子步入会场,就瞬间进入了一片闪亮的溜冰场,上面罩着帐篷形状的气球,一座金色的普罗米修斯像俯视着舞台,将全场的焦点聚集在中间。这一季的主题是爵士年代,极富纽约特色。全场的布置让人仿佛进入了 Baz Luhrmann 的新片《了不起的盖茨比》片场,Tiffany 借影片上映举办此次活动也不是没有原因的,片中所有的珠宝都由 Tiffany 公司赞助提供。

LV 公司旗下的意大利珠宝品牌 Bulgari 也在漫长的品牌历史中开拓了新的营销策略。品牌经理 Julie Ann Morrison 说新策略的核心在于运用语境。"我们在想办法让客户了解更多的珠宝知识,从而能够将我们的品牌理念更好地传播出去。"为了和设计界保持沟通,Bulgari 在米兰展出了充满结构美感的 B. Zero 系列戒指。在伦敦,Bulgari 主题展也在邦德街上展出了 20 世纪 70 年代到 90 年代的巅峰之作。此外,随同一起展出的还有第一次离开罗马工作室的设计稿,以及"传承"系列复古珠宝。展览期间,参观者可以挑选喜欢的展出式样订做属于自己的首饰。

Morrison 介绍说:"我们借展出的作品唤起人们的怀旧情绪,由此创造与顾客之间的亲密性,吸引买家。珠宝是质感很强的商品,具有历史和内涵,也能够通过时间的考验传给后代。珠宝营销已经走过了最初追求的独特设计和之后广告的巨大投入,现在珠宝界更重视顾客的购买体验。与客户建立情感上的联系成为越来越重要的事,对此我们都在寻找最佳方案。"

个案四:周大福私藏鉴赏会　高端珠宝优雅品鉴

1. 广发银行携手周大福举办珠宝品鉴活动

碧绿剔透的翡翠、切工精细的钻石、独一无二的黄金饰品……2011 年 5 月,广发银行广州分行·周大福高级珠宝品鉴会在广州举办,三百余件周大福时尚珠宝出现在广发银行广州分行的财富管理中心,与近百户广发银行高端客户家庭进行了一次"亲密接触"。这是广发银行首次携手周大福举办珠宝品鉴活动,在三场活动中,共有近百对广发银行高端客户家庭获邀。现场的珠宝中很多是获得过大奖的设计师作品,其中不乏身价上百万的臻品,在普通珠宝店中是见不到的。周大福联手广发银行举办这样的品鉴会,意在推广一种私人珠宝定制服务的理念,让银行的 VIP 客户们去了解珠宝潮流,拥有属于自己的个性珠宝。

为了让更多客户领略到定制珠宝的魅力,在活动现场,周大福的首席珠宝设计师黄淑馨女士还带领广发银行贵宾客户体验了珠宝的模拟定制,客户们纷纷动手参与设计,创作心目中的完美首饰。最终由结合自己姓名缩写创作心型吊坠的客户脱颖而出,设计的作品被评为本场的最佳 DIY 珠宝。

此外,活动还邀请了著名美食评论家、品酒家,香港亚洲电视美食节目主持人庄臣主讲红酒品鉴,通俗而不失专业的知识使在场的贵宾客户们专注聆听,用心品尝,从一杯红酒中品位到了更多的时尚信息。

在引领客户领略定制珠宝魅力的同时,广发银行的贵宾服务理念也弥漫在品鉴会的每一个细节中。此次珠宝品鉴会的地点选择在该行去年才启用的珠江新城财富管理中心,1500 平方米的空间为贵宾客户打造了一个私密的派对空间,而奢华的珠宝也与这座财富管理中心的"品位"定义深深契合在一起。

在广发银行广州分行财富管理中心,八间贵宾理财室都拥有不同的风格,就如同设计各异的珠宝。在活动中,不少客户都选择在私密、舒适的贵宾室里挑选、试戴珠宝。虽然整场品鉴会活动以展示和交流为主,但还是有不少客户满载而归。

2. 2012 上海"周大福私藏鉴赏会"

(1)"周大福私藏鉴赏会"秉承对珠宝艺术价值的尊

崇,坚持创造高雅、舒适、私密的品鉴环境,让来宾亲身体验、细细品味高端珠宝的璀璨光华。

上海"周大福私藏鉴赏会"甄选"尊尼获加尊邸"为品鉴场地。以威士忌文化为主题的"尊邸"散发阵阵威士忌原料醇香,来宾边品味百年威士忌的醇厚醺香,边品鉴高端私藏珠宝,灯光氤氲,尽现珠光宝气。

"周大福私藏鉴赏会"注重来宾的体验感,音乐渐起,模特现场演绎珠宝的动感璀璨,"尊邸"瞬时流光溢彩,将所有人带入闪烁的珠宝世界。珠宝展区设置为全开放式,来宾在私密的环境中与首饰之间没有了展柜的阻隔,私藏珠宝的璀璨光华,触手可及。而每一位来宾都配备一名周大福服务大使,深入讲解私藏珠宝的珍贵品质和背后的故事,令来宾欣然试戴体验,纷纷交流品鉴心得,沉浸于炫美魅力之中。散发着老上海特有的风情"尊邸"与珠宝光彩相融。

(2)此次鉴赏会上经典作品光辉闪耀,包括最新推出的周大福"芭蕾舞者"彩钻系列,及周大福"名贵珠宝"线的最新首饰系列"浩瀚无垠"和"蕴颐"系列等作品。这些平日难得一见的珠宝作品,只在周大福私藏鉴赏会才悉数呈现给来宾。

"芭蕾舞者"彩钻系列是周大福今年力推的珠宝与艺术结合的最佳作品。其灵感源自文艺复兴时期芭蕾舞蹈家的华丽舞姿。钻饰设计款式繁多,当中"贵族游戏"黄钻项链品位矜贵,设计饱含对芭蕾艺术情操的颂扬,包罗221粒钻石,内层为白色3卡圆形主石,外围4圈黄钻,中线处吊下4粒项心,设计和工艺均属品牌顶级之作。

周大福名贵珠宝的"浩瀚无垠"系列的作品则让来宾体验到来自银河的磅礴气势。其中一件作品"万千世界"凤凰孔雀石钻石项链,设计别出心裁寓意非凡,灵感源于浩渺宇宙中的地球,与周围的黯淡相比,它美好绚丽,如同美丽的孔雀。"万千世界"镶嵌5000多颗天然宝石,组成地球色彩和孔雀纹理,呈现大地之黄、海洋之蓝、森林之绿,组成万千世界。

"浩瀚无垠"系列中另一件作品"东方旭日"则以各种罕有美钻吸引了全场钻石收藏家的目光。"东方旭日"由5行顶级珍珠排列,配以54粒渐变色彩钻及14粒金钻及白钻。顶级珍珠色彩均匀,变序精准,反射出柔和的光韵;最为耀目的,莫过于极其稀有的10克拉金钻,犹如旭日东升,和缓而充满希望。

"蕴颐"尊王珍宝系列设计灵感取材自清代贵妃珍宝,结合中国古典文化和现代工艺。其中,"念无挂念"是一串极具皇室风范的朝珠,而朝珠的本源为佛家念珠。设计上亦古亦今,长长的项链,以白色风华串起无数意念闪过的时光,巧妙融合清代皇室华贵风范与当今美学。"念无挂念"质地非凡,由395粒白淡水珍珠组成的项链,珠串中均匀地嵌入了各色大青金石、金南洋珠、小青金珠及孔雀石、松石等稀有材质,不论是朝珠所示的皇室权力,还是念珠代表的慈心,都是一柄魅力的权杖。

"周大福私藏鉴赏会"的每件作品,均凝聚了周大福"真诚·永恒"的品牌理念,以及对珠宝艺术持之以恒的追求。

个案五:珠宝体验营销,创新才是根本

1. 金至尊珠宝"以客为尊,革新体验"

走进金至尊珠宝专卖店,你会发现,所有终端服务人员,包括导购、柜台人员、讲解员等,都接受过丰富的珠宝产品知识培训以及专业的销售服务训练,他们除了能对珠宝首饰选购方面的问题作出耐心细致的回答之外,还能结合当地的风俗民情,消除沟通上的文化阻隔,与顾客进行完美沟通。与此同时,金至尊珠宝总店还设有专业的珠宝鉴定专家,专门为顾客提供宝石鉴定服务。

在珠宝选购环境方面,金至尊珠宝也倾力为顾客奉献特别的体验。到过金至尊珠宝专营店的消费者,都会深切地感受到该公司古罗马式设计风格的尊贵与豪华。2006年,金至尊珠宝在内地首次发起"珠宝魅力体验"活动,让行业内外人士领略到珠宝体验的别样革新。此次体验活动历时半年,在全国各地举行了十几场开业典礼、新品发布会、沙龙酒会等,在富有个性的主题下,全方位地调动观众的感官及意念,创造出珠宝时尚娱乐的全新体验,消费者也由此对金至尊珠宝品牌的时尚内涵有了更为深刻的认知。

2. EONDI珠宝"珠宝定制,独特体验"

网络珠宝品牌EONDI顺应新的消费潮流,创新销售模式,提供独特的定制化服务,推动国内珠宝产业步入一个全新的体验式消费时代。

网上购买珠宝,人们对安全性、便捷性难免会有疑问和顾虑。为了向消费者提供最佳的网购体验,EONDI的购物流程设计非常清晰明了。同时,EONDI网站还具有极为强大的综合查询功能,用户可以通过产品类型、赠与对象、价格区间等多种复合搜索方式快速查找到自己所需的珠宝饰品。EONDI推出了独特的体验式珠宝定制服务,并为此组建了专业的珠宝设计师队伍满足消费者个性化设计需求。消费者可以在EONDI网站直接购买或定制珠宝饰品,如果有进一步需求,还可以去EONDI线下品牌体验中心,与专业珠宝设计师面对面的沟通。在体验中心,设计师会根据顾客的需求创作出符合顾客需求的珠宝设计草图,并将全程参与原料的选择、品质的评估,同时工艺师还会向顾客详细讲解制作过程中所采用的镶嵌工艺技术。甚至消费者还能亲自动手参与珠宝的设计与生产,为自己的饰品镶嵌宝石,雕刻文字。

EONDI的体验式定制营销,创新地显示了对行业趋势的敏锐把握。

3. 海魄珠宝"VIP尊享,时尚体验"

海魄珠宝品牌在1958年诞生于香港,以其卓越的设计风格和精湛的手工工艺享誉珠宝圈,半个世纪来一直深得政要名流的青睐和追随。2009年,海魄珠宝被山屿海控股成功收购,主打红宝石、蓝宝石、红珊瑚、翡翠四个品种的饰品和摆件,由此开始了在大陆地区的品牌建设。目前,在上海、深圳、杭州都设立了旗舰体验中心。海魄珠宝会所式体验中心,旨在以一种全新的模式,为VIP宾客打造一个文化和奢华相融,品位和圈层共建的时尚消费体验。

其大师级的巧思设计和雕刻天赋,使得每一款海魄珠宝都凝结着属于自己的独特魅力,典雅风范尽显亚洲顶级珠宝品牌的卓然光华。2010年更以首创的"免费戴、可更换、可回购、保增值"的VIP尊享计划,为奢侈珠宝品牌开启全新的消费模式。

第三节 项目模拟:珠宝首饰体验营销专题策划

子项目一:策划一次珠宝首饰主题体验活动

【思路】

以自己及同学们设计创作的首饰作品为主要题材,也可以借用部分外购的首饰,组织一次首饰走秀活动,要求确定一个主题(某一情感、文化、喜庆、时尚等均可),参加走秀的模特由策划小组从本班同学中选择,可从外班邀请个别同学参加。

【活动方案主要内容】

1. 活动名称
2. 主题
3. 时间
4. 地点
5. 活动内容及具体安排
6. 人员分工

子项目二:为企业策划一次外景珠宝首饰婚庆主题体验营销活动

【思路】

选择一个浪漫的季节或浪漫的节日,为某珠宝首饰企业量身打造一次婚庆主题体验营销活动,要求是其他企业未曾开发的婚庆领域或手段与方式,创意新颖、独特,且能吸引目标消费者的注意,并主动报名参与体验活动(注:也可以另选主题)。

【活动方案主要内容】
1. 活动名称
2. 宣传口号
3. 时间
4. 地点
5. 参与对象
6. 报名方式
7. 活动内容及具体安排
8. 礼品或奖品设置
9. 现场促销及优惠措施
10. 经费预算

子项目三:珠宝首饰实体体验店设计方案

【思路】

结合本教材第六章内容,将体验营销与店面营销结合在一起,对珠宝首饰实体店如何实施体验营销策略,提出自己的方案。

【项目主要内容】
1. 体验店店面形象设计
2. 体验店内部区域分布及场景设计
3. 体验项目及内容
4. 体验项目实施详案
5. 体验项目工作规范及员工培训
6. 相关配套措施

第十一章　珠宝首饰网络营销

第一节　理论、方法与策略基础

我们正身处一个飞速发展的以国际互联网及其计算机应用技术为基础的网络时代。作为珠宝首饰的主要消费群体的年轻一代都是在网络环境下培养和教育出来的群体,教育水平普遍提高,具有较强的电脑操作能力和很强的信息获取意识和能力,因此,更喜欢根据自己的意愿和自己获取的信息来做决定。在这种情况下,消费者的品位和期望值都将越来越高,由此引发了其消费观念的逐渐变化并最终显现为消费行为的变迁。他们不仅考虑产品质量,而且考虑购物的及时性、方便性以及售后服务等。他们需要在任何时间、任何地点以最低的价格获得最令人满意的产品或服务。他们对珠宝首饰的消费也不再停留在显富、保值的层次,而提高到了文化品位层次,更加注重首饰设计和品牌。而这些变化迫使企业不得不思考营销模式的转变及创新,更要考虑如何利用网络开展有效的营销。

目前我国珠宝企业已快速进入到网络营销时代,线上线下多渠道结合的营销模式成为当下珠宝行业的主流营销态势。开放平台下网络营销引起行业格局迅速转变的同时也带给珠宝企业尤其是中小珠宝企业新的发展机遇。

一、网络营销的概念

网络营销亦称作线上营销或者电子营销,指的是一种利用互联网的营销形式,建立在互联网的基础上,以线上营销为导向,网络为工具,由营销人员利用专业的网络营销工具,面向广大网民开展一系列营销活动的新型营销方式。

二、珠宝首饰网络营销的特点

珠宝首饰网络营销作为一种全新的营销方式,与传统营销方式相比具有明显的优势。

第一,网络媒介具有传播范围广、速度快、无时间地域限制、无版面约束、内容详尽、多媒体传送、形象生动、双向交流、反馈迅速等特点,有利于提高珠宝首饰企业营销信息传播的效率,增强珠宝首饰企业营销信息传播的效果,降低珠宝首饰企业营销信息传播的成本。

第二,珠宝首饰网络营销无店面租金成本,且可实现产品直销,能帮助企业减轻库存压力,降低经营成本。

第三,国际互联网覆盖全球珠宝首饰市场,通过它,企业可方便快捷地进入任何一国市场。尤其是世贸组织第二次部长会议决定在下次部长会议之前不对网络贸易征收关税,网络营销更为企业架起了一座通向国际市场的绿色通道。

第四,在网上,任何珠宝首饰企业都不受自身规模的绝对限制,都能平等地获取世界各地的信息及平等地展示自己,这为中小珠宝首饰企业创造了一个极好的发展空间。利用互联网,中小企业只需花极小的成本,就可以迅速建立起自己的全球信息网和贸易网,将产品信息迅速传递到以前只有财力雄厚的珠宝大公司才能接触到的市场中去,平等地与大型企业进行竞争。从这个角度来看,珠宝首饰网络营销为刚刚起步且面临强大竞争对手的中小企业提供了一个强有力的竞争武器。

第五,珠宝首饰网络营销能使珠宝首饰消费者拥有比传统营销更大的选择自由。珠宝首饰消费者可以根据自己的特点和需求在全球范围内不受地域、时间限制,快速寻找满足品,并进行充分比较,有利于节省消费者的交易时间与交易成本。此外,互联网还可以帮助企业实现与消费者的一对一沟通,便于企业针对消费者的个别需要,提供一对一的个性化服务。

当然,万物各有所长,也各有所短。作为新兴营销方式,珠宝首饰网络营销具有强大的生命力,但也存在着某些不足。例如:珠宝首饰网络营销尤其是网络分销无法满足消费者个人社交的心理需要。无法使珠宝首饰消费者以购物过程来显示自身的社会地位、成就或支付能力等。尽管如此,珠宝首饰网络营销作为21世纪的营销新方式势不可挡,将成为全球企业竞争的锐利武器。

三、珠宝首饰网络营销策略

网络营销策略是企业根据自身所在市场中所处地位不同而采取的一些网络营销组合,它包括网页策略、产品策略、价格策略、促销策略、渠道策略和顾客服务策略。

(一)网络品牌策略

网络营销的重要任务之一就是在互联网上建立并推广企业的品牌,珠宝首饰知名企业的网下品牌可以在网上得以延伸,知名度较低的珠宝首饰企业则可以通过互联网快速树立品牌形象,并提升企业整体形象。网络品牌建设是以企业网站建设为基础,通过一系列的推广措施,达到顾客和公众对企业的认知及认可。在一定程度上来说,网络品牌的价值甚至高于通过网络获得的直接收益。

(二)网页策略

珠宝首饰企业可以选择比较有优势的地址建立自己的网站,建立后应有专人进行维护,并注意宣传,这一点上节省了原来传统市场营销的很多广告费用,而且搜索引擎的大量使用会增强搜索率,在一定程度上来说比广告效果要好。

(三)产品策略

珠宝首饰企业要使用网络营销方法必须明确自己的产品或者服务项目,明确哪些是网络消费者选择的产品,并据此锁定目标消费群体。因为产品网络销售的费用远低于其他销售渠道的销售费用,因此,如果产品选择得当,企业可以通过网络营销获得更大的利润。

在网络营销中,产品的整体概念可分为五个层次,相应地有不同的策略。

(1)核心利益或服务层次。企业在设计和开发产品时必须要准确把握顾客的核心利益,并结合前期的营销效果来调整产品设计开发策略。要注意的是网络营销的全球性,企业在提供核心利益和服务时要针对全球性市场提供,如珠宝网上定制服务可以借助网络实现网络视频对话或其他形式的交互式服务。

(2)有形产品层次。对于物质产品来说,必须保障品质、注重产品的品牌、注意产品的包装。在式样和特征方面要根据不同地区的文化来进行针对性加工。

(3)期望产品层次。在网络营销中,顾客处主导地位,消费呈现出个性化的特征,不同的消费者可能对产品的要求不一样,因此,产品的设计和开发必须满足顾客这种个性化的消费需求。

(4)延伸产品层次。在网络营销中,对于物质产品来说,延伸产品层次要注意提供满意的售后服务、送货、质量保证等。

(5)潜在产品层次。在延伸产品层之外,由企业提供能满足顾客潜在需求的产品。

(四)价格策略

价格策略也是最为复杂的问题之一。网络营销价格策略是成本与价格的直接对话，由于信息的开放性，消费者很容易掌握同行业各个竞争者的价格，如何引导消费者作出购买决策是关键。珠宝首饰企业如果想在价格上网络营销成功应注重强调自己产品的性能价格比以及与同行业竞争者相比之下自身产品的特点。除此之外，由于竞争者的冲击，网络营销的价格策略应该适时调整，企业营销的目的不同，可根据时间不同制定价格。例如，在自身品牌推广阶段可以低价来吸引消费者，在计算成本基础上，减少利润而占有市场。品牌积累到一定阶段后，制订自动价格调整系统，降低成本，根据变动成本市场供需状况以及竞争对手的报价来适时调整。

这里要特别注意的是，由于珠宝首饰产品的特性不同于其他类别的产品，过于注重价格竞争，不仅会损及同业的利润空间，而且可能会引起消费者对产品的品质、价值的怀疑，从而产生不信任感，进而对企业、品牌及其产品失去兴趣，因此，降价或采取优惠价策略，一定要让消费者明白，企业所提供的产品品质并未下降，而是真正让消费者受益，是企业对消费者的感恩回报。

（五）促销策略

网络促销是利用互联网来进行的促销活动，也就是利用现代化的网络技术向虚拟市场传递有关的服务信息，以引发需求，引起消费者购买欲望和购买行为的各种活动。网络促销形式有四种，分别是网络广告、站点推广、销售促进和关系营销。

网络广告主要是借助网上知名站点（ISP 或 ICP）、免费电子邮件和一些免费公开的交互站点（如新闻组、公告栏）发布企业的产品信息，对企业和产品进行宣传推广。网络促销没有传统营销模式下的人员促销或者直接接触式的促销，取而代之的是使用大量的网络广告这种软营销模式来达到促销效果。这种做法可以节省大量的人力支出、财力支出。通过网络广告的效应可以从更大的地域空间挖掘潜在消费者，可以通过网络的丰富资源与非竞争对手达到合作的联盟，以此拓宽产品的消费层面。网络促销还可以避免现实中促销的千篇一律，可以根据本企业的文化，以及帮助宣传网站的企业文化相结合来达到最佳的促销效果。

站点推广是利用网络营销策略扩大站点的知名度，吸引上网者访问网站，起到宣传和推广企业以及企业产品的效果。

当前，网络广告已成为用户获取奢侈品信息的第二大渠道。因此，珠宝的推广渠道当以线上推广为主，实施线下+线上，站内+站外360°整合传播，把促销信息最大程度地传播给目标受众。线下包括会员画册、DM 邮报、珠宝专刊、SP 促销、PR 公关、户外广告等。线上包括站内和站外推广，站内主要是主题活动的凸显以及站内搜索优化，适当的购买付费服务，比如淘宝商城的钻展、直通车等付费服务；站外包括网络营销的"十八般兵器"，像硬广告、新闻软文、社会化媒体、搜索营销等。

销售促进，就是企业利用可以直接销售的网络营销站点，采用一些销售促进方法如价格折扣、有奖销售、拍卖销售等方式，宣传和推广产品。实际上，企业在网络上采取的这些促销方法不仅有利于促进线上销售，在很多情况下对于促进线下销售也十分有价值。这里需要注意的是，珠宝首饰不是一般的消费品，不宜经常进行降价、打折促销，否则会损害品牌形象。若要进行价格促销，宜结合一些特殊节日（如七夕、情人节等）进行创意促销，或以增加产品附加值的形式来吸引顾客，比如个性化产品定制、特色赠品设置、增加文化附加值等方式来赢得市场。

关系营销是网络营销常用的一种方式，它借助互联网的交互功能吸引用户与企业保持密切关系，培养顾客忠诚度，提高企业收益。

（六）渠道策略

网络营销的渠道应该是本着让消费者方便的原则设置。为了在网络中吸引消费者关注本公司的产品，并促进消费者购买,应该及时在网站发布促销信息、新产品信息、公司动态,还可以根据本公司的产品联合其他中小企业的相关产品为自己企业的产品外延,相关产品的同时出现会更加吸引消费者的关注。为了方便购买还要提供多种支付模式,让消费者有更多的选择,在公司网站建设时应设立网络店铺,加大销售的可能。

(七)顾客服务策略

网络营销与传统营销模式不同还在于它特有的互动方式,传统营销模式人与人之间的交流十分重要,营销手法比较单一,网络营销则可以根据自身公司产品的特性设立。

珠宝电子商务的发展如火如荼,竞争异常激烈。从之前的大降价快速跑马圈地,到高位建设品牌追求溢价。目前已经形成九钻网、周大福淘宝商城为代表的 B2C 模式,淘宝诸多小卖家的 C2C 模式,欧宝丽 F2C 厂家直达顾客模式,钻石小鸟、珂兰、BLOVES 等的 O2O(Online To Offline)"网站+体验店"模式,以及未来可能出现的其他模式等。从目前来看,O2O 和 DDF 模式依然代表珠宝电商的发展趋势。高价值的商品必然对应高质量的服务,在服务模式创新的同时,珠宝电商的个性化客户服务也必须精细化到整个公司运营流程,并建立数字化的客户服务系统。

四、网络营销的方式

(一)论坛营销

论坛营销就是企业利用论坛这种网络交流的平台,通过文字、图片、视频等方式发布企业产品和服务的信息,从而让目标客户更加深刻了解企业的产品和服务,最终达到宣传企业的品牌、加深市场认知度的网络营销活动。

(二)微博营销

微博营销是指通过微博平台为商家、个人等创造价值而执行的一种营销方式。该营销方式注重价值的传递、内容的互动、系统的布局、准确的定位,微博的火热发展也使得其营销效果尤为显著。

微博营销以微博作为营销平台,每一个听众(粉丝)都是潜在营销对象,企业利用更新自己的微型博客向网友传播企业信息、产品信息,树立良好的企业形象和产品形象。每一个人都可以在新浪、腾讯、网易、搜狐等平台注册一个微博,然后利用微博更新的内容进行营销。用户通过每天更新的内容向关注者展示、宣传、交流互动,制造话题,炒热话题,同时置入商家想要宣传的信息内容,圈住那些对这类信息内容感兴趣的用户,这样就可以达到营销的目的。

(三)博客营销

在中国,博客是门户的一个特别的子网站。博客是门户的博客,不仅是说门户已经占领了这块市场,更重要的是说博客已经是门户的一个补充。不论是搜狐还是其他门户,博客都已经整合到各个资讯频道,它就类似电视节目中的嘉宾了。所以博客在某个方面来说,已经不是一个私人圈子,而更像是一个言论堂,一个发表观点的地方,谈论的是社会上的热门话题,这一点就像你在论坛上发帖一样。其实,一开始,是先有论坛,后来因为用户想有自己的小天地,所以就产生了博客。博客与论坛其实是差不多的,不同的是你在博客里就相当于论坛里面的管理者,可以管理一个板块。

(四)SNS 营销

SNS,全称 Social Networking Services,即社会性网络服务,专指旨在帮助人们建立社会性网络的互联网应用服务。SNS 的另一种常用解释:全称 Social Network Site,即"社交网站"或"社交网"。国内的 SNS 以人人网(校内网)、开心网、白社会 SNS 平台为代表。SNS 营销,正是基于 SNS 平台的一种营销网络营销方式。SNS 主要是基于人与人之间的网络社交关系而产生的平台,因此,其营销将在人与人之间的关系网中展开,例如高质量的好友对话以及利用好友关系高效传播等,通过在好友之间进行传播,信息的可信度会非常高,加上大多数人都存在着一种"跟随"的心理,SNS营销的价值自然就体现出来了。

(五)病毒性营销

病毒性营销是一种常用的网络营销方法,常用于进行网站推广、品牌推广等。病毒式营销利用的是用户口碑传播的原理,在互联网上,这种"口碑传播"更为方便,可以像病毒一样迅速蔓延,利用快速复制的方式将信息传向数以千计、数以百万计的受众,因此病毒性营销成为一种高效的信息传播方式,而且,由于这种传播是用户之间自发进行的,因此几乎是不需要费用的网络营销手段。

病毒性营销的操作原理是:企业有意识或无意识地生成、制作、发布口碑题材,并借助一定的渠道和途径进行口碑传播,以满足顾客需求、实现商品交易、赢得顾客满意和忠诚、提高企业和品牌形象。也就是说,企业通过提供有价值的产品或服务,"让大家告诉大家",通过别人为你宣传,实现"营销杠杆"的作用。例如网店的留言板和友情链,我为别人宣传,别人也为我宣传。

珠宝首饰从某种意义上来说也是体验产品,消费者购买珠宝首饰除了这些产品本身所具有使用价值之外,更希望通过佩戴这些物品获得自信,得到别人的尊重、欣赏和羡慕以及体现自己属于某个社会集团的身份并被这个社会集团接受与认同。而这些目的都需要在社会环境中才能够实现,社会的评价又绝大部分是以口碑传播的形式出现的。所以这类产品的生产企业要使消费者满意并不能仅仅关注于产品本身,而是应该建立社会上对产品或品牌的口碑,使得口碑评价和品牌产品的定位相一致。

(六)网络视频营销

视频营销将"有趣、有用、有效"的"三有"原则与"快者为王"结合在一起。这正是越来越多企业选择网络视频作为自己营销手段的原因。它具有电视短片的种种特征,例如感染力强、形式内容多样、肆意创意等,又具有互联网营销的优势,例如互动性、主动传播性、传播速度快、成本低廉等。可以说,网络视频营销,是将电视广告与互联网营销两者"宠爱"集于一身。

(七)WIKI营销

WIKI营销是一种建立在WIKI这种多人写作工具上的一种新型营销手段。它以关键字为主,将关键字作为入口,建立产品或公司品牌的相关连接。由于WIKI营销是针对关键字来进行的,所以面向的人群更加精确,对于广告主来说,可以提供很好的广告环境。

(八)网络营销联盟

营销联盟在我国还处于萌芽阶段,在国外已经很成熟了,1996年亚马逊通过这种新方式取得了成功,联盟包括三要素:广告主、网站主和广告联盟平台。广告主按照网络广告的实际效果(如销售额、引导数等)向网站主支付合理的广告费用,节约营销开支,提高企业知名度,扩大企业产品的影响,提高网络营销质量。

(九)事件营销

策划具有新闻价值、社会影响以及名人效应的人物或事件。吸引媒体、社会团体和消费者的兴趣与关注,以对互联网现象的充分了解和丰富的网络策划经验为企业和产品提高知名度、美誉度,树立健康的品牌形象。以小博大,让企业快速红遍网络。

(十)微信营销

微信营销是网络经济时代企业对营销模式的创新,是伴随着微信的火热产生的一种网络营销方式,微信不存在距离的限制,用户注册微信后,可与周围同样注册的"朋友"形成一种联系,用户订阅自己所需的信息,商家通过提供用户需要的信息,推广自己的产品点对点的营销方式。

(十一)QQ营销

QQ有着数以亿计的用户,QQ营销可以有针对性的加QQ好友,建立QQ群,购买企业QQ,还可以用QQ邮箱进行邮件营销,QQ空间可以上传公司产品图片,发布最新公司消息。同时还可以在QQ签名和个人说明处添加公司的网址链接,随着QQ用户的不断增加,QQ营销也将逐渐成为一种主流的营销方式。

(十二)移动互联网营销

移动互联网就是将移动通信和互联网二者结合起来,成为一体。在最近几年里,移动通信和互联网成为当今世界发展最快、市场潜力最大、前景最诱人的两大业务,它们的增长速度都是任何预测家未曾预料到的,所以移动互联网可以预见将会创造怎样的经济神话。

开发移动互联网第一功臣,移动互联网营销借助彩信、短信群发、wap、二维码、手机客户端等手机和移动互联网技术,市场上的移动互联网营销主要包括短信、彩信、彩铃等方式。这些新营销方式具有灵活性、互动性、目标受众准确的特点。

(十三)搜索引擎营销

网络信息浩如烟海,搜索引擎应运而生。在海量信息面前,网民想找到自己想要的信息,只有通过搜索引擎来检索,这使得搜索引擎成为最主要的网络应用之一。搜索引擎具有非常高的使用频率,使用者有明确的意图,这使搜索引擎的商业价值被营销界人士所看好。

搜索引擎营销,简称SEM,是Search Engine Marketing的英文首字母缩写。SEM包括SEO和PPC两部分。SEO是Search Engine Optimization的英文首字母缩写,译为搜索引擎优化。SEO有时也指Search Engine Optimizer,即搜索引擎优化师。作为一种职业,美国1998年开始正式形成,国内2004年开始正式形成。优化后的网站将不仅仅在Google和百度提高排名,排名的提高将影响到世界任何一个搜索引擎。

企业对搜索营销越来越重视。国内企业使用搜索引擎营销模式大致分为四种:搜索推广、网盟推广、品牌专区、搜索引擎优化。

搜索推广:是一种按照效果付费的网络推广方式。

网盟推广:联合众多优质网站共同作为推广平台。

品牌专区:在网页搜索结果最上方为品牌企业量身定制一个资讯发布平台,是一种整合文字、图片、视频等多种展现结果创新的搜索模式。

搜索引擎优化:通过了解各类搜索引擎如何抓取互联网页面,如何进行索引以及如何确定对某一特定关键词的搜索结果排名等技术,对网页进行优化,提高在搜索结果页的排名,从而提高网页访问量,最终提高网站的销售能力或宣传能力。搜索引擎优化不仅可以让企业网站在搜索引擎上有良好表现,而且可以让企业网站与用户沟通取得良好效果。

搜索引擎优化推广:搜索引擎优化,也就是搜索互联网站设计时适合搜索引擎检索,满足搜索引擎排名的指标,从而在搜索引擎检索中获得排名靠前,增强搜索引擎营销的效果使网站的产品相关的关键词能有好的排位。

网站优化所考虑的因素不仅仅是搜索引擎,也包括充分满足用户的需求特征、清晰的网站导航、完善的在线帮助等,在此基础上使得网站功能和信息发挥最好的效果。也就是以企业网站为基础,与网络服务商(如搜索引擎等)、合作伙伴、顾客、供应商、销售商等网络营销环境中各方面因素建立良好的关系。搜索引擎会将站点彼此间的内容做一些相关性的数据比对,然后再由浏览器将这些内容以最快速且接近最完整的方式,呈现给搜索者。

分析客户的业务及其潜在用户的搜索行为数据,由此扩展出更多的业务相关长尾词汇,结合业务特征以及分析出的长尾关键词汇或短语,进行网站结构层面。技术层面以及内容层面综合调整,最后可以承诺通过各大搜索引擎给客户网站带来的最低有效访问量。帮客户网站带来更多真实、有效的优质访问。同时也大大地提高了网站访问的转化率,真正意义上实现了按效果付费的网络营销服务体系。

- "三搜"营销理论

所谓"三搜",就是指消费者通过三次搜索完成一次购买的搜索营销理论。消费者从一个需求的产生到一个交易的完成,需要经过三次搜索。网络营销工作者可以根据三次搜索的特征来做好搜索引擎营销,提前把自己的产品和品牌展现在目标群体的眼前,这样便能在激烈的市场竞争中获得优势。

第一搜——需求搜索。

大家试想,当人们产生需求的时候,也是第一次去搜索的时候,搜索的词是需求导向性的,如"珠宝""首饰""玉石"等。

第二搜——品牌搜索。

当客户对该类产品了解一番之后,具有一定初步的选择,再次搜索的时候,也就是第二次搜索,具有一定的品牌导向,如"周大福珠宝""卡地亚珠宝""美伊玉石"等。

第三搜——产品搜索。

而第三次搜索的时候,是对需求已经十分明确,搜索的关键词也会有所变化,"三搜"理论定义为"产品搜索",如"结婚对戒""和田玉佛珠"等。

第三次搜索,基本已经确定了购买的意向,搜索到合适的商家之后很可能马上订购。

"三搜"理论是在消费者对产品并不很了解的情况下的一个网上成交过程,当消费者比较了解产品,可能直接进入第三搜"产品搜索"。

"三搜"营销理论,是一套营销理论,网络消费者的行为分析,并不是实际上去搜索引擎上搜索三次,也可能搜索了四次,前两次搜索都属于是需求搜索,也有的客户需求明确,直接进行品牌搜索。其实,这些并不重要,重要的是我们针对"三搜"做好搜索营销。

(十四)新媒体营销

新媒体营销的渠道,或称新媒体营销的平台,互联网日新月异的发展,不乏有很多新生的产品问世,主要包括但不限于:门户、搜索引擎、微博、SNS、博客、播客、BBS、RSS、WIKI、手机、移动设备、APP等。新媒体营销并不是单一地通过上面的渠道中的一种进行营销,而是需要多种渠道整合营销,甚至在营销资金充裕的情况下,可以与传统媒介营销相结合,形成全方位立体式营销。

第二节 项目:珠宝首饰网络营销个案解读

中国的钻石电子商务,都是借鉴甚至是复制美国钻石电商蓝色尼罗河开始的。美国人 Mark Vadon 于 1999 年创立专注于在线销售钻石钻戒产品的蓝色尼罗河,公司成立发展迅速,并于 2004 年 5 月在美国纳斯达克上市。当时的发行价为 20.5 美元,目前的股价在 29 美元。2011 年全年营业收入为 3.48 亿美元,净利润为 1100 万美元,员工总数约 200 人。蓝色尼罗河的商业模式的核心主要体现为销售方式和供应链管理两方面。

(1)钻石在线销售。客户网上订购付款,产品通过物流配送交付,由于省去了实体店的中间环节,成本大幅度降低,销售价格与实体店相比,具有非常明显的优势。

(2)虚拟库存销售。蓝色尼罗河公司与钻石(裸钻)上游供应订立合作关系,上游供应商的钻石(裸钻)数据实时在蓝色尼罗河网站上展示,客户选定钻石并下单后,蓝色尼罗河同时向钻石供应商下单采购,大幅度减少了产品库存。

由于以上两个方面的模式创新,蓝色尼罗河产品成本和销售费用方面,与传统的实体店相比,均具有非常明显的优势,因此,在美国市场得到消费者的认可,快速地发展成为一家小型的专业化、垂直性的 B2C 电子商务公司,网站日均流量约 60 000 人次。

蓝色尼罗河的成功吸引了中国的模仿者,最早的有戴维尼、钻石小鸟、九钻等。从欧美市场复制成功的互联网模式,是中国互联网公司早年发展比较常见的现象,像淘宝网模仿 eBAY、百度模仿 Google 等。但是，简单的模仿或复制欧美公司的模式未必能在中国市场成功，中国成功的互联网公司在模仿美国公司时，中国市场一定会有各种形式的创新或变化，钻石电商也同样如此。虽然中国的钻石电子商务公司目前还没有哪一家已经完全成功，但也形成了三种比较有代表性的商业模式，即戴维尼公司的"纯网购"模式、钻石小鸟的"网购＋体验店"的模式和结婚钻戒网的"网上推广＋地面连锁"的模式。

个案一：钻石小鸟的网购＋体验店模式

1. 品牌概况

钻石小鸟始创于 2002 年，最初是一家由一对兄妹（徐磊和徐潇）开办的，在网上销售钻石的 B2C 网站。"钻石小鸟"最早是妹妹徐潇 2002 年在易趣上开网店尝试卖钻石时，结合兄妹俩的网名"钻石"和"小鸟"取的名字。钻石小鸟于 2007 年 6 月获得风险投资，目前已经成为国内知名的网络钻石销售平台。

钻石小鸟，首创"鼠标＋水泥"模式，是国内最早将网购模式引入珠宝行业的钻石首饰零售专业品牌，其以钻石婚戒 DIY 而闻名，连续 11 年，始终致力于引领全新钻石消费潮流。

作为比利时钻石高阶议会（HRD）和国际铂金协会（Pt）在中国的唯一网络战略合作伙伴，钻石小鸟历年来联袂境内外知名设计师设计推出的钻石首饰，都深受消费者的喜爱，基于模式的灵活性可在同一时间向顾客提供 2 万多颗不同品级的钻石以供挑选，极具特色的 DIY 个性定制服务满足了年轻群体的钻饰款式个性化的需求，赢得了近百万会员的赞誉，为全国 32 座重点城市、超过 2 万名的顾客成功提供单价百万级以上的克拉钻投资理财服务。

2. 坚守"网购＋体验店"的模式

在中国市场复制蓝色尼罗河的纯网购模式，在前期面临着巨大的信赖瓶颈，因此，早期的钻石网购公司业务进

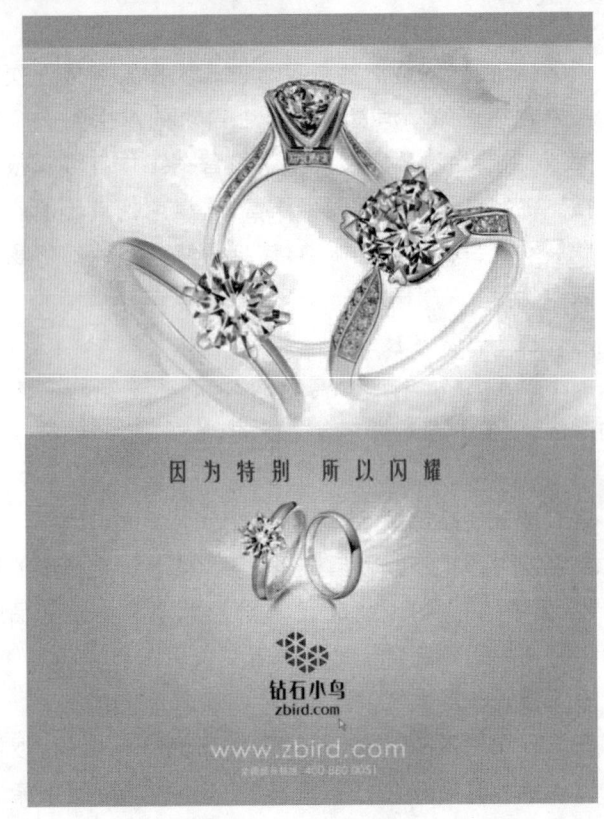

展比较缓慢。一些公司开始尝试新的业务模式，其中比较普通的就是"网购＋体验店"的模式，也称"鼠标＋水泥"模式。之所以称其商店为体验店，是因为它们开在写字楼上，而不是在商场或商业街上，体验店的功能主要展示产品与接待客户，以及客户下订单以后的现场看货提货。

"网购＋体验店"模式的代表性的企业有钻石小鸟、九钻、珂兰等。九钻由于经营上的原因，已转让给一家传统珠宝商，珂兰与腾讯合作后，业务模式呈多样化的趋势，目前只有钻石小鸟是比较典型的"网购＋体验店"的模式，并开始从个性化定制、差异化体验和立体式服务三方面入手，对原有的"鼠标＋水泥"模式注入新的品牌生命力，构建出一套以品牌建设为中心的运营模式。

3. 坚持品牌根本，注重顾客价值管理

钻石小鸟自始至终有坚定布局，自创立以来一直强调的就是"品牌"，把竞争对手定位于钻石品牌——不是卖场、不是平台，而是拥有自己品牌的钻石商，如戴梦得、谢瑞麟、周大福等。

钻石小鸟特别重视对客户期许价值的管理，那也是对客户的一种承诺。

钻石小鸟从国外供应商采购优质裸钻，再通过体验店的形式将钻石的切割商与消费者终端直接相连，剔除了中间商的加价。与传统珠宝商相比，"Office VIP 直营"结合网上销售的新模式节省了在人工、库存运营、店铺租金上的部分成本，钻石小鸟的钻石售价也因此比传统价格低40%～60%。

正是因为创始人对"品牌根本"的坚持，所以钻石小鸟在定价方面，遵守了两个原则：一是坚持以超越客户满意的综合价值为定价基线，二是管理好产品本身价值对顾客的期许。

因此，钻石小鸟对定价采取对顾客价值管理的原则，在价格乱战的互联网世界中没有令品牌形象受损，反而加固了消费者对钻石小鸟的品牌认可度。钻石小鸟在同类产品中，逐渐脱颖而出。

4. 以差异化体验构筑品牌优势

在网上交易最频繁的主要是小额的快消品，当前，大多数消费者不愿意通过网络来完成钻石这类大额的交易，他们更愿意相信自己的双眼。因此，"眼见为实"和"上门看货"也就成为消费环节中最迫切的需求。国内不少珠宝电商都采用"网购+体验店"模式，希望以体验店的形式让顾客感知实物质量。

与传统珠宝店铺不同，钻石小鸟开设的体验中心大都坐落在地标性写字楼的高层。这种独特的选址方式有着深层次的原因：一方面，写字楼比临街旺铺节约大概20%～30%的租金费用，可以在价格上让利于顾客；另一方面，Office 体验店具有相对私密性，白领消费群在这样的环境下更容易放松平时紧绷的神经，便于拉近彼此的距离。

钻石小鸟的第一家体验店选在了上海。目前在全国拥有 12 家体验店，官方网站日均流量为 20 000 人次。每个城市只开一家，所有的体验中心都是直营，对面积、标准化设施、人员配置以及装修都有统一的要求。体验店的风格统一为轻快、愉悦和幸福感。每一家体验中心都设计得别具匠心，既有珠宝店的奢华感，又有亲近感。

体验中心有几点体验设计。

(1) 由数台电脑组成的"上网区"和一面讲述钻石历史的文化墙，等候的顾客可以在此了解钻石知识。

(2) 墙壁上的裸钻展示区，可以让消费者最为直观地鉴赏钻石。

(3) 直接体验中心设置钻石加工车间，也让顾客观看一颗裸钻从打磨到镶嵌的全过程，亲眼见证"爱情结晶"的

诞生。

除了承载产品售卖方面的职能,体验中心还考虑到顾客购买钻石产品时的特殊情境,将室内的吊灯和墙壁色调特意设计为教堂式的感觉。

正因为有了这些精心的体验设计,再加上自由选购裸钻、自主设计钻型和15天快速提货的购物体验,钻石小鸟得以成为众多新婚男女购钻的选择品牌。

2011年,钻石小鸟销售额超过了6亿元,其中有80%左右的订单成交于线下体验店,这得益于O2O模式整合效能的发挥,很多顾客通过网络第一次接触钻石小鸟,了解钻石小鸟后便直接去体验中心体验服务和产品。

5. 精准定位目标市场,以个性化产品抢占心智资源

在商品信息泛滥、产品日益同质化的大环境下,精准定位目标市场,以独特的品牌抢占消费者心智资源,是当今珠宝电商的制胜之道。

当前的结婚主力基本上是"80后"人群,区别于父辈们保守的传统作风,他们个性张扬,喜欢追求个性化体验,即便是传统庄严的结婚戒指,也不希望与他人的款式有所雷同。

钻石小鸟钻石产品宣传画

徐潇认为,产品永远是构筑品牌核心的竞争力。钻石小鸟十年间只销售有GIA认证的钻石。并且,钻石小鸟的钻石供应商,许多也是国际知名珠宝品牌的供应商。"一个女性一生会看她的钻戒一百万次,那我们要做的,就是让钻石小鸟的产品能够经得住这一百万次的审视。"

目前,钻石小鸟采取多款少件的策略,基本全部是钻石产品,并且发展了丰富的混搭元素,如采用彩宝元素混搭设计进钻石首饰当中。

钻石小鸟创立钻戒DIY服务,将钻石和戒托分开销售,给予顾客一个可以根据自己的喜好量体裁衣的机会。在官方网站的个性定制专区,顾客可以先挑选一款喜欢的裸钻,再结合它选定戒托的款式、尺寸甚至顾客自己设计的款式,甚至可以根据自己的偏好来选择设计师、钻石顾问、镶钻技师,在整个DIY流程中遇到问题还可以随时咨询在线的专业珠宝顾问。

钻石小鸟还针对年轻人的网络使用习惯,推出全球钻石即时在线查询和产品3D展示两项功能。在线查询库可以让用户在线直接搜索到世界各地虚拟的裸钻库存信息,而3D展示功能则在某种程度上类似于试衣软件,让用户可以在线上直观地看到钻饰的3D全方位浏览图,消费者会因此而认为钻石小鸟的专业性更强,服务也更加有质量。

钻石小鸟还要在钻石这个品类上做到极致,在2012年下一个五年品牌战略发布会,推出了更为高端的产品"北极光钻石"。据GIA前总裁Bill Boyajian介绍说,"北极光"钻石同时拥有美国宝石学会AGS证书和美国权威光学鉴定机构出具的GMEX证书。据相关数据显示,仅有15%的3EX切工钻石才能达到北极光所拥有的GemEx证书(美国最具权威性的钻石光学鉴定机构之一)中3个Very High的标准。

6. 朋友式的专家咨询,立体式的贴心服务

体验中心所配备的珠宝顾问向顾客传递的不仅有商品信息,还有丰富的钻石知识。通常一轮导购下来,进入体验中心的顾客都会成为半个钻石专家。更人性化的是,珠宝顾问并不会一味地推崇奢华,他们更像是朋友一样,鼓励顾客在预算之内选择最合适的钻石。"朋友式"的贴心销售方式,拉近了钻石小鸟与顾客之间的距离。

对于年轻人来说,婚庆费用是一笔足以令其倾囊的数字,他们尽可能在各个环节上"节流"。先在预算范围内买一个当前承受得起的,待打拼几年、经济收入有了进一步提高后,再买更好的。

钻石小鸟推出"以小换大"服务:只要条件符合相应的置换规则,并补齐差价,就可以对先前购买的产品进行"升级",置换成其他品质更优的珠宝首饰。

在钻石小鸟购买任意一件商品后的顾客都会自动成为会员,除了终身享受免费翻新、改款等常规服务外,还可以免费参加钻石小鸟在北京、上海、广州、杭州等地体验中心举办的会员party。

7. 对钻石小鸟经营模式的高度概括——"4C"理念

"4C"概念即 Culture of diamond、Concept of new model、Create your own ring、Care for love 的缩写。

Culture of diamond(钻石文化),通过对钻石文化的深入挖掘,带给顾客坚贞、幸福、关爱的美好情感体验。

Concept of new model(新模式),线上订单购买与线下体验中心服务相结合的电子商务模式的首创者,为顾客带来丰富体验的、多维度的、便捷高效的购钻渠道。

Create your own ring(钻戒DIY),挑选合适的裸钻、再配以心仪的戒托,DIY专属于您的钻戒;开钻石行业风潮之先河。钻石小鸟为顾客提供尊贵完备的个性化购钻服务。

Care for love(守护爱),在存爱之心的指引下,打造更为舒适的佩戴感受,关爱每一个购钻细节,全心全意创造更为人性化的购钻体验是钻石小鸟不懈追求的目标。

个案二:戴维尼的纯网购模式

戴维尼公司创立于2006年,从一开始就坚持纯网购的模式,所有的销售均在网上进行,希望能复制一个与蓝色尼罗河比较一致的经营模式。戴维尼公司的经营假设和蓝色尼罗河是一样的,即希望通过在线销售的模式,减少地面店的费用,通过虚拟库存的供应链管理,减少存货成本,以此大幅度降低钻石钻戒的销售价格,以此抢夺实体店的消费者,建立自己的客户群。因此,戴维尼公司对外的广告推广口号是"花同样的钱,买更大的钻石"。

纯网购的模式,取决于以下几个关键条件。

(1)消费者能够对纯网购方式产生信任,并形成品牌忠诚。

(2)钻石钻戒销售的主要诉求是价格,其他方面(如客户体验与售后服务)不重要。

(3)互联网具有乘数效应,能够更快速地积累客户,建立自己的客户群,形成足够的销售规模,并持续增长和赢利。

(4)业务运作的总成本从长期来看低于传统钻石珠宝商。

蓝色尼罗河的成功已经证明,消费者可以通过纯网购的方式,建立起对某一商品品牌的信赖。这种信赖与亚马逊的模式是完全不同的,这是对一个商品品牌的信赖。也就是说,既要让消费者相信在蓝色尼罗河买东西是可信的,也要让他们相信他们所购买的产品是可信的。而亚马逊卖的是其他品牌的商品,它只是一个销售店,商品的信誉是由制造商来背书的,因此,亚马逊只要让消费者信赖其作为网上销售店即可。从这一点来看,戴维尼纯网购的模式,在推广上面临双倍的成本,即要告诉消费者戴维尼这个品牌是什么,又要说服消费者在网上购买。

就价格因素来说,钻石戒指作为奢侈品,低价可能不是促成销售的最重要因素,当然低价可以吸引一些追求性价比的顾客。

就互联网的乘数效应来看,理论上讲更容易推广和积累客户。如淘宝网日均流量达到2300万人次,京东商城日均流量为450万人次。但戴维尼的日均流量约8000,说明作为一个单一品类的垂直性的网站,吸引和积累流量难度较大,就蓝色尼罗河来看,面向全球各国家市场的日均流量约60 000人次,与综合性的网购平台相比,也是非常少的。当然,通过流量购买也可以让日均流量翻几番,但成本较高,而且转化为订单的比例会趋低。

因此,在中国市场复制蓝色尼罗河的纯网购模式,最明显的是价格优势,需要解决的是客户的品牌认同能否建立,网络推广成本和品牌推广成本低在合理的范围内,总体上的运作成本低于传统店面。

个案三:结婚钻戒网的"网上推广+地面连锁"模式

戴维尼和钻石小鸟是以网络销售为基础和出发点来设计各自的商业模式。还有一些公司则从传统销售如何借助互联网的方式进行推广的角度来设计商业模式,其中最具代表性的是结婚钻戒网(以下简称"Bloves")。Bloves成立于2009年,成立之初也打起钻石电商的概念,但其商业模式的本质是"网上宣传+地面连锁",即线上推广,线下销售。

Bloves也开店,但它开的不是体验店,而是与传统珠宝商无太大差别的地面店,而且以连锁的方式进行扩张,唯一不同的是它的店均为街铺店,独立收银,独立管理。但是它一直宣传并维持着钻石电商的概念和形象,在品牌宣传上借助了互联网和电商的势能,在较短的时间内获得了比较大的知名度。

对于传统的珠宝零售商来说,开店的速度非常慢,而且即使一个公司在某一城市已经开了十家连锁店,但是在当地可能也没有多少消费者知道它,如果要在全国主要区域开店,并成为在全国性的知名品牌,基本上要数十年时间的努力才能达到。而Bloves在短短的几年时间里,就在珠宝圈内和市场上建立起了一定的知名度,关键是其借助于互联网在宣传推广上的强大势能。

但是,如何来看待Bloves的商业模式,其算是钻石电子商务公司吗?如果Bloves一直专注于在全国拓展其连锁店面,那么,它可能越来越像一家传统的珠宝零售商,其电子商务的旗号更多的只是一种宣传;如果Bloves在推进地面连锁的同时,网络销售业务也能快速建立起来,那么,它可能会成为一家线下线上相融合的珠宝新品牌。

事实上Bloves的商业模式也会引起许多传统珠宝商的注意和学习,如何借助互联网的宣传推广优势,迅速地扩大品牌知名度,并且拓展网上销售业务。

目前,Bloves在全国20个城市开了32家连锁店,网站日均流量约3000。

当然,作为一个新兴品牌,Bloves的开店策略也与周大福等传统的领导品牌有所不同,Bloves在中心城市,一般选择在二级商圈开普通店,以避开核心商圈高昂的租金成本,而在二线城市,则选择在核心商圈开大店,希望迅速拉动销售,树立品牌形象。

个案四:周生生珠宝电商的情感营销

基于互联网的特性,电商营销互动性强,且不拘一格,并不是只有打折让利这样一种简单的方式。"感人心者,莫先乎情。"将无形的情感附加到有形的产品上,在营销中恰到好处地注入感情,更容易俘获消费者的芳心,同时提升品牌美誉度。

从2013年初情人节的"爱·回家"到5月母亲节的"妈妈的谎言",再到七夕"寻找伊莎贝拉",珠宝品牌周生生的电商部门一直在做这样的尝试,利用节日契机打造情感营销,提升品牌影响力。

2013年上半年,周生生网上珠宝店营业额同比增长300%。这样的成绩,与其网络营销模式的突破不无关系。

1. 找到情感切入点

珠宝不同于一般商品,作为一种奢侈品,它是人们在满足基本生活需求后,用来满足情感需求的商品。周生生集团电子商务部副总经理杨燕英接受《天下网商》记者采访时表示,珠宝类产品的情感价值、品牌附加值重于产品本身的功能性价值,因此,珠宝营销总是会突出其"奢侈品"的特性。

近几年传统珠宝商纷纷进入电商,黄金珠宝品牌上线发展,机会多多,但也难免遇到新问题。2010年1月,周生生在天猫正式开设旗舰店。"我们原以为实体店里卖得好的款式,搬到网上也应该好,事实上却卖不动。"杨燕英说。经过一段时间的观察,他们发现网上的购买人群和线下不太一样,线下顾客大部分在30岁以上,且购买力较高,线上购物人群的平均年龄较低。

于是,周生生转变电商策略,从近十万款产品中挑选年轻人喜欢的款式,用时尚的设计和精良的做工来吸引线上顾客。这一步果然奏效,2010年周生生网上销售增长快速。

不过新款推出数量是有限的,珠宝的更新换代频率远远不像衣服上新那么快,要不断迎合消费者推出新款式,是很难做到的。"珠宝和手表一样,除了装饰,更是一种标志,能被人识别才能凸显价值,不断推新并不合适。"杨燕英说。

随着越来越多品牌珠宝商加入线上角逐,周生生电商也开始面临挑战。由于周生生集团坚持线上线下售价一致原则,线上渠道不能用低于实体店的价格促销,卖家常用的打折营销手法完全用不上,周生生开始尝试其他营销思路。

"我为什么要买你的珠宝?节日,给顾客一个购买理由。"每逢节日,人们总会买点礼物传情达意。周生生看中了这一点,贴近消费者的需求,针对节日设计情感主题,创造机会增强互动。

情人节与春节挨得较近,周生生的营销主题便是"爱·回家"。对出门在外的情侣和夫妻来说,春节回谁家总是一个两难的选题。家庭生活并不适合讲道理,因此周生生营销的出发点在于给顾客一个表达情感的机会,"因为我爱你,所以我邀请你跟我一起回家"。

在杨燕英看来,母亲节本身就是一个购买理由,珠宝有保值功能,在贵重、体面之外,还有传承的价值,非常适合子女送给母亲。加上周生生本身推出了一系列母子款产品,每一个小挂件都在讲述一个小故事,如妈妈带孩子蹒跚学步、背孩子上学等,因此活动的立意也在于"体会母亲抚养孩子的不容易",表达感恩。活动期间还推出母子卡,方便顾客向母亲表达个性化的祝福。

"同一类产品,别人也在卖,怎么突出你的不一样?"杨燕英表示,利用好网络平台,就能实现自己的想法,譬如"故事展示"的做法、情感互动在门店都很难实现,但在网上却轻而易举。母亲节,他们就利用漫画讲述母爱的故事,与消费者在线互动。

2. 在玩法上创新

七夕节被喻为中国情人节,周生生却从国外的电影入手,设计了"寻找伊莎贝拉"的营销主题。这与其向来倡导的国际化品牌路线息息相关。伊莎贝拉是一种稀有的美丽蝴蝶,法国电影《蝴蝶》以寻找伊莎贝拉为脉络,讲述寻找爱的主题。

中国人是含蓄的,不会天天把爱挂在口头,被爱的人因此容易忽略。于是,周生生设计了这样的活动,以"伊莎贝拉"指代"爱",通过背景故事鼓励相恋男女寻找伊莎贝拉、寻找爱,从而发现爱其实就在身边,引导客人在七夕用周生生做礼物表达爱。为此,他们拍摄了温情的情景短片放在店铺首页,将某新款铂金对戒作为主推产品。

"抓蝴蝶"互动游戏是这次活动的主要内容。巧合的是,淘宝无线推出的"一淘火眼"手机应用软件上,"抓蝴蝶"是已有的互动功能,玩家可在手机摄像头显示的实景中看到各式各样的虚拟蝴蝶飞舞,通过摇动手机或点击屏幕"抓"蝴蝶,抓到的蝴蝶可以是一段宣传文案、一个实物奖品、一张店铺优惠券。

基于此，周生生同时在手机端和天猫 minisite 铺开"抓蝴蝶"游戏，消费者如果抓到伊莎贝拉，就能制作专属"蝴蝶"，在"蝴蝶"上写情书，放飞后让爱侣去抓这只"蝴蝶"，用虚拟蝴蝶的形式来传递爱的告白，还可通过"抓蝴蝶"赢得网店或门店优惠券、限量版淘公仔等。"这样的设计，是为了吸引爱玩的年轻人参与情感互动，顺便拿优惠券，而不是为了单纯的折扣才来玩。"杨燕英表示。

周生生首次尝试了 O2O 互动玩法，通过手机端直接引流到分店，进行线上线下联动。这一次，他们谨慎地选择了一部分门店参与活动。

活动期间，周生生网上珠宝店官方微博一直跟进，与粉丝即时互动，提升活动热度。

周生生电商有两大模块，分别是天猫、京东、唯品会、亚马逊、1号店等 B2C 平台和银行信用卡分期商城。目前 B2C 平台上，天猫、京东、唯品会是周生生在线销量的前三名。Rose 告诉记者，"寻找伊莎贝拉"在京东商城也有所展现，但互动能力弱了很多，相比之下，天猫有很好的互动机制，接口多，商家不用自己开发，就能形成不错的玩法。

3. 把握节奏做好细节

周生生电商部现有 40 多名工作人员，遇到大型节日，他们要提前 2 个月拿出营销方案，每个人负责什么，都同时开始跟进。

以 2013 年 2 月 14 日情人节为例，周生生电商早在 2012 年 10 月即开始与淘宝相关部门进行前期沟通和内部沟通，先后就可行性、活动资源、框架和预算投入等达成意见。从 11 月开始，他们分步骤完成了活动执行案、设计风格定稿、淘公仔设计生产，minisite 制作准备从设计1稿、2稿、3稿到定稿都有时间表。12 月 14 日前基本完成店铺预热版面、活动期版面和广告、资源素材设计。

准备告一段落，活动于 12 月 26 日开始预热，1 月 7 日正式上线，更新相关页面，每天公布获奖名单，到 2 月进行后续活动的内容传播。2 月 5 日公布最终获奖者名单，后期再跟进中奖用户回访。

杨燕英告诉《天下网商》记者，一般来说，活动结束前三到四周是上线测试、收集反馈阶段，前两周是流量高峰期，前一周是销售高峰期。活动结束前两周要重点推广，结束前三天就应该撤广告了。

尽管是全网投放广告，但也要分析客户人群。比如，此次七夕活动的钻展投放定向到旅行户外类，也是考虑到目标人群是带点小资气息、有一定购买力的年轻男性顾客。据透露，自去年底以来，每次大型节日营销活动投入约为 200 万元。

活动上线后，就要根据顾客反馈不断总结，调整不合理的环节。以七夕营销举例，活动告诉消费者集齐 7 只伊莎贝拉可以换领对戒，但在最初上线时并没有告诉顾客可换领数量只有 3 对对戒。参与者发现抓 6 只很容易，但到第 7 只就很难，体验感一下子变差了。团队注意到反馈后，对"抓蝴蝶"进行改进，让难度逐渐上升，同时公布大奖数量及获奖名单。

2012 年，周生生线上销售只有竞争对手周大福的一半，但 2013 年情人节后，两家已经持平。不过，在杨燕英眼里，销量不是最重要的。她说，做电商三年多，没有给品牌带来负面影响，传播了品牌，这才是自己最看重的。"周生生为什么要做电商？周生生集团的目标是通过电商平台覆盖分店覆盖不到的地方，增加新客群，传播品牌，提高品牌美誉度，再尝试线上线下的结合互补。"周生生的线下模式一直是直营店，门店 200 多家，远远低于周大福等同行。

杨燕英认为，目前线上珠宝商竞争并不激烈，因为大家玩法不一样。她的团队所做的，是找到合适的玩法，从自己的品牌入手，了解它拥有哪些元素，把其中顾客最容易接受的一面充分展现出来。"做好你自己，没有人可以和你竞争！"

互联网全媒体营销时代的珠宝零售变革

1. 零售业进入"全媒体"营销时代

2012年11月11日,一日吸金数百亿元的"光棍节"网络大促销对于中国零售行业来说,可以说是一个新旧营销模式交替的跨时代标志。消费者从当日凌晨开始享受了一次从珠宝首饰到彩电、汽车等几乎所有商品的特价"网购狂欢节"。根据阿里巴巴集团公布的数据,当日其旗下淘宝和天猫网络商城完成的销售额达到191亿元,这一惊人数字比2011年同日同样创历史记录的33.6亿元淘宝交易额翻了6倍;两家商城仅这1天的交易额甚至逼近了2011年风起云涌的全国数千家团购网站216亿元全年交易总额。另一比较值得关注的是:这个数字是当年十一黄金周上海395家大中型商业企业5000多家网点共64亿元的营业收入的三倍。数年前,国美、苏宁在实体店价格战引发消费者凌晨排队的盛况,不经意之间已经被网络营销取代。

显然,伴随着电子商务的"信息流、资金流、物流"在短短数年内的快速完善,以及消费者对网购的信心逐步建立与增强,电商企业以及像苏宁、国美这些率先搭上电子商务大潮的企业,正在完成对纯"线下"的传统零售模式的一次"诺曼底登陆"。很多人认为这是一场新兴电子商务与传统零售业"非此即彼"的博弈,其实不然;事实情况是以电子商务为典型代表,包括互联网、电视购物、电话营销、邮件营销、移动应用在内的多种新媒体零售渠道,正在与零售业的线下实体店互相融合,形成一个相辅相成的全媒体营销浪潮,这是一场席卷全球的零售变革,诚如《IT经理世界》所报道,"互联网和电子商务浪潮引爆了零售行业的第三次革命……无论线上还是线下的零售商,都将面临零售业第三次革命的挑战,它的来袭源于我们正进入一个绝对买方市场时代:消费者将拥有无上的选择权,除了出门逛街,他只需要轻点鼠标或者手机屏幕,就能随心所欲地选择任何渠道、任何时间和地点购买自己想要的产品。"

如果说在21世纪前十年,包括珠宝首饰行业在内的各零售行业对电子商务的新媒体渠道还处于尝试阶段的话,自2010年以来的短短两年多,全媒体营销则已经势不可挡,从国外的沃尔玛、梅西百货,到国内的苏宁、国美、银泰百货、周大福各零售业领军企业,都已经深度涉水电子商务,并凭借线上线下结合的巨大优势,攻城掠地。没有一个零售巨头愿意放弃这个机会,美国零售巨头梅西百货为此制订了"泛渠道(Omni - Channel)"策略,以此强化消费者的购物体验黏性。如果顾客在线下购物时遇到缺码或颜色不合适的问题,梅西百货的销售人员可以从网上搜索合适的商品并下单,然后直接快递到消费者家中;使用梅西网上商城 macys.com 推出的"True Fit(真实试衣)"工具,消费者只要输入年龄、体型、体重等信息,系统会自动推荐合适的牛仔裤。

2. 全媒体营销:引爆珠宝首饰行业变革的金钥匙

中国电子商务面对的主流对象是20~45岁的数亿网民,而这也正是珠宝首饰行业的消费主体。事实上,追随着美国纳斯达克上市的蓝色尼罗河(blueniel.com)的钻石网购成功之路,珠宝首饰自2006年以来即在中国电商潮流中扮演着积极的角色。除了钻石小鸟、珂兰、戴维尼等钻石网购"排头兵",据不完全统计,已有数百家传统珠宝首饰企业在过去五年中先后试水电子商务。在今年"光棍节"网购促销中,多家珠宝品牌的天猫官方旗舰店当日销售额在500万元以上,钻石电商领头企业之一珂兰钻石,以及于2011年10月宣布正式进军电子商务市场的周大福,其天猫官方旗舰店当天收入都分别超越1000万元。珂兰网宣称其平均客单价达到3000多元,而周大福单价最高的订单为一款价值368 000元的钻石吊坠套装。事实上,在周大福之前,深圳的多家大型传统珠宝企业,都已经采用不同形式,与电子商务、电视购物等新兴渠道进行了亲密接触。而周大福、潮宏基等领军企业纷纷加入电子商务大潮后,线上线下多渠道结合的营销手段已经有迅速发展成为行业主流的态势。至今,共有 203 家珠宝品牌入驻天猫商城,而据不完全统计,其中有超过一半源于传统的珠宝企业,而 80% 以上拥有线下的体验店。

珠宝首饰行业的多渠道发展模式可简要分为以下四个类型,我们不妨看看它们各自拥有的优势和挑战。

多渠道发展模式比较

渠道模式	代表品牌	实体店形式	优势	潜在挑战
纯网购模式	戴维尼	不设实体店	轻资产路线符合电子商务核心优势	能否有效建立客户对高端品牌的认同?网络推广成本和品牌推广成本可否持续低于传统店面
网购+体验店模式	珂兰、钻石小鸟、佐卡伊	在一、二线城市高端写字楼内开设体验店	面对面咨询服务解决消费信任瓶颈,增加客户的订单转化率,增大品牌认同度	体验店究竟是否切实降低成本,还是反而增加了成本?体验店是否有助于为网购积累客户
网络推广+各地连锁	Bloves	线上推广,线下销售。在各地建立实体街铺店定制中心	借助了互联网和电商的势能,短时间内建立了较大的全国性品牌知名度	线下主要为线上推广导购,亟待在不影响实体店利益的情况下,获取电子商务的真实渠道效益
传统店面+电子商务	周大福、周生生、潮宏基	成熟的线下实体连锁店网络	凭借有效的产品与价格运营机制,通过互联网、银行等新渠道获取品牌"红利",大大增强综合竞争力	产品与价格管理机制要做到不影响实体店利益,需要强大的在线运营团队

上表中的各品牌企业,除了 Bloves 主要依靠自有官网推广外,其他品牌都积极而广泛地借助多个媒体渠道开发电子商务,其中,天猫商城、京东商城、当当网、卓越亚马逊,以及各大银行网上商城等都是这些珠宝品牌共同选择的渠道。另外,各品牌都极力借助企业微博营销扩大自己的品牌影响力。我们在此分析了四种渠道模式的优势和潜在挑战,应该说,在当前阶段,还无法断定哪一种模式是最合适、最能在激烈竞争中胜出的,但是,我们可以预言以下内容。

(1)固然纯网购的电子商务在珠宝首饰行业也将和其他行业一样,占有重要的一席之地,但是在未来十年,线上营销与线下实体体验结合,将是珠宝首饰领域的"王道"。根据《国务院关于大力推进信息化发展和切实保障信息安全的若干意见》提出的目标,到"十二五"末,网络零售额占社会消费品零售总额的比重超过 9%。在 2011 年末,这项比重仅为 5% 左右,而其中珠宝首饰领域的比重不到 2%。这是因为选购单价数千元以上的珠宝钻石产品,消费者更加依赖线下服务体验,如果考虑到网络推广对线下交易所起到的导购作用,则网络零售额占珠宝业总销售额的比重,毫无疑问将大大增加!换言之,现在常说的 O2O 即线上导购、线下消费模式,将是珠宝行业的主流。

(2)传统珠宝企业将在未来数年的全媒体营销的大潮流中,逐步经历新一轮的"洗牌"。首先,全媒体营销因其超越地理限制的特性,将催生一批诸如钻石小鸟、珂兰、Bloves 这些新兴的全国性品牌;其次,跟随周大福等大牌珠宝的成功实践,必将有一批大陆本土珠宝企业加快全媒体营销步伐,并借势扩张全国版图或巩固在本区域的竞争优势。两者的结果是,中国地方性品牌割据的传统局面必将被迅速撼动,适者生存,那些在大趋势面前消极保守、未能有效应变的企业将面临被洗牌。

3. 全媒体营销对传统珠宝企业的启示

珠宝首饰进入互联网时代,仍然面临着几个重大的发展瓶颈,比如:高昂的开店与铺货成本,赊销模式对于上游批发商的资金困扰和对于下游零售商的资信限制,昂贵的品牌营销成本,再加之新兴电子商务企业对传统珠宝业的巨大冲击。

全媒体营销为珠宝业解决这些问题提供了黎明的曙光。周大福等企业的实践证明,如果运营得当,全媒体营销有助于巩固和加强品牌竞争力。今天的消费者的显著特征是:他们不再忠诚于某一个渠道,而是交错出现在实体店、网店、移动商店、社交商店等各种渠道。让消费者在多个渠道获得更畅快、更一致的购物体验,同时又可以无缝集成和高效整合后台的供应链,将使零售商在有效扩展销售的同时,增加品牌黏度。

不但如此,新兴的 IT 虚拟现实技术,加之基于 iPad 等时尚平板电脑的移动互联网技术,使得线上线下渠道的"距离"将大大拉近——而这对于开店和铺货成本高昂的珠宝零售业来说,无疑是一个极富想象力的发展空间。已经日趋成熟的 3D 虚拟现实技术使得贵重的珠宝、奢侈品可以用 3D 虚拟展示手段,通过 iPad、彩电乃至全息成像等技术终端,让消费者在店面与无限量的商品"亲密接触",却不需增加店面运营成本。从 2011 年以来,周大福、钻石小鸟等主流珠宝企业都纷纷采用 iPad 作为其店面及场外活动时的销售工具,iPad 上集成了海量钻石库存信息,或展示其最新 3D 款式产品,使店面销售员可以轻松面对消费者,在不增加铺货成本的情况下,提高销售成交率和品牌体验。

"互联网会越做越实,实体店会越做越虚。"苏宁电器副董事长孙为民如此描述零售的未来样态,在苏宁的战略布局中,线下店将加入更多智能化购物的技术手段(使用手持智能终端推荐商品、自助网上支付等),而线上店将通过 3D 虚拟试衣等方式强化购物的真实性。苏宁的这些计划,在产品贵重而依赖视觉体验的珠宝行业,更加具有现实意义。2010 年在市场推出的炫立方 3D 珠宝展示终端正是因此而在珠宝业内备受推崇。

以互联网为主的全媒体营销对于珠宝行业的变革意义不只在于 B2C 零售层面,对于 B2B 领域也一样意义深远。在美国,Rapnet.com 整合了全球近万家上游裸钻供应商和下游珠宝零售商,使得零售商可以直接跨过中间商,以上游价格自由选购近百万全球裸钻,从而改变了钻石行业格局。一些珠宝生产加工商,将拍摄精美的产品款式图库、甚至 3D 产品图库,在第一时间通过互联网、iPad 等移动终端,发布给所有经销零售商,从而大大加快了新品与消费者接触的节奏,获取第一手反馈信息,并有效节省了新品发布成本。这种趋势在中国正在快速发生。国家珠宝玉石质量监督检验中心于 2012 年深圳珠宝展与华尔兹科技公司联合发布的"钻石国标"iPad 应用终端,正是以新媒体作为载体,帮助零售店快速普及钻石标准,并能在实体店内实时查询珠宝鉴定证书,让消费者放心购物。2012 年 9 月份新推出的"GGE 全球珠宝玉石交易平台"则被业界誉为中国的"Rapnet"。可以预见,一旦各上游供应商、珠宝生产加工商开始接受使用新媒体手段,与零售商共享虚拟的钻石、珠宝库存,使得零售商在实体店内虚实结合地销售产品,则珠宝行业的运作成本将有望大大降低,面向消费者的珠宝"大蛋糕",则将越做越大。互联网全媒体营销正在掀起一波影响深远的珠宝零售变革。

第三节 项目模拟:珠宝首饰网络营销专题策划

子项目一:把自己设计的首饰作品通过网络卖出去

【思路】

运用本章所介绍的网络营销手段,把自己设计制作的产品,通过合适的网络平台卖出去;或者通过网络平台,为某一特定顾客定制设计一款首饰作品。

【要求】

(1)购买或定制的顾客不是自己熟悉的人(即非自己的亲朋好友、同学等)。

(2)把自己的营销过程及时记录下来,并总结得失经验,最后形成一个书面报告。

子项目二:开一家珠宝首饰网店

【思路】

本模拟项目是为同学们未来毕业后自主创业作准备。目前已有许多珠宝首饰设计专业毕业的学生选择了自己开首饰工作室或开店,他们除了通过实体店面推销自己的产品以外,也通过网络手段销售自己的产品,因此,做这样的模拟课题有一定的现实意义。

本项目要求熟悉开店流程及具体的条件,有比较完整的方案。当然根据自身及家庭条件,直接作为一个现实项目来做,则更好。这里,不主张选择加盟商的形式来开网店,因为,我们要卖的是自己的产品。

【本项目方案主要内容及要求】

(1)网店名称:取一个好听的店名。

(2)店铺网址:明确网店开在哪儿以及最快捷的链接方式。

(3)网店介绍:根据自己的目标顾客及其特点,为网店做一个简洁且不乏创意的介绍,能吸引顾客的注意是最主要的目的(结合市场定位、产品定位来做)。

(4)网店设计:网店风格、网页布局、产品分布及图文介绍、网店整体色调等要独特、新颖,不仅要有视觉冲击力,还能体现出自己独特的设计理念、文化内涵与情感关怀。

(5)专区设定:根据实际需要,可以考虑设定设计交流专区、与顾客互动专区、评论专区、重点推介专区等。

(6)网店推广方案:如何把自己开设的网店向目标消费者进行推广与宣传,让网店从默默无闻到广受欢迎,需要开店人员综合运用各种网络推广手段,并借助一定的人脉关系通过社交平台进行宣传、沟通。此部分内容很重要,因此,尽可能考虑周全。

注意:除了产品本身是否吸引顾客、受欢迎以外,能否为顾客提供最优质的服务是决定网店最后能走多远的关键。因此,必须要考虑客服及联络方式。

子项目三:珠宝首饰品牌网络营销策划全案

【思路】

选取某一珠宝首饰品牌,根据实际营销需要,为其量身打造一个全面实施网络营销的方案。本方案需要综合运用本教材各章涉及的相关理论知识,结合网络营销的性质与特点,进行精心策划。

【项目主要框架】

1. 网络营销必要性与可能性论证

基于市场调查基础上,对该品牌开展网络营销有无必要,进行网络营销所具备的条件是否可以满足,实施网络营销可能给企业带来的效益及意义有哪些,可能会遇到哪些问题?这些都需要策划者进行分析与判断。

2. 珠宝首饰消费变化趋势分析

基于当前消费者研究的基础上,对消费者需求的变化、购买模式的转变、尤其是反映在网购方式的变化以及消费结构的变化等要有比较清晰的分析。这是企业最终采取怎样的网络营销方式,实施怎样的网络营销策略的基础。

3. 网购模式及网络支付手段的变化对珠宝首饰网络营销带来的影响分析

当前网购模式及网上在线支付方式在不断冲击传统的营销模式与以往线上交易的模式,因此,策划人必须关注这些方面的最新变化动态,并分析可能给网络营销工作带来的变化。

4. 企业 SWOT 分析

对企业有一个全面的认识是做好策划的关键,因此,需要对策划的对象从企业本身、品牌及其产品等方面找出其优势所在,发现其劣势(即不足与问题),从优势与环境变化中寻找企业发展的机会(这里主要是通过网络营销可以利用的机会),对可能遇到的阻碍(主要是开展网络营销可能遇到的困难)有充分的认识。

5. 网络营销策略的制订

这是策划的核心部分,需要策划人从两个方面去考虑:一是选择怎样的网络营销策略,它包括网络品牌策略、网页策略、产品策略、价格策略、促销策略、渠道策略、客服策略等诸方面,应分别拟定。二是网络营销方式的选择,要选择当前占主流地位、适合珠宝首饰营销的网络营销方式,对具体选择的方式,要有具体的实施方案,并希望有创新的做法。

6. 网络营销跟踪调查与评估

此部分内容很有必要,其主要作用是通过跟踪调查,发现问题,以不断修正营销方案,使其更好地服务于企业规模与效益经营的需要。

第十二章 珠宝首饰连锁经营与拍卖

第一节 珠宝首饰连锁经营

一、连锁经营的含义

连锁经营是一种商业组织形式和经营制度,是指经营同类商品或服务的若干个企业,以一定的形式组成一个联合体,在整体规划下进行专业化分工,并在分工基础上实施集中化管理,把独立的经营活动组合成整体的规模经营,从而实现规模效益的一种经营模式。简言之,就是不同的场所,以同一商标经营,且可以统一形象、统一管理、统一经营。

连锁经营这一经营模式的实质,是企业运用无形资产进行资本运营,实现低风险资本扩张和规模经营的有效方法和途径。这也是连锁经营能得以迅速发展的根本原因所在。

二、连锁经营的三种形式及其比较

(一)直营连锁

1. 概念

直营连锁又称正规连锁,是连锁经营的基本形态。这是连锁企业总部通过独资、控股或兼并等途径开设门店、发展壮大自身实力和规模的一种连锁形式。连锁企业的所有门店在总部的直接领导下统一经营,总部对各门店实施人、财、物及商流、物流、信息流、资金流等方面的统一管理。即所有的店铺都是由同一经营实体——总公司所有。

2. 特点

(1)必须是同一资本开设门店,这也是直营连锁与特许连锁和自由连锁最大的区别。

(2)经营管理高度集中统一。

(3)统一的核算制度。

3. 优缺点

1) 优点

(1)高度集权管理可以统一调度资金,统一经营战略,统一管理人事,统一开发和利用企业整体性资源,具有雄厚的实力,易于同金融机构、生产厂家打交道。

(2)可以充分规划企业的发展规模和速度,在新产品开发与推广、信息管理现代化方面也能发挥出整体优势。

2) 缺点

(1)由于直营连锁以单一资本向市场辐射,各门店由总部投资一家家兴建,因而易受资金、人力、时间等方面的影响,发展规模和速度有限。

(2)各分店自主权小,利益关系不紧密,其主动性、积极性、创造性难以发挥出来。

(二)自愿连锁

1. 概念

自愿连锁,又称自由连锁经营。自由连锁是企业之间为了共同利益结合而成的事业合作体,各成员店是独立法人,具有较高的自主权,只是在部分业务范围内合作经营,已达到共享规模效益的目的。即各店铺资本所有权独立,采用共同进货,协议定价的一种商业横向联合。

2. 特点

(1)成员店拥有独立的所有权、经营权和核算权。

(2)总部与成员店之间的关系是协商和服务的关系。

(3)维系自由连锁经营的经济关系的纽带是协商制订的合同。

3. 优缺点

1)优点

(1)其门店独立性强、自主权大、利益直接,有利于调动积极性和创造性。

(2)连锁系统集中管理指导,有利于提高门店的经营管理水平。

(3)统一进货、统一促销,有利于各门店降低成本,享受规模效益的好处。因此,自由连锁具有较好的灵活性、转换性和发展潜力,它既具有连锁经营的规模优势,又能保持独立小商店的某些经营特色。

2)缺点

(1)其连接纽带不紧,凝聚力相对较弱。

(2)各门店的独立性大,总部集中统一运作的作用受到限制,因而组织不够稳定,发展规模和地域有一定的局限性。

(3)由于过于民主,决策迟缓,相对来说竞争力受到影响。

(三)特许连锁

1. 概念

特许连锁又称合同连锁、契约连锁、加盟连锁。这是总部与加盟店之间依靠契约结合起来的一种形式,即以单个店铺经营权的授权为核心的连锁经营。风靡世界的肯德基、麦当劳、7-11都是特许连锁组织的典型代表。

2. 特点

(1)特许连锁经营的核心是特许权的转让。

(2)总部与加盟店之间的关系是通过签订特许合约而形成的纵向关系。

(3)特许连锁经营的所有权是分散的,但经营权高度集中,对外要形成一致形象。

(4)加盟总部提供特许权许可和经营指导,加盟店要为此支付一定费用。

3. 优缺点

1)优点

(1)授权人只以品牌、经营管理经验等投入,可以突破资金和时间限制,便可达到规模经营的目的。不仅能在短期内得到回报,而且使无形资产迅速提升。

(2)被授权人由于购买的是已获成功的运营系统,可以省去自创业不得不经历的一条"学习曲线"。包括选择盈利点、开市场等必要的摸索过程,降低了经营风险。同时,可以降低经营费用,集中精力提高企业管理水平。

(3)被授权人可以拥有自己的公司,掌握自己的收支。被授权人的经营启动成本低于其他经营方式,因此可在较短的时间内收回投入并盈利。被授权人可以在选址、设计、员工培训、市场等方面,得到经验丰富的授权人的帮助和支持,使其运营迅速走向良性循环。这些都有利于刺激加盟店主更加积极肯干,有助于事业发展。

(4)授权人与被授权人之间不是一种竞争关系,有利于共同扩大市场份额。

2)缺点

(1)加盟店有时闹独立,难以控制。

(2)个别经营失败的加盟店会连累总部声誉和使总部形象受损。

(3)当总部发现加盟者不能胜任时,无法更换加盟者。

三、当前国内珠宝首饰行业的主要连锁经营模式

目前,珠宝首饰行业主要的经营模式有两种:第一,通过自主研发设计逐步形成自有品牌,并依托品牌优势,通过开始自营店或加盟形式建立和完善营销网络,形成品牌连锁经营的模式,或者不进行网络建设,依靠自主研发设计以及生产工艺水平开展产品批发业务;第二,不进行自主研发设计,或自主研发设计较少,不建立自身的营销网络,主要通过来料加工的形式进行珠宝首饰的生产加工,行业内较多企业采用此种形式。

行业内形成品牌连锁经营模式的公司采取的销售模式有两种:第一,通过自营店销售,具体分为直营店和联营店模式,其中直营店模式是由公司及下属子公司直接设立独立店铺或专柜,公司及下属子公司负责所有的店铺或专柜的管理工作并承担所有的管理费用;联营店模式是与百货公司开展联营合作,公司自主统一装修店面形象,统一配送和陈列货品,并聘请营业员做导购销售。第二,通过加盟店销售,由公司与具备一定资质的企业签订特许加盟合同,授予其成为公司加盟商的资格,授予其在一定时间和范围内通过开设加盟店销售产品的权利。

珠宝首饰行业属于资本密集性行业,主要表现为珠宝首饰行业的存货规模占总资产的比例较大,这主要是由于珠宝首饰的单价较高,行业内企业需要较多的资金购买价值较高的黄金、铂金、钻石等原材料;另外,珠宝首饰企业需要为自营店准备较多产品进行铺货,以展示公司产品,吸引消费者。

目前,连锁加盟可以说是中国珠宝首饰行业主流的经营模式,已产生了周大生、周大福、老凤祥等千店级的连锁经营体系,百店级连锁经营体系也已不少,几十家连锁店的连锁经营体系则更多。

第二节 项目:珠宝首饰连锁经营典型个案解读

个案一:2000家连锁店——周大生成为国内最大珠宝连锁品牌

周大生珠宝终端规模近年来迅速扩张,集团综合实力位列全国前三甲,目前拥有2000家连锁店,覆盖全国32个省市的300多个大中城市,成为国内最大的珠宝连锁品牌。

多年来,周大生凭借深厚的品牌形象积淀、成熟的连锁营销模式、完善的连锁经销运营系统、全面的培训督导体系、完备的物流配送管理、优质的客户服务、卓越的产品品质,领先的品牌发展理念,在内地销售总额排名前列,有着明显的经销优势,在国内竞争激烈的珠宝市场取得了骄人的成绩。

1. 以数字战略优化市场格局

2009年12月,周大生珠宝连锁店突破1000家,圆满实现"千店计划"。2012年,周大生全国珠宝连锁店近2000家,周大生以令人震惊的速度,在周大生珠宝帝国版图上描绘着宏伟壮阔的篇章。

2011—2015年,周大生"金龙腾飞三部曲"迈入第二部曲,明确指出现阶段主要通过加强品牌建设,提升品牌价值量和美誉度。打造品牌特色,进一步提高品牌影响力,增强公司综合实力。

周大生珠宝有深厚的企业文化底蕴,历经数十载的发展,周大生沉淀了"金龙宣言""三人理论""四个共同"等企业文化内涵,并以此为支撑制订了"金龙三部曲"、"四色"战略地图、"五行生态管理"、"六大网络支撑"等优化市场格局的市场前瞻性战略计划。依靠这些数字战略优化和完成全国的市场战略布局,解决知名度、影响力、规模发展速度等问题。

2. 以品牌建设强化口碑效应

2011年,周大生屡获殊荣,先后被"世界品牌实验室"以75.25亿元的品牌价值评为"2011年度中国500最具价值品牌";国际知名财务咨询服务机构安永(Ernst & Young)中国与复旦大学管理学院授予周大生"中国最具潜力企业"称号;中央电视台颁发周大生"2011CCTV年度品牌"证书。周大生珠宝有限公司董事长周宗文荣获首届"深圳百名行业领军人物",周大生珠宝入选"2011深圳企业100强",被智联招聘评为"深圳最受女性关注雇主"。

周大生坚持品牌核心理念,爱心、诚信、奋进、责任,去传播爱,去创造美丽,把周大生美丽的产品送到千家万户,把爱心传遍祖国大地。这一系列荣誉见证着周大生的发展奇迹,也不断鼓舞着周大生人不懈努力,持续创新。

作为中国珠宝业的领军者,在追求企业卓越发展的同时,周大生从来不吝于在公益事业上的持续坚持。周大生珠宝有限公司主办的"千万钻石换光明"大型慈善活动,持续数年义卖资助白内障失明的贫困白内障患者,免费为他们做复明手术。2008年,在全国十个省市全面发起"千万钻石换光明让白内障患者复明看奥运"活动,帮助白内障患者实现同看奥运的梦想!

汶川发生大地震后,周大生通过中国青少年基金会,为灾区孩子捐建一所抗震"春蕾小学"。后来为了能够持续支持灾区教育事业,从2008年起开始,每卖出一件钻石首饰,就向中国儿童少年基金会捐一元钱。鉴于此,中国儿童少年基金会授予周大生珠宝有限公司"公益爱心企业"称号。

3. 关注珠宝首饰研发突破同质化重围

同质化是近年来中国珠宝业发展的瓶颈,周大生珠宝通过各种努力推动中国珠宝首饰设计发展。周大生通过冠名举办"中国珠宝首饰设计大奖赛"和协办"中国(深圳)国际珠宝首饰设计大赛",促进首饰设计和研发。并从2008年起连续发布珠宝流行趋势,亦是在国内业界首次推出珠宝潮流预测,引领珠宝时尚潮流。

周大生各个首饰系列在研发时都考虑到了不同爱的表达和传递。"钻惑女人香"吊坠系列问世,创新独特的工艺设计,可将香水注入钻饰,让每个女人都能根据自己风格塑造自己的香钻;"幸福时刻"系列,主打款"幸福时刻"对戒,具有可旋转及时间定位功能,能准确地留住每一个值得纪念的时刻;"say love"钻石系列,玛尼轮式旋转设计,倡导说出爱,为爱祈福。同版黄金系列,大胆突破黄金饰品以往的保守设计,以精美的字母、数字造型让消费者耳目一新,通过不同的搭配,表达不同的含义。2012年周大生于业界首先提出"微幸福"概念,"向日葵族的微幸福"新品钻饰以浪漫的小清新风格为基调,采用小钻群镶工艺,用小钻象征着恋人们生活中幸福的点点滴滴,造型更为豪华梦幻。"轻舞飞扬"黄金系列,源于周大生原创设计,设计师以简洁写实的手法从自然元素汲取灵感,将其融入千足金产品的设计之中,精致的手工制作工艺,结合拉沙、喷沙及钉沙等制作效果使产品时尚、立体呈现,为千万女性带来不一样的佩戴效果。

4. 以成熟的连锁店运营管理模式吸引经销商

作为一个有远见的品牌持有商,首先要做的不是自己先赚钱,而是帮助经销商先赚钱,这一点比什么都重要。

周大生珠宝在经销商加入之前,已拥有数百家连锁店运营管理的行业经验,形成集营销管理、销售管理、资金管理、物流管理、信息管理、渠道管理、客服管理等为一体的成熟的连锁店运营模式。因此在选择经销商资格的时候非常严格,拥有一套相应的手段来评估和检测经销者的资质。

经销商加入周大生后,基于连锁系统的长期运作,周大生珠宝会给予连锁店一整套经营方法,以帮助连锁店迅速步入正轨,并快速实现盈利。对资质不同的经销商提供不同的店面开设标准与扶持手段,连锁运营系统运作过程中,周大生珠宝会对单店进行相应的指导、检查、监督,并在出现状况时提供适合的单店扭亏为盈手段。例如周大生珠宝在市场拓展领域推出了"零距离、保姆式"体恤关怀计划,为市场的拓展提供专业化、实用性的服务;整合公司资源推出终端服务人员"微笑服务之星"举措;发展与中小投资者的"赢动力"品牌抓住中小投资经营者的眼球;推出不同层面的培训计划,帮助经销商提高经营管理水平。

5. 完善培训督导体系促进共同成长

在连锁业务蓬勃发展的情况下,连锁店的经营管理与珠宝品牌命运休戚相关。

周大生珠宝非常重视经销商的自身发展,并打造了务实高效的终端培训体系。专业化师资队伍实施全方位多层次实战培训,致力于提升全员素质和技能。周大生全员培训体系极大地促进了公司各级经营管理团队的经营管理能力、终端服务水平和终端销售业绩全面提高。内容包括:针对终端导购,开设"启航源动力、加速灵动力、超越新动力"进阶培训;针对终端店长,开设"致胜赢动力"专项培训。针对内部管理,组织"赢家特训营"和其他素质类培训课程;提升员工职业素养、培养积极心态。

同时还在业内开创珠宝 MBA(J-MBA)。J-MBA 意为珠宝业工商管理硕士,邀请国内外著名的经营大师和培训大师讲授,以成功的经营实践为基础,结合国内外先进的经营管理理论,根据现在的行业情况,从营销策略、品牌管理、领导力,到国学经典进行深入剖析和探讨,以深厚丰富的文化内涵打造高素质人才。J-MBA 课程至今已举办十五期,参加听课的人数累计达到 1 万多人次,已成为珠宝行业独树一帜的高峰学习名片。

近年来,周大生连锁零售业务急速增长,2012 年周大生连锁店突破 2000 家,新店开张也在紧锣密鼓的准备中。周大生的连锁经营模式在投入市场实践后,市场回馈的是丰厚的经济效益,良好的发展势头让周大生珠宝跃居行业的龙头地位,这不仅印证了周大生珠宝首饰品牌连锁经营模式的科学与成熟,更让周大生成为行业内珠宝零售发展的风向标。

个案二:禧六福珠宝董事长谈加盟

2011 年 9 月,有媒体记者约访禧六福珠宝张德清董事长,在访谈过程中,张德清董事长详细阐述了加盟连锁的概念和运作核心,认为市场需要"正本清源"。以下是根据网络报道摘编的内容。

1."正本清源":终端品牌加盟需要坚守"加盟连锁的基本要义"

加盟连锁被誉为 20 世纪最成功的商业模式。自从这种商业模式产生以来,100 多年残酷的市场磨砺,既铸就了其强大的市场生命力,也验证了其原始要义在发展中已足够成熟、成功。当前各行各业的加盟连锁形式,之所以衍生了很多不正常的现象,大多是市场执行者在操作时有意或无意地曲解、背离加盟连锁的核心要义。因此,无论市场如何变幻发展,当前最主要的任务是:正本清源。

连锁加盟的原始定义:连锁加盟是指加盟总部把自己开发的产品、服务的营业系统,以特许经营的形式,授予加盟方在规定区域、规定时限内享有垄断性的经销权或营业权。加盟方在创业之前,加盟总部将本身的营运体系,教授给加盟方并且协助创业与经营。

总结起来,连锁加盟的核心就是:复制。这里有两层意思。

一是复制的前提:有可供复制的成功要素。俗话说得好,要给徒弟一杯水,师傅得有一桶水。产品体系、VI 形象、品牌形象、市场荣誉、经营技术、赢利模式等事关终端店营运成败的要素,品牌推广商是否做足了功课?如果这一切都没有经历过市场的充分考验,并取得成功的经验,品牌就成了无源之水、无根之木,加盟推广更是无从谈起。

二是复制的过程:服务,包括服务的能力和服务的精神。随着当前商业服务的精细化分工越来越深入,品牌商的 know-how、技术、管理系统、营销系统等需要复制给加盟商的系统庞大而繁杂,切实地执行到位,需要不少的资金成本投入、人力资源投入和长期不懈地跟踪支持。如果没有一整套高效而持久的执行体系，加盟连锁也会成为镜中花、水中月，难有实现的可能。

因此，就品牌商而言，在大力推行加盟连锁事业的同时，千万不能忽视勤练"内功"、服务营销的原始要义。当然，正本清源并不意味着墨守成规，我们需要的是更专业、更有责任心，需要坚持一颗加盟连锁的"本心"。

2. 加盟商如何"带眼识牌"，找到合意的品牌商

品牌融合的过程中，加盟商与品牌商往往都有一个相互考察的阶段，加盟投资商在这个阶段的考察思路和方向，张先生给出了自己的建议。

品牌服务商既有实力不同之分，也有战略方向不一样之分，在甄别时，建议加盟商从这几个方面入手多做调查工作。

(1) 是否具备独特而正面的品牌特征和贴近消费者心理需求的品牌内涵。品牌特征明显，辨识度很高，容易让人过目不忘；品牌最完美的境界，是内涵与外形的和谐统一。一个有竞争力的品牌，必须有套完整的文化演绎系统。

(2) 品体系。优秀的珠宝品牌，必定拥有完善的产品系列，能满足多层次目标群体的消费需求，在制造工艺上也时有突破性的改进。

(3) 市场战略。品牌之间因为各自关注的市场群体不同，市场战略也迥异。有的着眼于建立终端消费者的凝聚力，有的着眼于对店面经营管理能力的打造，种种不一而论，加盟商可根据自己的弱点有所选择。

(4) 人才团队。专业来不得半点虚假，加盟连锁作为一个复杂的专业体系，需要一大批专业、专心的从业人员，事业必定是由人做出来的。

3. 禧六福珠宝加盟政策的特色

关于投资商想了解的禧六福特色加盟政策，董事长也给出了概括性的回答。

禧六福珠宝的加盟政策是建立在厚实的品牌形象和扎实的营销服务基础上的。如果非要说有什么特色，最大的特色应该就是最大限度地贴近加盟商的需求，也就是说加盟商需要什么，禧六福就尽最大的努力提供什么。这可能与禧六福长期服务于加盟连锁第一线，在与基层加盟商的交流沟通方面有丰富的积累有关。其精髓以及所衍生的一系列具体措施也完全符合加盟连锁这种商业模式的原始要义。

众所周知，当前困扰很多珠宝加盟商，特别是二三线城市的执业者有"三缺"：缺营运资金、缺营运经验、缺风险承受力。因此，禧六福的加盟政策始终坚守一个基本目的、四个有效途径。

一个基本目的：以培养加盟分店自主经营力为目的。

四个有效途径：从投资资本上对加盟商予以扶持；总部人力资源移植，对加盟店进行专业人员的支持；实施专职人员分区分点绩效考核制度，对终端店面赢利实行包干责任制；给予加盟商无风险退出保底回购特权。

当然，这只是禧六福的加盟政策的总纲，具体的细节在与加盟商合作前会以合同的形式予以详细规范。

个案三：海魄珠宝独立珠宝商运营模式

独立珠宝商是由香港海魄珠宝结合了 C2C、B2C、O2O 的电子商务模式以及传统朋友圈销售的各自优势，在珠宝行业内提出的一种全新商业模式。

(1) 采取总部直营或投资开设实体体验中心，让独立珠宝商将主要经营场所由实体店面改为互联网上经营，极大程度上降低独立珠宝商的重资产投资。

(2) 独立珠宝商可将朋友社交圈的珠宝、艺术品以及奢侈品资源进行整合，通过网上商城、APP 商城、微信商城、电商合作平台等各种互联网平台进行销售。

(3) 直供第一手厂家货源，并采取由客户预约定制、体验中心体验的销售方式，独立珠宝商仅需少量备货，大幅降低了珠宝经销的加入门槛。

1. 六大创新模式

(1)零库存,10亿珠宝随身带:经海魄珠宝官方授权的独立珠宝商均免费获赠已安装专属移动展示系统的最新款 iPad,让您无论何时何地都能全面展示价值 10 亿元的所有待售海魄牌珠宝。

(2)低风险,服务费用自由退:凡签约正式成为海魄珠宝独立珠宝商,满一年后,可自由申请续约或退出独立珠宝商资格,在满足相应条件下我们承诺退还签约时的相应服务费用;我们同样承诺根据上一年度产品销售状况退还相应服务费用,直至退完为止。

(3)一手货,低价高品质颠覆珠宝暴利传统:海魄珠宝是香港钻石总会的亚洲区一级会员,在确保钻石完美品质的同时至少以低于市场均价的 30% 出售;力求市场最低价,打破暴利垄断,腾出最大空间让利独立珠宝商。

(4)保增值,好产品三年后双倍回购:我们承诺全部产品可换购,并且部分产品承诺消费者 200% 的增值回购,帮助消费者满足珠宝消费和投资理财的双重需求,真正让消费者体验到"免费戴,可换购,保增值"的尊享 VIP 计划。

(5)重体验,珠宝定制新概念:客户可通过海魄珠宝的网上商城、微信商城以及 APP 移动销售系统全方位了解及购买海魄珠宝,同时我们在各大城市繁华地段设立线下实体体验中心;并且我们会定期举行全民参与设计珠宝系列的活动,实现真正的为爱定制。

(6)帮致富,网上平台免费供,助你轻松实现个人电子商务:为独立珠宝商提供海魄珠宝网上商城、APP、微信商城等电商平台技术服务,让独立珠宝商的自有珠宝、书画等高档奢侈艺术品均可借助三大技术平台出售,无需任何成本即可轻松实现个人电子商务,达到利润多渠道。

2. 九大品牌优势

(1)供应链优势:从意大利沙丁湾、台湾海峡的红珊瑚资源,南非的钻石资源和缅甸、泰国的红蓝宝石矿源到香港顶级大师的设计加工,再到整个分销,掌控整个供应链。

(2)顶级设计风格:国际级大师设计团队,享誉香港超半个世纪的顶级设计风格,从系列产品到定制产品,出品即热销。

(3)权威认证保障:所有产品均经过国际 GIA 认证和国家珠宝玉石质量监督检验中心认证,保证每一个产品的优越品质。

(4)强大资本后盾:由荣获"21 世纪最佳商业模式奖"的山屿海控股集团注入巨资控股,并获得国内两家著名风险投资公司巨额资本投资。

(5)立体广告支持:从传统媒体到新媒体,海魄珠宝每年递增投入数千万巨资线上线下推广。

(6)成熟培训机制:百名资深珠宝专业人士提供培训支持,为独立珠宝商提供业内最专业最系统的培训。

(7)先进数据化管理:从库存管理到移动终端销售系统,以及时下最流行的微信商城,实现完整的数据化管理,成就行业先河。

(8)完美售后服务:开创珠宝行业首位"四包"服务,7天包退、终身包换购、包保养维修、部分产品包增值回购。

(9)高效安全物流:采取专属保障快递、实体店本人提货和送货上门的三位一体化物流体系,三万元以上由海魄珠宝专职送货上门,体现 VIP 服务。

第三节 珠宝首饰拍卖

每年的三四月是世界著名拍卖行扎堆举行春拍的热门季。世界上无数的古玩字画和珍稀珠宝汇聚起来,等待着自己命运的辗转和变化。每一次与高级珠宝有关的拍卖会背后,都藏着无数被人津津乐道或不为人知的故事——女人们为了那些极致精美的瑰丽珠宝而失神着迷,男人们为它们不断暴涨的价值而血脉喷张,恋人们会用天文数字的财富换来能博得伊人一笑的珠宝拍品……这些经历了岁月变迁、数易主人的稀世珍宝,用自己经历岁月变迁却不蜕变的美见证着它的无数拥有者的人生起伏与爱恨情仇。或许，这也正是除去价值增值之外，珠宝拍卖真正的魅力和意义所在。

一、拍卖的概念

拍卖是指以公开竞价的方式，将特定的物品或者财产转让给最高应价者的买卖方式。作为一种特殊的商品交易方式，它具有透明度高、竞争性强的特点，商品的价格在公众监督之下形成，体现了公开、公平、公正、价高者得的原则。拍卖被视为市场经济的产物，从某种程度上来说，拍卖的繁荣甚至代表着经济的繁荣。拍卖一直都只限定于一些特殊性的商品，通常这些商品的价值不仅仅是简单地由原材料和加工费构成，而是主要由于其珍贵稀少，其中可能还具有一定的历史、文化内涵，进而引起人们争相收藏。

珠宝首饰拍卖与其他市场形式不同，不仅在拍卖品上集中了珍稀高档的珠宝首饰，而且在质量上常因有专家的鉴定和评估证书为拍品提供了更高的可靠性，使得竞买过程中其价值得到充分体现。拍卖会上拍卖的珠宝首饰，一般需要经过专家的筛选、研究、鉴定、评估，并由其写出详细的评估报告。因为诸多方面的优越性，越来越多的珠宝首饰珍品向拍卖市场汇集，越来越多的收藏家和珠宝业内人士认识到，拍卖会已成为高档珠宝首饰的重要市场。

二、珠宝拍卖市场的发展

拍卖最初起源于古希腊，是从拍卖奴隶、采矿场开始的。到公元前510年至公元前27年，罗马古代拍卖业达到高潮，并出现了拍卖行。17~18世纪，欧洲拍卖业进入了极盛时期。

我国的拍卖行最早出现于鸦片战争后的上海，但解放后我国政府于1958年取缔了拍卖行。直到改革开放后于1986年在广州出现了第一家拍卖行。1922年在我国举行了第一次大型拍卖会，当时是请来国外拍卖师主拍。到1994年我国已培养了自己的拍卖师，所有拍卖活动都由国内拍卖师主拍。1996年我国颁布了《中华人民共和国拍卖法》，标志着中国拍卖业进入了规范发展时期。

根据商务部拍卖信息系统统计，截至2012年12月，我国内地共有拍卖企业5860家，行业从业人员总数首次突破6万人，其中，国家注册拍卖师11 040人。

我国拍卖会拍品的范围也由最初的一般生活消费品和生产资料扩大至不动产、土地使用权、文物古董、翡翠珠宝、近现代书画、古籍版本、音乐作品版本、作家书稿、影视作品发行权、科技成果、小型企业、破产企业财产等，从有形的商品发展到无形的商品（权利）。其服务领域已涉及商业、物资、纺织、邮电、房产、金融、文物、土地管理等十几个领域。当前，土地使用权、房地产仍是国内拍卖的主体。

随着社会经济的不断发展和人们经济实力不断提高，近十年来珠宝市场得到蓬勃发展，珠宝拍卖作为现代珠宝市场交易的最高形式，近几年也得到充分发展。在北京、上海、广州、深圳、西安等地相继出现可以进行珠宝拍卖的公司，并形成了香港、北京、上海、深圳四大拍卖中心，一批与国际拍卖业接轨的拍卖公司应运而生。著名的拍卖公司有：中国嘉德国际拍卖有限公司、瀚海艺术品拍卖公司、太平洋国际拍卖有限公司、上海朵云轩艺术品拍卖公司、上海拍卖行及深圳市动产拍卖行等。世界上最重要的珠宝首饰拍卖，苏富比和佳士得拍卖行每年举办4次，一般情况下，4月、10月在纽约，5月、11月在日内瓦，而每年春、秋两季这两大拍卖行在香港进行的珠宝首饰拍卖，吸引了世界上众多的投资家、银行家、企业家和收藏家。2011年6月周大福"颐"私藏鉴赏会在北京香港马会会所举行，首开华人珠宝品牌专场拍卖先河。拍卖会力邀北京保利拍卖行首席拍卖师现场执锤，典藏的19件拍品均为世代传承之作，汇聚华人珠宝精粹，突破传统珠宝营销模式，独辟蹊径将"拍卖"的形式纳入珠宝营销，为珍宝收藏爱好者呈现了一场典藏珍品的尊赏盛宴。珠宝拍卖已成为我国中高档珠宝饰品交易的重要渠道及颇具潜力的珠宝市场。随着国家经济实力的不断壮大，珠宝首饰拍卖会上的国内买家也逐渐增多。

2014年3月19日，"中国珠宝第一拍"授牌仪式在北京钓鱼台国宾馆举行。中国商业联合会现场授予北京凤凰人生国际珠宝拍卖有限责任公司"中国珠宝第一拍"的荣誉称号，开启了中国珠宝行业专业拍卖大门，推动我国珠宝行业向专业、规范、健康、有序和可持续发展。北京凤凰人生国际珠宝拍卖有限公司是我国知名的珠宝拍卖公司，为加强珠宝行业交流，促进珠宝文化发展，搭建珠宝文化鉴赏交流平台，该拍卖公司联合新加坡凤凰人生珠宝集团有限公司、香港凤凰人生珠宝集团有限公司、北京凤凰人生珠宝国际有限公司、上海天宇星海珠宝有限公司等共同打造了凤凰人生珠宝文化鉴赏交流中心。该中心集珠宝展示、检验、交流、销售、拍卖等服务于一体，开创了珠宝业跨界合作的先河，这种全新的模式和发展思路引起了行业协会、业界专家、收藏爱好者的高度重视。凤凰人生珠宝文化鉴赏交流中心的成立，使珠宝市场形成了一条完整高效的拍卖产业生态链，拍卖前可以先检验、鉴定真假和优劣，拍卖后拥有者还可以根据自己的需要拿去抵押、销售、再拍卖，珠宝拥有者将有更多元化的选择。

2012年是中国拍卖行业的"标准年"，拍卖行业共有5项标准先后发布实施，包括国家标准《拍卖企业的等级评估与等级划分》以及《拍卖术语》《拍卖师操作规范》《机动车拍卖规程》《不动产拍卖规程》4项行业标准。至今，拍卖行业已有1项国标和5项行标，形成了我国拍卖业标准体系的基本框架。

近几年来随着网络的迅猛发展，"网上拍卖"也随着电子商务的兴起而发展成一种新型的拍卖交易方式。它突破了传统拍卖的时间和空间的限制，摆脱了传统拍卖的许多严格规定，吸引了更多的人参与到拍卖过程中。世界上著名的美国eBay公司开创了珠宝网络拍卖的先河，其在线珠宝拍卖Bidz，网上的珠宝首饰都以一美元起拍，竞拍者常常能够以100美元以内的价格最终成交。一般的拍卖行主要针对高端珠宝首饰，而Bidz则很大程度上占据了低端市场。国内的一些大型拍卖公司也陆续开始建立自己的拍卖网站，其中"嘉德在线"就是典型代表。网上拍卖的拍品通常都是一些价格低廉的珠宝首饰，深受年轻人的喜爱。网上拍卖的独特、灵活且人性化的方式将给珠宝拍卖带来更多的活力。

三、世界最著名的两大拍卖巨头

苏富比——世界上最古老的拍卖行，诞生于1744年。从那时开始，经历了270多年的时间，苏富比在国际古董和艺术品市场上确立了巨头地位。苏富比业务遍及全球34个国家，主要拍卖中心设在美国纽约及英国伦敦，并定期在世界其他13个主要艺术中心举行拍卖，包括香港、新加坡、法国、意大利等地。众多皇室珠宝都是在苏富比上拍出的，其中包括令国人唏嘘的圆明园兽首等。

佳士得——于1766年在伦敦创立，为世界上历史最悠久的艺术品拍卖行之一。佳士得非常重视在亚洲的业务。它于1986年在香港举行首场拍卖，拍卖一系列中国书画、中国瓷器及工艺精品、珠宝及翡翠首饰，拍卖成绩骄人。一颗来自印度古矿的39克拉梨形钻石"黑夜之星"以逾4186万港币在佳士得落槌。

四、拍卖程序

拍卖程序是指拍卖操作的整体过程，主要可分为四个阶段，依次为拍卖委托、公告、拍卖、拍卖标的物的交付。

拍卖具体的流程如下。

（一）委托阶段

委托拍卖阶段需确定委托人身份，主要指身份证明及证明委托人身份的文件。如果委托人是自然人的，应当提供身份证；如果委托人是法人或者其他组织的，应当提供企业法人营业执照、社团法人登记证明等。

委托阶段需确定委托人的权利。拍卖标的物所有权证明或依法可以处分拍卖标的的证明,及能够证明委托人对即将拍卖的物品或财产权力享有所有权和处分权的证明材料。

拍卖人必须了解委托人委托的拍卖标的物的性质。委托人必须提供拍卖标的物的详细资料,包括拍卖标的的名称、数量、质量、新旧程度及存放地点。由于拍卖标的物具有广泛性的特点,对于不同标的物,拍卖人应争取获得尽可能详细的资料。经与委托人协商,确定拍卖标的物的保留价、佣金收取的比例及拍卖方式等。然后签订《委托拍卖协议书》,也可称为委托拍卖合同(以下简称"协议书"),协议书应包括以下内容:

①委托人、拍卖人的名称、住所、法定代表人、代理人;
②拍卖标的物的名称、数量、住所(存放地)、状况;
③拍卖标的物的保留价;
④拍卖的费用收取条款;
⑤拍卖的时间、地点,拍卖价款的结算期限,标的物的交付方式及期限;
⑥拍卖的方式及有关再拍卖的条款;
⑦拍卖程序的中止和终止的条件;
⑧拍卖当事人的违约责任;
⑨签约时间和合同的有效期限;
⑩其他需约定的条款。

一件拍品能否拍卖成功,不仅取决于拍品本身的质量高低,还依赖于合理的起拍价格。拍卖公司对一件拍品的估价要根据拍品的材质、工艺、年代、来源、市场行情等因素进行综合分析,确定的起拍价要适中,给拍品留有竞买空间。在以拍卖为目的的珠宝首饰评估中,应使用公平市场价值的价值类型,用市场比较法对拍品进行评估。通常起拍价是拍卖行与委托人共同协商确定的。有时,起拍价可以参考委托人的底价来确定。委托人通过拍卖后实际所得就是拍品的适销现金价值。而拍品的适销现金价值,即拍卖成交价剔除拍卖过程中的各种费用后的现金量。拍卖过程中的费用包括保险、鉴定、评估、拍卖佣金和应交纳的税费等。一般珠宝拍卖的佣金约为成交价的10%(中国嘉德拍卖的买方佣金为12%),而香港佳士得拍卖行和香港苏富比拍卖公司的佣金相对要高一些。考虑到以上因素,制定合理的起拍价,将更利于拍品的成功交易。

(二)公告阶段

拍卖的公告过程包括拍卖的公告、对拍卖标的的宣传、与竞买人的联络和咨询以及拍卖标的物的展示。

拍卖的公告即为拍卖人将拍卖的大概情况告知于社会公众,告知的时间《中华人民共和国拍卖法》中已有明确的规定,即必须于拍卖日7日前发布,告知的常用方式为在媒介上刊登广告等,公告本身并不是合同意义上的要约,而只是邀请谈判。

拍卖公告一般应载明下列事项:

①拍卖的委托人(除委托人要求保密外);
②拍卖的性质;
③拍卖标的物的名称、种类、数量、品质;
④拍卖标的物展示的时间、地点;
⑤拍卖咨询的时间、地点;
⑥拍卖的时间、地点;
⑦联系人及联系方式;
⑧竞买人的资格和条件及拍卖保证金的金额及交付方式;
⑨其他应告知竞买人的事项。

对拍卖标的物的宣传,告知虽说必须满7日,但为了使拍卖标的物有更多买主,公告、展示的时间可以更长一些,也就是购买标的物的竞买人越多越好,对拍卖标的物的情况了解得越详细越好。一般来说,拍卖人并不承担对拍卖标的物的担保责任,尤其是公物拍卖。但拍卖人应当告知竞买人标的物的瑕疵,这对于体现拍卖的公正及拍卖人树立良好的企业形象都是十分重要的。

在拍卖物的展示期间,拍卖人必须提供拍卖标的物的详细资料,如《拍卖须知》《拍卖特别规定》《拍品目录》,这些拍卖资料一般应包括下列内容:

①拍卖标的物的名称、数量、质量等;
②拍卖标的物价款的支付方式及期限;
③佣金和其他相关费用;
④拍卖方式和成交方式;
⑤拍卖标的物的转让应交的税费;
⑥其他应告知的事项。

由于拍卖标的物的范围相当广泛,因此在制定《特别规定》和编制《拍品目录》中对于一些须经权属变更登记的费用都应尽可能的详细说明。

(三)拍卖操作阶段

竞买人经过咨询和看样的过程后,为明确表示其参加竞买的意愿,就必须进行竞买登记,这样才能成为真正意义上的竞买人。经交付保证金和领取竞价号牌后,按照公告规定的时间和地点参加拍卖会参与竞买,当拍卖师落槌表示成交后,在众多竞买人中就会产生出买受人。

1. 竞买登记

竞买登记是竞买人表明身份,提供证件并表示竞买意愿的行为。拍卖人有权审核竞买人的资格,并且有权决定是否接受其竞买意愿,竞买登记一般应包括:

①竞买人的名称、住所、证件号码;
②竞买人简要情况(如经营范围等);
③联系人、地址、电话;
④对哪类标的物有兴趣;
⑤保证金交付情况;
⑥开户银行、财产或资信情况等;
⑦提供证件正本或复印件(存档)。

一些拍品应限定竞买人是否具有经营资质,如烟草、酒类等,因此竞买人证明材料上的经营范围显得十分重要。

2. 收取竞买保证金

拍卖人向竞买人收取一定数量的竞买保证金,是为了保证拍卖的成功,防止竞买人不负责任的出价,维护委托人的利益。竞买人必须按照拍卖公告中规定的期限和数额支付拍卖保证金,逾期或未付足额保证金的竞买人都将被视为放弃竞买。拍卖结束后,买受人的保证金可转作部分价款,未成交的竞买人的保证金则如数退还给竞买人。只有一种情况保证金才能转作违约金,即竞买人经拍定已经成为买受人后而不愿支付价款时,其预付的保证金则转为违约金,违约金一部分用于支付拍卖的费用,另一部分作为委托人的赔偿金。

3. 组织拍卖会

拍卖时拍卖人按拍卖公告规定的时间、地点组织拍卖会,具体步骤包括登记接待、拍卖主持、拍卖师主拍、签单、财务结算等。

4. 成交确认

当竞买人成为买受人后,应与拍卖人签署《拍卖成交确认书》(以下简称"确认书"),确认书是买受人与拍卖人之间约定的再确认。确认书也是确定拍卖人和买受人权利、义务的一种买卖合同,具有法律约束力。确认书内容包括:

①买受人的号牌编号;
②买受标的的编号、名称、数量、成交价格;
③成交手续费比例、金额及全部应付价款数额;
④拍卖人和买受人的签名。

确认书必须经拍卖人和买受人签署后方能生效。

(四)结算阶段

拍卖的结算阶段应包括:买受人的结算、除买受人外其他竞买人的结算、拍卖标的物的转移、委托人的结算、拍卖人的核算以及拍卖资料的整理归档。

（1）买受人在拍卖人规定的时间内支付全部的价款和拍卖手续费后，拍卖人才可将拍卖的标的物交给买受人，同时拍卖人亦提供票据给买受人；依标的物的情况不同拍卖人还应协助买受人办理某些权属变更的手续，为买受人提供良好的售后服务。

（2）拍卖人收到买受人的价款后，应及时与委托人进行结算，在扣除了委托手续费后将剩余价款交付委托人。一般与委托人结算，使用结算凭证应包括以下内容：

①委托合同、合同编号及日期；
②成交标的物的名称、数量及成交价格；
③成交标的物在拍卖操作过程中支出的费用；
④拍卖佣金；
⑤拍卖人必须给付的价款。

对于有些标的物，拍卖人还应该要求委托人提供相关文件手续等，以利于买受人办理权属变更。

（3）拍卖的结算除了买受人和委托人的结算外，拍卖人自身的结算（核算），也是极为重要的，拍卖人对于本次拍卖活动支出的费用，包括支出的税金，收入的手续费、佣金等，都应做好核算。

（4）总结每次拍卖的经验，整理拍卖笔录，按规定保存委托拍卖合同、拍卖公告、拍卖须知、特别规定、拍品目录、成交确认书、拍卖笔录等拍卖资料，保存期限不得少于5年，同时将竞买人的资料存档，可成为今后拍卖活动的客户来源。

第四节　项目：珠宝首饰拍卖个案品读

个案一：珠宝珍品拍卖及其背后的故事

1. 温莎公爵夫人珠宝　见证了爱情成就了慈善

温莎公爵夫妇是20世纪备受争议的英国王室夫妇。温莎公爵宁愿放弃王位，也要和他的意中人，名叫辛普森的美国离异女人结成百年之好，厮守终生。终其一生，他为她购置了不计其数的珍贵珠宝，这些首饰成为了两人爱情的见证。

在他们相继去世后，公爵夫妇生前在巴黎居住过的别墅捐给了慈善机构。后来，这座别墅连同里面的所有物品被穆罕默德·阿勒·法耶兹买走，归到这位阿拉伯大富翁的名下。在之后由这位富翁委托苏富比举行的专场拍卖中，温莎公爵夫妇的日常用品和这些精美绝伦的珠宝都被以高出底价数倍的价格拍走，而法耶兹将拍卖所得用于支持以多迪命名的慈善基金。

2. 杰克逊的水晶手套　由港人拍得

在流行天王迈克尔·杰克逊去世以后，他的遗物无疑成了所有粉丝热力追捧的终极物品。与他有关的纪念品的价格水涨船高，主办方原本预估超过80件物品的拍卖总价在12万美元左右，但最后实际成交价为令人震惊的200万美元。令人意外的是，其中最高成交价由杰克逊的一只水晶手套创下，这只水晶手套，杰克逊于1983年在NBC电视台的表演中曾经佩戴。原本仅仅估价4万美元，最终由香港商人马浩文以35万美元的天价将其收入囊中。

3. 《乱世佳人》拥趸拍卖郝思嘉的衣饰

"明天又是新的一天。"斯嘉丽与巴特勒之间的爱情故事，早已成为人们心中的经典。而对于这个作品的拥趸而言，曾被拍卖的348件和《飘》有关的物品，一定让他们难忘。这些拍品全部由美国人赫布·布里奇斯提供——他花了40多年的时间，收集了与小说和电影有关的各种物品，成为公认的《飘》专家。

4. 厄运与希望相随的"海洋之星"

电影泰坦尼克号中的"海洋之星"是以现实中"希望之星"为原型的。它重45.52克拉，具有极其罕见的深蓝色。这颗宝钻拥有一段传奇的历史：1642年，宝石自其出生地印度启程，于26年之后投入路易十四怀中。路易十四称这颗宝钻为"法国蓝宝石"。路易十四佩戴希望之星后不久便亡故，令这颗宝钻从此蒙上了一层悲剧色彩。之后佩戴这颗钻石的玛丽皇后、亨利·霍普、美国华府社交名流爱芙琳·沃什·麦可林等主人都悉数遭受厄运。这件稀世珍宝不断被转卖……直到1949年海瑞·温斯顿拍得了"希望之星"并收藏于该博物馆的海瑞·温斯顿展馆,从此,结束了"希望之星"颠沛流离的历史。

5. 瑰丽的伊朗后冠惨遭拍卖

1967年10月,伊朗为芭哈菲王后举行了加冕仪式。当国王亲自为法拉王后戴上那顶众人企盼已久的后冠时,全场惊呼了,因为他们看到了一件绝世精品。这项后冠由Van Cleef & Arpels在德黑兰中央银行地下室花费了6个月才打造出来。冠重达1600克,上面有1469颗钻石,36块纯绿宝石,36粒美玉和105串珍珠,后冠前面最大的一颗祖母绿重150克拉。

可惜,很多事情无法预料,十多年以后,伊朗发生革命,王后陪同国王踏上流亡之路时,她连自己心爱的后冠都无法带走。这项后冠在国王一家逃离德黑兰后,一直躺在国家银行的地下室里。1983年,新组建的政府由于财政拮据,把后冠卖给了一家英国拍卖行。

个案二:胡茵菲(Anna Hu)海之颂胸针 创当代珠宝拍卖纪录

2013年11月,佳士得日内瓦拍卖会,出生于宝石世家的纽约华裔珠宝艺术家Anna Hu以珠宝巨作《Côte d'Azur Brooch海之颂》胸针创下全球当代珠宝作品拍卖最高纪录,并刷新缅甸蓝宝石每克拉最高成交价的世界纪录。这件璀璨不凡的作品在全球珠宝鉴赏家激烈竞投下,以457万美金光荣落板拍出,成为佳士得自1766年首办珠宝拍卖以来巅峰里程碑,也奠定了Anna Hu在国际珠宝史上无以伦比的崭新地位。

Côte d'Azur Brooch海之颂胸针收录于此次拍卖会目录封底,并以完整六页介绍,成为整场拍卖会的焦点。受佳士得力邀,Anna Hu以这颗58.29克拉举世稀有的皇室蓝宝石为设计主轴,四周围绕钻石花藤,仿若海草般舞动的线条,展现Anna Hu独有的梦幻风格,并缀以月光石、粉彩刚玉、绿榴石、彩钻、雕花蓝绿宝、水滴型祖母绿,总长12.7厘米,整体如皇冠般的造型,三合一体的设计,可拆解为两件不同的胸针亦或当作坠饰佩戴,吸引收藏家关注的不仅是灿烂夺目的设计,更在于精巧的工艺设计及其拥有的无限可能性。

举世稀有的58.29克拉缅甸蓝宝石是Anna Hu此作的谬丝女神,它闪耀着迷人的海蓝色光芒,仿若电影《少年派的奇幻漂流》中神秘浩瀚的海洋,Anna Hu以宝石作曲来咏叹海洋的奥秘与生命力,并以此作向李安导演致敬。

回顾Anna Hu在珠宝拍卖史上的成就,序幕从备受全球藏家推崇的佳士得珠宝拍卖市场响起。2009年Anna Hu首次受邀佳士得拍卖会世界珠宝殿堂,以贝多芬月光奏鸣曲作为灵感启发的《月光手镯》作为第一件拍卖作品,初试啼声便创下以高于预估底价4倍价格落板成交;自此连续几次佳士得拍卖会中,Anna Hu继续谱写当代珠宝艺术诗篇,深受全球珠宝投资及收藏家的推崇,包括2010年的《贵芙蓉双指戒》,以芙蓉为灵感的粉红刚玉和白钻立体花瓣设计;以及在2013年香港佳士得拍卖会上打破全球华人当代珠宝艺术家世界拍卖纪录的《古玉竖琴戒》,以超越底标五倍价成交,以259万美元的价格被国际藏家收藏,创下世界拍卖史上华人珠宝艺术家最高拍卖成交价格,同时也是最高倍数拍卖底标的最年轻珠宝艺术家;历年佳士得珠宝殿堂持续缔造的佳话验证了Anna Hu珠宝独一无二的收藏价值,这些瑰宝闪耀在世界当代珠宝艺术史的滚动条中,超越时间成永恒。

个案三:拍价8300万美元的极品粉钻

苏富比拍卖行2013年11月13日晚在瑞士日内瓦以8300万美元高价拍出一颗59.60克拉的粉色钻石。苏富比方面称这创下了宝石拍卖价的世界纪录。

这颗名为"粉红之星"的粉色钻石呈椭圆形，美国地质学会将其评为浓彩粉色钻石，属极微瑕钻石，十分稀有。苏富比拍卖行此前估计拍卖价格最高为6000万美元。

据悉，这颗钻石是全球钻石业巨头戴比尔斯公司1999年在非洲发现的，原石重132.5克拉，技师经两年时间琢磨而成。

近年来，苏富比拍卖行以彩色钻石作为秋季拍卖的重头戏。2010年11月，苏富比拍卖行在日内瓦以4575万美元高价拍出一颗24.78克拉的稀有粉色钻石，2012年11月以1086万美元拍出一颗10.48克拉的蓝色钻石。

此外，当月12日晚，另一家全球知名拍卖行在日内瓦以3550万美元拍出一颗14.82克拉的杏仁形橙色钻石。

个案四：2013凤凰人生圣诞慈善夜珠宝拍卖会在京举行

12月21日，作为京城珠宝市场的一大特色会所——北京凤凰人生珠宝文化鉴赏交流中心举行了"2013凤凰人生圣诞慈善夜珠宝拍卖会"活动，包括珠宝界收藏家、资深人士、社会名流及政商界知其名人士、媒体记者等等近200人参加了本次活动。在这个寒冷的冬夜，成为凤凰人生与各界人士、亲朋好友欢聚一堂，共享美酒佳肴的慈善之夜，也给珠宝市场的繁荣发展带来了新年的气息。

据了解，香港凤凰人生珠宝国际集团自成立以来，兢兢业业、孜孜不倦，经过16年的稳定发展，如今已经成为珠宝业界的翘楚，成为集珠宝销售展示、收藏托管、鉴定拍卖、鉴赏交流、珠宝代售、珠宝定制于一体的典藏级珠宝文化交流平台。集团旗下拥有新加坡、北京、上海等分公司和拍卖公司，以及顶级珠宝会所，如新加坡凤凰人生珠宝国际有限公司、北京凤凰人生珠宝国际有限公司、北京凤凰人生国际珠宝拍卖有限公司、上海天宇星海珠宝有限公司、北京凤凰人生珠宝文化鉴赏交流中心等。

目前，凤凰人生是中国珠宝协会的常务理事单位，中国首饰质量监督检验中心定点支持单位。凤凰人生一直致力于挖掘全球顶级珠宝精粹作品，拥有包括王凤海、洪福寿、李玉涛等众多珠宝玉石大师及著名拍卖师组成的专家顾问团队，通过搭建珠宝交流平台进行资源嫁接，从而为客户提供高端专业的珠宝品鉴，让客户在享受私密高端会所服务的同时，获得珠宝保值、升值、流通、高端个性化定制等尊贵体验。

一直以来，凤凰人生珠宝国际集团坚持捐资助学、乐善好施的传统美德以及弘扬慈善事业人人参与的社会责任。大爱无疆，慈善无界。企业希望借助此次"圣诞慈善夜珠宝拍卖会"活动，以此为契机，慷慨解囊，让更多的人倡导慈善、关心慈善、参与慈善，投入到奉献爱心的活动中来，让生命更有意义。希望大家相互认识，相互了解，建立友谊，搭建起珠宝鉴赏交流沟通的桥梁，共度一个快乐而温馨的冬夜。

此次"圣诞慈善夜珠宝拍卖会"进行了慈善拍卖、慈善晚宴、模特珠宝展示秀、现场抽奖、特色表演等项目，让大家更好地享受到圣诞慈善夜的欢乐气氛。同时，现场推出了许多低价精美珠宝、低价大众珠宝产品参与拍卖，同时也有部分经典顶级珠宝产品进行展示，供大家参观欣赏，一饱眼福。

此次圣诞慈善夜珠宝拍卖会活动，凤凰人生珠宝国际集团提供了60多件珠宝，通过慈善拍卖的形式，携手陶行知教育基金会为中国控烟教育事业贡献爱心，共襄善举。本次拍卖所得的30%将捐赠给陶行知教育基金会青少年控烟教育工程，以感谢我国杰出的教育思想家、伟大的人民教育家——陶行知先生的教育思想在促进我国教育事业的全面改革和发展方面做出的积极贡献，同时也为"陶行知全国控烟教育创新推广工程"的大型活动推波助澜。

凤凰人生珠宝国际集团负责人表示，在未来将一如既往的热心公益事业，定期举办慈善拍卖活动、专题拍卖活动，并期待社会各界人士给予大力支持。